PHILOSOPHIE
DU DROIT

OUVRAGES DU MÊME AUTEUR.

DE POSSESSIONE ANALYTICA SAVIGNIANÆ DOCTRINÆ EXPOSITIO. In-8.

INTRODUCTION GÉNÉRALE A L'HISTOIRE DU DROIT. 1 fort vol. in-8. Seconde édition.

LETTRES PHILOSOPHIQUES adressées à un Berlinois. 1 vol. in-8.

DE L'INFLUENCE DE LA PHILOSOPHIE du dix-huitième siècle sur la législation et la sociabilité du dix-neuvième. 1 fort vol. in-8.

AU DELA DU RHIN, ou Tableau politique et philosophique de l'Allemagne, depuis madame de Staël jusqu'à nos jours. 2 vol. in-8. Seconde édition.

ÉTUDES D'HISTOIRE ET DE PHILOSOPHIE. 2 vol. in-8.

COURS D'HISTOIRE professé au Collége de France en 1846. — Époque romaine depuis Auguste jusqu'à la fin de Commode. 1 vol. in-8.

HISTOIRE DES LÉGISLATEURS et des Constitutions de la Grèce antique. 2 volumes in-8.

Paris. — Typ. Simon Raçon et Cⁱᵉ, rue d'Erfurth, 1.

PHILOSOPHIE
DU DROIT

PAR

E. LERMINIER

ANCIEN PROFESSEUR AU COLLÈGE DE FRANCE

TROISIÈME ÉDITION

REVUE, CORRIGÉE ET AUGMENTÉE DE PLUSIEURS CHAPITRES

Le droit, c'est la vie.
Liv. V, chap. I.

PARIS
LIBRAIRIE DE GUILLAUMIN ET Cⁱᵉ
Éditeur du journal des Économistes, de la Collection des principaux Économistes, du Dictionnaire
de l'Économie politique, etc.
14 — RUE RICHELIEU — 14

MDCCCLIII

PHILOSOPHIE DU DROIT.

LIVRE PREMIER.
DE L'HOMME.

CHAPITRE PREMIER.
PLAN DE L'OUVRAGE.

Quand Grotius, en 1625, publia le livre qui changea la science politique, quelle cause agitait l'Europe sur ses fondements? la cause de la <u>liberté religieuse</u>. Aujourd'hui que nous sommes réunis dans cette enceinte pour inaugurer la science des législations comparées, et pour renouer avec Montesquieu, quelle cause occupe et travaille profondément l'Europe? la cause de la <u>liberté civile</u>. Au dix-septième siècle une lutte de trente ans fut nécessaire pour assurer aux croyances et aux idées du seizième leur juste empire, et deux peuples restèrent à la fin maîtres du champ de bataille et les arbitres de l'Europe, un peuple du Nord et nous, les Suédois et les Français, Gustave Adolphe vainqueur après sa mort, et Richelieu. Au dix-neuvième siècle les droits les plus sacrés et les plus positifs de l'humanité veulent être satisfaits, et les destins s'accompliront.

Serait-il vrai que de pareilles époques fussent contraires et fatales à la science, et qu'au moment où l'homme agit le plus, sa pensée doive s'arrêter et tarir dans sa course? Non : les révolutions n'étouffent pas l'intelligence ; elles l'agrandissent et l'exaltent ; et pour ne pas sortir des sciences historiques et morales, je ne sache pas que Thucydide, Salluste, Machiavel, Jean Bodin, Thomas Hobbes, Hugo Grotius, aient vécu dans des temps de calme et de quiétude. Quand les peuples sont remués par des mouvements intérieurs ou des agressions étrangères, leur histoire n'en devient que plus vive et plus saisissable. Pourquoi l'Orient commence-t-il à être accessible de toutes parts à l'érudition, et se rend-il pour nous peu à peu familier? Parce qu'il chancelle sur ses bases primitives longtemps réputées immobiles, parce qu'il se détériore de plus en plus dans son originalité native, parce qu'il converge sans relâche au génie européen, parce qu'il fut visité par Napoléon comme il le fut par Alexandre. Si la Grèce dépouille pour nous les fausses couleurs d'une rhétorique traditionnelle, son insurrection n'y a-t-elle pas aidé? Et Rome, gouvernée tour à tour par Marius et César, Grégoire VII et Jules II, théâtre des Gracques et de Rienzi, du droit romain et du catholicisme, ne nous revient-elle pas mieux connue, grâce à une érudition contemporaine de ses efforts depuis quarante ans pour ressaisir sa liberté, efforts toujours malheureux et toujours renaissants? L'Allemagne, du milieu de sa réforme et de sa métaphysique, commence à s'agiter et à se tourner vers la vie politique. L'Angleterre travaille noblement à prévenir et à supprimer une révolution en innovant elle-même dans son antique légalité.

Temps excellent pour étudier l'histoire! Ce que disait un poëte en chantant une catastrophe tragique peut s'appliquer aujourd'hui aux annales du monde :

> Adparet domus intus, et atria longa patescunt;
> Adparent Priami et veterum penetralia regum (1).

Oui, au milieu des révolutions, l'œil plonge plus avant dans l'intérieur, et, pour ainsi dire, dans la domesticité de l'histoire; et loin de voir dans les faits qui nous pressent rien qui doive décourager pour les destinées de la science, j'y découvre au contraire un indice de renaissance et de rénovation.

Une histoire particulière peut intéresser vivement, surtout celle de son pays. Toutefois il n'est plus donné aux annales d'aucun peuple de captiver exclusivement la curiosité de l'esprit; il lui faut aujourd'hui les rapports et les comparaisons d'une histoire générale. Au milieu des nations qui à la fois tendent à se rapprocher dans une commune alliance, et retiennent encore leur propre originalité, l'esprit veut saisir en même temps ce que chaque peuple a d'intime, et ce qu'il y a de général dans le système historique du monde.

Or, pour comparer, il faut tout voir, tout comprendre et tout sentir, et s'il était une nation assise véritablement au centre de l'Europe; qui, par la Provence et la Méditerranée, touchât aux peuples du Midi, à l'Italie, à la Grèce, et fût à cinq journées de l'Afrique; qui, sur les bords du Rhin pût entrer en conférence avec le génie germanique; qui, à Calais, ne fût séparée que par sept lieues de mer de son illustre rivale, de l'Angleterre; qui, terre hospitalière de tout ce qui est illustre et malheureux, sût jouir avec délices des diversités les plus éclatantes dans les arts comme dans la pensée, distribuant la gloire à pleines mains, car elle n'a rien à craindre de cette prodigalité magnanime : ne pourrait-on pas dire, sans apporter ici l'exagération d'un patriotisme vulgaire, que cette nation si bienveillante, si impartiale et si

---

(1) Æneid., lib. II.

grande, peut s'ingérer d'apprécier et de comparer les institutions des peuples ?

La science de la législation n'est pas une espèce de terrain neutre où l'on puisse paraître sans se compromettre ; elle n'est pas non plus une chronique du moyen âge, une découpure de faits pittoresques que l'on puisse dérouler, sans mettre en jeu, soi, ses principes et sa personnalité. En effet, la législation n'est autre chose que la philosophie en action ; c'est le code des théories, des opinions et des idées adoptées comme règle de conduite par la majorité de l'espèce humaine. Il suit naturellement que toute histoire des législations doit être précédée d'une philosophie du droit ; ainsi ont fait Vico, Domat et Montesquieu ; ainsi l'exige la méthode : marchons donc dans cette route avec fermeté ; ce qui peut seul aujourd'hui donner quelque sens à des lignes écrites, c'est de s'y expliquer en homme, sans ambages méticuleuses.

Cette philosophie du droit sera divisée en cinq parties.

La première traitera de l'homme, la seconde de la société, la troisième de l'histoire, la quatrième des philosophes ; la cinquième définira la science de la législation proprement dite.

Quand on s'adresse à l'homme, un fait complexe frappe d'abord, c'est son individualité, dont la face la plus saillante est la liberté. Des passions qui nous sollicitent de sortir de nous-mêmes, qui nous envoient à la guerre, à la chasse, au théâtre, nous attirent aux plaisirs des sens, nous ravissent à la contemplation de Dieu, aux saintes jouissances de la religion, aux méditations plus sévères de la science, voilà qui tire l'homme hors de lui-même ; et cependant il éprouve en même temps l'invincible besoin de revenir à lui-même, de se retrouver *lui*, toujours *lui*, mécontent de sa personnalité, incapable de la dépouiller, et, pour se satisfaire dans cette contradiction qui le constitue, s'attaquant à la fois à la science, aux plaisirs, à ses semblables et à Dieu.

L'homme est un animal politique, scientifique et religieux. Il vit par ces trois instincts. Inévitablement social, toujours en contact avec ceux qui lui ressemblent, il constitue et applique le droit, dont l'idée est toujours une et toujours progressive. Possédé du besoin et doué de la puissance de connaître et de savoir, il observe ce qui est hors de lui et lui-même, il y applique les lois de sa pensée, cherche l'unité et produit la science. Enfin, naturellement religieux, non-seulement il conçoit Dieu, mais il l'aime et veut le retrouver à la fois dans son cœur, dans les cieux et dans la société : voilà l'homme.

On a donné depuis longtemps aux poëtes épiques le conseil de se jeter brusquement dans leur sujet, *in medias res*, par un récit qui pût s'emparer du lecteur ou de l'auditoire dans le temps où les vers se chantaient, afin de les plonger sur-le-champ au plus vif de l'action. L'avis est aussi bon à suivre pour l'historien des sociétés. Il ne s'engagera plus dans ces stériles discussions sur l'état sauvage, dont le dernier siècle n'a rien su tirer. D'ailleurs l'histoire civile ne peut s'occuper que de ce qui a véritablement paru, de ce qui a duré dans la mémoire des hommes. Il lui faut des monuments, des titres, des inscriptions, testaments irrécusables des hommes, des peuples et des choses historiques. Elle ne visitera pas, ou rarement du moins, la hutte des sauvages, les hordes chétives et brutales que la civilisation n'a pas encore touchées de son sceptre d'or, et qui ne nous offrent guère que de tristes anomalies, des exceptions hideuses, et des expériences tronquées de la nature humaine.

Dans le champ même de la société, j'écarterai d'abord la famille pour aller droit à l'État, qui est la plus grande image de la sociabilité humaine. Or, l'État repose sur trois idées fondamentales : la loi, le pouvoir et la liberté.

Qu'est-ce que la loi ? C'est l'expression du bien moral. Si le monde physique a des lois, le monde moral a les siennes, et l'idée de la loi est l'idée la plus haute que l'homme puisse concevoir dans l'ordre rationnel. Cette harmonie progressive qui vivifie la nature, l'homme la cherche dans la société, de siècle en siècle, il la constitue, la change, et toujours il l'appelle loi.

Si la loi est la règle, elle appelle à elle les moyens et la force de l'exécuter, c'est-à-dire le pouvoir, dont le bras doit être long et vigoureux si la société ne veut pas périr.

Vient la liberté. Qu'est-ce que la liberté politique? Qu'on veuille bien peser ceci : si la loi est l'expression du bien moral, si le pouvoir est la force nécessaire pour pratiquer ce bien, voilà, ce semble, deux idées tout à fait positives, qui convergent à un but positif. Quel sera donc le rôle de la liberté? Dans son essence, elle est aussi positive que quoi que ce soit; elle est, nous le verrons, un des éléments de la nature humaine. Mais dans le jeu et dans le mécanisme des différentes constitutions politiques, la liberté ne paraît-elle pas souvent sous la forme de protestation pour résister, ou de novatrice pour enfanter le progrès? En effet, en face de la loi qui n'est pas toujours le bien, et du pouvoir qui se pervertit dans sa marche, la liberté résiste, elle devient une opposition. La loi, lors même qu'elle se développe longtemps avec sagesse, finit par appeler des réformes; la liberté prêche alors les innovations et demande le progrès. A ces deux titres, soit comme opposant, soit comme novatrice, la liberté est indestructible et nécessaire dans le mécanisme des sociétés.

Dans tout pays où la loi, le pouvoir et la liberté seront suffisamment constitués, il y aura prospérité sociale : voilà ce qui importe. Les éternelles dissertations sur la monarchie, l'aristocratie, la démocratie et la république, peuvent avoir leur importance, mais elles n'attaquent pas le fond même des choses, et c'est avoir peu de philosophie dans l'esprit, que de s'attacher avec une impatience passionnée et inexorable à la poursuite d'une forme politique. Le temps seul dispose, pour les institutions comme pour les êtres animés, de la caducité et de la jeunesse ; il les ensevelit ou les produit au jour avec un irrésistible à-propos.

Avant de passer à la famille, nous trouverons l'État soutenant un double rapport avec les autres sociétés, la paix ou la guerre ; question fondamentale du droit des gens. Les peuples se visitent ou se touchent par le commerce ou par les armes ; mais de quelque manière que cette conférence se passe, elle est salutaire à l'humanité.

Je n'ai pas voulu reproduire cette éternelle filiation de la famille et de l'État, tant répétée depuis Bodin jusqu'à M. de Bonald. Plus la civilisation se développe, plus s'efface l'analogie de l'État avec la famille, dont l'État est sorti sans doute, mais dont il se sépare chaque jour davantage.

Le mariage est le fondement de la famille ; nous chercherons comment et en quoi il est indissoluble, et nous agiterons le problème du divorce. Viendra la propriété qui change plus facilement de maître que de nature, variable et perfectible dans ses formes, mais une et indestructible dans son principe, qui est l'individualité humaine.

De la propriété nous passerons à la succession, condition nécessaire de la famille, et nous en chercherons les lois philosophiques, tant comme naturelle que comme testamentaire.

Alors ce sera la place de la théorie des contrats que le droit romain a si profondément comprise et écrite.

Nous ne saurions quitter la société sans considérer un triste phénomène, le crime. Qu'est-ce que le bien, qu'est-ce que le mal? Quel est le principe constitutif de la pénalité? La législation doit-elle être rémunératoire en même temps que pénale? Nous toucherons tous ces points.

Je passe à l'histoire. Si la législation est la philosophie en action, si elle est le développement des idées sociales toujours en progrès, il faut que l'histoire nous fournisse la preuve des principes que nous aurons posés. Non que nous voulions ici l'explorer dans sa variété infinie, mais au moins un tableau rapide et resserré doit nous donner la justification claire des principes et des destinées de la nature humaine. Je ne veux pas ici jeter quelques phrases superficielles sur l'Orient, et je ne gaspillerai pas en quelques traits mal ébauchés le magnifique trésor de la législation orientale. Pas davantage je ne désire prendre une prélibation, si je puis parler ainsi, sur cette Grèce, si vive, si gracieuse et si variée, où nous nous engagerons plus tard (1). Rome, qui participe à la fois de l'Orient et de la Grèce, nous suffira pour entrer dans l'histoire. C'est entre le mont Palatin et le mont Capitole que s'est dessinée en caractères ineffaçables l'opposition jusqu'à présent éternelle du pouvoir et de la liberté, de l'aristocratie et de la démocratie ; tellement que tous les historiens l'ont saisie à des degrés différents, suivant la portée de leur intelligence. Nous traverserons la république, l'empire, ce célèbre droit civil qui sépare si profondément la vie privée de la vie publique, le christianisme qui donne au monde une liberté morale inconnue jusqu'alors. Cependant les barbares, apportant du sang nouveau à la vieille Europe, la reconfortent en l'envahissant. Et quel est le caractère de leur loi? Le redressement de la personnalité humaine. En voulez-vous la preuve? La loi suivait partout l'homme sur le territoire étranger ; elle ne le quittait pas, tant elle était personnelle.

Voilà donc les barbares déchaînés sur le monde. Le christianisme lui-même serait impuissant pour calmer une domination si âpre. L'ordre se rétablira par une institution originale entre toutes, la féodalité. Opposition tranchée avec la loi barbare, loin d'être personnelle, la loi féodale n'est autre chose que la terre élevée à la souveraineté. Le spiritualisme chrétien eût été sans force ; il fallait un ordre matériel, et

(1) J'ai tenu cette promesse, par la publication récente de l'*Histoire des législateurs et des constitutions de la Grèce antique*. 2 vol. in-8°. Amyot, 1852. (*Note de la 3ᵉ édition.*)

en cela la féodalité fut utile au monde; nous pouvons sans danger lui rendre aujourd'hui cette justice. Mais la société féodalement constituée, le christianisme reprend l'empire des idées et la supériorité morale; il domine l'Europe par la papauté italienne, développe sa propre législation, le droit canonique, se réforme et se divise par Luther. Ainsi voici les éléments de la société moderne : la législation barbare, la législation féodale, la législation canonique.

Sur cette triple base, la société européenne se développe sans relâche : la France, par sa constitution monarchique, travaille la première à sa propre unité, par contre-coup à celle de l'Europe; sous le sceptre de Louis XI, de Richelieu et de Louis XIV, la monarchie royale, comme parle Bodin, réprime la féodalité et l'Église, abat l'aristocratie, élève le peuple, sert puissamment la liberté et rend une révolution nécessaire.

A la monarchie royale s'enchaîne un nouveau progrès, la monarchie représentative dont l'Angleterre est l'éclatant modèle, et qu'elle établit irrévocablement par sa révolution de 1688. Alors cette île célèbre donne à l'Europe l'enseignement de la liberté politique; elle en fut l'école au dix-huitième siècle pour tout ce que l'Europe eut de penseurs; Voltaire, Montesquieu et Rousseau l'explorèrent avidement et préparèrent pour la France un mouvement social qui devait aller au delà de cette transaction si belle en Angleterre entre l'aristocratie, le peuple et le trône, dont aujourd'hui une des parties contractantes demande à changer un peu les conditions.

Mais avant de commencer elle-même une révolution, la France jette la liberté dans un monde nouveau, dont les destinées ne sont pas encore accomplies. Elle envoie à Washington des soldats et un émule; et quand la république américaine aura plus tard porté elle-même les fruits d'une civilisation indépendante, elle ne devra pas oublier que, si l'Angleterre fut son berceau, la France fut son alliée; que, si l'une l'a fondée, l'autre lui a tendu la main pour s'émanciper, et que la première action de la France, quand elle a commencé de tressaillir au nom de la liberté, a été d'envoyer en Amérique des Français pour y faciliter une république.

L'an 1789 ouvre pour la société moderne une époque nouvelle dont la seconde phase a commencé l'an dernier (1) : révolution sociale, mise en jeu de tous les problèmes qui puissent troubler la tête humaine, elle est aujourd'hui le dernier progrès de la société européenne.

Si l'histoire n'a pu nous refuser cette inépuisable série de progrès et de conquêtes, la philosophie sera-t-elle plus avare? C'est à Athènes que s'ouvre l'histoire raisonnée des problèmes sociaux ; c'est au sein de la philosophie grecque, qui est, avec la législation romaine et le christianisme, une des faces les plus saillantes du monde intellectuel, qu'éclate, sous les auspices de Socrate, l'examen des lois de la sociabilité humaine : deux esprits bien différents l'inaugurent, Platon et Aristote.

Platon fut en continuelle opposition avec l'État et la constitution d'Athènes. L'État était démocratique : Platon avait une intelligence aristocratique et orientale; les lois étaient populaires, parfois bavardes, et sentaient le rhéteur : la politique de Platon était immuable, car elle découlait d'une unité primitive. Le fils d'Ariston nous offre à la fois, dans sa *République* et dans ses *Lois*, la réminiscence des doctrines orientales, un choix de faits précieux pour l'étude de la Grèce, et un vague pressentiment du christianisme ; vis-à-vis la légalité athénienne, Platon est un penseur factieux entre l'Égypte et le Christ.

Aristote a un autre esprit; il est tout grec et n'a rien d'oriental : c'est à la fois le maître et le disciple d'Alexandre. Doué du génie positif des modernes, tandis que Platon est

---

(1) On voit que, comme nous l'avons dit dans la préface de cette troisième édition, l'ouvrage a été écrit sous l'impression toute vive de la révolution de 1830. (*Note de la 3ᵉ édition.*)

dans les cieux à la condition de s'y égarer et de disparaître à travers les nuages, Aristote observe ce qui se fait sur la terre, c'est comme un contemporain de Machiavel et de Montesquieu ; il cherche les lois des faits, il veut en voir l'esprit et la raison, et nous a laissé dans sa *Politique* ce que nous pouvons savoir de plus net sur la législation de la Grèce.

De l'examen de ces deux philosophes, nous passerons au stoïcisme qui domine l'antiquité et précède le christianisme. Le stoïcisme n'a rien de progressif : le stoïcien se drape sur les ruines du monde, mais il ne marche pas ; il élève la statue de fer du devoir, mais il ne sait pas l'animer. L'histoire du stoïcisme est comme une curieuse galerie de tableaux et de bustes antiques ; mais demandez-lui ce qu'il a fait dans la civilisation historique du monde, il est muet (1). Je le sais, il a des disciples sur le trône, les Antonins ; parmi les esclaves, Épictète ; parmi les beaux-esprits, Sénèque : tout cela est fort beau, fort noble, mais entièrement stérile ; c'est un appendice plein de grandeur aux derniers moments du paganisme.

Tels n'étaient pas le sort et la mission du christianisme, dont la pensée sociale nous semble s'être développée en trois époques bien distinctes. Le christianisme, en face des Césars, a commencé par la résignation et une abdication complète de l'empire terrestre. *Mon royaume n'est pas de ce monde :* lisez saint Augustin, vous trouverez dans la *Cité de Dieu* ce sentiment profondément empreint : les penseurs chrétiens se livrent surtout à la spiritualité mystique de la plus haute théologie. Mais une fois accepté comme croyance et doctrine spiritualiste par la société, le christianisme songea naturel-

---

(1) En relisant ce jugement porté sur le stoïcisme, je le trouve aujourd'hui trop sévère. Il est des temps tellement dominés par une force invincible des choses, que tout ce que l'homme peut faire, c'est de maintenir sa dignité personnelle ; et cette attitude demande même, dans son impuissance, une énergie morale à laquelle sait s'élever le stoïcisme.

(*Note de la 3ᵉ édition.*)

lement à la gouverner, en vertu de sa supériorité même ; les peuples adorèrent avec joie, et l'autorité du catholicisme se mesura sur sa vertu. Troisième époque : la réforme éclate, Luther, Mélanchton en Allemagne, Hubert Languet en France, Sydney en Angleterre, s'arment du christianisme, de la Bible, et développent une philosophie politique qui revendique les droits et la liberté des peuples.

J'arrive aux philosophes modernes. L'Italie s'était mise à réagir contre le moyen âge, après avoir été le théâtre de sa gloire ; et Machiavel nous donne à la fin du quinzième siècle le spectacle d'un Italien maudissant la papauté, la religion catholique et le moyen âge : il a dans la tête les combinaisons de la politique moderne, il eût été parfaitement apte à devenir le ministre de Louis XI (1), si cela eût été possible ; il représente tout à fait cette Italie du quinzième siècle, si brillante et si déchirée, si perfide, si factieuse et si lettrée.

Après l'Italie, l'Angleterre, qui a l'initiative dans la liberté politique, nous offre ses penseurs, Hobbes et Locke. Le philosophe de Malmesbury prend en ironie la révolution qui doit affranchir son pays ; les excès et l'usurpation de la démocratie le passionnent pour le despotisme, et l'entraînent logiquement à la théorie sardonique du pouvoir absolu. Ce misanthrope est suivi d'un esprit plus serein et plus égal, d'une humeur tolérante, d'un cœur noble ; l'influence philosophique de Locke fut immense en Europe, bien qu'il y ait eu de plus grands métaphysiciens que lui, et nous saisirons dans son *Gouvernement civil*, qui parut deux ans après l'avénement de la maison de Hanovre, le germe du *Contrat social* de Rousseau.

Dans la haute spéculation, la Hollande ne nous livre qu'un homme, mais si grand qu'il suffit : c'est Benoist Spinosa. Quelques années auparavant elle avait produit Grotius, homme de la science politique au dix-septième siècle, génie positif

---

(1) Louis XI mourut en 1483 ; Machiavel naquit en 1469.

et historique, résumant philosophiquement la guerre de trente ans et sachant tirer de cet enseignement vivant son traité *de la Paix et de la Guerre*. Vient se placer à côté de sa gloire le juif le plus hardi et le plus audacieux qui ait paru dans la philosophie. Spinosa rompt ouvertement non-seulement avec la synagogue, mais avec toutes les autorités historiques et religieuses qui le précèdent ; il s'enferme dans sa pensée avec une indépendance inouïe, refuse une chaire à Heidelberg, doutant un peu de l'*amplissima philosophandi libertate* qu'on lui promettait, construisant un système complet du monde, de Dieu et de l'homme ; faisant, comme Platon, découler sa politique et son droit naturel de sa métaphysique.

L'Allemagne ne peut se faire plus longtemps attendre dans cette arène de la pensée. Kant et Fichte paraissent et donnent une base vraiment philosophique au droit naturel faiblement établi par Thomasius et par Wolf. La philosophie politique de Kant, dont nous avons déjà ailleurs tracé l'esquisse (1), nous conduira à l'idéalisme de Fichte qui crée tout, Dieu et le monde. Schelling et Hegel viennent ensuite arracher la philosophie au dogmatisme du professeur d'Iéna, tentent de résumer dans une même unité la nature, l'histoire et la pensée. Le droit naturel de Hegel nous offrira surtout une vue critique admirable sur l'histoire du passé, mais peu de pressentiments de l'avenir, mais dans l'application pratique quelque chose de stagnant et de stérile.

Enfin, en arrivant à la France, nous nous arrêterons devant Rousseau. Tandis que Montesquieu, majestueux patricien, promène ses regards sur l'histoire du monde, et les y maintient avec une inaltérable sérénité (2), Rousseau, fils d'un horloger, arrivant à quarante ans à la pensée et à la lit-

(1) *Introduction générale à l'Histoire du droit*, chap. xvi. (Kant considéré sous les rapports moraux et juridiques.)

(2) Voyez *Introduction générale à l'Histoire du droit*. (Montesquieu, chap. xiv.)

térature à travers une vie pleine d'amertume et de détresse, bat en ruine l'ordre établi et trace le *Contrat social*. Ne lui demandez pas l'impartialité savante de Montesquieu ; sa mission est autre. Ainsi Montesquieu, dans une œuvre pleine de calme et de proportion, déroule une inépuisable suite de tableaux pittoresques et dramatiques ; il considère curieusement la féodalité et lui consacre la fin de son *Esprit des lois*. Jean-Jacques, au contraire, la flétrit de quelques phrases fougueuses ; sans impartialité, car il doit accuser et détruire ; sans érudition sur le passé, car il doit s'agiter dans les pressentiments d'un avenir vague. Il s'inspirera, pour l'histoire des passions, de Richardson ; pour la morale et pour la politique, de Plutarque, de Montaigne et de Locke ; il pétrira de tous ces emprunts une œuvre brûlante, et, la jetant dans son siècle, il entraînera ses contemporains par sa fiévreuse éloquence à des commotions inouïes.

La révolution française, voilà le philosophe qui succède à Rousseau. Nous examinerons les hommes qu'elle a suscités. Et d'abord voici venir un adversaire passionné de cette révolution ; il a de très-bonne foi contre elle l'injure à la bouche et l'indignation dans le cœur ; il s'arme d'une ironie qui brûle, d'une invective qui ne tarit pas, et d'un bonheur d'expressions de colère qui fait frémir le lecteur. Qui n'a pas nommé M. de Maistre ? C'est le vengeur du passé, c'est le Michel-Ange de la philosophie catholique : artiste de génie, il mérite de comparaître dans cette évocation de penseurs depuis Platon jusqu'à la révolution française. Nous pouvons l'admirer tout en le blâmant ; notre cause, à nous amis de la liberté, est assez bonne pour nous laisser être justes ; c'est à nous à confesser la vérité sur toute chose et sur tout homme, à saluer la gloire partout où elle se trouve, même dans les rangs ennemis.

Maintenant voici trois théoriciens politiques appartenant aux idées nouvelles, Condorcet, Saint-Simon, Benjamin Constant. Le premier a disparu dans les orages de notre révolution ; le second est mort avec calme et foi dans l'avenir sous la restauration ; le troisième a expiré après avoir vu le réveil de la liberté ; espérons fermement qu'il n'a pas douté de ses destinées futures. Ils sont tous trois représentants célèbres de la révolution française : Condorcet a de remarquables aperçus sur la philosophie de l'histoire ; Saint-Simon pose et travaille puissamment à résoudre le problème de l'association ; Benjamin Constant voue son esprit étendu, si vif, si varié, si gracieux et si juste, à la défense de la liberté et des garanties politiques.

Mais depuis 1830 et surtout depuis 1848, le socialisme est venu donner à la révolution française une face et une portée nouvelles, qui en ont dénaturé les premiers principes et gravement compromis l'avenir. Nous examinerons les caractères généraux du socialisme et la valeur morale du principal système qu'il ait produit, nous voulons parler du *fouriérisme*. Enfin il nous faudra bien apprécier les idées de M. Proudhon, de cet étrange logicien du socialisme, qui tantôt dogmatise en son nom et tantôt en démontre le néant.

Après avoir parcouru l'homme, la société, l'histoire et la philosophie, nous pourrons convenablement définir et asseoir la science de la législation dans la cinquième partie de ce livre : nous la distinguerons de la science du droit proprement dite, nous définirons ses rapports avec l'économie politique, avec la philosophie, avec la religion. La législation posée, nous examinerons comment aujourd'hui elle doit être faite et rédigée : c'est le problème de la codification ; comment appliquée : c'est celui des institutions judiciaires. Nous finirons en interrogeant d'un regard les destinées futures de la science et de l'humanité.

Le dix-huitième siècle nous a conquis la liberté, et nous a nécessairement encombrés de ruines. Sous l'empire, la pensée se reposa un peu : on était dans les camps. Pendant la restauration on vécut peu dans les camps, beaucoup avec les livres ; on s'instruisit avec sincérité ; mais par une inévitable réaction on fut enclin à croire que le passé pouvait souvent devenir légitime par la connaissance que l'on en acquérait et les raisons que l'on en donnait. Il faut sortir de cette disposition, qui conduit les esprits et les peuples à l'apathie, et dont au surplus le temps est passé. Ainsi l'école historique allemande, si fertile en riches matériaux, semble être close dans ses véritables résultats : le grand Niebuhr est mort (1), et apparemment la disparition des individus signifie quelque chose.

Que l'histoire soit donc désormais pour nous la conscience du passé et de l'avenir, un appui à des inductions philosophiques.

CHAPITRE II.

DE L'INDIVIDUALITÉ.

Le lyrique grec, dans une de ses Pythiques, proposant quelque chose à Arcésilas de Cyrène sous des paroles énigmatiques et obscures, lui dit de prendre la sagesse d'Œdipe (2). Que tout homme qui essaie d'ouvrir la bouche sur lui-même et sur la nature des choses profite de l'avis du poëte, et qu'il s'arme, s'il peut, de la sagesse d'Œdipe.

Pourquoi fut-il donné au fils de Laïus de percer l'énigme et la poitrine du sphinx sur le mont Phicéus ? C'est qu'il avait souffert et combattu ; et il acheta, au prix d'une vie tragique, d'expliquer et de représenter au monde le destin, comme plus tard le Christ versa son sang pour expliquer et représenter la Providence.

Douloureuse et profonde leçon ! Il faut donc souffrir pour apprendre et agir ; et tant que l'âme n'a pas passé par le

---

(1) Le célèbre historien de l'ancienne Rome mourut à Bonn, le 2 janvier 1831, sous le coup de l'émotion que lui causa la révolution de 1830. *(Note de la 5ᵉ édition.)*

(2) Γνῶθι νῦν τὰν Οἰδιπόδα σοφίαν. (Pythia, carm. IV, V. 467.)

feu, que voulez-vous attendre de cette salamandre qui n'a pas subi son épreuve! Oui, lisez ce qu'ont écrit les hommes, compulsez les penseurs, exténuez-vous sur les philosophes, usez-vous dans des veilles ardentes, errez dans les cités et parmi les hommes sans les regarder ni les voir, mais la tête pleine de spéculations infinies : eh bien! qu'avez-vous recueilli? quels fruits? quelle moisson? J'entends la réponse mêlée d'un éclat de rire dans la bouche d'Hamlet : *des mots, des mots, des mots*. Mais qu'un jour la foi en quelque chose se soit emparée de vous, vous anime et vous possède, puis languisse et vous délaisse, vous ressaisisse encore pour vous quitter; que vous vous soyez trouvé le courage d'agir une fois à la face de tous selon votre pensée et votre désir: alors, quels que soient l'issue et le dénoûment de cette lutte avec vous-même et la vérité, dussiez-vous en sortir en lambeaux, au moins vous aurez senti, vous aurez vécu ; ce que les livres n'avaient pu vous donner, vous l'aurez au moins conquis et trouvé: le sentiment de l'humaine nature, grandeur et misère, fange et feu divin.

Ce livre sera pur de tout mensonge et dégagé de toute hypocrisie ; on n'y trouvera ni croyances officielles, ni traditions adoptées de confiance; et je dirai simplement mes opinions et mes ignorances.

Il est une manière commode de philosopher. Depuis Platon jusqu'à Kant, que de systèmes l'esprit de l'homme n'a-t-il pas façonnés! Que de vues divergentes! que d'idées moitié heureuses, moitié folles! Etudiez-les toutes, enchaînez-les les unes aux autres par le point où elles peuvent se heurter le moins; de tant d'incohérence tâchez d'abstraire une unité; et, sans avoir engagé en rien votre imagination et votre cœur, vous annoncerez à vos semblables que tout est vrai et que rien n'est faux. Mystification amère! J'ai lu quelque part qu'un grand alchimiste avait consumé ses nuits à construire un corps de géant. Il avait dérobé dans un cimetière les éléments de sa création, ici il avait pris une jambe, là un bras;

il avait tourmenté beaucoup de cadavres pour devenir le père d'une créature; cependant la vie ne venait pas, et de plus en plus notre alchimiste en désespérait, quand, une nuit, penché sur son ouvrage pour l'observer de plus près, il voit peu à peu s'ouvrir et se diriger sur lui un œil jaunâtre; puis le corps s'anime, se meut, se dresse, se lève, poursuit son créateur, et le tue. Ne reconnaissez-vous pas ce monstre? il s'appelle le scepticisme; il est sorti de l'accouplement des plus illustres systèmes, ces cadavres empaillés de la philosophie.

Sans doute, il est bon de connaître l'histoire des opinions et des gestes de l'homme, pourvu que le souvenir du passé ne soit pas tourné en empêchement de l'avenir. Autre chose est de faire du passé un objet d'études, autre chose est de faire de la connaissance du passé la science même de l'humanité.

Demander à la poussière des livres la conscience de soi-même, c'est se tromper gravement: sortez des illusions et des brouillards du *Collegium logicum* pour vous recueillir profondément en vous-même, et dire comme un juré la main sur le cœur: Je crois à tel ou tel fait de la nature humaine. Or, qui nous donne l'éveil? qui nous sonne le signal de la vie, de la lutte, et, par contre-coup, de l'énergique conscience de nous-mêmes? les passions. Voilà l'aimant divin qui nous envoie la secousse et le branle d'une première et irrésistible électricité. C'en est fait: dès que la corde pathétique a vibré dans l'âme du jeune homme, la vie s'est révélée à lui; je ne sais quel instinct mystérieux et puissant le conduit sourdement au sentiment de ses forces et de lui-même; son cœur se gonfle et veut déborder, son front s'agrandit et semble devenir le siége de la puissance. Amour, science, gloire, postérité, il aspire à vous; et vous pourrez à peine, en vous réunissant, combler le vide de cette âme qui se dévore et s'alimente sans relâche. Qui donc a calomnié les passions? quels docteurs ont voulu les extirper, ou du moins les endormir? Ne sortons-nous pas d'une époque où quelques-uns avaient la manie de se faire vieux avant le temps? peu s'en faut qu'ils n'aient rougi d'avoir le front jeune, quelque chaleur dans la tête et dans le sang, préoccupés du soin de se retrancher, eux, leurs idées et leurs affections, dans ces beaux tempéraments qui vous laissent un homme entre l'erreur et la vérité, l'énergie et la lâcheté, la puissance et le néant. Secouons ce stérile pédantisme; loin d'étouffer nos passions, sachons les exalter en les purifiant; elles seules envoient aux grandes entreprises; pour agir, il faut aimer. Quoi? Voilà la question. Choisissez ; mais une fois l'élection faite, levez-vous et marchez.

Cependant, celui qui s'est engagé à la poursuite d'un but, non-seulement il l'aime, mais il l'a conçu; à l'élan du sentiment se mêle un acte d'intelligence et un acte de volonté.

Un mot d'abord de l'intelligence. La logique est-elle toute la science? le raisonnement est-il non-seulement l'instrument de nos connaissances, mais en est-il la source?

Voici deux propositions : *deux et deux font quatre ; il n'y a pas d'effet sans cause*. Comment nous sont données ces deux propositions incontestables? tâchons de répondre de bonne foi et en observateur exact. Elles nous sont données antérieurement à tout raisonnement. Il faut admettre que dans notre intelligence il y a des éléments, des bases, des formes de conception qui existent nécessairement : avant le raisonnement, il y a l'intelligence. Elle peut recevoir l'éveil de la sensibilité, mais elle s'en distingue : elle est pour l'homme une base impérissable, une colonne éternelle où il doit chercher constamment son appui. Point capital d'où dépend toute philosophie; principe essentiel qui doit remplacer pour la France le sensualisme du dernier siècle par un idéalisme nouveau, indépendant, qui explique, sans les calomnier, et en vertu des lois de la nature humaine, Dieu et la religion.

Mais il est vrai que l'intelligence, solidement posée sur un *substratum* qui lui coexiste, reçoit les inépuisables provocations de la sensibilité et se développe surtout par le raisonnement et la logique. Voilà qui a pu donner le change et pousser à croire que l'intelligence était uniquement le *raisonner* : elle est auparavant le *concevoir*.

Spinosa a dit, ce me semble, un mot bien profond sous certaines réserves dans cette phrase : *Voluntas et intellectus unum et idem sunt*. Comment concevoir le jeu de la volonté sans y joindre les vues de l'intelligence et l'aiguillon des passions ? car tous les faits de la nature humaine sont complexes, et dans tout acte l'homme à la fois désire ou repousse, pense et veut. On a donc eu tort, dans ces derniers temps, de séparer entièrement la liberté de l'intelligence, et sur ce point l'analyse psychologique a faussé la réalité : car la liberté, et voilà la difficulté, est un mélange de conception et de volition.

La liberté?... Quand, dans la conduite et dans le cours de notre destinée, nous sentons s'élever et se fortifier en nous le sentiment énergique de notre liberté, nous avons fait un progrès véritable et nous commençons réellement d'être hommes.

En effet, ni le monde physique où nous vivons et sur lequel nous déployons notre faiblesse intelligente; ni les sens, ces instruments ingénieux par lesquels nous entrons en rapport et en contact avec les choses et les hommes, ne peuvent nous donner le sentiment de nous-mêmes. Sans doute, la nature physique et notre constitution sensible sont deux faits irrécusables qui nous enferment et nous influencent à toute heure; c'est par leur connaissance que nous débutons dans la vie ; c'est par eux que nous vivons extérieurement : les méconnaître est impossible, les négliger peu raisonnable ; leur observation exacte et profonde est aussi nécessaire à l'histoire qu'à la philosophie. Mais, néanmoins, la sensibilité physique ne constitue pas l'homme, bien qu'elle l'enveloppe ; même au milieu de ses influences les plus impérieuses et les plus irritantes, il s'en distingue, et il se sent à la fois souffrant et libre.

La liberté !... Un jour l'homme prend un parti ; il dompte ses passions ou ne s'en permet plus que quelques-unes ; il arrange sa vie, se propose un but, y marche, tombe ou réussit. Voilà l'action ! D'où vient-elle ? quel est son principe ? la volonté.

Je veux, je puis vouloir à toute heure ; à chaque instant je sens que je puis être libre, et jamais je ne me trouve abandonné de ma personnalité qui ne discontinue pas ; j'agis et je me développe, je pratique les idées que j'ai conçues, je satisfais les passions qui me plaisent ; je vais où bon me semble, du consentement de mes semblables qui me reconnaissent pour une personne libre et responsable.

Je définis donc la liberté, la faculté qu'a l'homme de se développer suivant ses instincts, ses goûts et ses idées. *Sequere naturam*, disent à la fois Épicure et Zénon. Homme, suis et développe ta nature, et pousse-la, car tu le dois, à sa plus haute expression.

Mais quelle sera la loi de la liberté ? ce sera de se mettre en rapport avec l'intelligence. Développer son énergie personnelle suivant des règles générales, voilà l'homme ; combiner sa liberté individuelle avec l'empire des idées nécessaires, voilà son devoir et sa destinée. Tâche laborieuse sans doute, problème qui a fatigué ceux qui nous ont précédés, et sur lequel sont destinés à venir s'exercer ceux qui viendront après nous ; mais ni la liberté ne peut s'absorber dans le sein de la nécessité, ni la nécessité s'évanouir devant la liberté.

Appelez les lois générales de l'intelligence, destin, providence, dieu, idées absolues ou nécessaires, peu importe ; le fait est toujours le même sous la variété des mots, et à côté de lui subsiste l'activité individuelle de l'homme par laquelle il vit, agit et se meut.

« Si nous avions à détruire, ou la liberté par la provi-
« dence, ou la providence par la liberté, nous ne saurions
« par où commencer ; tant ces deux choses sont nécessaires,

« et tant sont évidentes et indubitables les idées que nous
« en avons ! Car s'il semble que la raison nous fasse paraître
« plus nécessaire ce que nous avons attribué à Dieu, nous
« avons plus d'expérience de ce que nous avons attribué à
« l'homme ; de sorte que, toutes choses bien considérées,
« ces deux vérités doivent passer pour également incontes-
« tables. Donc, au lieu de les détruire l'une par l'autre,
« nous devons si bien conduire nos pensées que rien n'obs-
« curcisse l'idée très-distincte que nous avons de chacune
« d'elles (1). »

Avouons-le toutefois, la liberté rencontre sur sa route deux obstacles tellement puissants, que souvent ils ont fait douter plusieurs qu'elle fût possible : les passions et cette même providence dont parle Bossuet. En examinant les conditions de la responsabilité morale (2), je parlerai des passions : ici revenons à la Providence. Si le monde a une cause, elle est suprême et souveraine, elle doit être omnipotente et omnisavante ; donc elle a tout décrété et tout prévu : et comment alors sommes-nous libres ? Premièrement, nous croyons l'être ; car, si l'humanité ne croyait pas à la liberté, elle ne punirait pas ce qu'elle appelle le mal et le crime, elle n'applaudirait pas à ce qu'elle appelle le génie et la vertu.

Et puis, Dieu, qui est la raison générale, peut-il être contraire à la liberté ? Examinons. En nous débarrassant à la fois et du fatalisme des Turcs et du fatalisme du Portique, reconnaissons que l'homme n'est pas libre sans effort, mais qu'il peut l'être. En effet, doué en même temps d'intelligence, de puissance et de passions, quand il a conçu un but, s'est mis à l'aimer et y marche, il est libre, et n'est jamais plus libre que lorsqu'il nous paraît obéir au plan historique de la providence. Plus l'homme est intelligent, plus il aperçoit sa

---

(1) Bossuet, Traité du libre arbitre, chap. IV.
(2) Livre II, chap. V de la Législation pénale.

destinée et connaît sa nature, plus il est appelé à se mettre en rapport avec les desseins providentiels, à voguer à pleines voiles avec sa liberté vers les destinées qui lui sont imposées à la fois et par lui-même, et par une irrésistible attraction dont le centre est hors de lui. Que l'homme marche donc, qu'il développe son intelligence, qu'il recule la borne de ses idées, qu'il soit libre et puissant : alors il aura du génie ; et, en vertu de ce génie qui n'est qu'un mélange, jeté dans un moule d'artiste, des passions, des idées et de la volonté humaines, il sera à la fois libre et nécessaire, volontaire et providentiel, et ne sera enrôlé qu'en vertu de lui-même sous les drapeaux de l'humanité et de Dieu. Il n'était pas libre à Alexandre de ne pas aller conquérir l'Asie, à Newton de ne pas établir d'une manière positive la loi de gravitation, et cependant ces hommes étaient libres en accomplissant des actes nécessaires. Ainsi, quand même la dialectique de Bayle déconcerterait sur quelques points les saintes et pures croyances de Leibnitz (1), nous n'en croirions pas moins également à la providence, à la règle, aux idées générales, nécessaires, et puis à la liberté, au libre arbitre, au jeu varié et intelligent de la volonté humaine.

Voilà qui nous suffit pour constituer l'individualité de l'homme. Je la saisis dans cette nature humaine à la fois pathétique, idéaliste et volontaire, tout ensemble fière et mécontente d'elle-même ; contenant d'inépuisables trésors de grandeur et d'amertume ; voulant toujours sortir d'elle-même, y revenant sans cesse, devant y revenir sous peine de s'abolir et de s'effacer ; dévorée d'une soif inextinguible de dévouement et d'égoïsme, du besoin contradictoire de s'oublier et de s'exalter ; courant s'abîmer tour à tour dans la volupté, dans la science, dans la religion : et cependant elle, toujours elle, indestructiblement elle.

(1) Voyez Essais de Théodicée sur la bonté de Dieu, la liberté de l'homme, et l'origine du mal.

CHAPITRE III.

DU DROIT. — DE LA SOCIABILITÉ. — DE LA POLITIQUE.

Si l'homme a des passions, il a besoin d'aimer ses semblables, de s'en approcher, de mettre en commun avec eux ses idées et ses espérances, et de leur demander assentiment, approbation, applaudissement. S'il peut vouloir, il a besoin de s'adresser à d'autres volontés ; et si pour lui-même il a soif de conviction, pour les autres il a soif de prosélytisme.

Sous toutes les faces l'homme est sociable. Animal politique, comme dit Aristote, il ne vit que d'accointance, de compagnonnage et de communication. Aussi il se fait une famille, une patrie, un monde, poursuivant partout le plan et le but d'une association, d'une unité morale au sein de laquelle il puisse se trouver à la fois heureux et libre.

Libre ! voilà le côté saillant et délicat de la sociabilité. L'homme rencontre des êtres qui lui ressemblent parfaitement. Alors il conçoit qu'il a le devoir de respecter ceux qu'il appelle ses semblables, et qu'il a le droit d'en être respecté lui-même ; qu'entre lui et eux il y a identité, et partant équation de droits et de devoirs. Ainsi la première notion de droit se produit sous une forme négative, restrictive. C'est pour l'homme la reconnaissance obligatoire, mais inactive, de sa propre liberté et de celle des autres.

Ce n'est pas tout ; et jusqu'ici la sociabilité humaine n'est pas complète. Du sentiment de la liberté réciproque et de l'égalité mutuelle, l'homme passe ou revient au besoin de sympathie et d'association. Le premier sentiment était individuel, abstrait ; c'était le cri d'une indépendance innée et d'un égoïsme indestructible. L'autre est l'élan d'une expansion généreuse, la preuve d'une attraction irrésistible, d'une solidarité qui constitue les familles, puis les peuples, et d'humaine devient nationale.

La liberté individuelle et l'association constituent donc la sociabilité. Voilà les deux idées fondamentales de toute politique, et qui priment par leur importance toutes les recherches sur les meilleures formes de gouvernement. Il nous est facile maintenant de résoudre cette question : Y a-t-il ou n'y a-t-il pas un droit naturel? Il y en a un. C'est ce droit tout à fait naturel de maintenir sa liberté, de la développer, de la grandir et de lui faire porter des fruits toujours nouveaux. Mais il n'y a pas de droit naturel, si l'on veut entendre par ces mots une espèce de code de principes formulés, véritables entités scolastiques que les révolutions sociales trouveraient immobiles. [Le droit est tout ensemble un élément toujours un et toujours progressif, ineffaçable et changeant, toujours le même et toujours divers.]

Si dans l'homme abstrait les rapports intimes de l'intelligence et de la volonté sont clairs et frappants, combien davantage dans l'image si vive de la sociabilité? Quand les peuples réclament-ils une liberté plus grande? quand ils sont plus éclairés. A quel titre la demandent-ils? à raison de leurs lumières et de leurs progrès. Pourquoi, dans la jeunesse d'un peuple, l'aristocratie, qui est la liberté de quelques-uns, est-elle vraiment légitime? parce que le reste du peuple, dénué de la capacité, et par conséquent du droit d'être libre, vit alors sous une tutelle raisonnable. Pourquoi ce même peuple arrivé à sa maturité, la démocratie, cette liberté de tous, devient-elle aussi légitime? parce qu'à l'ignorance ont succédé l'instruction, la lumière et la moralité. Apprendre à lire au peuple, c'est donc le rendre libre, le convier pour l'avenir à l'égalité de tous les droits, et préparer des révolutions bienfaisantes. Plus nous avons d'idées, plus nous avons de droits. Le catalogue de nos idées et de nos droits est parallèle, ou plutôt il est identique.

L'intelligence et la liberté ne sauraient donc se passer

l'une de l'autre, et partout où elles ne se trouvent pas associées, il y a erreur et mensonge. Par où débutent les sociétés ? par la théocratie. Elle n'est autre chose que le symbole de l'intelligence au maniement des affaires. L'homme alors ne revendique pas la liberté, parce qu'il ne saurait pas en faire usage ; il réclame peu d'activité politique, car la provision de ses idées est encore chétive et peu abondante. Il se soumet non-seulement sans chagrin, mais avec plaisir. Plus tard, il se sentira plus fort, plus intelligent, et sans nier la cause suprême qu'il adore, il s'émancipera et voudra devenir citoyen actif du monde. Quand cette heure a sonné, quand la théocratie a disparu, elle a disparu pour jamais : [on ne rebrousse pas sur la route de l'histoire] Elle était légitime, elle est devenue impossible.

On a beaucoup parlé des gouvernements paternels : bien pour le passé, mais on aurait tort de tomber dans des redites. Les gouvernements ont pu être paternels, et beaucoup l'ont été de bonne foi. Nous n'avons pas besoin de calomnier l'histoire ; mais les gouvernements qui voudraient l'être encore se tromperaient de mission. Qu'ils soient moraux, civilisateurs, puissants ; mais qu'ils ne jouent plus le rôle de tuteurs envers des nations, qui ne sont plus leurs pupilles et ont dépouillé la robe de la minorité.

Ainsi le peuple, la démocratie, est debout. Que faut-il faire? l'éduquer et l'instruire. Ah ! versez la lumière sur la tête du peuple, vous lui devez ce baptême. [La véritable politique est dans la marche des idées qui seules amènent les révolutions fécondes.]

La révolution française est le résultat de la philosophie du dix-huitième siècle. Législative et philosophique par la Constituante, guerrière et foudroyante par la Convention, elle se personnifia dans un soldat héroïque qui avait escaladé le Saint-Bernard et l'empire, et qui jeta la pourpre impériale sur sa redingote grise. Alors elle fit le tour de l'Europe, s'aboucha avec l'Allemagne, qu'elle visita un peu rudement, ce fut son inconvénient, et dans cette conférence l'esprit allemand et l'esprit français firent connaissance et s'estimèrent. La restauration fut une époque salutaire de calme, d'études, de répit et de réflexions. Mais sous son règne, et ce fut une illusion dont on peut d'autant mieux parler que beaucoup l'ont partagée, on s'imagina que la révolution française s'arrêtait dans sa marche conquérante ; on voulait bien lui reconnaître des instincts généreux, mais on inclinait à croire que son principe même était faux et impuissant ; qu'il fallait s'y prendre d'une autre façon ; capituler avec les choses, tourner les positions et entrer sur tous les points en compromis. Les faits ont prononcé, et le principe de 1789, suspect et méconnu, a reparu victorieux ; il est aujourd'hui sur le trône.

Ainsi, le mouvement européen qui, par un rare privilége, est pour nous un mouvement national, ayant repris son cours légitime, la philosophie, c'est-à-dire les idées doivent imiter la révolution. Comme les peuples, il faut que les idées reprennent l'offensive ; il faut ressaisir l'étendard philosophique, et le porter plus loin. Non [la philosophie n'est pas faite pour tout accepter et pour tout absoudre, pour assister les bras croisés au spectacle du monde, pour rester apathique et neutre entre le bien et le mal ; il faut qu'elle opte, qu'elle ait ses préférences, son enthousiasme.]

Quelques-uns ont dit que toutes les combinaisons d'idées avaient été épuisées ; eh ! la science politique est dans son enfance. Cette discipline sociale, qui pose et cherche à résoudre le problème de l'association humaine, est riche en auteurs, mais pauvre en résultats. Faites l'addition de ses découvertes positives ; vous lui trouverez d'immenses devoirs pour l'avenir, peu de droits à l'orgueil pour le passé. Le mouvement philosophique de la restauration a porté ses fruits ; il est consommé ; il en appelle un autre : car [c'est un devoir de tenir toujours les idées non-seulement au niveau, mais au delà de la liberté légale d'un pays.]

CHAPITRE IV.

DE LA SCIENCE.

Comment l'homme, en face du monde qui l'environne et qui l'enserre, lui résiste-t-il? par la pensée. Faible dans sa nature physique, il ne dompte, il ne domine le monde que parce qu'il le comprend; et le développement le plus général de la pensée est la science, dont il faut chercher les conditions.

Deux directions se la disputent et se la partagent dès l'aurore de son avénement : croyance et hypothèse d'une loi primitive; croyance exclusive à l'expérience. D'une part les penseurs ont dit : Il est un point central dont les sciences ne sont que les rayons, et toutes les disciplines humaines ne sont que des dégradations variées d'une incorruptible unité : donc la mission de la philosophie est de rallier tous ces fragments épars et de les faire refluer vers le centre dont ils émanent. Tel est l'article de foi et l'hypothèse sur laquelle se fonde la moitié de la science humaine. Platon en est à la fois le prêtre et le démonstrateur. Dans le *Thétète* il établit par sa dialectique qu'il y a une science que ne donnent ni la sensibilité ni l'expérimentation. Dans le *Parménide* il édifie, sur les ruines de sophismes nombreux, la nécessité d'une unité. Dans le *Phèdre*, dithyrambe plein d'éclat et de pétulance, où la jeunesse du philosophe s'élève aux idées par les images, par l'ode à l'ontologie, il plonge un œil audacieux dans les sources resplendissantes de l'éternelle beauté. Or, depuis Platon jusqu'à Schelling, la pensée humaine a poursuivi d'une aile intrépide, que n'ont pas brisée les tourmentes du scepticisme, cet élan de foi et de poésie vers la science divine.

Dans les temps modernes, un contemporain de Shakespeare et de cette illustre époque où l'Angleterre, sous le sceptre d'une femme, régénérait l'art et la philosophie, Bacon fit pour l'observation et l'expérience ce que Platon avait fait pour l'idéal. Dans son *Novum organum*, et dans son traité *De Dignitate et Augmentis Scientiarum*, il trace les règles de la méthode expérimentale. Voici sa théorie de l'induction :

APHORISMUS XIX (1).

« Duæ viæ sunt, atque esse possunt ad inquirendam et in-
« veniendam veritatem. Altera a sensu et particularibus advo-
« lat ad axiomata generalia, atque ex iis principiis eorumque
« immota veritate judicat et invenit axiomata media : atque
« hæc via in usu est. Altera a sensu et particularibus excitat
« axiomata, ascendendo continenter et gradatim, ut ultimo
« loco perveniatur ad maxime generalia : quæ via vera est,
« sed intentata. »

. . . .
. . . .

APHORISMUS XXII (2).

« Utraque via orditur a sensu et particularibus et acquies-
« cit in maxime generalibus. Sed immensum quiddam discre-
« pant ; cum altera perstringat tantum experientiam et par-
« ticularia cursim, altera in iis rite et ordine versetur ; altera
« rursus jam a principio constituat generalia quædam ab-
« stracta et inutilia, altera gradatim exsurgat ad ea quæ
« revera naturæ sunt notiora. »

Ainsi pour Bacon, qui s'insurgeait contre la scolastique, des deux méthodes qui peuvent mener à la vérité, la première,

(1) Novum Organum, liber primus, digestus in aphorismos.
(2) *Ibidem*.

c'est de s'élancer sur-le-champ à des axiomes généraux, et de cet apogée de descendre aux axiomes intermédiaires ; l'autre, au contraire, pénètre dans les faits particuliers, les observe, et en abstrait une généralisation qui s'élève graduellement à ces axiomes, dont l'autre méthode descendait *a priori*. Voilà la véritable route. Mais elle attend encore des esprits qui s'y engagent. Et cependant on y recueillerait des résultats aussi féconds que les généralités *a principio* sont pauvres et chimériques.

Bacon rétablissait la nécessité et les droits de l'expérience, et méconnaissait en même temps les lois de l'intelligence, qui sont le point de départ légitime de l'idéalisme. Car dans cette phrase, *utraque via orditur a sensu et particularibus*, et plus explicitement encore dans d'autres passages, s'il veut dire que la pensée est non-seulement provoquée par la sensibilité, mais n'est elle-même que la sensibilité transformée, il défigure un fait fondamental, indestructible, clairement observé par Aristote et par Kant : savoir que l'esprit humain a des conditions et des formes nécessaires mises en mouvement par la sensibilité, mais qui s'en distinguent, et qui tout ensemble réfléchissent le monde et le formulent. Mais heureusement la méthode de Bacon, aussi légitime et aussi salutaire dans l'étude de l'homme et de l'histoire que dans celle de la nature, comprend virtuellement l'observation de tous les faits, alors même que Bacon lui-même peut en méconnaître quelques-uns.

Sortons de ces détails psychologiques pour apprécier la mission de la science dans chaque siècle. Si la sociabilité humaine est progressive, la science devra l'être également, se développer en se détruisant d'époque en époque ; car l'homme n'avance qu'en réagissant contre lui-même : la réaction contre l'histoire est une révolution ; la réaction contre la philosophie est un système nouveau. Au dix-septième siècle, la conception de Bacon renverse la scolastique et restaure les sciences physiques et morales. Le dix-huitième, époque pour la France d'une vive fermentation dans la pensée, et d'une gloire littéraire qui sut être neuve après les contemporains de Louis XIV, fut travaillé néanmoins d'une pauvreté singulière dans les bases primitives de sa philosophie. Il hérita de la conception de Bacon, et se contenta de la reproduire, plan, divisions, classification des connaissances humaines en histoire, poésie et philosophie. L'Encyclopédie, instrument de révolutions, s'enrichit des dépouilles du philosophe anglais, de Bayle, de Spinosa, de l'érudition de Brucker; grâce surtout à la persévérance, à la fougue de Diderot; grâce, après lui, à l'esprit calme, lumineux et froid de d'Alembert. Pas de conception originale, mais une exécution hardie, opiniâtre; morceaux brillants, effusions parfois éloquentes, secours heureux prêtés par Voltaire et Montesquieu, et, par-dessus tout cela, même ardeur dans tous les rangs de la cohorte philosophique. Le siècle s'était cotisé pour détruire : le monde sait aujourd'hui comment il a rempli sa tâche.

N'avons-nous pas l'instinct d'un autre édifice, d'une encyclopédie qui édifie et non plus qui détruise? Chaque science, la philosophie, la législation, l'histoire, la médecine, n'ambitionne-t-elle pas d'arriver à des résultats généraux, d'agrandir la circonférence dans laquelle elle se meut, d'en trouver le véritable centre, et d'en faire un monde? Elles sentent toutes qu'elles doivent travailler à être elles-mêmes, à former un système complet, puis à se rallier à quelque chose de plus un, de plus simple, c'est-à-dire à une unité qui les coordonne. On dirait qu'elles désirent cette commune alliance vers laquelle gravitent les nations. Alors, le temps venu, les sciences, à la fois profondément cultivées et généralisées, pourront se présenter devant une conception ultérieure, et se réunir en faisceau pour servir de base à une encyclopédie positive. Il serait prématuré de vouloir aujourd'hui généraliser la généralité même, et brusquer l'histoire de l'esprit humain et du monde. Il faut encore creuser et élargir chaque sillon, ajourner la conclusion et le dogmatisme.

CHAPITRE V.

DE LA RELIGION.

La science seule ne suffit pas pour expliquer la vie de l'homme. Le marin qui fend les mers, le voyageur qui se fie, pour abréger les distances, à ces appareils de l'industrie que vient d'animer la vapeur, se sont-ils rendu compte du mécanisme qui fait leur sécurité et protége leur existence? Leur présence est un acte de foi, et, sans savoir par eux-mêmes, ils croient aux assertions et à la puissance de leurs semblables. Fichte l'a dit avec vérité : *Nous marchons dans la foi.* En effet, combien souvent agissons-nous, non par une conviction rationnelle et dialectique, mais par une conviction crédule, qui nous fait ajouter créance à des choses dont nous ne nous sommes pas rendu un compte rigoureux et positif? La foi est donc une disposition naturelle à l'homme; il croit naturellement. Mais à quoi doit-il croire? A quoi doit-il appliquer sa foi? Le domaine de la foi et celui de la raison ne sont-ils pas en aspect continuel? et l'un ne diminue-t-il pas à mesure que l'autre s'agrandit? Voilà la question.

Nous ne nous contentons pas des abstractions de la pensée. Pourquoi ce peuple court-il aux théâtres, aux temples? parce qu'il lui faut les plaisirs et les festins de l'imagination : imagination qui électrise les multitudes, en leur représentant, sous des formes vivantes, les idées qui leur sont naturelles et chères; qui poursuit l'homme de ses songes, de ses apparences, jusque dans l'isolement le plus complet de la vie et de la pensée, et dont le prisme inépuisable fait d'un monde auparavant inanimé la forêt enchantée du Tasse.

Est-ce tout? Oh! nous avons dans le cœur une autre disposition à satisfaire, le sentiment. Schiller a dit que sur des rives inconnues, dans une mystérieuse vallée, paraissait à chaque printemps une jeune fille, belle et merveilleuse ; elle n'était pas née dans la vallée, on ne savait d'où elle venait, et dès qu'elle prenait congé des pauvres bergers, sa trace était perdue ; cependant son approche était bienfaisante ; tous les cœurs allaient à elle ; elle avait dans ses mains des fleurs et des fruits éclos sous un autre soleil, par un souffle plus fécond, dans une nature plus heureuse que la nôtre ; elle partageait ses dons, à l'un une fleur, à l'autre un fruit ; et chacun s'en allait dans sa maison content et consolé (1).

(1) In einem Thal, bei armen Hirten
Erschien mit jedem jungen Jahr,
Sobald die ersten Lerchen schwirrten,
Ein Mädchen schön und wunderbar.

Sie war nicht in dem Thal geboren,
Man wusste nicht woher sie kam ;
Doch schnell war ihre Spur verloren,
Sobald das Mädchen Abschied nahm.

Beseligend war ihre Nähe,
Und alle Herzen wurden weit.
. . . .
. . . .

Sie brachte Blumen mit und Früchte,
Gereift auf einer andern Flur,
In einem andern Sonnenlichte,
In einer glücklichern Natur :

Und theilte jedem eine Gabe,
Dem Früchte, jenem Blumen aus,
. . . .
Ein jeder ging beschenkt nach Haus.

. . . .
. . . .
. . . .
. . . .

Quelle est donc cette mystérieuse apparition, si ce n'est le sentiment dont l'origine nous est inconnue, qui nous attache les uns aux autres, et dote notre âme d'émotions intarissables et de révélations infinies? Or, si ces trois dispositions de l'homme, la foi, l'imagination et le sentiment, échappent à la science, elles se manifestent par la religion. L'homme ne saurait vivre sans sortir de lui-même, sans s'adresser à autre chose qu'à lui, sans prendre à témoin et en aide une autre puissance; et le sentiment religieux est à sa naissance un rapport individuel de l'homme à Dieu, un élan vers Dieu, et de Dieu un retour de l'homme à lui-même.

Mais une fois mu par ce sentiment individuel, l'homme se rejette vers ses semblables, veut mettre en commun avec eux sa foi et les enchantements de son imagination, de façon que d'individuelles, ses croyances deviennent sociales. Oui, la religion part du sentiment personnel; mais elle apparaît sur-le-champ comme une sensibilité sociale qui rattache les hommes entre eux par la médiation d'une idée qu'ils reconnaissent à la fois supérieure et analogue à leur propre nature.

L'individualité et la sociabilité constituent donc la religion. Pas un sentiment religieux, un peu fort et consistant, qui n'ait produit une société, une tribu, une caste, une secte. Et quel sera le lien et le signe de cette association? le culte, qui fait passer la croyance en actes et en symboles, enchante l'imagination, soulage le cœur, exalte la foi, et, par le secours de l'art qu'il divinise et qu'il purifie, devient une langue populaire et comme le pain quotidien des peuples. Au Vatican sont deux créations divines, l'Apollon et la Transfiguration. Devant ce Dieu armé d'un dédain si sublime, dont l'œil fait baisser le vôtre, dont le front vous appelle à une nature plus qu'humaine, sans cependant vous détacher de la terre; devant ce corps animé d'une indestructible et réelle beauté, le paganisme se révèle tout entier: les livres, les historiens et les poëtes sont impuissants à vous le livrer si vif et si vrai ; mais vous le retrouvez au pied de ce dieu qui vit par le marbre, et résume à lui seul la mythologie d'Homère. Il y a un tableau où des hommes réunis regardent vers une montagne : sur la montagne sont quelques disciples qui paraissent pénétrés d'un amour, d'un regret éternel, et comme frappés d'une religieuse stupeur. Au-dessus de tout cela s'élève une figure resplendissante sur la face de laquelle reluit je ne sais quelle douce et divine lumière : la terre a disparu ; les cieux sont ouverts, c'est la tête de Jésus retrouvée par le pinceau de Raphaël. Des hommes viennent incessamment contempler ce tableau : des philosophes ; ils sont devenus chrétiens : des protestants ; ils se sont faits catholiques ; ils ont cru qu'une religion qui avait inspiré une pareille œuvre était toute la vérité. Tant le symbole est pour l'homme un exemplaire radieux de ce qu'il cherche, de ce qu'il croit et de ce qu'il aime !

La religion est à la fois et successivement une philosophie, un gouvernement, une tradition. La philosophie n'est pas exclusivement la réflexion, un retour sur ce qui est, un repliement de l'homme sur ce qui s'est passé, dit et fait : elle crée, elle conçoit, elle est inspirée. Non-seulement elle cherche, mais elle affirme ; elle n'a pas commencé son rôle par disputer, mais par dogmatiser. Elle a révélé ; croyant puissamment à elle-même, elle s'est fait croire, et s'est imposée aux hommes. Si le doute sépare, l'affirmation rallie ; le scepticisme reste solitaire, le dogmatisme devient promptement social.

Cependant il faut morigéner les hommes qui se sont ralliés à une doctrine ; alors, de philosophie, la religion devient gouvernement, de chercheuse et d'institutrice de vérité, elle se fait conductrice de la société, reine des peuples. A cette époque, la philosophie, profondément satisfaite de son ouvrage, se confond avec la religion, se met à son service, et ne se distingue pas de la théologie. Mais ce gouvernement s'altère, le progrès philosophique s'arrête ; l'amour de la vérité se tarit; la recherche en est suspendue. Alors, des mouvements sourds, des insurrections partielles et timides annoncent la scission et le schisme; la religion présente aux esprits investigateurs, qui les premiers se hasardent à demander quelque compte, l'image sacrée de la tradition : voilà ce que les hommes ont cru, voilà ce qui a été révélé; adorez et soumettez-vous. La philosophie ne se soumet pas; elle reconnaît son ouvrage, mais altéré; ce testament qu'on lui montre, elle en sait mieux qu'un autre l'origine et la valeur; elle le respecte; mais elle veut l'interpréter, le changer quelquefois, et, rompant avec la tradition qui se repose dans le passé, elle relève l'étendard de l'esprit humain.

Détruire la philosophie par la religion, ou la religion par la philosophie, est une entreprise également absurde. Elles soutiennent entre elles un rapport perpétuel, qui au fond est une identité. Quand la religion s'arrête, la philosophie poursuit et prépare pour les sociétés d'autres croyances et d'autres symboles.

L'histoire ne nous présente pas d'institution plus salutaire et plus grande que le christianisme. Sous Tibère, on entendit parler à Rome d'une doctrine nouvelle; on disait qu'un Nazaréen, que la tradition sacrée nous représente comme étant d'un génie rêveur et mélancolique, aimant à se promener solitaire le long des lacs et de la mer de Galilée, avait réuni autour de lui quelques hommes, et leur annonçait quelque chose de nouveau. On ajoutait que le peuple suivait, se rassemblait sous les pas de ce prophète, que des prédications se faisaient dans le désert, et que la parole qui s'y reproduisait le plus souvent était que les hommes sont frères et égaux entre eux : innovation coupable contre la légalité païenne.

Après ce fondateur, trois hommes surtout caractérisent et développent le christianisme : saint Paul, Grégoire VII et Luther. Paul commença d'abord par être l'espérance et le vengeur de la synagogue. Il s'est mis en route pour aller châtier et saisir les chrétiens. Que se passa-t-il donc dans son âme sur le chemin de Damas ? par quelle inexplicable péripétie, par quel caprice de la force et du génie, par quel mystérieux entraînement du cœur ce soutien de l'ancienne loi se fait-il l'apôtre de la loi nouvelle, change sa vie et sa destinée par une décision rapide comme l'éclair, et s'engage dans une destinée imprévue et douloureuse ? Il y persévéra. Il élargit la doctrine de Jésus, l'établit sur un panthéisme tout à fait spiritualiste ; puis, génie politique, il soutient et règle les communions naissantes des fidèles, donne aux églises chrétiennes des principes et des exemples de gouvernement, sachant mêler heureusement la douceur et la force, la persuasion et l'autorité, également éloigné du despotisme qui s'impatiente, de cet esprit débonnaire qui se décourage, et il lègue à ses successeurs le christianisme agrandi, développé, déjà doué de la force de mener efficacement les hommes (1). Quand il a mis des siècles à s'emparer de tous les esprits, le christianisme veut gouverner réellement le monde ; et Grégoire VII dénonce fièrement aux empereurs et aux rois cette prétention alors raisonnable, pensée philo-

---

(1) Quelques personnes se sont étonnées de voir une telle importance attachée aux travaux de saint Paul ; elles ont été presque choquées de cette espèce de transformation du christianisme qui lui est attribuée. Mais cette opinion, que nous croyons juste, est déjà quelque peu vieille, et ne nous appartient pas. Plusieurs théologiens allemands l'ont développée ; mais, pour ne citer que deux philosophes, Schelling, dans ses *Vorlesungen ueber die Methode des Academischen Studium*, remarque que le christianisme de saint Paul diffère de la doctrine primitive ; dans le dernier siècle, Boulanger, auteur de l'*Examen critique de saint Paul*, ne s'acharne pas sans motifs sur ce puissant propagateur du christianisme. Lisez son pamphlet virulent, et vous verrez qu'il ne l'eût point ainsi attaqué s'il ne l'eût pas trouvé si grand. Nous dirons seulement ici qu'une lecture attentive de saint Paul, l'examen de ses théories sur le panthéisme, la raison, la foi, le pouvoir, la virginité, etc., et la vue de son administration politique, en font un si grand penseur et un si grand caractère, que c'est surtout au point de vue humain, par l'intervention de cet homme extraordinaire, que s'expliquent les progrès du christianisme.

sophique, mouvement libéral qui a échappé aux préoccupations de Voltaire. Mais l'Allemagne fera subir à l'Italie de cruelles représailles. L'Italie avait mis le pied sur la couronne impériale, sur la tête des princes de la maison salique, et des Hohenstaufen : voici qu'un moine brutal, sorti des cabarets de l'Allemagne, attaque le Vatican, venge le Nord de la dictature du Midi, et soumet la tradition catholique à l'examen inflexible de la raison individuelle. Je me suis toujours figuré dans la pensée quelle belle œuvre serait une Vie de Luther où se réfléchirait dans le lointain le moyen âge, sur le premier plan, le seizième siècle si vaste et si divers, personnifié surtout dans ce Saxon ; puis en perspective et comme en péroraison, cette Europe militante et philosophique qui se débrouille à peine aujourd'hui. En effet, n'assistons-nous pas à la lutte du catholicisme et du protestantisme, de la tradition et de la philosophie? Arrivé au point où nous le voyons, le christianisme est loin d'être sans avenir. Pour ma part, je suis revenu à penser qu'il contient encore des trésors à répandre sur les peuples ; que, roi de la terre pour longtemps encore, ce qu'on lui oppose est tout à fait insuffisant, et qu'on s'est beaucoup trop hâté de sonner ses funérailles.

Lorsqu'une religion se présente comme le développement naturel et progressif de toutes les grandes traditions du genre humain, comme la médiation et l'unité de la nature humaine et de la nature divine, lorsqu'elle sait gémir avec l'homme, parler à sa plus intime nature, faire du péché une occasion de réhabilitation plus précieuse aux yeux de Dieu que l'innocence elle-même; lorsqu'enfin, après dix-huit siècles de vicissitudes et de durée, elle arrive dans une époque profondément démocratique, elle qui se dit peuple par excellence, comment ne pas désirer que cette religion, rassemblant toutes ses forces pour répondre à nos facultés et à tous nos besoins, ouvre à l'homme une nouvelle ère de dignité et de bonheur, autant que le bonheur est accessible ici-bas?

Mais néanmoins, en sa présence, que la philosophie maintienne ses droits. Si elle se réduisait à n'être, comme on l'a répété d'après l'Allemagne, qu'une illustration du christianisme, que le christianisme mis sous une autre forme, sous celle de la réflexion et de la dialectique, à quoi servirait-elle, et que ferait-elle autre chose si ce n'est de donner sa démission? Au sein du paganisme, Socrate et Platon ont annoncé le christianisme; la philosophie a pour devoir de préparer les révolutions religieuses, et, loin de se confondre avec la tradition, elle doit poursuivre d'un pas ferme; c'est l'aventureuse courrière du genre humain. Pendant que le christianisme console encore les peuples, les bénit et les aime, que le génie philosophique de la France reprenne son vol et s'engage à la découverte.

Il y a duel éternel dans le monde entre la tradition et l'innovation, et surtout après une révolution qui a remué profondément les âmes et les féconde en les exaltant: elle les tire du scepticisme et de cette indifférence si énergiquement reprouvée par un prêtre éloquent (1). L'antique religion veut reverdir sur ses rameaux, la philosophie reprendre le cours de ses conquêtes; saints combats de l'intelligence, vous seuls devez n'avoir ni suspension ni trêve.

(1) M. de Lamennais.

LIVRE DEUXIÈME.

DE LA SOCIÉTÉ.

CHAPITRE PREMIER.

DE L'ÉTAT. — DE LA LOI. — DU POUVOIR. — DE LA LIBERTÉ.

L'individualité est à la fois la racine et l'harmonie des facultés humaines. C'est dans cette forme, sortie de la nature des choses, que se donnent rendez-vous, pour se développer de concert, les éléments qui constituent l'homme. L'homme veut sortir de lui-même, mais à la condition d'y rentrer ; il demande aux passions d'orageuses et sublimes distractions ; mais, s'il en est le jouet, il abdique l'humanité parce qu'il n'a pas gardé sa liberté. Il demande aux idées des révélations magnifiques, mais les idées ont aussi leurs tourbillons, elles vous emportent ; et alors encore, si sur cette pente vous cessez d'être libre, vous cessez d'être homme. L'individualité est donc la première manifestation de l'humanité ; mais il en est une autre : la société.

Je définirai la société : le concert de tous les êtres semblables pour travailler en commun à leur développement ; je dis développement, et ce mot contient tout. Il implique conservation et reproduction. La société ne peut se développer qu'à la condition de se conserver. Elle ne saurait se conserver qu'à la charge de se reproduire : mais la conservation et la reproduction ne sont pas le but, elles ne sont que les moyens. Le but de la société, c'est le développement.

Il ne saurait être ni utile ni philosophique d'aller chercher les expériences de l'histoire dans leur plus petit format, je veux dire de s'engager au début d'une philosophie historique, dans l'exploration, soit de la vie sauvage, soit de la vie nomade, soit même de ces hordes conquérantes qui ravagent et fondent les États. Mais en allant directement au développement le plus complet et le plus normal de la société, l'observation de ses éléments sera plus claire et plus positive. Or, tout État constitué repose sur trois idées fondamentales : la loi, le pouvoir et la liberté. Voilà pourquoi les peuples se remuent, voilà la source du bonheur social.

Nous concevons le bien moral, homme ou peuple ; et nous en appelons l'expression, la loi : règle de nos actions et de la sociabilité.

Mais voici quelque chose de plus général encore : pas un phénomène n'apparaît, pas un être animé ne vit, pas un insecte ne se meut, pas une fleur ne brille sans sa loi. La loi est le *substratum* de tout ce qui est ; et je la définirai volontiers la source et le rapport de tous les rapports possibles.

Prenez un phénomène isolé : il a une vie propre ; il se développe en vertu de sa loi. Donc, avant de l'avoir mis en rapport avec quoique ce soit, vous le voyez nécessairement doué d'une loi. Mais comparez-le, saisissez-le dans son contact avec un autre phénomène ; vous verrez ce dernier soutenir avec le premier sujet de vos observations, un rapport. Vous en conclurez que cet autre objet a quelque chose aussi en vertu de quoi il peut soutenir cette relation, c'est-à-dire sa loi ; donc la loi, dans son expression la plus générale, est à la fois la source des rapports et le rapport des rapports. Je ne fais ici que commenter Montesquieu, qui a dit que les lois, dans leur signification la plus étendue, sont les rapports nécessaires qui dérivent de la nature des choses. Mais cette définition excellente a peut-être l'inconvénient de ne pas faire voir assez que les objets, indépendamment de leurs rapports entre eux, ont leurs lois qui les constituent et les animent.

Cicéron a défini la loi *Ratio profecta à natura rerum;* puis, quand il veut parler de cette loi générale qui transgresse les limites de la nationalité, qui n'est pas différente à Rome et à Athènes, se retrouve dans tous les temps et chez tous les peuples, il dit : *Lex naturæ congruens;* c'est-à-dire la loi est tout ensemble la conformité à la nature, et le résultat de cette nature des choses.

Le peuple hébreu montre dans son histoire le développement le plus complet de l'idée de la loi. Dans la théocratie légale de Moïse, la loi constitue l'identité de la politique et de la religion, inscrite en caractères sacrés au frontispice du temple ; elle a été donnée par Dieu, et suit le peuple dans tous les actes de sa vie : tant cette religion hébraïque est politique, extérieure et sociale. Chez les Grecs, la loi indique un départ et un équilibre entre les intérêts des hommes ; νέμω (1). La loi pour les Romains est sortie d'un duel entre les patriciens et les plébéiens, entre l'initiative superbe des premiers et les réclamations persévérantes des seconds. Aussi est-elle douée cette fois de la conscience énergique du droit : *jus, jura, un droit, des droits,* voilà ce qu'elle réclame et ce qui la constitue.

Règle fondamentale des sociétés humaines, la loi est invoquée partout : la théocratie parle en son nom ; le conquérant lui demande de sanctionner son glaive ; le despote veut s'appuyer sur elle ; le révolutionnaire la revendique. Or, quel est son caractère ? En d'autres termes, y a-t-il un droit divin ?

Notre tendance est la vérité. Nous la concevons. D'une manière absolue ? évidemment non. Car alors la science qui est une déduction, et l'histoire qui est un combat, n'existeraient pas. Nous ne concevons la vérité que d'une manière relative : les traductions que nous en faisons sont incomplè-

---

(1) Voyez liv. IV, chap. II, l'explication de δίκαιον et de δικαιοσύνη.

tes, altérées; et cependant, au moment où on l'annonce, où un législateur la proclame, où un philosophe l'écrit, ils ont l'inévitable illusion de nous l'offrir tout entière : de là le dogmatisme, sans quoi l'humanité ne marcherait pas; car si ces hommes gardaient assez d'indépendance d'esprit dans leur enthousiasme pour faire des réserves, nous ne les croirions pas. La loi et le bien sont des idées générales, universelles; mais elles se développent d'une manière particulière, successive, locale, et partant, misérable. La loi est divine, car l'homme ne la fait pas : il cherche à l'interpréter, à la lire. L'ordre est divin, car il ne relève pas de l'arbitraire de l'homme, mais lui est imposé par la nature des choses. C'est en ce sens que le droit est divin.

Mais y a-t-il un droit divin en cet autre sens, qu'une fois formulé et tombé dans des textes éternels, il ne change ni ne varie, et frappe les sociétés d'une immobilité qu'elles ne pourraient secouer? singulière façon d'interpréter et d'honorer Dieu, que de lui attribuer sur la terre une imperfection immuable. Les lois sociales sont dans leur développement ce qu'il y a de plus mobile dans l'humanité; cette mobilité des institutions en constitue l'histoire; à chaque instant la borne se déplace, et, s'il m'est permis d'employer ce terme, certain que je suis qu'il sera compris, Dieu lui-même, essence de la loi, ne se développe dans les sociétés que progressivement.

Si tout acte de l'homme implique le mélange des passions, de l'intelligence et de la volonté, tout fait social présente l'alliance de la loi, du pouvoir et de la liberté. L'analyse seule distingue et sépare. Le pouvoir est le bras de la société. Vouloir l'affaiblir et l'amaigrir est peu sage, car la stabilité sociale se mesure sur sa force.

Maintenant à quelle condition le pouvoir peut-il être et durer? En servant les idées et les intérêts de la société. Lors même qu'il la prime en intelligence, il ne puise sa force que dans elle. Il la représente parce qu'il la conçoit tout à fait : il en est à la fois le serviteur et le chef, le soldat et le général. Rien par lui-même, tout par les autres, sa puissance consiste à représenter ceux qui le suivent, à ne pas se séparer de la foule qui est derrière lui ; car si, par hasard, l'imprudent en se retournant apercevait entre lui et les autres un large espace qui serait un abîme, s'il était seul, il tomberait.

Qu'est-ce que la légitimité ? Tout pouvoir veut être légitime ; il en a le besoin et le désir. Quelle est la source de la légitimité ? La durée ou le mérite ? L'antiquité ou les services présentement rendus ? Avoir été ou être ? C'est être. Le pouvoir dans une société est aimé, puissant ; il fait les affaires du peuple, il l'éclaire, l'élève : alors il est légitime. Il n'y a pas dans l'histoire et chez un peuple d'hypocrisie possible, et la popularité est le signe irrécusable de la légitimité des gouvernements. Mais les peuples se détachent ; les murmures éclatent ; le pouvoir a cessé de comprendre et de satisfaire la société ; il en est averti par une révolution ; et ici je ne parle pas de séditions folles, de troubles avortés : il n'est plus légitime.

Ce serait une doctrine commode, celle qui mettrait la légitimité dans la durée. Et voici comment cette illusion s'est faite dans l'esprit de quelques-uns, et comment elle a été volontairement exploitée dans l'intérêt de quelques autres. Tout pouvoir qui sert et satisfait un pays dure ; cette durée se prolonge et devient un fait acquis ; ce sont pour ainsi dire les états de service de ce pouvoir : alors ses partisans en tirent un argument (et la théorie historique de la légitimité est là tout entière) : ce pouvoir a duré pendant longtemps ; il fut aimé, vénéré, puissant ; donc il a été légitime. Oui. — Donc il sera toujours légitime. Non. — Un homme peut ne paraître que douze ans dans l'histoire, et s'y installer d'une manière tout à fait légitime. Qui a jamais contesté la légitimité de Napoléon à Austerlitz et à Iéna ? Pas plus qu'on n'a contesté celle de Louis XIV. Soyez fort, marchez à la tête de votre siècle et de votre peuple, vous serez légitime ; car vous mériterez bien de votre pays, et encore une fois vous, pouvoir, vous n'êtes au-dessus de nos têtes qu'à la condition de nous servir.

La doctrine historique de la légitimité est fille de la féodalité. On a voulu régler les droits au trône sur l'héritage du fief, et traiter les peuples comme la seigneurie de Robert le Fort.

Quoi de plus légitime que le patriciat romain? Il avait fondé Rome; le premier il avait mis la main dans les destinées de la ville éternelle, et fut longtemps investi d'une incontestable légitimité. La démocratie n'arriva que la seconde au partage; elle revendiqua son droit et sa liberté par ses tribuns, par Canuleïus, par les Gracques, par la terrible épée de Marius, dont la cause triomphe même après la mort paisible de Sylla, et trouve dans César un vengeur qui relève les statues et continue l'entreprise de l'exilé de Minturnes. Le patriciat succombe, et cependant Sylla n'a pas ménagé le sang. La cause démocratique devient légitime à son tour sous la pourpre de César, et supplante la liberté patricienne, cette vieille liberté aristocratique de Scipion Nasica et de Cornélius Sylla.

La légitimité dans son principe est philosophiquement vraie; elle participe du caractère universel de la loi et de Dieu, mais à travers l'histoire elle change de représentants et de costume, et il ne faut pas vouloir en faire une borne immobile. Je ne sache pas que l'Angleterre ait été si fort déconcertée par les souvenirs turbulents qui combattaient la dynastie nouvelle; et malgré Culloden, où le prétendant réclamait son droit soixante ans après, Guillaume III était légitime en posant le pied sur le sol anglais (1).

(1) Dans cette théorie de la légitimité du pouvoir, j'étais injuste envers le passé, dont je méconnaissais la puissance morale; j'étais aussi en contradiction avec moi-même, puisque, quelques pages plus haut, j'insistais sur l'autorité nécessaire de la tradition. Dans la légitimité du pouvoir, il y a trois éléments : 1° le principe philosophique, que tout pouvoir émane de la raison générale, de Dieu : *Omnis potestas à Deo*; 2° la tradition historique; 3° la force dans le présent, et les services rendus par cette force.

(*Note de la 3° édition.*)

J'arrive à la liberté. Ici plus que jamais se montre l'insuffisance de l'analyse; car comment concevoir la liberté politique sans la bonté de la loi et la légitimité du pouvoir? La liberté est le résultat et l'harmonie de tous les éléments de la sociabilité. Elle est l'ordre organique, l'ordre en action. Que prouve chez un peuple une insurrection, si ce n'est qu'un ordre nouveau tend à s'établir sur les ruines de l'ancien? Partout où la légalité est mauvaise, où elle est judaïquement interprétée, vous verrez la moralité sociale se soulever : il y a souffrance, schisme, douleur, révolution. Que les révolutions soient philosophiques, religieuses, sociales, elles sont toujours l'indice d'innovations nécessaires qui ont besoin d'être satisfaites; elles sont pour ainsi dire l'entrée en scène de la liberté politique, mais elles ne sont pas la liberté même.

La liberté sociale concerne à la fois l'homme et le citoyen, l'individualité et l'association : elle doit être à la fois individuelle et générale, ne se concentrer ni dans l'égoïsme des garanties particulières, ni dans le pouvoir absolu de la volonté collective; principe essentiel que confirmeront les enseignements de l'histoire et les théories des philosophes.

L'insurrection qui déchire la légalité quand elle est corrompue et perfide est dans l'histoire des peuples un accident terrible et nécessaire, que les progrès de la sociabilité tendent de plus en plus à supprimer. Voilà l'exemple et le bienfait que l'Europe doit à la constitution anglaise ; elle nous montre la liberté politique, surtout comme une résistance ; elle fait sortir de l'action du gouvernement et de la réaction parlementaire un développement oscillatoire et harmonique qui avance toujours sans se précipiter jamais : rouage merveilleux de l'industrie politique, si son mécanisme parvient aujourd'hui à se corriger lui-même, à suffire et à s'adapter aux mouvements accélérés de la civilisation.

Mais, si la liberté moderne a trouvé jusqu'ici dans la constitution anglaise sa manifestation la plus complète et la plus sage, elle n'en est pas moins indépendante de toutes les formes : destinée à les user, à leur survivre, à ne s'incorporer éternellement dans aucune. Dans le dernier siècle, Mably et Rousseau ont écrit que la liberté, patrimoine exclusif de l'antiquité, était presque impraticable aux temps modernes : erreur dont a fait justice surtout Benjamin Constant, qui cependant, nous le verrons, a méconnu un des caractères de la liberté sociale. Les progrès de l'émancipation politique sont sensibles chez les modernes. La liberté commence sa carrière par briller à Athènes au sein de cette jeune et gracieuse république, où vingt mille citoyens, l'élite du monde, s'occupaient tour à tour de ce que l'esprit a produit de plus enchanteur et de plus profond ; où l'on se préparait dans les jardins de l'Académie aux combats de la tribune ; où le même peuple qui écoutait Périclès riait aux comédies d'Aristophane, et avait peur aux drames d'Eschyle : où mieux qu'en aucun lieu du monde s'est développée la liberté des mœurs, la philosophie et l'éloquence. Sparte, fondée sous la sombre inspiration du génie dorien, combat comme un seul homme, asservie à une discipline austère contre laquelle la vie du citoyen ne peut avoir ni refuge ni secrets. Rome, qui achète la liberté plus cher encore, la garde plus longtemps et la transmet au monde moderne ; car à la vie antique succède l'individualité des mœurs et du droit civil. Paraît enfin le christianisme, avénement d'une liberté plus féconde et plus complète, véritablement humaine. Des forêts de la Germanie sort l'homme moderne, portant dans le cœur le sentiment énergique de sa force et de son droit personnel : progrès sur la place publique d'Athènes et sur le Forum romain. Désormais la liberté moderne, s'appuyant sur le christianisme, présente chez tous les peuples, progressive à toutes les époques, s'accommodant de toutes les formes, de la théocratie romaine comme de la monarchie royale, arrivant à la monarchie représentative, affranchissant l'Amérique, éclatant en 1789, relevant son drapeau en 1830 ; la liberté, cette volonté de Dieu, cette destinée des peuples, a toujours poursuivi sa course ; c'est à nous à marcher sur ses traces d'un pas ferme et courageux.

Ayons les mœurs de la liberté, puisque nous la possédons. Nous sommes, avec l'Amérique et l'Angleterre, le peuple le plus libre : l'Amérique a sur nous certaines supériorités ; l'Angleterre également; nous en avons sur elles deux : espèce d'enseignement mutuel où il sera glorieux d'être plus souvent qu'un autre le moniteur. Des mœurs et des passions sociales doivent succéder aux habitudes d'un égoïsme étroit et calculé : associons-nous ; sachons nous réunir pour débattre nos intérêts, nos idées et nos droits avec calme, fermeté, sans factions. Soyons libres comme des hommes libres, et non pas comme des affranchis ; et portons dans notre vie de citoyen cette sérénité de la force qui se connaît et se possède.

CHAPITRE II.

DU DROIT DES GENS — DE LA PAIX ET DE LA GUERRE.

Une nation, pas plus que l'homme, ne saurait se suffire à elle-même. Elle aussi cherche à sortir de sa sphère, et a besoin de se mettre en rapport avec d'autres associations. Une tribu n'a pu longtemps exister sans songer à s'enquérir si autour d'elle, par delà la montagne qui la couvrait et la protégeait de ses flancs, il n'y avait pas une autre peuplade, d'autres hommes. Puis on échangea le superflu contre le nécessaire ; il y eut commerce ; un lien se forma entre deux sociétés naissantes : fait qui n'est pas purement industriel, car il y a commerce de sentiments comme de marchandises, échange d'idées comme de produits. Les peuples se cherchent d'abord, poussés par leurs besoins, mais ils se touchent ensuite par leurs pensées et leurs affections morales.

La terre fécondée par l'agriculture fut au commencement l'unique théâtre de cette industrie naissante ; mais un autre élément vint provoquer l'audace de l'homme : loin de la glacer d'effroi, le spectacle de la mer excita son aventureuse curiosité, et, en triomphant de cet élément, il abrégea tout ensemble l'espace et le temps. Hégel, dans son *Droit naturel* (1), remarque fort bien que la mer rapproche les hommes au lieu de les séparer ; et il blâme Horace d'avoir dit :

> . . . . Deus abscidit
> Prudens Oceano dissociabili
> Terras. . . . .
> (Carmin., lib. III.)

La navigation vint, après l'agriculture, réunir et civiliser les sociétés. Les Phéniciens (2), Carthage, la Hollande et l'Angleterre ont surtout rempli cette mission dans l'association des peuples. Mais ces relations pacifiques en appellent une autre bien différente : la guerre. L'homme aime et recherche son semblable à la condition de pouvoir le haïr. Cette loi des individus régit les peuples.

Je ne veux pas, en légiste scolastique, prouver : 1° que la guerre est juste ; 2° qu'elle est utile ; 3° par voie de conséquence, qu'elle est nécessaire. Il faut prendre la chose et de plus haut et plus simplement. La guerre est dans la nature des choses. De même qu'elle est dans le monde physique qui ne vit que par l'opposition, de même elle est dans l'histoire qui ne se développe que par la lutte. Un éloquent écrivain s'est chargé de prouver en quelques pages l'éternelle présence de la guerre ; laissons-le parler :

« L'histoire prouve malheureusement que la guerre est
« l'état habituel du genre humain dans un certain sens :
« c'est-à-dire que le sang humain doit couler sans interrup-
« tion sur le globe, ici ou là, et que la paix, pour chaque
« nation, n'est qu'un répit.

---

(1) Page 234.
(2) Voyez, sur ce peuple, Heeren : *De la politique et du commerce de l'antiquité*. C'est une des parties les meilleures de son livre.

. . . .
. . . .

« Le siècle qui finit commença, pour la France, par une
« guerre cruelle qui ne fut terminée qu'en 1714 par le traité de
« Rastadt. En 1719, la France déclara la guerre à l'Espagne.
« Le traité de Paris y mit fin en 1727. L'élection du roi de
« Pologne ralluma la guerre en 1733; la paix se fit en 1736.
« Quatre ans après, la guerre terrible de la succession autri-
« chienne s'alluma et dura sans interruption jusqu'en 1748.
« Huit années de paix commençaient à cicatriser les plaies
« de huit années de guerre, lorsque l'ambition de l'Angle-
« terre força la France à prendre les armes. La guerre de
« sept ans n'est que trop connue. Après quinze ans de repos,
« la révolution d'Amérique entraîna de nouveau la France
« dans une guerre dont toute la sagesse humaine ne pouvait
« prévoir les conséquences. On signe la paix en 1782 ; sept
« ans après la révolution commence ; elle dure encore, et
« peut-être que dans ce moment elle a coûté trois millions
« d'hommes à la France.

. . . .
. . . .

« Marius extermine dans une bataille deux cent mille
« Cimbres et Teutons. Mithridate fait égorger quatre-vingt
« mille Romains ; Sylla lui tue quatre-vingt-dix mille hom-
« mes dans un combat livré en Béotie, où il en perd lui-
« même dix mille. Bientôt on voit les guerres civiles et les
« proscriptions. César, à lui seul, fait mourir un million
« d'hommes sur le champ de bataille (avant lui Alexandre
« avait eu ce funeste honneur) ; Auguste ferme un instant le
« temple de Janus, mais il l'ouvre pour des siècles en éta-
« blissant un empire électif. Quelques bons princes laissent
« respirer l'État, mais la guerre ne cesse jamais ; et, sous

« l'empire du bon Titus, six cent mille hommes périssent au
« siège de Jérusalem. La destruction des hommes opérée
« par les armes des Romains est vraiment effrayante. Le
« Bas-Empire ne présente qu'une suite de massacres. A
« commencer par Constantin, quelles guerres et quelles ba-
« tailles ! Licinius perd vingt mille hommes à Cibalis, trente-
« quatre mille à Andrinople et cent mille à Chrysopolis. Les
« nations du nord commencent à s'ébranler. Les Francs, les
« Goths, les Huns, les Lombards, les Alains, les Vanda-
« les, etc., attaquent l'empire et le déchirent successive-
« ment. Attila met l'Europe à feu et à sang. Les Français
« lui tuent plus de deux cent mille hommes près de Châlons,
« et les Goths, l'année suivante, lui font subir une perte
« encore plus considérable. En moins d'un siècle Rome est
« prise et saccagée trois fois; et, dans une sédition qui s'é-
« lève à Constantinople, quarante mille personnes sont égor-
« gées. Les Goths s'emparent de Milan et y tuent trois cent
« mille habitants. Totila fait massacrer tous les habitants de
« Tivoli et quatre-vingt-dix mille hommes au sac de Rome.
« Mahomet paraît; le glaive et l'Alcoran parcourent les deux
« tiers du globe. Les Sarrasins courent de l'Euphrate au Gua-
« dalquivir. Ils détruisent de fond en comble l'immense ville
« de Syracuse ; ils perdent trente mille hommes près de Cons-
« tantinople dans un seul combat naval, et Pélage leur en
« tue vingt mille dans une bataille de terre. Ces pertes n'é-
« taient rien pour les Sarrasins; mais le torrent rencontre le
« génie des Francs dans les plaines de Tours, où le fils du
« premier Pépin, au milieu de trois cent mille cadavres, at-
« tache à son nom l'épithète terrible qui le distingue en-
« core. L'islamisme, porté en Espagne, y trouve un rival in-
« domptable. Jamais peut-être on ne vit plus de gloire, plus
« de grandeur, plus de carnage. La lutte des chrétiens et
« des Maures en Espagne est un combat de huit cents ans.
« Plusieurs expéditions et même plusieurs batailles y coûtent
« vingt, trente, quarante et jusqu'à quatre-vingt mille vies.

« Charlemagne monte sur le trône et combat pendant un
« demi-siècle. Chaque année il décrète sur quelle partie de
« l'Europe il doit envoyer la mort. Présent partout et par-
« tout vainqueur, il écrase des nations de fer, comme César
« écrasait les hommes-femmes de l'Asie. Les Normands com-
« mencent cette longue suite de ravages et de cruautés qui
« nous font encore frémir. L'immense héritage de Charle-
« magne est déchiré ; l'ambition le couvre de sang, et le nom
« des Francs disparaît à la bataille de Fontenay. L'Italie
« entière est saccagée par les Sarrasins, tandis que les Nor-
« mands, les Danois et les Hongrois ravageaient la France,
« la Hollande, l'Angleterre, l'Allemagne et la Grèce. Les
« nations barbares s'établissent enfin et s'apprivoisent. Cette
« veine ne donne plus de sang ; une autre s'ouvre à l'in-
« stant : les Croisades commencent. L'Europe entière se
« précipite sur l'Asie ; on ne compte plus que par myriades
« le nombre des victimes. Gengis-Kan et ses fils subjuguent
« et ravagent le monde depuis la Chine jusqu'à la Bohême.
« Les Français, qui s'étaient croisés contre les Musulmans,
« se croisent contre les hérétiques : guerre cruelle des
« Albigeois. Bataille de Bouvines, où trente mille hommes
« perdent la vie. Cinq ans après, quatre-vingt mille Sarra-
« sins périssent au siége de Damiette. Les Guelfes et les
« Gibelins commencent cette lutte qui devait si longtemps
« ensanglanter l'Italie. Le flambeau des guerres civiles s'al-
« lume en Angleterre. Vêpres siciliennes. Sous les règnes
« d'Édouard et de Philippe de Valois, la France et l'Angle-
« terre se heurtent plus violemment que jamais et créent une
« nouvelle ère de carnage. Massacre des Juifs. Bataille de
« Poitiers. Bataille de Nicopolis. Le vainqueur tombe sous
« les coups de Tamerlan, qui répète Gengis-Kan. Le duc de
« Bourgogne fait assassiner le duc d'Orléans et commence
« la sanglante rivalité des deux familles. Bataille d'Azin-
« court. Les Hussites mettent à feu et à sang une grande
« partie de l'Allemagne. Mahomet II règne et combat trente

« ans. L'Angleterre, repoussée dans ses limites, se déchire
« de ses propres mains. Les maisons d'York et de Lancastre
« la baignent dans le sang. L'héritière de Bourgogne porte
« ses États dans la maison d'Autriche ; et, dans ce contrat
« de mariage, il est écrit que les hommes s'égorgeront pen-
« dant trois siècles, de la Baltique à la Méditerranée. Dé-
« couverte du Nouveau-Monde : c'est l'arrêt de mort de trois
« millions d'Indiens. Charles V et François Ier paraissent sur
« le théâtre du monde ; chaque page de leur histoire est
« rouge de sang humain. Règne de Soliman : bataille de
« Mohatz, siége de Vienne, siége de Malte, etc. Mais c'est de
« l'ombre d'un cloître que sort l'un des plus grands fléaux
« du genre humain. Luther paraît ; Calvin le suit : guerre
« des Paysans, guerre de Trente ans, guerre civile de
« France, massacre des Pays-Bas, massacre d'Irlande, mas-
« sacre des Cévennes, journée de la Saint-Barthélemy ;
« meurtre de Henri III, de Henri IV, de Marie Stuart et de
« Charles Ier : et, de nos jours enfin, la révolution française,
« qui part de la même source (1). »

Quel tableau ! Avec quel injurieux accent de triomphe,
avec quelle exagération amère, De Maistre entasse les batailles, les ruines et les cadavres des peuples ! Mais toujours
il est clair que la guerre est dans l'histoire. Sachons tirer
de ce tableau des conséquences moins tristes et plus
vraies.

Dans les premiers jours de la Grèce, un homme venu
d'un autre rivage enlève une femme, la ravit et disparaît :
de là la guerre de Troie, la première entrevue de l'Europe
et de l'Asie. Quelle en fut la cause historique ? la violation
du droit des gens.

> Jamais vaisseaux partis des rives du Scamandre,
> Aux champs Thessaliens oseront-ils descendre ?

(1) Chap. III : Considérations sur la France.

> Et jamais, dans Larisse, un lâche ravisseur
> Me vint-il enlever ou ma femme ou ma sœur (1)?

Le poëte a raison. La Grèce s'était levée pour faire respecter son droit, ses idées de justice et de moralité sociale.

L'Orient veut réagir sur la Grèce par la guerre médique, il se flatte d'étouffer facilement ces petites démocraties; la civilisation européenne, vive, acérée, intelligente, triomphe de l'Asie, qui ne tend à sortir d'elle-même que lorsqu'elle dégénère et ne se comprend pas. Elle a brillé avant l'Europe et se trouve incapable de la vaincre. La guerre médique sert donc puissamment l'humanité; il ne s'agit plus de faire respecter une femme, mais de sauver de l'esclavage le génie occidental, dépositaire de l'avenir du monde.

La Grèce victorieuse se déchirera; et, à la fin de la guerre du Péloponèse, les murailles d'Athènes crouleront aux applaudissements insensés de la Grèce : guerre politique, duel du génie dorien et du génie de l'Ionie, étreinte cruelle de Sparte et d'Athènes, où la ville de Cécrops est étouffée; dénoûment de l'indépendance hellénique, si pathétiquement raconté par Thucydide, avec un sentiment de réalité, de nationalité grecque, qui fait de ce chant douloureux et sévère le plus beau fragment de l'art historique. Cependant la Grèce, en attendant les Romains, se consolera en prenant un maître et un vengeur : un Macédonien ira jusqu'au Gange. L'Europe commence sérieusement à convertir l'Asie; mais Alexandre est moins heureux que la guerre du Péloponèse; il n'a pas de Thucydide pour le transmettre à la postérité; et il lui faut attendre jusqu'au dix-huitième siècle quelques pages du génie de Montesquieu.

Eh bien! sans ces quatre guerres, l'humanité eût-elle marché? Mais voici venir les Romains. Rome se met en

---

(1) *Iphigénie*, acte IV, scène VI.

aspect de toutes les nations, les regarde, les convoite, les fascine. Elle tâte d'abord les plus voisines ; trompées ou vaincues, elle passe à d'autres ; elle les gagne, les envahit comme un flot inévitable ; enfin elle submerge et couvre l'Italie. Alors elle s'attaque à une puissance longtemps chargée des intérêts du monde, mais qu'elle ne saurait laisser vivre ; et Carthage, malgré son génie maritime, sa politique habile, malgré Xantippe, malgré Hannon, malgré Annibal, meurt destinée seulement à donner dans ses décombres une retraite à Marius et un lit de mort à saint Louis. La Grèce ! Rome lui met insolemment le pied sur la gorge. L'Asie est conquise, subjuguée ; et dans le monde que reste-t-il ? Rome, Rome seule. Regardez bien : il n'y a pas autre chose. *Orbis romanus*. Une épithète de nationalité donnée au monde entier !

Quelle fut la loi du monde antique ? « Malheur aux vaincus ! » Homère nous a dit qu'Apollon avait lancé une flèche sur la tête des Grecs, que la peste se répandait au loin, et *que les peuples périssaient :*

Ὀλέοντο δὲ λαοί.

Telle fut la loi de l'antiquité. Quand un peuple n'était pas le plus fort, il fallait qu'il mourût. Que veut dire cet insolent triomphe d'Achille, qui traîne autour des murailles de Pergame le cadavre de l'ennemi qu'il a vaincu, dans la poussière, dans la fange ? il ne le rend que méconnaissable à son vieux père. Quelle est cette action, que pas un moderne, pas un chrétien ne voudrait accomplir ? c'est l'exaltation de la force brutale qui n'a pas reçu le baptême de la rédemption et de la charité. En voulez-vous un autre exemple ? Quel est ce misérable qui marche dans le deuil et l'opprobre devant le char de ce consul romain ? c'est un roi dont Rome triomphe. Cette fois ce n'est plus un seul homme, ce sont tous les vaincus représentés par ce roi, insultés, traînés au supplice. Ces pauvres nations ! elles se mesureront toutes avec le génie de Rome ; toutes viendront, l'une après l'autre, tendre la gorge comme les Curiaces sous le fer du Romain. On dirait que la Providence répond aux cris plaintifs des peuples, comme la *Cléopâtre* de Corneille à ses enfants :

. . . . Périssez,
Périssez.

Tout doit disparaître au profit d'un monde nouveau, et le génie romain est l'énergique ouvrier de cette mission sans entrailles et sans miséricorde.

Sur les limites de l'univers romain et du monde moderne, proclamons, il est temps, cette autre loi : que les peuples ne périssent plus et ne peuvent plus périr. C'était la loi des temps antiques : qu'ils périssent pour mieux disparaître. C'est la loi des temps modernes : qu'ils survivent pour mieux se développer.

Les barbares n'ont pas exterminé les vaincus. Pourquoi? Suivant plusieurs, c'est un incident, un obstacle, une raison de circonstance. Eh ! ils ne les ont pas détruits, parce qu'ils devaient les régénérer. C'eût été un étrange début du monde moderne que l'extermination du monde ancien. Les barbares reçurent le christianisme ; de vainqueurs ils devinrent amis, un peu rudes, mais amis. Car ils devinrent frères, et dans cette égalité nouvelle entre les vainqueurs et les vaincus, égalité inconnue à l'antiquité, il fallait nécessairement que l'ange exterminateur ne parût pas.

La guerre efface l'empire romain. L'épée de Charlemagne veut ébaucher le monde moderne. Elle se fait sacrer par le pape : tant elle est intelligente ! Elle arrache violemment les Saxons au paganisme et les mêle avec les Francs. Je passe sur les croisades, guerre évidemment civilisatrice, mais sujet percé à jour. Un mot seulement sur un petit écrit de Bacon, *de Bello sacro*, que les tribulations politiques de ce grand homme ne lui ont pas permis d'achever ; car je lis : *Reliqua perficere non vacabat.* Voici le plan de ce petit dialogue.

Plusieurs interlocuteurs sont réunis dans une maison à Paris : c'est Eupolis, Eusebius, Zebedeus, Gamaliel, Martius, et Pollio. Zebedeus est catholique fervent, Gamaliel, protestant enthousiaste ; Eusebius est un théologien orthodoxe et modéré ; Martius, est un homme de guerre ; Eupolis, un politique ; Pollio, un homme de cour. On devise ensemble ; on cause de la guerre, chacun dit son avis, mais sans suite : on convient alors de remettre l'entretien à un autre jour, et Zebedeus le catholique se charge de démontrer que la guerre est parfaitement conforme aux devoirs du chrétien qui a le droit de la faire pour défendre sa foi et la propager. C'est au milieu de cette démonstration que s'interrompt le dialogue. Mais, dans le peu que nous en avons, je remarque que Bacon considère la guerre comme un moyen de civilisation ; il pense qu'une nation civilisée (*civilis*) a le droit d'étendre par les armes son influence et son empire sur un peuple qui ne l'est pas ; que des agrégations d'hommes encore idiotes et brutales ont besoin d'être corrigées et redressées par les nations véritablement constituées : tant le bon sens de Bacon savait échapper aux déclamations superficielles contre la guerre et sa raison.

Après les croisades, l'Europe cherche à se débrouiller et à s'asseoir par des guerres internationales. L'Allemagne et l'Italie, l'Angleterre et la France croisent le fer. Ce fut toujours pour l'Italie un poids insupportable que l'Allemagne. Par son génie, par son climat, par ses arts, par sa religion, elle répugna toujours à l'influence du Nord : les guerres du sacerdoce et de l'empire, des Guelfes et des Gibelins, sont, en attendant Luther, le combat du génie du Nord et du génie du Midi : l'un sévère, sombre, individuel, profond, apportant à l'Europe vigueur et nouveauté ; l'autre, toujours riche, pas épuisé par des siècles de gloire et de fécondité, extérieur, riant, théâtral, passionné. Entre la réforme qui est allemande, et le catholicisme qui est italien, pas d'accord possible, tellement qu'en Italie on se surprend à ne plus comprendre, à ne plus aimer l'Allemagne. Il est un monument qui représente tout à fait l'apparition et la descente du Nord dans le Midi. Devant le dôme de Milan, devant ce marbre éblouissant que l'art a façonné sous les formes gothiques, on assiste comme à une tentative de conciliation ; mais de pareils essais sont des témoignages de guerre. Le Nord et le Midi peuvent s'estimer, mais s'aimer, jamais ; ou du moins pas encore.

L'Angleterre et la France travaillèrent aussi au développement de l'Europe, en croyant ne satisfaire que leurs inimitiés. Après Crécy et Azincourt, le petit Henri VI, sous la tutelle des ducs de Glocester et de Bedford, fut complimenté à Paris comme roi de France par le parlement. C'était après la défaite une humiliation amère, c'était une gloriole que les vainqueurs se permettent dans l'insolence de la victoire. C'était aussi pour l'Angleterre une folie impossible. Mais il faut abréger cette nomenclature de batailles pour arriver à un homme qui a mieux connu que personne la raison et la philosophie de la guerre.

Que Napoléon soit le premier conquérant des temps modernes, cela n'est pas de notre sujet. Mais il a mieux compris qu'aucun capitaine la mission de la guerre. Il la faisait pour amener les rois et les peuples à ses idées ; il voulait les persuader ; c'était son vœu le plus intime, son désir le plus cher. Ouvre-t-il une campagne, il a exposé à la puissance qu'il attaque le but qu'il se propose, le changement qu'il veut apporter dans l'économie européenne. Il prie qu'on veuille bien entendre raison ; mais il est forcé de livrer bataille ; et quand il l'a gagnée, que veut-il ? signer la paix dans la capitale étrangère ; content, enchanté, croyant avoir persuadé ceux qu'il a vaincus. Napoléon a fait la guerre de la manière la plus humaine. Si pour frapper il ramasse et fait éclater toutes ses forces, après la victoire il s'arrête; il apaise sa foudre, et il fut le plus clément des vainqueurs parce qu'il en fut le plus intelligent.

Mais vis-à-vis de l'Angleterre cette clarté si vive du jugement l'abandonna; et, dans la gigantesque pensée du blocus continental, il rêva de la rayer du nombre des nations. Démence du génie! impiété sociale! Il fallait combattre l'Angleterre; mais la supprimer, elle, la patrie de Newton, de Bacon et de Fox, un des flambeaux du monde, sans laquelle l'Europe ne serait pas complète! Les peuples ne s'effacent plus du livre de la vie, et Napoléon a succombé pour avoir joué l'orgueil d'un homme contre la vie d'une nation.

Dans le dix-huitième siècle on déclama beaucoup contre la guerre; on trouvait commode, au milieu de ces mœurs si molles, de cette existence de boudoir et de soupers, si délicate et si légère, d'écrire la théorie de la paix universelle. Kant en Allemagne condamnait aussi la guerre; il déclarait même qu'en droit rationnel il ne devait pas y avoir de guerre, et il terminait son *Droit naturel* par le vœu d'une paix perpétuelle quelques années avant Pilnitz, la Convention et Napoléon.

Kant se trompait; la guerre est le droit de l'homme et de l'humanité; par elle l'homme se défend; par elle l'humanité marche. Un jour, pendant que Mirabeau, quelques semaines avant sa mort, présidait la Constituante avec une parfaite dignité, le 10 février 1791, des quakers vinrent à la barre de l'assemblée demander à vivre sous la protection de la légalité française, déclarant seulement qu'ils ne voulaient ni prêter serment ni faire la guerre. Cette secte honorable et pure reçut une réponse digne du bon sens national de la bouche de Mirabeau, qui termina par ces paroles au milieu des applaudissements : « L'assemblée discutera toutes « vos demandes dans sa sagesse : et si jamais je rencontre « un quaker, je lui dirai : Mon frère, si tu as le droit d'être « libre, tu as le droit d'empêcher qu'on ne te fasse esclave;

« puisque tu aimes ton semblable, ne le laisse pas égorger
« par la tyrannie, ce serait le tuer toi-même. Tu veux la
« paix? eh bien! c'est la faiblesse qui appelle la guerre:
« une résistance générale serait la paix universelle. »

La guerre est donc naturelle et sociale. Quand elle est justement agressive, elle développe la civilisation du monde: voilà son côté positif, indestructible; elle a sa racine dans la nature humaine qui, libre, a le droit de combattre pour rester libre; qui, intelligente, a le droit de convertir et de conquérir ce qui lui est inférieur: elle est la persuasion à main armée. Le christianisme n'a pas supprimé la guerre; il l'a perfectionnée, et l'a faite humaine. Sous sa loi la nationalité des peuples ne peut plus s'abolir. N'oublions pas qu'au moyen âge le christianisme, par l'organe de la papauté qui représentait l'unité morale de l'Europe, s'interposait entre les vainqueurs et les vaincus, entre les puissants et les faibles. Dans la souveraineté de son arbitrage, la papauté réglait les différends des nations et des princes. Elle ne permettait pas à la victoire de s'emporter aux cruautés qui déshonorèrent la civilisation païenne où nous voyons les villes les plus opulentes couchées impitoyablement sur le sol, les populations réduites en esclavage, ou passées au fil du glaive.

Que chaque nation chrétienne veuille être individuelle, et que toutes cependant se reconnaissent solidaires les unes des autres, voilà qui est dans la conscience de l'Europe; sentiment profond et humain qui se révèle à travers les complications de la diplomatie.

Non canimus surdis; respondent omnia sylvæ.

L'Europe a des échos pour les cris de tous les peuples. Pas un mouvement n'est indifférent ni pour chacun, ni pour tous: le contre-coup est universel. Aussi plus de guerres de conquête, égoïstes et folles; mais des guerres d'expérience d'idées, d'assiette sociale. Qui aurait le génie des conquêtes après Napoléon? qui voudrait essayer de le contrefaire? Les guerres ne peuvent être maintenant que des guerres inévitables, et partant salutaires.

Dans l'histoire des législations le droit international occupe donc une grande place. Pour l'avenir un nouveau droit des gens s'élabore, supérieur encore à celui de Grotius, de Montesquieu et de Napoléon, tout-à-fait social et cosmopolite, d'où sortiront l'indépendance de chaque peuple et la solidarité du monde.

CHAPITRE III.

DE LA FAMILLE. — DU MARIAGE. — DU DIVORCE. — DE L'ÉDUCATION.

Il est quelque chose pour l'homme qui lui sert à la fois de berceau et d'asile, où il naît, s'élève et se développe, où il puise consolations et forces contre les tempêtes qui l'attendent au dehors, qui est son sanctuaire et l'inviolable confident de ses joies et de ses douleurs ; je veux parler de la famille.

Or, la famille et l'État vivent ensemble dans de perpétuels rapports. Dès le début de l'histoire et de la législation, on saisit l'État imprimant à la famille ses influences, ses règles et ses lois, de telle façon que la famille, dans la sphère qui lui est propre, représente la constitution politique de la société au sein de laquelle elle est enfermée. L'Inde, la Chine, la Judée, nous livrent ce reflet si fidèle à des degrés différents avec ces diversités qui font l'intérêt de l'histoire. Si en Grèce la famille est plus libre, c'est en raison même de la liberté plus grande de l'État. Ainsi Solon, qui a si ingénieusement travaillé aux lois athéniennes, à cette législation facile, capricieuse et riante, destinée à naître et à se développer entre les poètes, les philosophes, les sophistes et les rhéteurs, fait descendre la démocratie de l'État à la famille. Rome commence par la plus complète sujétion de la famille à l'État; mais peu à peu son droit civil se distingue du droit politique, et finit sous les empereurs par s'en séparer tout à fait. Le christianisme achève l'émancipation de la famille et lui assure d'autres destinées.

Quand, vivant sur la place publique d'Athènes ou de Rome, le citoyen ne retournait dans sa maison que pour y prendre un repos nécessaire, quand la vie tout extérieure se passait entièrement sous le soleil du midi, en réunions politiques, en exercices communs d'esprit et de corps, qu'importait la famille? Mais dès les premiers temps modernes, si graves et si sombres, où l'existence de chacun, assiégée par mille hasards, était comme une conquête de tous les jours; dans le passage de la barbarie à la féodalité, de la féodalité aux temps véritablement modernes; la vie de la famille devint, au fond des châteaux forts, sous la protection des hommes d'armes et des tourelles, un asile nécessaire, indépendant, où les sentiments les plus chers à l'humanité, l'amour, la religion, firent à l'homme une destinée inconnue aux temps antiques. Alors changèrent les rapports de la famille et de l'État. La famille avait conquis son indépendance; mais toutefois les idées politiques continuèrent de faire invasion à son foyer. Les successions nobiliaires, le droit d'aînesse, les substitutions attestent le triomphe de l'aristocratie. La réaction ne se fait pas attendre; le protestantisme introduit le divorce dans le mariage; et la révolution française règle la famille sur la liberté politique.

Les rapports de la famille et de l'État sont indestructibles, car ils ressortent de la nature des choses; mais le progrès accompli consiste dans l'indépendance de la famille qui est devenue, au milieu des révolutions de la liberté politique, comme un royaume à part où l'homme se repose des tourmentes sociales, jouit avec sécurité des plus nobles affections du cœur, peut sauver son bonheur domestique des naufrages de sa fortune publique. La constitution de la famille ne se règle donc plus sur les principes de l'État, pas plus que l'État sur les formes essentielles de la famille. Vouloir importer la paternité domestique dans la constitution politique, vouloir en induire la nécessité philosophique de la monarchie chez tous les peuples, ne pas reconnaître dans la famille et l'État deux ordres de choses distincts que le progrès de l'histoire a séparés, c'est vouloir ramener l'homme à son berceau.

Quel est le fondement de la famille? quelle en est la source sacrée? le mariage. Ici se révèle la supériorité de la race humaine sur tout ce qui respire. Si une attraction puissante entraîne les uns vers les autres tous les êtres animés; si tout ce qui est doué de la vie tend à s'unir, se désire et se cherche pour s'aimer et se compléter, les êtres dont l'intelligence et la liberté élèvent et purifient les passions, ne portent-ils pas dans cette union, qui leur est commune avec tout ce qui respire, la supériorité de leur nature? Le mariage humain est au-dessus du mariage naturel de toute l'excellence de l'homme sur l'animal: association de personnes sensibles, intelligentes et volontaires, il met en commun ce que l'homme a de plus sacré, de plus intime et de plus doux. J'en trouve dans la loi romaine une définition admirable que le christianisme n'a pas surpassée: « Nuptiæ sunt conjunctio « maris et fœminæ, consortium omnis vitæ, divini et humani « juris communicatio (1). » *Conjunctio maris et fœminæ:* voilà l'acte physique et universel; *consortium omnis vitæ:* c'est la mise en commun de toute la vie, de toute la destinée; *divini ac humani juris communicatio:* voilà la participation pour les époux et les enfants de tout ce que le droit divin et humain, de tout ce que la religion et la sociabilité ont de sacré, de pieux et d'indélébile.

Il importe de constater comment le droit romain est arrivé à prononcer sur le mariage une sentence si juste et si haute. Les patriciens qui avaient fondé la cité, pères de la sociabilité

---

(1) Modestinus, ff. De ritu nuptiarum. f. 2. 1.

romaine, étaient seuls dans l'origine citoyens, *cives*, avaient seuls le secret et le privilége du droit, *jus civile*, qui comprenait la religion et la politique, les dieux et la cité, et faisait découler des auspices la légalité. En dehors de ce droit à la fois divin et humain, il n'y avait pas de citoyens, mais seulement des hommes ; pas de mariages légitimes, juridiques, religieux, civils, mais des unions naturelles. Conquérir les uns après les autres tous les droits de la sociabilité, de la cité ; être père de famille, époux comme le patricien ; participer soi, sa femme et ses enfants, au même droit civil et religieux : voilà quel fut l'effort et la conquête du plébéien pendant les premiers temps de Rome ; et de cette lutte laborieuse sortirent ce sentiment si profond et cette idée si sainte du mariage.

Un jurisconsulte italien, Emmanuel Duni, a mis en lumière ce fait précieux, et il remarque combien la définition du mariage par Modestin est supérieure à celle d'Ulpien : « Che
« la primaria istituzione del cittadino romano fosse fondata
« sulla ragione degli auspici, si conferma chiaramente dalla
« nozione dell' antico dritto del *Connubio* presso di loro, e
« dalla notabile differenza, che nacque tra congiunzione detta
« propriamente di nozze, e congiunzione detta di mero *Matrimonio*, che sara l'argomento di questo capo, per meglio
« intendere l'antica costituzione della cittadinanza romana.
« Nella compilazione degli scritti de' giureconsulti fatta da
« Triboniano coll' autorità dell' Imperator Giustiniano, troviamo due diverse definizioni del *connubio*, l'una del giureconsulto Modestino, l'altra di Triboniano medesimo, che
« leggesi nelle Istituzioni. Modestino scrive : Le nozze sono la
« congiunzione del maschio e della femina, il consorzio di
« commune perpetua vita, e la communicazione d'ogni dritti
« divino ed umano. Triboniano all' incontro dice : Le nozze,
« o sia il matrimonio, è la congiunzione dell' uomo colla
« donna, che forma una perpetua società tra loro. Modestino
« definisce le nozze solamente : *Nuptiæ sunt*, etc. Triboniano

« confonde le nome col matrimonio : *Nuptiæ, sive matri-
« monium*, etc. Quegli vuol nelle nozze la communicazione
« del dritto divino e umano : *divini et humani juris commu-
« nicatio*; questi si contenta della perpetua vita socievole trai
« conjugi : *individuam vitæ consuetudinem continens*, etc. »

« Que la cité romaine fût fondée sur la raison des auspices,
« on n'en saurait douter en examinant l'antique droit sur le
« *connubium* et en remarquant la grande différence qui
« existe entre l'union proprement appelée *nuptiæ* et l'union
« appelée simplement *matrimonium*, différence qui sera
« l'objet de ce chapitre, afin que nous puissions mieux com-
« prendre l'antique constitution de la cité romaine. Dans la
« compilation des écrits des jurisconsultes faite par Tribo-
« nien d'après les ordres de l'empereur Justinien, nous trou-
« vons deux définitions différentes du *connubium*, l'une de
« Modestinus, l'autre de Tribonien lui-même, qu'on peut lire
« dans les Institutes. Modestinus écrit : *Nuptiæ sunt con-
« junctio maris et fœminæ, consortium omnis vitæ, divini
« et humani juris communicatio*. Tribonien au contraire dit :
« *Nuptiæ sive matrimonium est viri et mulieris conjunctio,
« individuam vitæ consuetudinem continens*. Le premier
« voit dans *nuptiæ* la communication du droit divin et hu-
« main : *divini et humani juris communicatio*. Le second se
« contente d'admettre la perpétuelle communauté d'existence
« entre les époux : *Individuam vitæ consuetudinem conti-
« nens* (1). »

Pourquoi chez tous les peuples le mariage se célèbre-t-il

---

(1) *Origine e Progressi del Cittadino e del Governo civile di Roma* (2 vol., in Roma, 1763-1764) : tel est le titre de cet ouvrage de Duni; il y traite à la fois du droit public et du droit civil, des comices, des magistratures, aussi bien que du mariage et de la famille. C'est sous ce dernier rapport qu'il est intéressant et supérieur. Il a parfaitement vu que, dans l'origine, les patriciens jouissaient seuls du véritable mariage civil et religieux dans la forme la plus solennelle et la plus sainte : ce mariage, *connubium*, était le fondement de la famille et des droits civils, et dut être

sous les auspices de la religion? c'est que dans ce rapport de l'homme avec la femme, dans cette union de deux volontés et de deux destinées, il faut l'intervention d'une sanction plus haute, de quelque chose de supérieur à la volonté individuelle, d'une idée plus générale, de Dieu. Cela nous mène au caractère principal du mariage. Est-il indissoluble?

Quand deux personnalités s'étreignent et s'unissent en vertu de leur volonté, peut-on leur supposer à cet instant décisif la moindre arrière-pensée, le plus léger désir que la loi qui les unit leur réserve ultérieurement le moyen de rompre et de se séparer? Cela n'est pas dans la nature des choses. Ce qui fait du mariage l'acte le plus saint et le plus grave de la vie, c'est que ceux qui le contractent le jugent définitif et irrévocable : autrement il ne serait plus qu'un échange passager de passions et de fantaisies. Le mariage est donc indissoluble dans son vœu, dans son esprit, dans sa loi.

Mais l'humanité n'est pas destinée à nous représenter

la première conquête que se proposèrent les plébéiens; en 260 ils n'avaient obtenu que le tribunat. Quand Canuleius réclame le connubium avec le consulat, il ne demande pas seulement, comme on le croit généralement, que les plébéiens puissent contracter des alliances avec les patriciens, mais que les plébéiens jouissent de ce mariage solennel et vraiment civil dont ils avaient été exclus jusqu'alors. Je renvoie à Dani lui-même; on y trouvera une critique fort ingénieuse de Tite-Live et de Denys d'Halicarnasse. En adoptant son opinion, je n'en conclurai pas, comme l'a fait M. Ballanche, que les plébéiens fussent entièrement destitués de droit civil : comment se représenter une partie de la population, la moitié de Rome sans droit et sans mœurs civiles? Mais ni ce droit, ni ces mœurs civiles distinctes de la légalité patricienne, et qui lui étaient inférieures, ne nous sont parvenus : les patriciens seuls ont écrit, dans les premiers siècles, les lois de Rome, et ont dû étouffer les traditions plébéiennes, qui, d'ailleurs, disparurent peu à peu sous l'égalité qu'obtint enfin la plèbe. Le livre de Dani, si curieux sur ce point, est assez rare; à grand'peine avons-nous pu en découvrir un exemplaire chez un libraire du Corso. Mais un Allemand, M. Eisenlohr, en a résumé les principaux résultats, en 1835, sous ce titre : *Über die Entstehung, Entwickelung und Ausbildung des Bürgerrechts in altem Rom.*

l'image toujours pure et fidèle du bien moral ; la loi sociale non plus ne saurait ressembler à un destin de fer, impitoyable, aveugle, sourd. Sans doute, la législation a pour règle le bien, la perfectibilité et le progrès ; mais elle n'est pas géométrique dans ses développements : elle est humaine, elle a du bon sens et de la pitié, elle connaît les hommes, car elle doit les mener, et elle sait que, tout en restant maîtresse, en ne s'abandonnant pas aux caprices des mœurs, elle doit concéder et compatir là où elle ne pourrait être obéie que par un effort d'héroïsme, se sauvant à la fois des excès de la spéculation pure, de la logique poussée à bout et du mysticisme. Ainsi il lui faudra reconnaître des cas où le caractère indissoluble du mariage est obligé de fléchir devant les manquements et les fautes de la nature humaine.

L'un des deux époux blesse l'honneur, la tendresse et la dignité de l'autre par un irréparable outrage. C'est la femme adultère ; c'est le mari installant une concubine dans la maison commune. Autre chose : le crime flétrit l'un des époux. Dans ces trois circonstances, la loi doit rendre à l'un des époux la possibilité de redevenir libre ; elle ne saurait l'emprisonner dans un cercle de fer ; elle n'a pas le droit d'exiger de lui une vertu plus qu'humaine, un dévouement sublime de religion et d'amour.

Faut-il aller au delà ? La législation doit-elle prévoir et concéder le cas où d'accord, par consentement mutuel, les époux pourront se séparer, divorcer et aller former d'autres nœuds ? Non. Si le mariage est indissoluble dans son esprit, dans son vœu, il ne saurait se dissoudre par la volonté même de ceux qui l'ont contracté. La loi peut céder à la fatalité des circonstances, mais non pas à l'arbitraire des passions humaines se cachant sous le masque de la liberté philosophique. Il faut le dire, ce serait ici une concession de faiblesse et non plus de raison. Accorder à la volonté de pouvoir se rétracter et se défaire elle-même, c'est substituer la fantaisie au devoir. Mais, dit-on, les deux époux ne veulent plus se qu'ils ont voulu : qui pourrait les empêcher? Presque rien, la nature des choses et la raison. Le divorce est une concession, non un droit ; un remède, une exception ; c'est un mal pour en éviter de plus grands : mais il n'y a pas lieu à entonner le chant du triomphe au nom de la liberté humaine.

Cependant une autorité d'un grand poids appuie le divorce par consentement mutuel. Voici les vives et frappantes paroles du premier consul, de ce guerrier devenu jurisconsulte par ces divinations du génie qui lui étaient si familières :

« J'ai entendu beaucoup d'objections qui n'ont pas une
« grande force. La matière est difficile. La loi autorise le
« mariage à un âge tendre ; on suppose dans les époux volonté et consentement ; l'expérience a souvent donné un
« démenti à cette supposition. La religion elle-même admet
« le divorce pour cause d'adultère dans tous les pays, dans
« tous les siècles. Il n'est pas vrai que le mariage soit indissoluble ; cela n'a jamais existé. Le projet du Code prouve,
« pour plusieurs cas, qu'il peut être dissous. Le divorce étant
« admis, le sera-t-il pour incompatibilité? Il y aurait à cela
« un grand inconvénient, c'est qu'en le contractant on semblerait penser déjà qu'il pourrait être dissous. Ce serait
« comme si l'on disait : Je me marie jusqu'à ce que je change
« d'humeur. Ce n'est que la volonté d'une des parties. Deux
« individus qui se marient ont bien la volonté de cœur de
« s'unir pour la vie. Le mariage est bien indissoluble dans
« leur intention, parce qu'il est impossible alors que les
« causes de dissolution soient prévues. C'est donc dans ce
« sens que le mariage est indissoluble. Il ne peut pas y avoir
« eu d'autre pensée quand on a contracté. La simple allégation d'incompatibilité est donc contraire à la nature du mariage qui est fait en intention pour toute la vie. Que ceux
« qui ne voient pas cette perpétuité dans l'intention, mais
« dans l'indissolubilité du mariage, me citent une religion
« sous l'empire de laquelle on n'ait pas cassé des mariages de

« princes ou de grands seigneurs, un siècle où cela ne soit
« pas arrivé. Est-il dans la nature que deux individus d'une
« organisation différente soient tenus de vivre ensemble ?
« L'institution du mariage doit-elle être telle qu'au moment
« où on le contracte on ne pense pas à le dissoudre ? Mais la
« loi doit prévoir les cas où il peut et doit être dissous. Il n'y
« a point de mariage en cas d'impuissance. Le contrat est
« violé quand il y a adultère. Ce sont deux cas de divorce
« convenus. Les rédacteurs du projet ont énoncé des causes
« aussi vagues, aussi dangereuses que l'incompatibilité. Ils
« devraient opposer un système à celui que nous défendons.
« Tant qu'on ne fera que critiquer, on ne parviendra à au-
« cune décision. Les crimes sont des causes déterminées de
« divorce. Quand il n'y a pas de crimes, c'est le consentement
« mutuel. Je crois ce système le meilleur. Le citoyen Tron-
« chet dit que les parents consentiront toujours quand les
« époux seront d'accord ; je réponds qu'ils ont la faculté de
« refuser leur consentement. L'indissolubilité du mariage
« n'est qu'une fiction. La séparation a beaucoup d'abus ; elle
« attaque aussi le mariage (1). »

Je hasarde une observation. Si le mariage est indissoluble, dans l'intention des parties, peut-il être dissous par une intention ultérieure, par le seul acte de leur volonté ? Sans faire de l'indissolubilité du mariage une entité scolastique, ne faut-il pas, dès qu'on la place uniquement dans l'intention, reconnaître qu'elle ne peut être détruite que par des faits indépendants de la volonté ? Au surplus, il est juste d'avouer que le Code civil avait environné des précautions les plus sages la faculté du divorce par consentement mutuel, et que l'économie de la loi sur cette matière est habile, lumi-

---

1. Je cite de préférence les propres paroles du premier consul, telles qu'elles sont rapportées dans les *Mémoires sur le Consulat*, de M. Thibaudeau, pages 440-444.

neuse, profonde. La Chambre de 1815, en faisant disparaître le divorce de notre code, sans discussion, d'un seul coup, avec une sorte d'impatience et de colère, nous a montré d'étranges successeurs aux Portalis et aux Tronchet (1).

Il ne serait pas raisonnable de s'engager de nouveau dans les détails d'un sujet épuisé par le conseil d'État et le premier consul. J'insisterai seulement sur un point : autant il est nécessaire de dégager le mariage des liens d'une théologie trop inflexible, autant il importe de le soumettre aux lois de la raison et non pas aux mobiles caprices de la volonté; autrement, on retomberait dans les inconvénients que n'ont pu éviter dans l'origine la réforme et la révolution française (2). Les premiers réformateurs se trouvèrent fort embarrassés vis-à-vis les passions des princes qui mettaient leur protection au prix de leurs fantaisies. Henri VIII, le landgrave de Hesse causaient de singuliers tourments à la théologie des novateurs. Luther, homme politique autant que théologien, était obligé parfois de soumettre ses doctrines à ses intérêts : ce dut lui être une peine amère que de rédiger et de signer avec ses amis Mélanchton, Bucer, Corvin, Leningue, Wintferte, Melanther, cette étrange consultation qui autorisait le landgrave de Hesse à prendre une seconde femme quand il en avait une première. Il n'y a rien de plus curieux que cette pièce longue et embarrassée où se trahit l'angoisse de ces pauvres théologiens, si ce n'est le contrat même de mariage du landgrave avec Marguerite de Saal ; on y lit cette phrase : « Son altesse déclare qu'elle veut épouser la même fille Mar-« guerite de Saal, quoique la princesse sa femme soit encore « vivante, et, pour empêcher que l'on n'impute cette action

---

1) Portalis et Tronchet, que je cite ici, étaient contraires au divorce par consentement mutuel; mais ces jurisconsultes obéissaient à leur raison, et non pas à des passions de parti. On comprend, au surplus, par les principes que nous développons, que nous ne blâmons pas l'abolition du divorce, mais la précipitation avec laquelle elle a été prononcée.

2) Voyez la loi du 20 septembre 1792.

« à inconstance ou curiosité, pour éviter le scandale et con-
« server l'honneur à la même fille et la réputation à sa pa-
« renté, son altesse jure ici devant Dieu et sur son âme et sa
« conscience qu'elle ne la prend à femme ni par légèreté, ni
« par curiosité, ni par aucun mépris du droit ou des supé-
« rieurs, mais qu'elle y est obligée par de certaines nécessités
« importantes et inévitables de corps et de conscience; en
« sorte qu'il lui est impossible de sauver sa vie et de vivre
« selon Dieu, à moins que d'ajouter une seconde femme à la
« première. » Il faut l'avouer, le catholicisme montra plus de
dignité quand, représenté par Bossuet, que ne séduisit pas
alors la pourpre romaine, il refusa à Louis XIV, que la mort
de la reine de France rendait libre, de couronner la veuve de
Scarron. Mais le protestantisme, sorti de ses premières difficultés, revint à des idées plus justes et plus saines. Non-
seulement ses théologiens, mais ses philosophes, reconnurent que l'esprit du mariage était la perpétuité. Hume, dans
son dix-huitième *essai*, où il traite de la polygamie et du
divorce, veut que le mariage soit toujours indissoluble. Après
s'être montré préoccupé de l'intérêt des enfants, il fait cette
excellente remarque : « Quoique le cœur humain aime natu-
« rellement la liberté et haïsse tout ce à quoi on veut le for-
« cer, il lui est pourtant tout aussi naturel de se soumettre à
« la nécessité et de perdre les inclinations auxquelles il voit
« qu'il lui est impossible de satisfaire. Vous attribuez, me
« dites-vous, à la nature humaine deux principes qui se con-
« tredisent. Mais l'homme est-il autre chose qu'un amas de
« contradictions ? » Hume voit parfaitement ce qu'on peut
obtenir de la nature humaine, quand on lui demande des
efforts raisonnables. C'est sur cette possibilité que le législateur doit avoir constamment les yeux fixés, afin d'apprécier à
sa juste mesure et de ne compromettre la société ni par son
despotisme ni par sa lâcheté.

Le résultat du mariage est de mettre au jour des êtres
faibles et désarmés ; de créer des libertés, des intelligences

sans force, et qui ne peuvent vivre qu'en s'élevant peu à peu par le temps, la patience, les progrès lents et successifs. L'éducation est donc un droit des enfants envers leurs parents. Voilà son côté obligatoire. De plus, elle est la pépinière des sociétés humaines, le pivot des destinées sociales: et Leibnitz disait : « Je me chargerais de changer le monde « si je pouvais changer l'éducation des générations nais- « santes. »

L'antiquité ne s'inquiéta que de discipliner des citoyens. Les modernes ne sont préoccupés que des mœurs domestiques et individuelles. L'éducation de la famille règne presque sans partage, et la femme y porte peut-être plus d'influence que le père. Au rebours, chez les anciens, surtout dans les premiers temps, la mère n'a d'autorité que comme citoyenne ; *avec ou dessus !* c'est un cri de bataille et non un cri de mère. Pour la première fois, chez les Romains, la maternité exerce proprement son empire. Qui fléchit ce jeune Marcius, ce patricien fougueux que ne peuvent ébranler ni les vengeances ni les supplications populaires? qui s'insinue dans son cœur, l'adoucit et l'apprivoise? sa mère. *Non inviderunt laudes suas mulieribus viri Romani...... templum fortunæ muliebri ædificatum dedicatumque est* (1). Depuis, l'influence morale de la maternité a toujours augmenté. Dans nos sociétés modernes, les mères nous donnent nos premiers sentiments et nos premières idées ; c'est la mère qui reconnaît le caractère et le génie de son enfant, applaudit à sa vocation, le soutient contre le mécontentement paternel, le console, le fortifie, et enfin le livre à la société.

C'est alors que l'éducation publique devrait développer tous ses moyens et ses influences ; de l'homme individuel faire un homme véritablement social, ajouter son œuvre à celle de la famille et de la mère, et corriger par de larges sympathies un inévitable égoïsme. La tâche est difficile. Le

---

(1) T. Livii, lib. II, cap. xl.

législateur, dans les temps antiques, n'avait ni à satisfaire ni à combattre cette liberté individuelle qui est notre droit et notre idole. Il réglait les détails et les circonstances de la vie, soumettait la famille à l'État, sans contrôle et sans obstacle. Les sociétés modernes, au contraire, ne veulent pas laisser froisser l'individu ; puis elles tendent, non pas à supprimer le législateur et le gouvernement, ce qui est impossible, mais de plus en plus à faire sortir la législation et le pouvoir de leur propre sein et à mettre ses mandataires au service de leurs intérêts généraux. Aussi, de nos jours, l'éducation publique devra être la conséquence des mœurs de la société, et non pas une discipline qui lui serait imposée de haut. Le mode en variera donc, mais la nécessité en est indestructible. Si la société est en révolution, l'éducation publique devient une arme ; dans un temps calme, c'est un développement régulier d'où dépend la vie. Par quel moyen avait imaginé de résister à la réforme cette société puissante, milice guerrière de la papauté, qui s'offrit pour faire reculer le flot de l'insurrection religieuse, qui se multiplia, qui se montra partout, dans les cours, dans les cabinets des rois, dans les universités, dans les déserts du nouveau monde ? Elle voulut s'emparer surtout de l'éducation de la jeunesse. L'idée était juste. Elle fut suivie avec persévérance, mais sans grandeur et sans originalité. La société de Jésus propage bien les doctrines faites et reçues ; mais, destituée de ce qui fait vivre et durer, de l'esprit inventif, elle altère quelquefois la théologie plutôt qu'elle ne la féconde, reste indécise entre Gassendi et Descartes, et témoigne hautement son impuissance d'apporter une philosophie nouvelle (1). Quand Napoléon enrégimentait

1) Dans quelques points, ce jugement sur les jésuites manque d'exactitude. Les jésuites n'avaient pas à créer une philosophie nouvelle, puisqu'ils venaient combattre au nom de la religion. Je n'ai pas rendu non plus une assez éclatante justice à leur incomparable talent pour élever la jeunesse, talent reconnu par des témoins non suspects, comme Catherine II et le grand Frédéric. (*Note de la 3ᵉ édition.*)

la jeunesse française et la faisait étudier en uniforme au son du tambour, la pensée d'une éducation générale et publique était vraie en soi ; seulement des circonstances irritantes la poussèrent à l'exagération.

Aujourd'hui c'est la société qui doit surtout s'élever elle-même. C'est à elle à fomenter et à nourrir dans son sein un foyer de sentiments généraux, de pensées communes, d'intérêts solidaires où chaque citoyen puisse aller puiser force et patriotisme. Me trompé-je ? mais n'y a-t-il pas depuis notre dernière révolution des gages d'espérance et d'avenir ? Déjà on se réunit, on se connaît davantage. A mesure que l'électorat se mettant en rapport avec la moralité et la conscience du peuple, comprendra tous les citoyens dont le droit se règle sur le mérite, ces vastes comices nous inspireront des passions publiques, vives et pures, sans lesquelles la société languit, abandonnée à l'égoïsme des ambitions petites et calculées. Si, pendant la Restauration, où il fallait prendre tant de ménagement pour avoir la permission de faire quelque chose, nous avons pu parvenir où nous en sommes, que sera-ce quand la nation aura vécu quelque temps dans la conscience et l'habitude des droits et des mœurs de la liberté ? Sans présomption comme sans défiance, elle peut s'ajourner à quelques années (1).

CHAPITRE IV.

DE LA PROPRIÉTÉ.

Je pense et je veux ; donc je dois et je puis être libre. Mais comment puis-je être libre vis-à-vis de la nature sans tenter de la maîtriser et de m'en approprier quelque chose ? La propriété sur le monde physique est le développement nécessaire de la liberté ; sans la propriété la puissance de

---

(1) Telles étaient les espérances qui nous animaient après la Révolution de 1830. (*Note de la 3ᵉ édition.*)

l'homme ne serait pas prouvée. L'homme a besoin de s'abriter : il construit une cabane sur un petit espace de terrain, et dit : « Cela est à moi. » Il voit passer devant lui un coursier rapide et sauvage ; il le dompte, et le cheval reconnaît son maître. Améric vole à travers les mers ; plus heureux et moins grand que Colomb, il donne son nom à tout un monde. Les pays qu'a découverts le génie de l'homme, le détroit de Magellan, la Colombie, attestent sa liberté, sa faculté d'appropriation ; et la nature ne reçoit pour nous de sens et de valeur que lorsque nous l'avons nommée.

Mais dans ce monde qui n'oppose pas à l'homme une résistance morale et qui ne combat sa dictature que par des forces qui s'ignorent elles-mêmes, l'homme n'est pas seul. Il n'est solitaire ni dans sa faiblesse ni dans sa puissance. Ce n'est pas un naufragé jeté dans une île déserte ; ce n'est pas non plus comme un immense individu qu'un empereur romain avait rêvé dans sa gigantesque folie, et auquel il souhaitait une seule tête pour la lui couper d'un seul coup. La même pensée qui anime l'homme, il la reconnaît chez un autre ; la même volonté qui le pousse, il est obligé de la confesser chez autrui, de telle façon que, rencontrant des êtres semblables à lui, il prononce ces deux mots éternels et indestructibles : le mien et le tien, mots qu'il ne prononcerait pas si, par une hypothèse de l'imagination, nous pouvions supposer le monde habité par un seul individu ; mots dont il n'est pas convenu arbitrairement, mais qui lui sont arrachés par la nature, et par lesquels il fait en même temps sa part et celle de ses semblables.

Ce n'est plus là le rapport de l'homme à la nature ; mais le rapport de l'homme à l'homme, d'une individualité avec une autre individualité. A côté de ma cabane et de la terre que j'ai cultivée, un homme a construit sa maison ; nous avons la même raison l'un et l'autre pour qu'il n'empiète pas sur mon domaine, pour que je respecte le sien : cela était à moi, car je m'y étais déployé le premier ; j'y avais mis mon empreinte, mon travail, ma personnalité; et voilà la signification du droit du premier occupant. Ce que s'est approprié mon voisin, je n'y avais pas songé; ma personnalité n'avait pas paru sur ce théâtre; la sienne se montre, devient maîtresse à son tour; et voilà deux libertés qui s'acceptent sur un pied parfait d'égalité.

Mais n'y a-t-il pas autre chose? Nous avons saisi deux termes, rapport de l'homme avec la nature, rapport de l'homme avec l'homme. Est-ce tout? Cherchons bien. Voici quelque chose de nouveau; voici un troisième rapport différent des deux autres, qui dès lors aura d'autres lois et d'autres conditions: c'est le rapport de l'homme non plus avec l'homme seul, isolé, mais avec les hommes réunis, avec l'association, avec la société; et c'est là le rapport le plus difficile à soutenir, le plus important à étudier, problème qui s'agite et se développe depuis l'origine du monde. Ne considérez l'homme que vis-à-vis de la nature; la dictature est incontestable: prenez l'homme seulement en contact avec l'homme, le catéchisme de la propriété sera court; on stipulera des garanties et des droits réciproques, et tout aboutira à des convenances et à des débats de voisinage. Mais que l'individu soutienne un rapport vis-à-vis des masses, seul en face de tous; c'est sur ce point que s'est porté l'effort des révolutions et des théories.

Un homme possède et se dit propriétaire. La société reconnaîtra d'abord et respectera le fait de la possession; mais s'y arrêtera-t-elle? et de la possession conclura-t-elle au droit de propriété sans autre examen? Non; elle demandera à l'individu à quel titre il possède; et alors, suivant la réponse, la société pourra porter trois jugements différents. Ou elle reconnaîtra que le titre du propriétaire est complètement juste, et il y aura paix entre l'individualité et l'association. Ou, tout en reconnaissant que l'individu détient et possède, qu'il a pour lui la consécration du temps, elle trouvera néanmoins que sa propriété pourrait être plus utile à l'association si elle était réglée autrement ; et alors elle intervient, ne pouvant se résoudre à rester impuissante à force de respecter le droit individuel. Ou enfin, malgré la possession constatée et certaine, la propriété de l'individu blesse tellement l'utilité générale, que la société arrive à nier le droit, l'efface et anéantit une individualité qui lui est hostile et funeste.

La théorie de la propriété consiste tout entière dans le rapport de l'homme avec la société. Si on s'enfermait dans les droits exclusifs de l'individu, le problème serait facile ; car, une fois le droit personnel établi, les conséquences s'en déduiraient logiquement, et la déduction, ne rencontrant aucun obstacle, serait légitime à perpétuité. D'un autre côté, ne soyez frappé que de l'utilité sociale, et vous aurez des révolutions périodiques qui viendront à chaque instant déplacer la borne en écrasant l'individu. Je définirais volontiers, sans m'attacher aux termes, la propriété sociale : l'individualité combinée avec les besoins, les droits et les progrès de l'association. Ce principe peut nous conduire à travers l'histoire.

Lacédémone, après avoir triomphé d'Athènes, porta sur-le-champ la peine de sa victoire impie : elle reçut dans son sein de l'argent, de l'or; noble récompense pour avoir affligé la cité de Minerve, et s'être montrée la complaisante du grand roi. La constitution de Lycurgue existait encore, mais de nom, mais éludée, mais trahie, quand un Spartiate puissant, appelé Épitadée, ayant eu un différend avec son fils, fut nommé éphore, et fit une loi (ῥήτρα) qui permettait à tout citoyen de laisser sa maison et son héritage à qui il voudrait, soit par testament, soit par donation entre-vifs (1). Alors les riches, en dépouillant de leurs successions leurs héritiers légitimes, resserrèrent de plus en plus le nombre déjà petit des propriétaires. Aristote, dans sa *Politique*, signale

---

(1) Plutarque, *Vie d'Agis et de Cléomène*, chap. VI.

ce fait désastreux pour Lacédémone, sans parler expressément, comme Plutarque, d'Épitadée; mais il y reconnaît la cause des excès de l'oligarchie; διόπερ εἰς ὀλίγους ἦκεν ἡ χώρα (1). Deux hommes résolurent de relever la constitution de Lycurgue, et d'appeler les Spartiates à une nouvelle répartition des terres. Agis, esprit généreux, héroïque, roi populaire, ne craignit pas d'engager sa destinée et celle des siens dans une orageuse révolution. Il voulut partager de nouveau le territoire en raison des progrès de la société lacédémonienne. Quelle est la pensée de son entreprise? Est-ce le mépris de la propriété? c'est au contraire le désir de la propager et de la répandre. Les lois agraires ont été représentées comme des conspirations contre le principe de la propriété, tandis qu'elles sont le manifeste le plus éclatant du besoin éternel qui anime l'homme de devenir propriétaire. Presque toute l'aristocratie se déclara contre Agis, qui, après plusieurs épisodes que nous a transmis Plutarque, échoua tout à fait, et fut étranglé dans sa prison. Cléomène poursuivit l'entreprise; il a jeté sur sa vie un éclat militaire qui a manqué à celle d'Agis : il conquit un moment presque tout le Péloponèse, mais il finit par succomber, et c'est en Égypte qu'il alla terminer sa carrière aventureuse; il s'y donna la mort pour échapper aux satellites de Ptolémée. L'entreprise de ces deux hommes avait donc son côté de justice, mais elle ne pouvait réussir que par une dépossession violente de l'oligarchie. Toutefois, elle n'eût pas avorté si Sparte eût eu encore quelque avenir; mais qu'importait au monde que la constitution de Lycurgue se prît à reverdir? Sparte avait fait son office dans l'histoire ; elle avait vaincu à Platée, défendu les Thermopyles, triomphé d'Athènes ; désormais elle ira se confondre dans la ligue achéenne, elle rampera sous Nabis ; elle aura l'honneur d'être l'auxiliaire des Romains pour combattre la cavalerie étolienne : pour elle

(1 Aristote, *Politique*. livre II, chap. x, § 6; édition Coray, page 55.

plus d'indépendance et de gloire; en réalité, elle a disparu du monde.

Ce problème capital de la propriété va se poser avec une bien autre importance chez l'impitoyable héritier de l'antiquité tout entière, le peuple romain. Entre les patriciens et les plébéiens le débat était inévitable. L'ennemi commun vaincu, son territoire devenait le domaine de la république, *ager publicus;* une partie était vendue au profit du trésor, une autre concédée aux citoyens moyennant une redevance et un fermage; mais la république retenait la propriété du fonds. Voilà les *possessiones* des Romains; voilà pourquoi chez eux la possession se distinguait si profondément de la propriété : distinction dont a hérité, sans la comprendre toujours, la légalité moderne.

Mais poursuivons. Les patriciens faisaient le partage de ce prix de la victoire commune, et ils furent exposés à une rude tentation de prendre beaucoup pour eux et de donner peu aux autres. La population plébéienne, la force et la substance de Rome, infanterie de fer qui gagnait les batailles, ne reçut pas son lot légitime, et resta prolétaire malgré ses conquêtes de tous les jours. L'injure était flagrante. Aussi le sénat ne refusa jamais directement les propositions des tribuns sur le partage des terres; il savait qu'au fond la démocratie avait raison. Les tentatives des tribuns s'étaient succédé sans grands résultats jusqu'au commencement du septième siècle de Rome, quand, après la ruine de Carthage et de Corinthe, éclata l'entreprise des Gracques, si méconnus, si calomniés. On en a fait des démagogues furieux, sans intelligence, voulant un nom à tout prix, et Juvénal s'est rendu l'écho de ce lieu commun misérable :

Quis tulerit Gracchos de seditione querentes?

Tant les poëtes ont parfois d'aveuglement et d'insuffisance pour comprendre les idées et les révolutions! Les Gracques eurent le malheur de ne pouvoir développer leurs intentions et leurs desseins que par une commotion de l'État ; mais c'étaient de grands hommes politiques ; dévoués au peuple, ils sont morts pour lui.

Le mal en était venu à ce point où la patience n'est plus possible. La démocratie se trouvait tout à fait en dehors de la propriété et frustrée de ce qui donne à la vie de l'homme sécurité, douceur et puissance. Depuis Licinius Stolon, qui avait porté une loi dans la dernière moitié du quatrième siècle, *ne quis plus quingenta jugera agri possideret*, et qui fut condamné quelques années après pour en posséder dix mille, tant la pente était irrésistible ! les abus avaient encore grandi, et ne pouvaient être corrigés que par une révolution. Tibérius Gracchus résolut fermement de l'accomplir. Sa mère l'y encouragea ; car cette femme aimait ses enfants, mais elle aimait encore plus la gloire de ses enfants. Alors tout ce qu'une politique habile, tout ce que l'esprit de conservation et de bon sens pouvait apporter d'adoucissement dans une entreprise si âpre et si tranchée, Tibérius s'y préta ; âme généreuse et tendre, mélange d'irrésistible volonté et de douceur charmante dans le caractère, il descendit, pour gagner le sénat, pour désarmer son collègue Octavius, aux prières, aux supplications ; mais il ne recula jamais dans l'exécution de son dessein : sur la place de Rome il en démontre la légitimité aux yeux et aux oreilles de toute l'Italie. Il confond ces patriciens qui refusent à la démocratie victorieuse le prix de son sang ; il revendique avec un invincible ascendant les droits de ces malheureux plébéiens, et il termine par ces énergiques paroles : « On les appelle les maîtres du monde, et ils n'ont pas « en propriété une motte de terre. » La loi passa ; le sénat nomma des commissaires ; deux ou trois ans après, Tibérius mourait sous les coups de l'aristocratie ameutée par Scipion Nasica, et l'entreprise demeura suspendue.

Caïus avait neuf ans de moins que son frère ; il ne put que lui succéder, et non pas s'associer à ses efforts : peut-être ces deux hommes réunis eussent-ils eu une meilleure destinée. Qu'il est beau de voir Caïus pas du tout jaloux de se jeter sur-le-champ dans la même aventure que son frère. Non. Il hésite, il délibère; il rêve, il est triste. Il faut que les plébéiens lui mettent des inscriptions sur les statues du forum pour lui demander s'il oublie son frère, sa gloire et ses devoirs de Romain. Enfin il se dévoue avec un pressentiment secret de marcher comme son frère à sa ruine. Il propose plusieurs lois pour augmenter le pouvoir du peuple et affaiblir celui du sénat : par l'une il établit des colonies et distribue des terres aux pauvres citoyens qu'on y envoie; une autre ordonnait d'habiller les soldats aux frais du trésor public; une troisième donnait aux alliés le même droit de suffrage qu'aux citoyens de Rome; enfin il adjoignit aux trois cents sénateurs qui siégeaient alors dans les tribunaux autant de chevaliers romains. Malgré ces diverses entreprises, on trouve dans ce grand homme moins de résolution et d'initiative que dans son frère; mais l'aristocratie ne lui pardonne pas davantage, et, comme Tibérius, il succombe tragiquement. Scipion était au siége de Numance lorsqu'il apprit la mort du premier des Gracques; il prononça ce vers d'Homère :

Périssent comme lui tous ceux qui lui ressemblent!

Revenu à Rome, on l'interrogea sur ce qu'il pensait des lois des deux frères, il les condamna. Scipion représentait la fière obstination du patriciat romain, et il avait horreur de toute entreprise révolutionnaire.

Des hommes ordinaires succèdent aux Gracques : Saturninus, Livius Drusus. Mais Marius arrive, et avec lui la guerre civile, digne fruit des excès des patriciens. Pourquoi la démocratie s'enrôle-t-elle sous les enseignes de Marius, de César et d'Octave? pour recevoir des terres après la victoire des mains de ses généraux. Sous Auguste l'Italie se partage à ses vétérans, et la propriété subit des révolutions dont vous entendez encore le retentissement dans les Églogues de Virgile. Ainsi la démocratie renonce à la liberté pour la propriété, pour les droits et les douceurs de la vie civile ; et la cause de Tibérius et de Caïus, de ces deux républicains, vengée par Marius, triomphe par la dictature de César. C'est qu'elle était trop légitime, trop vraie, pour ne pas aboutir à bien. Un homme qui à force de passion pénétrait d'un coup dans la vérité de l'histoire, Mirabeau, ne s'y est pas trompé : « Ainsi, dit-il, périt le dernier des Gracques de « la main des patriciens ; mais, atteint d'un coup mortel, il « lança de la poussière vers le ciel, en attestant les dieux « vengeurs ; et de cette poussière naquit Marius, Marius « moins grand pour avoir exterminé les Cimbres que pour « avoir abattu dans Rome l'aristocratie de la noblesse. » Entendez-vous ces deux démocrates, comme ils se répondent! comme l'âme de Mirabeau comprend celle de Caïus Gracchus, et comme il le venge, à travers les siècles, de l'aveuglement, des fureurs et du poignard de l'aristocratie!

Quand les barbares inondèrent la Gaule et l'Italie, ils ravagèrent d'abord les villes, les palais et les temples ; puis ils les conservèrent, et s'en firent les propriétaires, en vertu du droit de conquête, droit de puissance, de supériorité sur ce qui ne peut plus ni résister ni vaincre. Étaient-ils encore les légitimes possesseurs du monde, ces Romains, ces Italiens, ces Gaulois, dont le bras ne pouvait plus soutenir l'épée? On a beaucoup trop calomnié le droit de conquête, qui, lorsqu'il n'est pas un brigandage inutile, régénère et renouvelle les sociétés. La grande invasion du cinquième siècle l'a trop clairement écrit dans l'histoire pour qu'on puisse en méconnaître la raison profonde ; et la hache du barbare est véritablement la première colonne de la société moderne. La conquête amène la propriété, loin de l'anéantir ; les formes en sont nouvelles, compliquées, tortueuses, sans analogie avec rien de l'antiquité. Au système de la légalité romaine, la barbarie donne pour héritière la féodalité, base solide des temps modernes, tellement qu'elle résiste encore, en plusieurs endroits de l'Europe, au flot des révolutions.

Cependant, dans ce conflit des nouveaux maîtres et des vaincus dépossédés, il y avait une puissance qui savait alors diriger et consoler les peuples : c'était l'Église, qui, peu à peu, devint riche dans l'intérêt des faibles et des pauvres. Jusqu'à Constantin elle n'eut pas d'existence civile. Cet empereur néophyte permit le premier de donner par testament aux églises ; et le code Justinien, après avoir consacré le premier titre du premier livre à la très-sainte Trinité, à une profession de foi catholique, et à une législation assez dure contre l'hérésie, traite dans le second titre des intérêts temporels de l'Église naissante. D'abord on donna aux prêtres ce qu'il y avait de meilleur dans les produits de la terre et de la chasse, *primitiæ;* la dixième partie d'une récolte, *decimæ;* mais ces dons (*oblationes*) n'eussent pas suffi. Si, dans la société féodale, où la propriété terrienne était la règle de tout, le clergé ne fût pas devenu propriétaire, comment eût-il obtenu l'estime des peuples ? où aurait été son autorité, son utilité ?

Voici un spectacle nouveau : la propriété venait d'être la récompense et la conquête de la victoire irritée ; elle est maintenant l'hommage volontaire des peuples, rendu à la supériorité pacifique de l'intelligence et de la religion. De toutes parts on donne à l'Église à pleines mains ; les donations, les testaments, ne se dressent que pour elle ; le territoire se couvre de fondations aussi bien que de fiefs. Alors les hommes de l'Église choisissaient des situations pittoresques : tantôt s'établissant au haut d'une montagne, ils y mettaient le signe de Dieu, un monastère ; tantôt ils cachaient au fond d'une vallée une société de cénobites intelligents et pieux, dont tout le voisinage recevait la salutaire influence. C'est par les fondations que l'Europe moderne s'est civilisée. Sans richesses et sans propriétés, l'Église eût été impuissante; elle n'eût pu défricher les terres ni les manuscrits. Voilà pourquoi le clergé dut être propriétaire. Attendez un moment, et vous verrez s'affaiblir la légitimité de son titre.

Qu'était-il devenu au dix-huitième siècle? Tempérons ici la sévérité de l'histoire : mais, sans foi et sans mœurs, incapable de doctrines comme de vertus, il nous présentait, pour successeurs aux pontifes qui avaient civilisé la Gaule, de petits abbés ridicules, jouet et délices des boudoirs. Alors la société française lui demanda par ses représentants en vertu de quel titre il possédait; question formidable que toute association adresse tôt ou tard aux individualités dont elle se compose. Le clergé parla des services qu'il avait rendus, rappela qu'il avait civilisé le monde, qu'ensuite il possédait, et qu'en ôtant à chaque possesseur ses biens, on violerait le droit des individus. Quelle fut la réponse de la révolution? « Vous avez civilisé le monde, et c'est pour cela qu'on vous a donné vos biens; c'était à la fois entre vos mains un instrument et une récompense; mais vous ne la méritez plus, car depuis longtemps vous avez cessé de civiliser quoi que ce soit; bien plus, vous vous opposez à la marche progressive de l'association française. Ce que la nation a donné, elle l'a donné en dépôt et non pas en propriété aux individus, non pas à tel membre du clergé, mais au culte; elle l'a donné à la civilisation représentée par l'Église; elle le retire à la décadence et à la corruption de cette même Église. » Alors l'Assemblée constituante décréta cette loi mémorable qui mettait les biens du clergé à la disposition de la nation; décision préparée, comme nous l'avons dit ailleurs, par la plume de Turgot qui avait déposé dans l'Encyclopédie (art. *Fondation*) les arguments dont à la tribune s'arma Mirabeau (1).

(1) Ici il devient nécessaire d'ajouter quelques réflexions à la théorie de la propriété et aux exemples développés à l'appui. Je crois avoir sainement apprécié la nature des choses en établissant les trois rapports que l'homme soutient avec le monde extérieur, avec son semblable, avec

La noblesse française avait brillé pendant des siècles de l'éclat le plus vif. Patriciat chevaleresque, aimable, courageux, elle n'avait dégénéré que dans les salons de Versailles, et le moment du combat la trouva débile et corrompue. Ici plus clairement qu'ailleurs, plus encore qu'à Sparte et à Rome, lutte entre l'aristocratie et la démocratie. La noblesse se refuse à suivre le triomphe du peuple; elle quitte le pays,

la société. C'est ce troisième rapport qu'il est le plus malaisé de régler, comme nous l'avons dit; et la difficulté est si grande, que, sur ce point, nous avons été témoin des plus funestes excès et des plus graves erreurs. Pour ne parler que des erreurs, c'est pour avoir été uniquement préoccupés des droits de l'association, sans reconnaître ceux de l'individu, que beaucoup d'esprits, non-seulement parmi les hommes politiques, les hommes de parti qui ont joué un rôle dans nos révolutions, mais parmi les publicistes, les économistes et les jurisconsultes, ont prétendu que la propriété n'existait pas par elle-même, et n'était qu'une création du législateur. On a vu combien j'étais éloigné d'une pareille opinion, puisque j'ai fait sortir la propriété de la nature même de l'homme, de son individualité. Mais en même temps nous avons placé en face de l'individu l'association, à laquelle, au surplus, la législation de notre siècle est très-disposée à faire une grande part. Nous n'en voulons pas d'autres preuves que les lois sur l'expropriation pour cause d'utilité publique.

J'arrive aux exemples historiques. Je n'ai rien à remarquer sur Sparte, si ce n'est que, dès l'origine, son aristocratie militaire troubla tout, en n'observant pas elle-même les règles du partage qu'elle avait fait après la conquête. (Voir l'*Histoire des législateurs et des constitutions de la Grèce antique*, t. I, chap. VII et VIII.) J'ai peur d'avoir parlé avec trop d'enthousiasme du génie des Gracques dans leur lutte contre le patriciat romain. Mais je suis certain, et je regrette infiniment d'avoir manqué de mesure et d'équité dans ce que j'ai dit sur la conduite de l'Assemblée constituante à l'égard de l'Église : s'il y avait, dans les propriétés ecclésiastiques, des abus à corriger, il y avait aussi un principe que la Révolution a eu le tort d'offenser violemment. Au surplus, je me suis réfuté moi-même quelques lignes plus bas, en réprouvant avec énergie la confiscation.

Si, dans l'entraînement des déductions historiques, je me suis laissé emporter trop loin, j'espère du moins avoir établi sur des bases philosophiques certaines le droit sacré de propriété. Telle a été, dans tous les temps, ma constante préoccupation, parce qu'à mes yeux ceux qui attaquent le principe de la propriété sont les plus grands ennemis de la liberté humaine. *(Note de la 3ᵉ édition.)*

déclarant qu'elle emporte la France avec elle. Le peuple reste sur le sol et poursuit sa victoire. Tout moyen devient légitime :

Furor arma ministrat.

La confiscation est l'arme de la démocratie, moyen cruel, exception terrible aux droits des individus, accident hideux qui ne saurait se produire que dans ces crises où une société se refait en se déchirant. C'est à ces extrémités où furent poussés nos pères que nous devons un territoire divisé à l'infini, la propriété accessible à tous, la diminution progressive des prolétaires, la modestie si pure de notre dernière révolution, sa sobriété admirable dans la réaction et dans la vengeance. Ainsi il a été donné à la France de ne pas périr, et de renaître plus forte dans cette mêlée furieuse où tant de peuples se sont perdus. Sparte n'a pu y résister; Rome ne s'en est sauvée que par le despotisme, tandis que nous sommes arrivés en même temps à la liberté et à la propriété civile : position admirable que nous envie l'Angleterre; d'où il ressort clairement que la liberté doit se fortifier par le développement le plus complet de la propriété pour tous les individus d'une association.

Ainsi ce serait tomber dans une étrange illusion que de croire nécessaire d'attaquer la propriété; ce serait faire après coup la théorie d'un acte terrible, qui s'est d'autant mieux accompli qu'il n'avait pas été conçu à *priori*, et qui est devenu pour la France un droit acquis sur lequel elle peut fonder un avenir de sage liberté. Je ne parle pas des tempêtes qui passent.

Mais n'y a-t-il pas des faits nouveaux qui doivent donner à la propriété un autre caractère? Ainsi les anciens ne connaissaient pas la propriété littéraire, industrielle; pour eux les chants d'Homère et de Pindare appartenaient à tout le monde; il ne leur tombait pas dans l'esprit que pendant un certain laps de temps le poëte pût revendiquer pour lui et ses enfants la propriété de ses vers : tant chez ces anciens, d'une imagination si extérieure et si large, le souci de l'individualité venait se perdre dans le dévouement de tous à tous! Nous concevons au contraire fort bien que l'héritier de Voltaire ait pu pendant quelques années tirer quelque avantage de cette succession du génie. Évidemment dans l'héritage du poëte il faut faire un départ : son inspiration, ses œuvres, appartiennent à la société, propriété commune et immortelle à laquelle elle ne saurait renoncer : d'un autre côté, l'artiste a ses droits sur son œuvre ; il peut et doit vivre de sa création et de son travail, lui et pendant un temps les siens. La difficulté délicate consiste à déterminer le laps de temps pendant lequel les ouvrages des grands hommes peuvent être affermés aux besoins de leurs héritiers. Qu'est-ce à dire, si ce n'est toujours le même problème de combiner les droits de l'individualité et ceux de l'association?

Que le commerce et l'industrie augmentent et varient les objets de la propriété, qu'en ce sens le développement de la propriété soit changeant et progressif; nul doute : mais les conditions nécessaires imposées par la nature humaine resteront toujours à remplir.

Un homme d'un esprit tout à fait original, spectateur attentif de la Révolution française et de la civilisation américaine, Saint-Simon, a émis cette pensée : la féodalité a créé la propriété foncière, elle a organisé l'Europe ; à la féodalité succède un âge nouveau, l'industrie; les descendants des conquérants sont les travailleurs; le règne de la conquête est fini ; le temps du travail, de l'industrie, commence; l'idée et le respect de la propriété foncière doivent faire place à l'idée et au respect de la production. Cette vue est profondément philosophique ; elle n'a d'autre tort que de ne pas l'être encore assez. Quelle est la véritable source de la propriété? la pensée de l'homme. Son moyen d'exécution? la volonté. Ses trois théâtres? la nature, la famille et l'État. La conquête, que les philosophes condamnent, n'est autre chose que le développement de l'activité humaine; l'industrie n'est elle-même qu'un mode de cette activité, qui, venu le dernier, frappe plus vivement les esprits, mais qui n'est pas la pensée elle-même, et n'est pas destiné à rester sur le premier plan de l'histoire; comme la féodalité, l'industrie est un passage à autre chose.

Le christianisme, qui a développé dans l'homme la conscience individuelle, a fortifié nécessairement le sentiment de la propriété, loin de vouloir le combattre et l'anéantir; et ici j'entends le christianisme social, et non pas un mysticisme secret et illuminé.

Vouloir supplanter l'idée de propriété par l'idée de production, c'est confondre deux ordres de choses différents, l'économie politique et la législation. Sans doute il serait commode, pour arriver à une distribution plus égale et plus aisée des produits, de supprimer despotiquement les sentiments, les droits et les délicatesses de la nature humaine; mais la société ne saurait être une manufacture pas plus qu'elle n'a été un couvent ni une caserne. Pourquoi la vie militaire nous paraît-elle si héroïque? parce qu'elle demande le sacrifice le plus complet de l'individualité à une règle, à une discipline, un dévouement de tous les instants à une mort toujours présente. Mais c'est un état exceptionnel. La société peut avoir une armée; mais elle ne saurait être une armée. La vie monastique s'élève également sur les débris de la liberté humaine, qu'elle étouffe et qu'elle crucifie. Les manufactures, ces arsenaux de l'industrie, n'obtiennent souvent un plus grand nombre de produits qu'en faisant de cette liberté une machine dont elles abusent à merci.

Si l'individualité, dans ses rapports avec l'association, attachait son existence à une condition nécessaire, il serait précieux de la reconnaître; or, elle existe : c'est l'héritage. Un enfant est mis au monde par ses parents; est-ce un privilège? Deux êtres lui ont donné la vie; sans eux il n'existerait pas, et dès lors soutient avec eux des rapports perpétuels et sacrés. Je consens à ce qu'on abolisse l'héritage à une condition : de m'indiquer la manière de se procurer des hommes sans qu'ils aient un père et une mère.

L'héritage n'est pas une idée conventionnelle, mais naturelle, qui se reproduit partout. Eh! si nous sortons de la famille, l'histoire n'est qu'un immense héritage de joies et de misères, de ruines et de triomphes. Nous ne faisons que nous transmettre les uns aux autres le sang, la vie, les idées et les progrès. Mais, pour revenir à l'enfant, il hérite de son père naturellement par une loi nécessaire que la législation civile doit reconnaître et ne peut changer. Un poëte a peint admirablement un sage cachant sa vie au fond d'une vallée, seul, mais gardant toujours les liens qu'il n'est pas permis à l'homme de briser.

> Mais il eut, sans goûter une science amère,
> La loi de ses aïeux, et le Dieu de sa mère;
> Reçut, sans la peser à nos poids inconstants,
> Dans un cœur simple et pur la sagesse des temps,
> Comme des mains d'un père on prend un héritage
> Avec l'eau qui l'arrose et l'arbre qui l'ombrage (1).

Oui, il y a pour l'homme un héritage indélébile des sentiments maternels, des pensées de son père, de la maison et de la terre où il s'est élevé, patrimoine à la fois de souvenirs et de richesses, qui ne se laissera jamais envahir. Nous conseillons aux théories téméraires de s'y résigner; c'est l'*ultimatum* de la nature.

CHAPITRE V.

DE LA SUCCESSION NATURELLE ET TESTAMENTAIRE. — DES CONTRATS.

J'appelle l'attention sur une distinction fondamentale entre l'hérédité domestique en ligne directe et l'hérédité politique.

(1) M. de Lamartine, *Harmonies poétiques et religieuses*.

Le pouvoir philosophiquement considéré ne saurait se distinguer de la société; il est un ministère public institué au profit de tous, et qui par un progrès nécessaire et successif, s'exercera non-seulement pour tous, mais par tous à des degrés différents. Il ne saurait avoir d'autre titre que son utilité, d'autre légitimité que l'assentiment général. Il n'y a donc pas pour lui d'hérédité en soi et naturellement nécessaire par droit du sang; mais il peut être profondément utile que ce ministère public soit stipulé héréditaire. Alors l'hérédité politique puise sa raison non dans le sang et dans la nature, mais dans l'utilité, le consentement et la liberté de tous.

Mais qu'un enfant reçoive de son père et de sa mère le lait et le pain, plus tard la nourriture intellectuelle, que plus tard encore il hérite du patrimoine paternel, voilà un fait naturel, antérieur à toutes les combinaisons politiques, indestructible. L'enfant a reçu le sang et la vie; il a droit à l'éducation, sans laquelle il ne pourrait être homme; il a droit aux biens de son père, sans lesquels il resterait désarmé au milieu de la société. Entre les parents et les enfants il y a une solidarité dont l'ineffaçable caractère est un des plus riches apanages de la race humaine.

Le droit romain nous fournit une expression singulièrement heureuse pour rendre les rapports du père et du fils, *heres suus*, c'est-à-dire le sang du père, sa propre personnification, le fils revivant dans son auteur, l'identité de l'enfant et du père. Paul, émule d'Ulpien, a très-bien commenté ce mot (1):

« In suis heredibus evidentius apparet continuationem do-
« minii eo rem perducere, ut nulla videatur hereditas fuisse,
« quasi olim hi domini essent, qui etiam vivo patre quodam-
« modo domini existimabantur. Unde etiam filius familias

---

(1) Paulus, lib. II, ad Sabinum, ff. lib. XXVIII, tit. II, de Liberis et Posthumis, etc.

« appellatur, sicut paterfamilias, sola nota hac adjecta, per
« quam distinguitur genitor ab eo, qui genitus sit. Itaque,
« post mortem patris, non hereditatem percipere videntur,
« sed magis liberam bonorum administrationem consequun-
« tur. Hac ex causa, licet non sint instituti heredes, tamen
« domini sunt, nec obstat, quod licet eos exheredare, quos
« et occidere licebat. »

Ainsi, dans le rapport des héritiers *siens* avec leur père, la continuation de la propriété était telle qu'il n'y avait pour ainsi dire pas d'héritage, comme si les enfants avaient été dès le principe propriétaires, eux qui du vivant de leur père étaient regardés comme des copartageants, de façon qu'à la mort de leur auteur ils ne recueillent pas l'hérédité, mais plutôt ils arrivent à la libre administration de leurs biens.

L'hérédité domestique en ligne directe est donc empreinte d'un caractère naturel et nécessaire qui ressort d'autant mieux si on la compare à la succession déférée aux ascendants et surtout à la succession collatérale. Effectivement l'individualité est inexorable pour réclamer la succession en ligne directe. Demande-t-elle aussi instamment la succession en ligne collatérale? Il est clair que non. Qu'il y ait plusieurs frères dans une famille ; que chacun prenne femme, ait des enfants : voilà de nouvelles familles fondées, des individualités nouvelles au sein de la société. Si Paul, qui a prospéré, recueille les biens de son frère, qui est mort sans enfants, on ne voit pas clairement le devoir de l'association de maintenir pour toujours la succession de Pierre au profit de Paul : non que l'individualité soit en ce cas entièrement sans droits; mais combien ce droit est faible et modeste, si on le rapproche de l'hérédité en ligne directe ! Aussi la société admettra sans effroi des discussions sur la succession collatérale ; elle en pèsera les raisons et les inconvénients ; rien dans cette révision ne saurait blesser la nature des choses. Bien plus, quand nous supposerions que la succession en ligne collatérale fût amendée, même supprimée : que la succession déférée aux ascendants serait encore restreinte, y aurait-il là un affaiblissement mortel de l'individualité et de l'esprit de famille? Point ; car cet esprit doublerait d'énergie en se concentrant tout entier dans la ligne directe. Au moment même où l'association française opérerait ces réformes, elle sentirait le besoin de reconnaître par un hommage solennel le droit sacré de l'individualité en ce qui touche les rapports du père et du fils, l'héritage en ligne directe ; et la famille, plus resserrée, deviendrait au sein de l'État plus chère encore et plus inébranlable (1).

Je passe à la succession testamentaire. Même débat entre l'individualité et l'association.

Uti legassit super pecunia, tutelave suæ rei, ita jus esto.

La législation romaine a débuté par la faculté la plus absolue de tester décernée au père; et ce fragment des Douze Tables ne fait que constater les mœurs primitives. Les patriciens avaient un sentiment profond de la liberté.... pour eux; et ces chefs de familles et de *gentes* estimaient fort bon que leur volonté fût omnipotente. Cet état de choses, qui avait duré trois cents ans avant la rédaction des Douze Tables, s'y écrivit parce que la plume était patricienne. Toutefois il ne faudrait pas se représenter l'exhérédation comme facile et fréquente. Il n'est pas dans le cœur des patriciens et des gentilshommes de donner leurs biens, sans une rude extrémité, à qui n'est pas de leur sang; et la puissance testamentaire, loin d'être pour eux une perturbation de l'ordre naturel, le conserve au contraire et le perpétue. D'ailleurs, le testament à Rome se faisait devant le peuple, au grand jour

---

(1) Je faisais cette concession dans le désir de fortifier encore ma défense de la succession en ligne directe ; mais aujourd'hui je suis bien convaincu que le législateur doit sévèrement s'interdire tout ce qui pourrait encore relâcher et rompre les liens de la famille : déjà ils ne sont que trop affaiblis et brisés. (*Note de la 3ᵉ édition.*)

de la place publique, *calatis comitiis*; c'était un acte législatif, comme encore aujourd'hui le divorce en Angleterre : et le père en présence de ses concitoyens n'exhérédait pas son fils pour de légers motifs. Toutefois, la puissance testamentaire aussi absolue ne saurait être que la loi d'une société dans son enfance, car elle laisse entièrement l'association sans force et sans défense. Aussi les lois Furia, Voconia, Falcidia, modifièrent successivement une pareille autocratie. Par la même raison, Solon, en instituant le testament, lui imposa des restrictions dont Démosthène a montré l'esprit dans son second plaidoyer contre Stéphanus. Dans l'ancienne France, la puissance paternelle gouvernait la famille avec une incomparable majesté; elle faisait du père un maître et un dieu qui ne savait pas toujours adoucir sa force par le charme de la tendresse, et elle reçut du droit public des restrictions nécessaires à la conservation même des privilèges de la noblesse.

La faculté de tester a sa raison philosophique dans le sentiment profond de la liberté individuelle de l'homme, possédé de l'impérissable besoin de vouloir et de graver sur sa tombe sa volonté comme une épitaphe. Voilà qui est vrai, mais ne saurait être exclusif; et, quand les lois civiles ne mettent en saillie que ce principe, l'association, blessée de n'avoir pas été appelée au partage, se lève et se révolte. Ainsi la Constituante, qui déracina les fondements de l'ancienne monarchie et la coucha par terre, innova dans l'ordre civil comme dans l'ordre politique, remit la propriété au niveau des besoins, des progrès et des droits de la nation française; mais, par une disposition inévitable, elle fut quelquefois moins frappée des droits de l'individu qu'elle n'eût dû l'être; et à cela rien d'étonnant, puisqu'elle était appelée à réagir contre eux. Quelques heures après la mort de Mirabeau, M. de Talleyrand lut à la tribune nationale un discours sur *l'égalité des partages dans les successions en ligne directe*, testament pour ainsi dire de ce grand homme, mélange de logique, d'imagination et de cœur. Ce que la volonté humaine a de fantaisie et de caprice y est énergiquement relevé et flétri :

« Eh quoi! n'est-ce pas assez, pour la société, des ca-
« prices et des passions des vivants? Nous faut-il encore
« subir leurs caprices et leurs passions quand ils ne sont
« plus? N'est-ce pas assez que la société soit actuellement
« chargée de toutes les conséquences résultant du despo-
« tisme testamentaire depuis un temps immémorial jusqu'à
« ce jour? Faut-il que nous lui préparions encore tout ce
« que les testateurs futurs peuvent y ajouter de maux par
« leurs dernières volontés, trop souvent bizarres, dénatu-
« rées même? N'avons-nous pas vu une foule de ces testa-
« ments où respiraient tantôt l'orgueil, tantôt la vengeance;
« ici un injuste éloignement, là une prédilection aveugle?
« La loi casse les testaments appelés *ab irato*; mais tous
« ces testaments qu'on pourrait appeler *a decepto, a mo-
« roso, ab imbecilli, a delirante, a superbo*, la loi ne les
« casse point, ne peut les casser. Combien de ces actes si-
« gnifiés aux vivants par les morts, où la folie semble le
« disputer à la passion; où le testateur fait de telles dispo-
« sitions de sa fortune, qu'il n'eût osé de son vivant en
« faire la confidence à personne ; des dispositions telles, en
« un mot, qu'il a eu besoin, pour se les permettre, de se
« détacher entièrement de sa mémoire, et de penser que le
« tombeau serait son abri contre le ridicule et les re-
« proches! »

Voilà bien les excès de la volonté humaine : mais les préoccupations de Mirabeau ne lui cachaient-elles pas ce qu'elle a au fond de sacré et d'irrécusable? Si la législation empêche absolument l'homme d'être libre, le père de disposer de sa volonté et de ses biens dans une certaine mesure, elle le dégrade, viole le respect dû aux souvenirs dont lui et les siens s'enchantent et se consolent. Il y a dans la volonté d'un père, dans l'intention qu'il exprime à ses derniers moments, dans les paroles que nous recueillons de sa bouche expirante, dans ce qu'il nous ordonne et dans ce qu'il nous lègue, un témoignage éclatant rendu par la famille et par la société que nous ne mourrons pas tout entiers, que nous devons laisser de nous-mêmes un souvenir, un testament, non pour embarrasser la marche et la destinée de ceux qui nous survivent, mais pour nous rappeler quelque peu à leur mémoire. Non, la société toujours forte, mais toujours morale, ne saurait vouloir précipiter sa course en foulant aux pieds les plus pures et les plus tendres croyances de l'homme et de l'humanité. Leibnitz, en cherchant la raison philosophique du testament, fut tellement frappé de l'immortalité de l'âme, qu'il en fit le fondement unique du droit de tester. A ses yeux, les héritiers ne sont que les administrateurs des biens du défunt ; car, dit-il, c'est le défunt qui vit, puisqu'il veut toujours ; et sa volonté est éternelle, puisque son âme est immortelle (1). Noble exagération, illusion métaphysique où ne saurait tomber le législateur.

En nous plaçant dans la réalité, domaine véritable des lois sociales, nous légitimerons le testament comme un acte nécessaire de la liberté humaine, nécessaire à la dignité du père, nécessaire à la tendresse et à l'obéissance du fils. Ce n'était pas sans raison que le droit romain unissait si profondément la puissance paternelle et la faculté de tester : effectivement les relations du père et du fils sont à la fois positives et tendres, intéressées et nobles. Il y a chez l'enfant une attente légitime d'acquérir une partie des biens pa-

---

1) « Successio, quæ non producit novum jus, sed vetus transfert. Succedunt autem ab intestato mero jure soli descendentes, in stirpes, sed ita in ea tantum bona, quæ parentis erant cum nascerentur, quia anima eorum per traducem ex anima parentis orta est : cœterorum successio ab intestato pertinet ad fontem pactorum, quia ex lege descendit. Testamenta vero mero jure nullius essent momenti nisi anima esset immor-
« talis. *Sed, quia mortui revera adhuc vivunt, ideo manent domini rerum;*
« *quos vero hæredes reliquerunt concipiendi sunt ut procuratores in rem*
« *suam.* »

ternels, d'hériter de celui dont il porte le nom. Faire entièrement tomber la puissance testamentaire de la main du père, c'est altérer cette relation, qui ne saurait, comme l'amour maternel, n'être qu'une affection ardente et pure, et qui a besoin de l'estime de celui qui reçoit pour celui qui donne et qui rémunère.

La liberté humaine est ingénieuse et inépuisable dans ses développements : l'homme en contact avec l'homme lui donne et en reçoit naturellement. Ce fait simple et nécessaire s'exprime de mille façons, à des degrés divers, avec des nuances infinies, et sert de fondement à la théorie des contrats. Se figure-t-on une société possible où il serait défendu à l'individu de donner, d'échanger, de vendre, de disposer, d'aliéner ; où l'État, sous prétexte qu'il pourvoit aux besoins de chacun, étoufferait sous la monotonie de son despotisme le jeu de la liberté particulière? Impossible. L'homme veut être heureux comme il l'entend, c'est-à-dire libre.

L'échange signala le début des sociétés et lui survécut; la vente, après l'invention de la monnaie, échangea les valeurs particulières contre une valeur commune, que l'opinion frappa d'un caractère à la fois exceptionnel et général. L'homme imagina mille degrés d'aliénation, le louage, le gage, le nantissement, l'hypothèque : les progrès du commerce varièrent encore les contrats, rendirent les transactions à la fois plus nombreuses et plus faciles : ainsi les contrats d'assurances maritimes (1), terrestres, sur la vie des hommes, ont agrandi la sphère de la liberté individuelle, et le progrès a été d'augmenter les espèces de contrats, tant la volonté a de ressources et d'industrie pour accroître son activité !

Les moyens de transférer la propriété pourront changer, devenir moins compliqués, plus courts, plus flexibles et plus souples, mais la propriété sera toujours transférée.

---

(1) Voyez l'Introduction de Boulay-Paty au Traité d'Émérigon.

La théorie des contrats trouva une expression énergique dans cet axiome des Douze Tables : *Cum nexum mancipiumve faciet uti lingua nuncupassit, ita jus esto.* Par le *nexum*, on s'obligeait réciproquement l'un envers l'autre sans transmettre la propriété de rien. Par le *mancipium*, on transférait à un autre la propriété d'un objet. Et quel était l'organe de cette transmission ou de cette obligation pure ? La parole humaine, garantie dernière et la plus sacrée de l'homme dans l'enfance des sociétés comme dans les époques les plus raffinées ; car, si le Romain s'engage irrévocablement par la religion de la parole, n'avons-nous pas le même cri, notre *parole d'honneur?* et ne regardons-nous pas comme infâme celui qui ment à ce que nous avons entendu sortir de sa conscience par l'organe de la parole ?

Les modernes Instituts de Justinien, écho des jurisconsultes de l'empire, divisent les contrats en quatre espèces : *Ex contractu, quasi ex contractu; ex maleficio, quasi ex maleficio;* elles subdivisent les obligations *ex contractu* en quatre autres espèces : *Aut enim re contrahuntur, aut verbis, aut litteris, aut consensu.*

Mais il y a quelque chose d'antérieur à cette doctrine ; je veux dire le caractère véritablement historique des *obligations* dans le droit romain. Elles se divisaient en *actions*, en *obligations de bonne foi* et en *obligations* de *droit étroit; actiones bonæ fidei, actiones stricti juris* (1), car l'obligation et l'action étaient même chose ; l'*obligatio* était le lien et le fond, l'*actio* était l'appareil, la forme de l'obligation dans l'arène judiciaire, instrument et moyen pour obtenir justice. Gaïus nous enseigne clairement la forme primitive des actions romaines ; elles participaient du caractère rigoureux et immuable de la loi ; tant alors la liberté individuelle

---

(1) Voyez *Ueber ræmisc... ligation... echt von Dr. Eduard Gans,* 1819. Dans ce petit trai... plé de su... M. Gans a rétabli contre les commentateurs le ... ctère historique ... ligations suivant le droit romain.

se perdait dans l'identité du droit public et civil! *Quia ipsarum legum verbis accommodatæ erant et ideo immutabiles, proinde atque leges observabantur.* Ces *actiones legis* s'instituaient de cinq façons : *sacramento, per judicis postulationem, per conditionem, per manus injectionem, per pignoris captionem.* La *cessio in jure* était aussi une *actio legis.* Voilà, certes, des formules à la fois sacramentelles et symboliques tout à fait convenables à l'imagination sévère et précise des Romains.

Dans les Pandectes, au contraire, la théorie des obligations a un développement dialectique et philosophique. La doctrine est venue s'enter sur les singularités de l'histoire, et nous a légué un mélange de détails indigènes, de principes généraux, toujours vrais, de subtilités infinies qui nous embarrassent encore. Pothier, dans son excellent *Traité des obligations*, a porté la méthode, mais non pas la réforme, dans cet héritage historique. Les rédacteurs du Code civil ont découpé les développements de Pothier, et n'ont pas toujours traité la matière avec l'indépendance philosophique qui seule pouvait l'éclaircir. Ainsi ils ont respecté tout ce galimatias abstrus des obligations divisibles et indivisibles, et ils ont laissé sous leur main la loi dégénérer en une doctrine prolixe et scolastique.

L'époque où ils travaillaient explique ces inconvénients. La réforme radicale de notre droit public avait enveloppé dans la proscription commune l'ancien droit civil, écrit et coutumier. Mirabeau, dans le discours déjà cité, avait le premier sonné le tocsin contre la loi romaine. « Peut-être
« est-il temps, s'était écrié ce novateur intrépide, qu'après
« avoir été subjugués par les lois romaines, nous les soumet-
« tions elles-mêmes à l'autorité de notre raison, et qu'après
« en avoir été esclaves, nous en soyons juges..... Peut-être
« est-il temps que les Français ne soient pas plus les écoliers
« de Rome ancienne que de Rome moderne ; qu'ils aient des
« lois civiles faites pour eux, comme ils ont des lois politi-

« ques qui leur sont propres ; que tout se ressente dans leur
« législation des principes de la sagesse, non des préjugés de
« l'habitude ; enfin qu'ils donnent eux-mêmes l'exemple, et
« ne reçoivent la loi que de la raison et de la nature. » La
Convention poussa plus loin encore le mépris des anciennes doctrines, qui commencèrent à reparaître après la chute
de Robespierre. Depuis elles regagnèrent peu à peu l'autorité
qu'elles avaient perdue, et, parmi les rédacteurs du Code civil,
je ne vois plus que le premier consul qui ait gardé vis-à-vis
d'elles la netteté et la hauteur de sa raison. Tout le reste
était dévoué à la restauration presque complète des antiques
errements, et, sauf le principe fécond de l'égalité devant la
loi, qui depuis quarante ans nous sert de règle, et tend à remonter de l'ordre civil à l'ordre politique, la codification
française au commencement du dix-neuvième siècle n'a guère
été qu'une rénovation claire et méthodique de l'ancienne jurisprudence. Toutefois l'unité et la simplicité de nos codes
ont suffi pour nous permettre ces progrès qui nous ont fait
devancer les autres peuples dans la pratique de la vie civile,
et rendent facile aujourd'hui une réforme plus profonde et
plus philosophique.

Si la Révolution de 1789 a provoqué la création de nos codes, la Révolution de 1850 en amènera nécessairement la révision complète. Mieux placés que nos pères pour apprécier
les doctrines historiques, nous en saurons l'origine, le développement, la filiation ; nous connaîtrons les siècles et les
événements au milieu desquels elles se sont altérées et corrompues, jusqu'à quel point désormais elles sont surannées ou fécondes. Nous demeurerons étrangers à cette superstition qui voudrait faire de l'antiquité la loi des vivants ;
et nous ne sacrifierons pas aux préjugés opiniâtres de l'érudition les devoirs de la philosophie (1).

(1) Depuis l'époque où j'écrivais ces lignes, et surtout depuis 1848, le
Code civil n'a pas rencontré de réformateurs compétents, mais des enne-

CHAPITRE VI.

DES BASES PHILOSOPHIQUES DE LA LÉGISLATION PÉNALE.

Comment et pourquoi le monde existe-t-il? Comment et pourquoi sommes-nous dans ce monde? Ce n'est pas assez de cette double difficulté; car, si nous regardons l'univers, l'histoire et nous-mêmes, qu'y voyons-nous? Du mal; de telle façon qu'après nous être demandé pourquoi le monde et pourquoi l'homme, nous sommes inévitablement amenés à compliquer cette question par ce problème si triste. Pourquoi y a-t-il du mal?

Qu'il y ait du mal sur la terre, c'est le cri de l'homme et le témoignage de l'histoire. Interrogez toutes les religions, elles vous diront qu'il y a du bien et du mal, et chacune se vantera d'en expliquer l'origine mieux que toute autre. Les Indous adorent le verbe créateur Brahma; au-dessous de lui luttent Vichnou chargé de sustenter le monde et de le conserver, et Siva chargé de le détruire. Chez les Persans, Abriman le mauvais génie combat Ormuzd, qui représente le bien, et tous deux sont subordonnés à une unité supérieure. L'Égypte met aux prises Typhon avec Osiris. Le paganisme soulève les Titans contre Jupiter, et nous livre cette autre allégorie de Vulcain précipité sur la terre. La religion chrétienne a aussi sa cosmogonie, et c'est la plus récente acceptée par la foi de l'humanité. Or, suivant la Genèse, Dieu créa le ciel et la terre, et plaça l'homme dans un paradis. La créature y fut tentée par le prince des ténèbres, par le mauvais principe. Il existait donc antérieurement à l'homme : comment est-il déchu? il ne doit sa chute qu'à lui-même; il était bon auparavant; ange de lumière, au pied du trône de Dieu, dans son

---

mis systématiques qui voudraient le détruire pièce à pièce, parce qu'il a le tort, à leurs yeux, de résumer les principes conservateurs de l'ordre social. (*Note de la 3ᵉ édition.*)

ordre et sa hiérarchie, dans son obéissance et dans son amour, il vivait d'une vie harmonieuse et commune dont la céleste unité le faisait participer. Comment donc est-il tombé? Mystère!

Remontons plus haut encore. Comment cette unité primitive en est-elle venue à se développer par des existences pures, mais inférieures à elle-même? Mystère!

Les cosmogonies posent les questions sans les résoudre; mais elles ont cet avantage sur la philosophie, qu'elles enchantent l'imagination, entraînent la foi et le sentiment. La cosmogonie chrétienne ne crée ni n'explique le bien et le mal, mais elle en reconnaît l'empire; elle s'apitoie sur la nature et les douleurs de l'homme; elle le console et le captive par cela même qu'elle chante et confesse ses tourments; et dans la poésie sombre et déchirante de la Genèse, de l'enfer et du paradis perdu, on dirait une amie qui pleure avec celui qui pleure.

La philosophie a fait aussi son effort. Dieu peut-il créer le mal par sa volonté, de son propre mouvement? a-t-elle demandé. Non. Cependant il y a du mal; il doit avoir une cause. Si cette cause ne peut être la même que celle du bien, elle sera donc indépendante, coexistante avec elle, coéternelle, également puissante. Voilà le manichéisme. Il puisa sa force dans l'existence incontestable du mal, et dans la répugnance invincible qu'éprouve notre nature à l'attribuer à la source du bien. Mais, d'un autre côté, la philosophie de Manès contrariait les conditions mêmes de l'esprit de l'homme. Poser en effet deux principes coéternels, c'est poser une dualité qui ne peut exister, selon les lois de notre pensée, qu'après une unité antérieure à laquelle nous remontons nécessairement. Entre deux principes qui coexistent, bien que l'un représente le mal et l'autre le bien, il y a cependant un fond commun, une identité, l'être même. S'ils coexistent, ils existent donc; s'ils existent, ils se donnent rendez-vous dans une unité; le monde n'a pas commencé par deux; il est sorti d'un seul

6.

principe : aussi le manichéisme a fait une secte, et non pas une religion.

Au dix-septième siècle, Bayle et Leibnitz agitèrent le problème. Leibnitz, dans ses essais de *Théodicée*, tenta d'expliquer rationnellement la cosmogonie chrétienne, et d'enfermer la raison et la foi dans la sphère de l'harmonie préétablie. Bayle, dont le scepticisme se complaisait à ébranler toutes les croyances, et qui poussa toujours le pyrrhonisme jusqu'au point où il se sépare du bon sens, se donna le plaisir d'exposer avec une logique moqueuse tous les arguments du manichéisme ; toutefois il ne put disconvenir que, si le spectacle du mal lui prête d'abord quelque crédit, le manichéisme finit par tomber devant les lois de notre intelligence.

Kant jeta plus de lumière sur la question par la profondeur si sincère et si franche de sa psychologie. En faisant la critique de la raison, il lui posa trois questions : questions psychologique, cosmologique, théologique. Il la convainquit d'impuissance sur ces trois points ; il démontra que, dans la recherche de l'origine et de la valeur de ses idées, la raison ne saurait leur trouver une réalité objective, indépendante d'elle-même ; que, lorsqu'elle prend l'idée propre qu'elle s'en fait, pour leur nature même, elle commet un énorme paralogisme, et que, par conséquent, elle ne saurait arriver à une psychologie véritablement rationnelle. Dans la sphère cosmologique, Kant pose quatre thèses et quatre antithèses sur l'origine du monde ; il montre que la raison donne à la fois sur ces quatre points l'affirmative et la négative, et partant pas la vérité. Pour ce qui concerne la théologie, Kant poursuit son accusation contre la raison ; il bat en ruines l'argument de Descartes, celui de Leibnitz, et la preuve tirée du spectacle du monde sur l'existence de Dieu ; si bien que vous sortez de cet impitoyable examen, dépouillé de la connaissance rationnelle de l'âme, du monde et de Dieu. Pour échapper à une si terrible angoisse, Kant se réfugie dans la conscience même de l'homme, dans le sentiment pratique de la réalité et de la vie, et il remplace alors la démonstration rationnelle par l'irrésistible cri de la conscience et de la nature. Reconnaître, sans l'expliquer, l'existence du mal et du bien; s'armer de sa liberté pour combattre l'un et augmenter la sainte influence de l'autre; se vouer à la vertu malgré les ellipses et les faiblesses de la science, voilà le devoir de l'homme. On peut affirmer que, depuis Kant (1), la question du bien et du mal n'a pas fait un pas. Le stoïcisme de Fichte aboutit au même résultat, en l'exagérant. Schelling n'a pas échappé au mysticisme. La dialectique de Hegel a voulu tourner les difficultés posées par Kant; elle a déplacé les mots, mais non pas les bornes.

Avant d'abandonner ce sujet, je ne puis m'abstenir de remarquer encore le triomphe du mysticisme dans la question du bien et du mal; non qu'au fond il la résolve, mais il sait la poser en perspective devant l'imagination et la foi des humains. Des philosophes ont dit que la création était nécessaire: je le veux bien; mieux vaut qu'arbitraire; mais avec ce mot en savons-nous davantage? Or, pendant que la philosophie professe ses stériles formules, le mysticisme s'empare des esprits, les entraîne et les effraye, en promettant de les illuminer; il exerce à la fois sur l'homme une séduction inexplicable, et lui inspire une secrète horreur. Je le comparerais volontiers à une ténébreuse forêt, pleine de fantômes et d'apparitions, d'où l'on ne sort que la raison troublée; et cependant le voyageur qui en côtoie les bords éprouve la tentation de s'y engager, de la traverser, dût-il payer sa curiosité de sa destinée et de son bonheur.

(1) Nous avons sous les yeux la sixième édition de la *Critique de la Raison pure;* Leipzig, 1818. Ces trois questions, psychologique, cosmologique, théologique, sont traitées dans le second livre de la *Dialectique transcendentale*. Voy. aussi *Prolegomena zu einer jeden Kunftigen Metaphysik;* Riga, 1783. Dans cet ouvrage, Kant traite le même problème avec une admirable précision. L'étude des *Prolégomènes*, publiés deux ans après la *Critique de la Raison pure,* en facilite beaucoup l'intelligence.

Mais revenons à la conscience humaine. Quand l'homme s'interroge simplement et se saisit au moment d'agir, ne se trouve-t-il pas entre une bonne et une mauvaise action? Il a le choix, et il est appelé à l'élection dans cette lutte si bien décrite par un chrétien, par saint Paul, avec une profondeur douloureuse, inconnue à l'antiquité.

Le choix est fait; si nous avons opté pour le bien, notre conscience nous approuve; si pour le mal, elle nous condamne : de plus, nos semblables nous louent ou nous blâment, écho répété de notre conscience; et, de notre aveu ainsi que de celui des autres, nous sommes responsables.

L'homme n'est pas libre de plain-pied; mais avec beaucoup d'efforts il peut arriver à l'être; les passions, l'altération de nos organes, la disparition complète de la raison, sont autant d'obstacles à la liberté humaine.

D'où vient qu'entre le bien et le mal l'élection est si laborieuse et si méritoire, si ce n'est que, sollicités à chaque instant par notre nature orageuse, turbulente, ambitieuse, égoïste, avide de jouissances, nous penchons à nous satisfaire à tout prix dans les instincts les plus impérieux de notre être? Les passions ne détruisent pas notre liberté, mais elles la rendent plus difficile; elles en font à toute heure comme le siége et la circonvallation. Notre unique ressource contre elles est de leur trouver une diversion et un but qui nous honorent et nous relèvent, et d'en faire un instrument de progrès et de gloire. Voilà pourquoi aussi c'est un devoir sacré de répandre à grands flots la lumière sur ces classes malheureuses qui, dans la conduite de la vie, n'ont que leurs passions pour guides, pour conseillères, et que l'instruction et la moralité doivent réhabiliter un jour. Pourquoi ces tragédies si sanglantes qui se jouent si souvent dans les galetas de la misère? Parce que les passions n'y sont pas combattues et corrigées par les influences et les avertissements de l'éducation morale; elles règnent dans toute leur fougue sans trouver ni contre-poids, ni résistance. Toutefois, chez l'homme le plus passionné, la liberté est encore possible, et la responsabilité persiste.

Les passions nous remuent tellement, qu'elles nous rendent malades : les organes s'affaiblissent et s'altèrent. Assailli par les passions, l'homme est en même temps désarmé par le trouble de ses forces physiques. Déjà vivement battue en brèche, la liberté morale est encore trahie par le tempérament, et la science médicale peut lire clairement sur la physionomie et sur l'organisme de l'homme le secret de sa faiblesse et de ses maux. Le malheureux alors a des manies, des penchants affreux qui le sollicitent au mal, des attractions épouvantables qui l'arrachent du milieu de ses bonnes intentions pour le mettre face à face avec la tentation d'un crime : lésion cruelle de la nature physique qui diminue plus sensiblement encore que les passions l'action de la liberté morale. La médecine française, si savante, si ingénieuse, et qui tient en Europe le premier rang, a nié par une préoccupation tout à fait naturelle, la possibilité et la persistance de la liberté dans une forte perturbation des organes. Je crois que, dans l'esprit général de cette décision, et non pas dans telle ou telle espèce où il me serait impossible de suivre une science que je ne connais pas, il y a eu de l'entraînement et de l'exagération. Il est incontestable que les crises maladives du tempérament compromettent gravement la liberté ; mais la conscience de la société se refuse à croire, malgré les théories médicales, qu'elles la détruisent tout à fait. Il faut avouer que, dans ces derniers temps, on a un peu abusé de la monomanie ; on a voulu la reconnaître partout, et on a trop incliné à déclarer la liberté morte quand elle n'était que malade (1).

(1) Sur les maladies auxquelles peut être en proie la liberté humaine, je ne saurais mieux faire que de renvoyer le lecteur au livre vraiment remarquable des *Hallucinations*, par M. le docteur Brierre de Boismont, qui, dans une seconde édition entièrement refondue, vient de livrer, non-

Je ne ferai que nommer la folie, pour laquelle toute responsabilité disparaît, et qui a l'absolution du genre humain : elle l'achète assez cher.

Quelle conséquence à tirer de cet examen rapide? Une fort grave : c'est que, si la responsabilité morale a tant de degrés et de nuances, la législation doit les suivre, les étudier, et mettre les différences de la peine en rapport avec les différences du délit. Il n'y a rien d'absolu dans la vie humaine : le bien et le mal s'y mêlent dans des détours et des détails infinis. La loi doit s'y engager sous peine d'insuffisance et de cruauté. Envoyer un homme à l'échafaud ou l'absoudre complétement, c'est placer le magistrat et le jury entre l'absurdité et la faiblesse (1).

En passant de la responsabilité morale au jugement public que porte la société sur les actions individuelles, nous allons de la morale à la législation proprement dite. Bentham a dit d'une manière tout à fait heureuse : *La législation a le même centre que la morale, mais elle n'a pas la même circonférence.* En effet, la société n'est pas obligée de punir toute action réputée mauvaise par la conscience individuelle; mais elle punit seulement quand cette action attaque et blesse les droits et l'existence de l'association. Je définirais volontiers le crime : une action en soi et socialement mauvaise, car il faut les deux termes; ôtez l'un d'eux, et les conditions nécessaires du crime vous échappent.

Il est vrai qu'en parcourant l'histoire des lois pénales, on voit disparaître certaines actions du catalogue des délits. Mais faut-il en conclure, comme Bentham et son école, que la loi seule crée les délits et les crimes? Non, mais que la

---

seulement aux médecins, mais aux philosophes et aux penseurs, les plus intéressantes observations. (*Note de la 3e édition.*)

(1) Depuis la Révolution de 1830, le gouvernement français est entré franchement dans la voie des améliorations en ce qui concerne la législation pénale, et s'est inquiété du soin de proportionner les peines aux délits.

société, qui abrége la liste des actions à punir, se règle sur cette considération : telle action est moralement mauvaise, toutefois l'association n'a plus intérêt à la châtier publiquement ; elle désire même n'en pas divulguer l'immoralité, et en laisser le châtiment à la censure de l'opinion et des mœurs. Je parle ici des véritables délits qui survivent aux révolutions des idées et des habitudes. Ils pourront disparaître de la loi, mais non pas de la morale.

En outre, il est des actions dont la législation n'a pas suffisamment étudié le caractère, et qu'elle se hâte de condamner sur l'injonction d'une doctrine inflexible, ou sur le cri de la société qui se croit compromise ; j'en donnerai pour preuves le duel et le suicide.

Quand un homme dans un combat volontaire reçoit la mort d'un de ses semblables, il y a là quelque chose de fort triste. La société a perdu un de ses membres ; un homme a tué son frère : irréparable malheur ! Mais ce fait suffit-il pour condamner le duel d'une manière absolue, et ne faut-il considérer que la catastrophe et le cadavre ? n'y a-t-il pas à mettre en compte le respect de l'individualité humaine, qui, appelée à un combat tragique, n'a pu s'y refuser sans perdre sa dignité vis-à-vis d'elle-même, et son honneur vis-à-vis des autres ? Flétrissons le duel quand il n'est qu'un assassinat hideux et frivole qui trouble nos réunions, nos spectacles et nos salons ; mais que le législateur sache bien que, dans le duel lui-même philosophiquement considéré, il y a quelque chose de plus grave que les petites satisfactions d'une vanité ridicule. L'homme n'existe socialement que s'il est estimé de lui-même et des autres, et il doit toujours retenir le droit de venger lui-même ces outrages que la société ne vous permet pas de pardonner. La loi ne saurait désarmer à ce point l'individu, et, pour tout homme libre, ce droit inaliénable est comme l'épée du gentilhomme qui ne le quittait jamais.

Il y a d'ailleurs des actions qui se dérobent à la justice des lois et que les mœurs peuvent seules punir. Qui n'a pas lu *Clarisse* sur la foi de l'enthousiasme de Diderot? Cet ange d'innocence et de pureté, victime d'un fat immoral, entraîné dans d'indignes lieux, meurt sous l'infamie du dernier des outrages. Son séducteur a triomphé ; se raillant de l'impuissance des lois, il ira promener ailleurs l'impunité de ses désordres ; mais Clarisse morte trouve un vengeur dans un parent éloigné. C'est un homme de guerre, cœur chaud, tête froide, un digne Anglais. Il demande le combat à Lovelace, qui l'accepte avec insouciance et présomption : on se rend sur le terrain ; le colonel Morden paraît aux yeux de Lovelace, non comme un adversaire ordinaire, mais comme un juge ; et, avec le sang-froid d'un sage, il lui passe son épée à travers le corps. Ce duel est-il donc immoral et coupable? quel législateur entreprendra de le flétrir?

La loi n'est si difficile à écrire, que parce qu'elle doit reconnaître tous les faits, distinguer les nuances et ne pas les confondre dans une décision superficielle et peu judicieuse.

La physiologie a presque toujours fait du suicide un acte de folie ; il est souvent, au contraire, un acte de liberté. Les animaux se suicident-ils (1)? A-t-on vu un éléphant ou un lion se jeter dans la mer pour disparaître à jamais? Le suicide en réalité n'appartient qu'à l'homme, à ce mélange de passions, d'intelligence et de volonté. Il a été, pour tout un monde, le monde antique, un acte raisonnable, une vertu, la résolution de la volonté qui usait d'elle-même pour se détruire, du patriotisme qui succombait avec la liberté de son pays. Montesquieu a effacé tous les philosophes dans l'appréciation du suicide : « Brutus et Cassius se tuèrent avec une « précipitation qui n'est pas excusable ; et l'on ne peut lire « cet endroit (de leur vie) sans avoir pitié de la république,

---

(1) Il est vrai que les animaux éprouvent quelquefois des affections assez vives pour cesser de prendre leur nourriture ordinaire, et périr de faiblesse et de douleur. Mais il n'y a pas là, ce nous semble, le caractère du suicide, qui est la délibération réfléchie entre la vie et la mort.

« qui fut ainsi abandonnée. Caton s'était donné la mort à la
« fin de la tragédie ; ceux-ci la commencèrent en quelque
« sorte par leur mort. On peut donner plusieurs causes de
« cette coutume si générale des Romains de se donner la
« mort : le progrès de la secte stoïque, qui y encourageait ;
« l'établissement des triomphes et de l'esclavage, qui firent
« penser à plusieurs grands hommes qu'il ne fallait pas sur-
« vivre à une défaite ; l'avantage que les accusés avaient de
« se donner la mort, plutôt que de subir un jugement par
« lequel leur mémoire devait être flétrie et leurs biens con-
« fisqués ; une espèce de point d'honneur plus raisonnable
« peut-être que celui qui nous porte à égorger un ami pour
« un geste ou une parole ; enfin une grande commodité pour
« l'héroïsme, chacun faisant finir la pièce qu'il jouait dans le
« monde à l'endroit où il voulait. On pourrait ajouter une
« grande facilité dans l'exécution ; l'âme, tout occupée de
« l'action qu'elle va faire, du motif qui la détermine, du péril
« qu'elle va éviter, ne voit pas proprement la mort, parce que
« la passion fait sentir et jamais voir. L'amour-propre, l'a-
« mour de notre conservation, se transforme en tant de ma-
« nières, et agit par des principes si contraires, qu'il nous
« porte à sacrifier notre être pour l'amour de notre être ; et,
« tel est le cas que nous faisons de nous-même, que nous
« consentons à cesser de vivre, par un instinct naturel et
« obscur qui fait que nous nous aimons plus que notre vie
« même. Il est certain que les hommes sont devenus moins
« libres, moins courageux, moins portés aux grandes entre-
« prises qu'ils n'étaient, lorsque, par cette puissance qu'on
« prenait sur soi-même, on pouvait à tous instants échapper
« à toute autre puissance (1). »

Néanmoins les anciens eux mêmes réprouvaient ceux qui se donnaient la mort follement et sans nécessité. Aristote dans sa *Morale* déclare celui qui se tue coupable envers lui-même

(1) *Considérations sur les causes de la grandeur des Romains*, chap. xii.

et la société (1). Mais il est un suicide unique dans l'histoire et qui a toute l'irréprochable majesté d'un caractère fidèle à lui-même. Caton était comme le symbole vivant de la vieille Rome, et sa vie fut un combat perpétuel contre César, novateur conquérant et despote. Quand il s'agit de juger les complices de Catilina, César les a presque sauvés par son éloquence ; il a ébranlé le sénat, engagé Silanus à se rétracter : Caton opine pour la mort, demande énergiquement le supplice des conspirateurs, et César a peine à se dérober aux fureurs des chevaliers en sortant du temple où se tenait le sénat. Cependant il est nommé consul avec Bibulus, mais il a glacé d'effroi son collègue, qui se renferme chez lui. Caton seul lui résiste et se laisse mener en prison. César, victorieux dans les Gaules, triomphe de quelques peuplades allemandes, et fait décréter par le sénat des sacrifices et des actions de grâces. Caton s'écrie qu'il faudrait le livrer aux Germains. César passe le Rubicon, marche sur Rome. Alors dans la confusion générale, tandis que Pompée, personnage fastueux et médiocre qui n'avait su rien prévoir et ne sut rien défendre, avoue son incurie, et reconnaît les prophéties de Caton, celui-ci, toujours grave et tranquille, laissant croître sa barbe, portant dans son cœur et sur ses vêtements le deuil de la liberté, continue de prêter l'autorité de ses conseils à une cause qui se perdait en désertant le Capitole. Après Pharsale, il passe en Afrique ; César victorieux l'y suit, il va prendre Caton..... Il ne le prendra pas ; Caton a son épée, et saura mettre entre lui et l'insolente clémence de César un tombeau volontaire. Il est enfermé dans Utique ; il lit Platon pour se distraire et non pour s'encourager, car, si Caton a résolu de se tuer, c'est en vertu de lui-même, et non pas en vertu de Platon : enfin, l'instant arrivé, après avoir fait embarquer tous les siens, et le messager revenu deux fois des bords de la mer, il prend son épée, se perce, se déchire et s'achève : il

---

(1) Liv. V, chap. xi.

ne périt pas seul : Rome libre disparaît avec lui, et, dans le suicide de Caton, dans cette action si majestueuse et si pure, c'est la liberté antique elle-même qui succombe, se frappe et se déchire les entrailles.

Les *Mémoires* du valet de chambre de l'empereur nous apprennent que, en 1814, Napoléon à Fontainebleau essaya de se donner la mort. Il avala du poison; on le secourut, il ne mourut pas. Il ne devait pas mourir ainsi. Eussiez-vous voulu que Napoléon finît comme un sous-lieutenant amoureux, ou comme un banquier ruiné? Non, il devait vivre et reparaître, régner encore une heure, de la chute de Waterloo retourner dans un autre exil, et là, ne s'appartenant plus à lui-même, mais au monde, à la postérité, mourant sous les étreintes d'une longue agonie, le nom de la France sur les lèvres, réserver aux siècles à venir la plus magnifique épopée des temps modernes; voilà qui vaut mieux qu'un suicide (1).

Je ne sais, mais l'action de se donner la mort a perdu de sa dignité chez les modernes. Se tuer est à nos yeux une disgrâce, une infériorité, un désavantage; c'est renoncer à la parole. Que de gens se sont tués trop tôt, qui, s'ils eussent patienté quelque peu, eussent encore servi leur gloire et leur pays! Mais que dirons-nous de ces lâches suicides dont Werther est la poétique? On pouvait à toute force, au commencement du siècle, au sortir des convulsions de la République, éprouver cette vague langueur des passions qui dévorait, à l'exemple de René, ceux qui n'allaient pas s'étourdir au bivouac de nos victoires; mais aujourd'hui, au milieu de la vie publique qui nous attend et nous réclame, le suicide d'amour

(1) Napoléon lui-même a eu l'entière conscience de la grandeur de sa fin. Il a dit à Sainte-Hélène : « Les malheurs ont aussi leur héroïsme et leur gloire!... L'adversité manquait à ma carrière! Si je fusse mort sur le trône, dans les nuages de ma toute-puissance, je serais demeuré un problème pour bien des gens : aujourd'hui, grâce au malheur, on pourra me juger à nu. » (*Mémorial de Sainte-Hélène*, t. II, p. 33, édit. de 1824.)
(*Note de la 3e édition.*)

serait pour un jeune homme une impardonnable lâcheté. Ayons des passions : bien ! mais à travers leurs orages songeons à la patrie et ne mourons que pour elle.

C'est donc aux mœurs que la législation doit abandonner le jugement du suicide ; cette action d'une moralité si variable et si délicate échappe à sa juridiction et à sa grossière analyse.

La pénalité n'est autre chose que la moralité sociale en pratique ; elle redresse, instruit, améliore le coupable et les autres qui, témoins de la faute, assistent à l'expiation. Le châtiment n'est qu'un moyen, et non le but de la pénalité même ; la société est bien obligée de mulcter celui qui a failli, mais elle ne punit pas pour punir ; elle punit pour améliorer. Les peines ne sont donc que des formes et des moyens transitoires ; parcourez-en toute l'échelle, la prison, les bagnes, l'infamie, la mort ; vous reconnaîtrez que ces accidents si durs et si âpres ne sont que les instruments variables et perfectibles de la pénalité, qui doit toujours marcher au même but par des voies toujours progressives. Aussi le droit pénal doit être soumis à des révolutions bienfaisantes, légitimer à chaque instant ses prescriptions et ses règles par leur conformité avec les faits observés dans l'homme et dans la société. On conçoit que, dans la pratique des lois et des transactions civiles, on s'en remette quelquefois à l'usage, à l'autorité du temps, au respect de l'antiquité. L'homme vénère volontiers ce qu'il trouve établi, et il est aussi enclin à la paresse qu'au désir d'innover. Mais, quand il doit infliger des corrections et des peines, le législateur est condamné à un examen perpétuel de leur convenance ; il ne lui suffit pas d'avoir eu raison hier, il doit avoir raison aujourd'hui et sur tous les points : aussi, dans le droit pénal, l'autorité du temps et de l'histoire n'est rien sans la sanction de la philosophie, qui, à toute heure, vigilante, infatigable, doit réviser et perfectionner son ouvrage.

Si la pénalité a pour but d'instruire et d'améliorer les hommes, elle doit être nécessairement temporaire, rémissible et réparable. Lui forger une éternité, c'est nier les conditions mêmes de l'humanité. Quand une société marque un homme d'une flétrissure indélébile, elle lui déclare par le bourreau qu'elle ne reconnaîtra plus son repentir, puisqu'il est dégradé du rang d'homme, et qu'il va disparaître pour toujours dans le *pecus* des bagnes. Comment les victimes stigmatisées répondent-elles à la société? Par une immoralité plus profonde encore. Toute nation qui, dans ses lois, n'a pas encore supprimé la *marque*, ne doit pas en ajourner plus longtemps l'abolition. L'humanité, comme le pauvre, n'a pas le temps d'attendre.

La peine de mort a des inconvénients; le plus grand est de frapper un coup irréparable. Mais elle a d'assez beaux côtés. Elle appelle l'homme à l'énergie, à la force ; elle exalte ses facultés, et ne le flétrit pas. Quand la société demande à un homme qui a commis un crime de mourir pour l'expier, le coupable, en mourant noblement, arrache presque notre admiration; car partout où l'humanité sent la force, elle se reconnaît et s'estime. La peine de mort ne saurait être pour nous un texte de déclamations ; il faut reconnaître que le genre humain l'a continuellement appliquée sans remords; que, dans des époques de discordes et de révolutions politiques, dans cette arène où chacun combat et disparaît à son tour, la mort légale peut moissonner les hommes, mais au moins ne les avilit pas. Ainsi, dans les convulsions révolutionnaires de 1793, nous avons vu tout un peuple faisant entrer la mort violente dans les chances ordinaires de chaque jour, et mourant avec une facilité toute française.

Toutefois il n'est pas moins vrai que la peine de mort doit suivre les progrès de la civilisation, et que, selon toutes les vraisemblances morales et historiques, elle disparaîtra naturellement, comme un dernier hommage rendu à la charité du genre humain.

La législation n'a pas assez de la pénalité pour être véritablement l'institutrice de la société. A l'action des peines elle doit joindre l'attrait et l'aiguillon des récompenses ; et Bentham a parfaitement vu ce point important. Mais dire avec lui que la législation doit être rémunératoire en même temps que pénale ne fournit pas de grandes lumières pour trouver les institutions convenables. Donnez au législateur un peuple ayant une foi commune, des mœurs publiques, une vie solidaire, une poésie nationale et populaire qui en découlera, les récompenses seront faciles à décerner. Mais, dans ces époques de schisme et de lutte, d'égoïsme et d'ironie, de grandes jalousies et de petites ambitions, vous pourrez trouver la législation rémunératoire très-légitime, mais presque impraticable.

L'histoire nous fournit un bel exemple de récompense décernée par la législation. Là se réalise tout ce que j'ai demandé : patriotisme, sentiments communs, sympathies sociales. Dans la première année de la guerre du Péloponèse, Périclès voulut honorer les morts pour encourager les vivants. Athènes, suivant les anciennes coutumes, célébra les funérailles des citoyens qui avaient péri dans la guerre. « Voici
« ce qui s'observait dans cette solennité. Trois jours avant
« les obsèques on élève un pavillon où sont déposés les os
« des morts, et chacun peut apporter à son gré des offrandes
« au mort qui lui appartient. Au moment du transport sont
« amenés sur des chars des cercueils de cyprès, un pour
« chaque tribu, dans lequel sont renfermés les os de ses
« morts. On porte en même temps un lit vide dressé pour les
« morts qu'on n'a pu retrouver quand on a recueilli les corps.
« Les citoyens et les étrangers peuvent, s'ils le désirent, faire
« partie du cortége ; les parentes sont auprès du cercueil et
« poussent des gémissements. Les os sont déposés dans un
« monument public élevé dans le principal faubourg de la
« cité.... Quand les morts sont couverts de terre, un orateur
« choisi par la république, homme distingué par ses talents
« et ses dignités, prononce l'éloge que mérite leur valeur. »
Ici se développe dans Thucydide le plus magnifique discours

qui soit jamais sorti de la bouche d'un homme parlant au nom de sa patrie pour célébrer la mémoire de ceux qui sont morts pour elle. Périclès jette un regard sur toute l'histoire d'Athènes; il porte aux cieux la gloire de sa république, qu'il appelle l'*école de la Grèce*. On dirait que par un secret pressentiment il lui fait comme une majestueuse oraison funèbre, quelques années avant qu'elle succombe, et il termine sa harangue par ces simples et graves paroles : « J'ai rempli la « loi, et j'ai dit tout ce que je croyais utile de vous faire en-« tendre. Nos illustres morts sont ensevelis, et dès ce jour « leurs enfants seront élevés aux frais de la république jus-« qu'à l'âge qui leur permettra de la servir. C'est une cou-« ronne que décerne la patrie, couronne utile à ceux qui ne « sont plus ainsi qu'à ceux qui survivent, et que l'on vou-« dra mériter dans de semblables combats : où les plus belles « récompenses sont offertes à la vertu, là se trouvent les meil-« leurs citoyens. Payez un tribut de larmes aux morts qui « vous appartiennent, et retirez-vous (1). »

Périclès avait raison ; pour glorifier dignement un élan national, c'est sur la tombe des morts qu'il faut aller multiplier les marques de la reconnaissance de la patrie ; et, loin de songer à satisfaire la vanité des vivants, c'est la mémoire de ceux qui ne sont plus qu'il faut suivre et honorer par un culte religieux et par une inépuisable piété.

La religion catholique a toujours eu le génie des grands spectacles. Un pape devait couronner le Tasse. Bossuet a célébré les grands capitaines de son siècle au milieu d'une cour sincèrement religieuse, en face d'un roi que l'histoire a marqué d'une ineffaçable grandeur. Mais n'y aura-t-il jamais d'oraison funèbre pour le peuple ? Notre révolution a eu l'instinct des commémorations populaires ; mais elle n'eut que le temps de contrefaire à la hâte les Grecs et les Romains ; c'est à nous à tirer de nos mœurs des solennités qui nous appartiennent.

1) Thucydide, liv. II, trad. de Lévesque.

Je ne saurais quitter la législation pénale sans rappeler le souvenir d'un homme à qui nous devons ce que nous avons aujourd'hui de liberté d'esprit, de douceur de mœurs et de sentiments. Un jour, dans le siècle dernier, la foule se rassemblait à Paris sur les pas de Voltaire. Qu'est-ce donc? demanda quelqu'un. C'est le défenseur des Calas, répondit une bonne femme. Voltaire l'entendit, et cet éloge du peuple fit battre le cœur du chantre de Brutus, de Mérope et de Tancrède. C'était la récompense de son dévouement à la cause de l'humanité ; car enfin pour l'historien de Charles XII et de Louis XIV, pour l'homme qui popularisait en France Locke et Newton, qui faisait du théâtre une arène philosophique, c'était un sacrifice que de donner son temps à débrouiller des procès, de s'occuper du chevalier de Labarre, de son ami d'Étalionde et du comte de Morangiez; mais Voltaire, qui aimait avec passion l'humanité et la gloire, se montrait partout où il pouvait servir l'une et acquérir l'autre. L'humanité était outragée par la législation ; il en défendit les droits sans relâche et sous toutes les formes : requêtes, mémoires, pamphlets, il n'épargna rien. Il commenta Beccaria, qui n'était au fond que son élève ; il remplit le barreau de ses disciples, suscita Servan, Dupaty, et, ralliant à lui tout ce qu'il y avait d'âmes honnêtes et ardentes, il battit en ruines une législation qui avait pour armes et pour système la torture et la roue. Défendre l'humanité, voilà le cri de Voltaire ; vers la fin de sa vie il écrivait ces vers éloquents :

> Hélas ! tous les humains ont besoin de clémence ;
> Si Dieu n'ouvrait ses bras qu'à la seule innocence,
> Qui viendrait dans ce temple encenser les autels ?
> Dieu fit du repentir la vertu des mortels.
> Ce juge paternel voit du haut de son trône
> La terre trop coupable, et sa bonté pardonne (1).

Il est temps de revenir à des sentiments plus justes pour la

---

(1) *Olympie*, 1764.

mémoire de Voltaire. Les autres peuples savent mieux que nous défendre leurs grands hommes. Ainsi Leibnitz, qui a constitué l'esprit allemand, qui le premier l'a mis en rapport avec l'Europe, est toujours resté le dieu de l'Allemagne, et les progrès accomplis après lui n'ont fait que reculer dans l'imagination des peuples la distance qui le sépare de ses successeurs. Voltaire, avec un autre génie et sous d'autres formes, a fait pour la France ce que Leibnitz a fait pour l'Allemagne ; pendant trois quarts de siècle il a représenté son pays, puissant à la manière de Luther et de Napoléon ; il est destiné à survivre à bien des gloires, et je plains ceux qui se sont oubliés jusqu'à laisser tomber des paroles dédaigneuses sur le génie de cet homme (1).

(1) J'avais ici en vue les philosophes éclectiques qui, dans les derniers temps de la Restauration, parlaient avec un mépris assez plaisant du génie de Voltaire. Aujourd'hui, ce mépris est devenu plus plaisant encore, depuis que les éclectiques et leurs disciples se sont faits voltairiens.

(*Note de la 3ᵉ édition.*)

LIVRE TROISIÈME.

L'HISTOIRE.

CHAPITRE PREMIER.

ROME.

Un artiste conçoit son œuvre : c'est alors qu'il est vraiment heureux et content, car il rêve une exécution aussi pure que l'idée même. Un citoyen, dans une circonstance décisive de l'histoire de son pays, conçoit une grande action, et son âme s'en applaudit. Mais ni le citoyen ni le poëte ne pourront arracher de la faiblesse de notre nature, de ses passions et de ses langueurs, quelque chose d'irréprochable, et l'idéal de la vertu est aussi impraticable que l'idéal du génie.

L'humanité n'est pas mieux partagée ; si nous avons reconnu le mal dans l'homme et dans la nature, nous le retrouvons dans l'histoire, où il altère les plus nobles conceptions, les fait dévier de leurs principes, les corrompt dans leur cours, où il donne de sa présence une triste certitude et montre qu'il n'est ni une hypothèse de la philosophie ni une illusion de tempérament mélancolique.

Le dix-huitième siècle a invectivé contre le passé, et l'école de Voltaire a été entraînée à ne voir souvent dans l'histoire qu'une déception de l'humanité. Nous ne saurions tomber aujourd'hui dans cette préoccupation, alors si naturelle.

A cette accusation contre le passé, on a voulu opposer de nos jours une apologie complète, voir dans l'histoire la réalisation entière des idées de l'humanité, et trouver légitimes tous les faits accomplis. Je me sépare ouvertement de cet optimisme historique, et je ne saurais transiger avec lui. Sans doute, dans toutes les entreprises de l'humanité, il y a l'intention du bien ; mais le résultat ne correspond jamais entièrement à la pensée. Si l'histoire était la reproduction complète de ce qui doit être, de la philosophie, d'où viendrait donc cette succession de chutes et de progrès ? d'où viendraient les révolutions ? quelle serait la raison de ces éclipses de la vérité et du bon droit ? pourquoi ces immolations de tyrans, et pourquoi les réveils de la liberté ? Non, l'histoire n'est pas un miroir sans tache où l'homme puisse refléter purement son image ; elle est le développement progressif, mais altéré, de l'humanité ; la représentation successive, imparfaite et tronquée de notre nature (1).

Nous ne saurions non plus la comprendre qu'en vertu de nous-mêmes, de notre siècle et de notre foi : non qu'il faille imposer au passé des règles *à priori*, des formules dont la largeur apparente devient toute mesquine quand on veut y encadrer la réalité ; mais il est impossible d'aborder et d'observer l'histoire sans un cœur d'homme, sans cette inévitable partialité qui seule donne à notre estime son prix et sa valeur. On pourra l'écrire d'une plume pittoresque, y semer

(1) J'avais déjà, dans la théorie du droit positif (*Introduction à l'Histoire du Droit*, chap. III), observé ce mélange de bien et de mal qui constitue l'histoire : « A la philosophie s'est associée l'histoire, tantôt pour l'exprimer, tantôt aussi pour lui mentir. » M. Gans, dans le *Jahrbücher für wissenschaftliche Kritik*, qui se publie à Berlin, en examinant mon livre avec autant de bienveillance que de profondeur, m'a opposé un optimisme qui est la conséquence naturelle de la philosophie de son école ; mais j'avoue que ce savant critique ne m'a pas ébranlé.

les portraits, y dérouler les descriptions ; mais que toujours l'homme se fasse reconnaître dans l'artiste ; que toujours la nature humaine soit en jeu et en saillie, et la philosophie en tête pour absoudre ou pour condamner. Loin de nous reposer dans l'optimisme historique en regardant les siècles écoulés, demandons toujours à l'histoire plus qu'elle ne nous aura fourni. C'est la destinée de l'homme de ne pouvoir se contenter jamais ; glorieuse inquiétude, inépuisable exigence qui le fait roi du monde. Dans sa course de tous les jours, le génie de l'humanité ressemble à ce Juif marqué d'une empreinte fatale, qui ne saurait s'arrêter nulle part, pour lequel il n'y a pas de repos, du moins pas ici-bas.

L'histoire est infinie, et on risque de s'y égarer sans une méthode rigoureuse. Or, dans le but que nous poursuivons de trouver la justification historique des progrès de la liberté humaine et de la sociabilité dans ses droits les plus chers, il est raisonnable d'aller droit à l'Europe, où s'est accomplie l'émancipation de l'homme, et d'omettre l'Orient, qui en a caché dans ses temples la mystérieuse enfance. Mais voici quelque chose de plus heureux encore : dans le Latium, dans un coin de l'Italie, s'élève une ville qui réfléchit, à travers mille traditions altérées et lointaines, les dernières inspirations du génie oriental, qui participe moins indirectement de la Grèce, et qui cependant, originale et indigène, forme entre les premiers âges du monde et les temps modernes un lien, un centre, une solidarité précieuse.

Sur le mont Palatin s'est rencontrée une troupe de Pélasges et d'Aborigènes qui les premiers supportent dans l'histoire la responsabilité du nom de Romains. Ils se sont abouchés avec d'autres habitants à mœurs rudes et simples, avec les Sabins ; réunis à eux, ils s'adjoignent encore d'autres hommes d'une civilisation plus avancée, quelques fragments d'un peuple qui occupe déjà dans l'histoire une grande place, des Étrusques. Pélasges, Aborigènes, Étrusques et

Sabins, se trouvent ainsi convoqués pour composer un peuple unique dans l'histoire, qui ne prendra aucun de leurs noms, mais celui de Romain, et saura le donner au monde :

> Hanc olim veteres vitam coluere Sabini;
> Hanc Remus et frater : sic fortis Etruria crevit :
> Scilicet et rerum facta est pulcherrima Roma,
> Septemque una sibi muro circumdedit arces (1).

Florus est plus explicite encore sur la triple origine de Rome : *Quippe cum populus romanus Etruscos, Latinos, Sabinosque miscuerit, et unum ex omnibus sanguinem ducat, corpus fecit ex membris, et ex omnibus unus est.* (Lib. III, c. xviii.) (2).

Rome n'a pas commencé par une monarchie tempérée, comme l'ont écrit quelques-uns (3) : les nations ne débutent pas par des transactions, et les premiers fondements de Rome ont été posés par une aristocratie héroïque. Le patriciat de l'Étrurie se distingue déjà de la civilisation asiatique, car le Lucumon étrusque réunit le double caractère du prêtre oriental et du guerrier (4). Le patriciat romain offre encore un progrès nouveau ; plus décidément politique, il soumet la religion à l'État, et, se séparant tout à fait de

---

(1) *Georgic.*, lib. II, vers. 532, etc. — Voy. notre analyse de Niebuhr, et les conjectures émises sur le sens historique de ces vers de Virgile.

(2) La phrase suivante de Cicéron, dans sa *République* (liv. II, chap. vii), n'est pas moins claire : « ..... Populumque et suo et Tatii nomine, et Lu-« cumonis qui Romuli socius in Sabino prælio occiderat, in tribus tres « curiasque triginta descripserat..... »

3 « Quo facto, primum vidit judicavitque (Romulus), idem quod Spartæ « Lycurgus paulo ante viderat, singulari imperio et potestate regia tum « melius gubernari et regi civitates, si esset optimi cujusque ad illam vim « dominationis adjuncta autoritas. » (*De Rep.*, lib. II, cap. ix.) — Ainsi, Cicéron attribue à Romulus des idées de balance de pouvoirs.

(4) Voyez sur ce point notre analyse des *Étrusques*, par Otfried Müller; voyez aussi la Symbolique de Creuzer, Niebuhr, dans son premier volume, et Micali.

la théocratie, constitue une élite de citoyens, pères et fondateurs de la patrie, *patres*, sous la direction de chefs élus par eux, qui les président quand ils délibèrent, les mènent au combat, et rendent arbitrairement une assez grossière justice, *reges*. Le même patricien peut être roi, général d'armée et pontife. Cette simultanéité de fonctions et de charges se continue jusqu'aux derniers temps de la république. César fut nommé grand-prêtre, et ce n'était probablement pas à cause de la régularité de sa conduite. Cicéron était plus jaloux de sa campagne de Cilicie que de ses meilleurs discours. Il y avait chez ces hommes un besoin immense de réunir les gloires les plus diverses; l'individualité moderne est un peu mesquine si on la compare à de pareilles puissances.

Si Rome n'eût été qu'une aristocratie, elle eût doublé l'Étrurie, sans trouver son originalité. Autour des trois collines où campaient les premiers Romains, était répandue une population latine à laquelle les trois premières tribus firent la guerre. Victorieuses, elles poussèrent cette population dans leur propre enceinte, dans ce petit village qui avait les destinées du monde, et la groupèrent ensuite sur d'autres collines. Ancus est le premier chef qui ait travaillé puissamment à recruter les Latins.

> Quem juxta sequitur jactantior Ancus
> Nunc quoque jam nimium gaudens popularibus auris (1).

Tarquin l'Ancien et surtout Servius Tullius constituèrent cette seconde partie de Rome, *plebs in trigenta tribus redacta;* et voilà la commune romaine tout à fait humble et faible, entre l'esclavage et l'indépendance, enrôlée sous les enseignes de la noblesse, et n'existant encore que sous son bon plaisir. Cependant les chefs de l'aristocratie s'égarèrent

---

(1) *Æneid.*, lib. VI.

à opprimer leurs égaux ; mais Tarquin le Superbe échoua dans cette folie, et fut banni lui et les siens, *gens Tarquinia*. C'est l'expulsion d'un homme, d'un tyran, mais non pas une révolution ; j'en trouve la preuve dans le consulat annuel remplaçant la royauté viagère, et qui n'apporte à la chose romaine aucun changement essentiel. Mais les patriciens n'ont chassé un oppresseur que pour le devenir eux-mêmes, et vis-à-vis de la commune leur conduite est aussi aveugle que celle de Tarquin vis-à-vis d'eux. Ils ne font des terres que des répartitions iniques, chargent les plébéiens de dettes et ne veulent leur communiquer aucuns droits civils. La commune développe alors une fermeté modeste, et commence avec calme une lutte longue et acharnée. Elle n'ira pas, comme les esclaves de Saint-Domingue, porter le fer et la flamme aux habitations de ses oppresseurs ; non. Méconnue dans ses droits, elle se retire, elle fait scission, elle va camper sur le Mont-Sacré : *secedit*..... Le sénat est effrayé ; il envoie courir après ; Ménénius se charge de conter aux plébéiens la fable des membres et de l'estomac : on connaît la chronique ; enfin, après plusieurs pourparlers, il demeure convenu que la commune aura un officier qui lui appartiendra et stipulera pour elle. Ces tribuns n'ont aucunes fonctions positives ; seulement ils s'opposeront, ils empêcheront, ils ne voudront pas ; la superbe aristocratie leur définit leurs attributions dans un seul mot, *veto*, et les fait souvent attendre sous le vestibule du sénat. Mais plus tard ils y entreront en maîtres, et le tribunat, si petit à son origine, grandira tellement dans la conscience populaire, que, lorsque Auguste et Tibère arriveront à la pourpre, ils s'appelleront tribuns (1).

(1) Si l'on avait besoin d'une nouvelle preuve de l'importance du tribunat, on la trouverait dans le *de Legibus* de Cicéron (liv. III, chap. VIII), où il place dans la bouche de son frère Quintus une violente accusation contre cette magistrature populaire, se réservant d'en parler lui-même avec plus de modération.

Désormais, la commune marchera de conquête en conquête. Elle demande presque en même temps l'égalité des droits civils, l'égalité des droits politiques, des terres et une législation écrite. Voilà les quatre fondements de la sociabilité. On lui accorde d'abord des lois, à condition toutefois que les patriciens les écriront ; et telle est la modération de la commune romaine, qu'elle leur remet pieusement, comme des fils à leur père, le soin de dresser des tables décemvirales, ce *carmen necessarium*, dépositaire, dans sa concision monumentale, de la sagesse des temps héroïques et des premiers progrès d'une liberté naissante (1). Elle ob-

(1) Dans le cours d'histoire du droit romain professé dans l'année 1829 à 1830, j'ai consacré plusieurs leçons d'exégèse au texte des Douze Tables. Rien n'a semblé plus intéressant à mes auditeurs que de peser la valeur historique et littéraire de chaque mot de cet inestimable fragment de l'antiquité romaine. J'ai pu puiser abondamment à tous les travaux de l'école allemande, entre autres au savant ouvrage de M. Dirksen (*Uebersicht der bisherigen Versuche zur Kritik und Herstellung des Textes der Zwœlf Tafel Fragmente*, Leipzig, 1824), qui récapitule et critique avec une véritable supériorité toutes les recherches antérieures, et qui laisse si loin derrière lui l'informe compilation de Bouchaud, plagiaire effronté, avec lequel la science française doit repousser toute solidarité. — J'indiquerai en deux mots, puisque l'occasion s'en présente, le plan suivi dans ce cours d'histoire du droit romain.

Le droit, dans l'histoire, est le développement progressif de la liberté, sous la loi de la raison. Il se développe sous quatre faces principales : les mœurs, les lois, la science, les révolutions. Pourquoi le droit romain, au milieu des législations orientales, grecques et modernes, doit fixer d'abord l'attention de l'historien jurisconsulte : combinaison de la méthode chronologique et de la méthode systématique ; état de l'érudition ; coup d'œil sur les sources, les historiens et les textes de l'antiquité ; appréciation de nouveaux travaux, dont il faut profiter à la fois avec loyauté et indépendance. — *Droit et institutions politiques*. Question du climat posée. Situation géographique de l'Italie, peuples qui la composent ; éléments dont se forme le peuple romain. Aristocratie primitive et héroïque. *Gentes* ; 3 tribus primitives ; 30 curies ; 300 *gentes*. Sénat primitif. Le roi, chef de ses égaux. Adjonction des plébéiens. Constitution de la commune (*plebs*). Système de Servius Tullius et des centuries. Expulsion de la *gens Tarquinia*. La lutte s'établit entre la commune et l'aristocratie. Tribunat.

tient aussitôt après l'égalité des droits civils, contenue tout entière dans la loi arrachée par Canuleius, *de connubio* (1). Le tribunat militaire ne tarde pas non plus à lui ouvrir la carrière des magistratures.

Mais, plusieurs années avant les Douze Tables, la commune s'était attribué une importante prérogative. Dans une des crises les plus envenimées de la lutte entre la *plebs* et le patriciat, un jeune homme déclara dans le sénat qu'il fallait prendre par famine cette tourbe insolente et factieuse : « Elle veut du pain ; ne lui en donnons pas, et qu'elle sache à quel

---

Première proposition de la loi agraire. Législation écrite, Douze Tables. — *Droit privé.* Conjectures sur l'état de famille des plébéiens. Puissance paternelle : adoption ; condition des femmes. Formes du mariage. Union du pouvoir et de la propriété, idée fondamentale de la famille romaine. Théorie de la tutelle. Ingénieux travail de Von-Loehr. Des choses. *Possessiones res mancipi nec mancipi.* Formes solennelles d'acquisition des *res mancipi.* Que la propriété juridique a dû commencer par être exclusivement patricienne : il s'éleva à côté une propriété de fait qui se confondit peu à peu avec la première, grâce aux progrès de l'émancipation politique. Succession testamentaire et naturelle. Théorie des obligations. Recherches sur la forme primitive des actions. — *Législation écrite.* Commentaire exégétique des Douze Tables. — *Civilisation générale de Rome, pendant les trois cents premières années.* Religion. Culture de l'esprit. État de la langue. Premiers monuments de la littérature. Rapports avec les autres peuples. — Telles sont les recherches auxquelles je me suis livré devant un auditoire dont l'inépuisable attention ne s'est pas lassée au milieu de ces détails laborieux, quelquefois arides. Nous étions réunis, étudiants et professeur, tous camarades, par le seul amour de la science, sans autre règle qu'une bienveillance réciproque et fraternelle. Si ce livre tombe entre les mains de quelques-uns de mes anciens auditeurs, je désire que ces lignes leur rappellent le charme que nous trouvions dans ces réunions. Je m'occupais de recueillir les résultats de ce cours pour les publier sous le titre de *Prolégomènes sur l'histoire du droit romain,* suivis d'une table chronologique du droit romain, contenant la suite des lois, des institutions et des jurisconsultes, ainsi que des renvois aux sources et aux travaux modernes, quand je fus distrait de ce soin par la Révolution de 1830.

(1) Voyez sur ce point l'excellente Démonstration de Duni, tom. Ier, chap. vi.

prix elle peut nous outrager. » Ce discours vient aux oreilles du peuple; on s'indigne, on s'exaspère; il n'y a plus qu'un cri dans Rome pour demander le bannissement de Marcius.

Pour la première fois la commune forme une assemblée populaire (*comitia tributa*), et proscrit un sénateur. Nouveauté capitale! un patricien, un jeune officier qui a pris Corioles, chéri du soldat, appelant par leur nom tous les vétérans, l'orgueil et l'espérance de l'aristocratie, se trouve forcé de quitter Rome sous le poids de la colère du peuple. Il pourra se venger; mais toujours, par sa vivacité pétulante, il a porté un coup mortel à la puissance de son ordre : désormais la commune sait que le patriciat n'est plus inviolable.

Je ne reviendrai pas sur le partage des terres (1). Je remarquerai seulement que ce fut de la part des patriciens et des plébéiens les plus riches une vraie démence que de refuser la jouissance de la propriété à des hommes dont ils avaient reconnu l'égalité politique.

Les formes successives de la république romaine furent donc l'aristocratie, la démocratie et la monarchie. Ses deux instruments de puissance et de conquête furent la guerre et le droit.

Bacon, en recherchant la manière dont un État peut s'agrandir et reculer ses limites, a vu dans quel esprit Rome faisait la guerre, comment elle avait su peu à peu tout envahir et tout envelopper, s'assimiler des hommes, des familles, des villes, des nations entières, en les chargeant de l'honneur du droit de cité; mais elle y réussit surtout par les colonies qu'elle imposait aux peuples vaincus. *Quæ instituta si simul componas, dices profecto non Romanos se diffudisse super universum orbem, sed contra orbem universum se diffudisse super Romanos* (2). Ainsi, il y a entre Rome et le monde un tel rapport, que c'est le monde,

---

(1) Voyez liv. II, chap. IV, *de la Propriété*.
(2) Bacon, *de Augmentis scientiarum*, lib. VIII, cap. III, § IV.

pour ainsi dire, qui va chercher Rome pour s'y incorporer.

Que si quelques-uns n'étaient pas encore convaincus que la guerre n'est pas seulement une fantaisie héroïque (1), je leur indiquerais derechef le spectacle de Rome et de ses conquêtes. Or, le plus difficile, pour un peuple comme pour un homme, est de commencer et de se faire reconnaître. Aussi, que de temps et de labeurs pour que Rome puisse pousser jusqu'à Tarente, *Lacedæmoniorum opus* (2), et se rencontrer pour la première fois avec le génie grec, personnifié dans Pyrrhus! Les Tarentins étaient des enfants; ils ignoraient où ils s'engageaient en voulant résister aux Romains. Mais Pyrrhus, élève, émule d'Alexandre, après avoir gagné deux batailles, en perd une troisième, et se retire; il en a assez : c'est qu'il a vu les Romains; il en a tremblé, et les paroles si connues de Cinéas à son maître ne sont autre chose que le cri de l'ébahissement profond de la Grèce, face à face avec le génie de Rome, si nouveau pour elle, si intraitable et si dur.

L'Italie soumise, Rome passe à d'autres peuples. Dès les premiers siècles de la république, elle s'était abouchée avec Carthage, et Polybe nous a conservé un traité conclu entre les deux républiques; précieux monument de l'histoire du droit des gens. Attaquée au cœur par une descente en Afrique, Carthage emprunte pour se défendre le génie militaire des Doriens; mais, malgré les victoires qu'elle doit au Lacédémonien Xantippe, elle a le dessous jusqu'à l'apparition d'Annibal, destiné à opposer la grandeur d'un seul homme à l'insolente fatalité qui protége le Capitole. Le plus hardi projet qu'ait jamais conçu capitaine le porte, après la victoire de Cannes, à quelques lieues de Rome. Par quel secret vertige n'y entre-t-il donc pas? Rome a compris, car elle a failli périr; elle est sans pitié pour Carthage; et Caton l'Ancien,

---

1) Voyez liv. II, chap. II, *du Droit des Gens, de la Paix et de la Guerre*.
2) Florus.

par son éternel refrain, n'était que le héraut populaire des passions nationales. Plus tard l'Égypte sera conquise; Pompée y viendra mourir; Antoine et César s'y succéderont; mais, en réalité, Rome avait pris possession de l'Afrique par les ruines de Carthage.

La Grèce avait agacé l'Italie en envoyant contre elle Pyrrhus et Xantippe; elle méritait bien une visite: Philippe est attaqué et battu, Persée fait prisonnier, et, un siècle et demi après Alexandre, le roi de Macédoine entrait dans Rome devant le char de Paul-Émile. La guerre de la ligue achéenne dura peu; la Grèce est pour jamais conquise, elle n'a pas coûté beaucoup de peine.

L'Asie (car nous parcourons le monde) résiste quelque temps, grâce à un roi héroïque et malheureux, moitié d'Annibal, voluptueux et barbare, grand après une défaite, incapable d'une victoire décisive. Mais du moins Mithridate a fatigué successivement Sylla, Lucullus et Pompée, et il s'est ménagé dans l'histoire la place d'un glorieux vaincu.

Mais voici une guerre qui vient couronner le système militaire de Rome, et qui commence notre propre histoire. Catilina avait un ami plus grand que lui, et dans lequel cependant il ne vit qu'un compagnon de factions et de plaisirs. César, en effet, n'était point fâché des embarras où l'entreprise de Catilina jetait l'aristocratie; il se réservait d'en profiter ou de s'en défendre à temps. Inquiet et factieux tant qu'il se cherche et ne s'est pas trouvé, poursuivant la gloire avec furie par toutes les voies, tant qu'il n'a pas mesuré de l'œil la hauteur où il doit porter son nom et sa destinée; ardent et sans frein, ouvert à tous les désirs, à toutes les extrémités, en attendant cette maturité de la force et du génie qui devait lui faire unir les dernières profondeurs du calcul aux invincibles pétulances de la passion.

Sed non in Cæsare tantum
Nomen erat, nec fama ducis, sed nescia virtus

> Stare loco, solusque pudor non vincere bello.
> Acer et indomitus, quo spes, quoque ira vocasset
> Ferre manum et nunquam temerando parcere ferro.
> Successus urgere suos, instare favori
> Numinis, impellens quidquid sibi summa petenti
> Obstaret, gaudensque viam fecisse ruina (1).

Voilà bien, dans ces vers de Lucain, le César des premiers temps, des débauches et de la connivence avec Catilina. Salluste est entré plus avant que le poëte dans l'entente de cet homme qui veut toutefois être vu à la distance des siècles et dans celui de Napoléon pour être tout à fait pénétré. Quand il eut débuté, qu'il eut fait pendre quelques pirates, débrouillé aux yeux de Rome cette jeunesse si orageuse et si étrange, et démontré qu'il pouvait être à son plaisir et à son heure aussi éloquent que Cicéron, César alors choisissant la guerre, arrêta son plan; et, pendant que Pompée s'effaçait dans le repos, Crassus dans l'avarice, il entreprit de conquérir et de civiliser les Gaules, qui avaient jusqu'à lui échappé aux aigles romaines, maîtresses du mont Taurus. Il y dépensera dix ans et trois millions d'hommes; il apercevra de loin la Germanie, qui doit rester vierge des armes romaines, et il versera sur la Gaule la civilisation italienne. Guerre décisive dans notre histoire, dont l'influence ne s'est jamais effacée; elle a sauvé la France d'une demi-barbarie qui n'eût pas eu les avantages de la naïveté et de la rudesse germaniques; elle a fait des Français le peuple médiateur et civilisateur par excellence. Nous sommes les Romains des temps modernes; comme eux, nous avons la mission de répandre nos idées et notre influence; notre goût et notre génie penchent pour la philosophie pratique et pour la guerre; nous sommes la patrie de Voltaire et de Napoléon.

La législation ne fit pas moins que les armes pour la grandeur de Rome; elle a quatre faces principales:

(1) *Pharsalia*, lib. I, versus 145 et seq.

Les Douze Tables ;
Le droit prétorien ;
La science des jurisconsultes;
La codification des empereurs.

Les Douze Tables sont un véritable poëme juridique, une charte de garanties, un premier exemple de stipulations arrachées et écrites : progrès sur la législation sacerdotale et sur les conquêtes brillantes, mais éphémères, de la démocratie grecque. Elles sont aussi le premier monument véritable de la civilisation romaine ; toute la poésie du génie quirinal s'y trouve renfermée; elles seules nous font connaître comment Rome sut passer de l'âge héroïque à l'état politique.

Le *strictum jus* régnait dans les Douze Tables ; mais ce droit national froissait avec trop de cruauté soit les indigènes, soit les étrangers que les conquêtes de Rome amenaient peu à peu dans son sein : il fallut composer. Dès le quatrième siècle, on avait institué un magistrat chargé d'administrer souverainement la justice, le préteur : il est facile de comprendre que tous consentirent volontiers à trouver dans cette magistrature un remède doux et puissant contre l'oppression de la loi. Le préteur fit des édits; armé du pouvoir législatif, quelquefois il introduisait un principe nouveau; le plus souvent, il adoucissait la sévérité du droit décemviral en suivant les maximes d'équité (*jus gentium*); il apportait des restrictions (*exceptiones et præscriptiones*); il déclarait nuls des actes d'ailleurs valables (*restitutiones*), ou enfin supposait certaines circonstances imaginaires (*fictiones*). Ainsi l'équité siégeait avec le préteur, et forçait peu à peu l'ancien droit civil à partager avec elle l'empire de la légalité. Toutefois, il ne serait pas juste de se représenter le droit prétorien comme une équité arbitraire, sans règles, sans limites et sans conditions. Le droit prétorien est un autre droit civil, mais à un autre point de vue, ayant ses doctrines et ses principes, mettant une industrie infinie à se combiner et à s'ajuster avec le *strictum jus*, par des soudures artificielles qui faisaient jeter des cris d'admiration à Cujas, parce qu'il en pénétrait toute l'originalité de position.

Voilà pourquoi aussi la jurisprudence revêtit à Rome un caractère scientifique, et devint vers la fin de la république un art, une carrière, une doctrine, puis une littérature et une philosophie. Suétone, écrivant la vie de César, nous a parfaitement montré le passage de la république à la monarchie. César, administrateur et législateur, corrige les Fastes, dresse un nouveau calendrier, complète le sénat, crée de nouveaux patriciens, augmente le nombre des préteurs et des magistrats inférieurs, admet aux honneurs les fils des proscrits, fait un recensement du peuple, restreint le pouvoir judiciaire aux chevaliers et aux sénateurs, répand quatre-vingt mille citoyens dans les colonies d'outre-mer, se montre laborieux et sévère dans la distribution de la justice, veut travailler à l'embellissement de Rome, dessécher les marais Pontins, ouvrir une immense bibliothèque grecque et latine dont Varron devait être le conservateur; enfin, il méditait la rédaction d'un Code civil qui aurait, dans un petit nombre de livres, réduit toutes les lois romaines à des règles pratiques et claires (1). En vérité, ne dirait-on pas Charlemagne civilisant son siècle avec Alcuin, et Napoléon voulant refaire la France monarchique avec son conseil d'État? Sous le gouvernement des empereurs, la jurisprudence, fortifiée encore du secours de la sagesse stoïque et de la culture grecque, jeta un éclat extraordinaire dans les écrits de Gaïus et de Papinien, d'Ulpien et de Paul, à la fois législateurs, jurisconsultes et philosophes, rédigeant tout ensemble des traités et des codes, mêlant l'autorité de l'équité générale aux subtilités du droit civil et aux souvenirs de l'originalité nationale. Ces hommes furent les derniers penseurs de l'antiquité, qu'ils défendirent autant qu'il fut en eux, sous Marc-Aurèle, Caracalla et Alexandre-Sévère, des empiétements tou-

---

(1) Suetonius, *C. J. Cæsar.*, § 40, 41, 42, 43 et 44.

jours croissants des nouveautés chrétiennes. Résistance impuissante. La légalité païenne fut envahie par le culte chrétien qu'un homme médiocre, mais qui avait l'avantage de servir la cause du progrès social, mit sur le trône. C'est Constantin que je veux dire. Vient après lui un homme de génie, qui s'entête à restaurer ce qui ne vivait plus, et se condamne ainsi de gaieté de cœur à la défaite, et, ce qui est plus triste, au ridicule. Julien mort, le christianisme reprend son cours; il pénètre partout dans la vie publique et privée, dans la philosophie et les lettres; il s'installe de plus en plus dans la législation, jusqu'à ce qu'enfin Justinien abolisse complétement l'antiquité dans sa vaste compilation.

Quel jugement porter de l'œuvre de Justinien? Il est constant que, depuis Dioclétien et Constantin jusqu'au mari de Théodora, le droit romain a défailli sous le rapport de la science, que Tribonien a défiguré cette jurisprudence si profonde et si savante qui souvent a reçu de sa main des atteintes mortelles. Alciat le pensait au seizième siècle; François Hotmann l'a écrit avec virulence (1); Cujas, Schulting et les jurisconsultes de l'école historique allemande se sont efforcés de remonter laborieusement aux origines primitives de ces sources altérées. Mais la science, quelque précieuse qu'elle soit, est-elle tout pour l'humanité? non. Loin d'être son but à elle-même, elle n'est qu'un moyen pour arriver à l'intelligence et à la pratique du bien. Or, si dans la codification de Justinien, il y a eu décadence scientifique, il faut convenir qu'en même temps il y a eu progrès dans les idées humaines et sociales. L'esprit humain est destiné à un mouvement continuel; quand il commence à défaillir d'un côté, il avance de l'autre. Si après Alexandre-Sévère et Caracalla la jurisprudence antique chancelle, nous en sommes dédommagés par

---

(1) Francisci Hotmanni *Anti Tribonianus*, sive *Dissertatio de studio legum*. Écrit originairement en français, ce petit Traité a été traduit en latin par un anonyme.

le christianisme, qui établit l'égalité parmi les hommes, et, sur les ruines de l'antiquité, renouvelle le monde.

Justinien, en rédigeant ses Pandectes et son Code, n'a fait que suivre la pente d'une irrésistible nécessité ; il a accompli sa mission d'écrire le testament du droit romain. Les jurisconsultes, auxquels il commanda d'y travailler, achevèrent en trois ans les Pandectes, et l'empereur leur en avait accordé dix. C'est ainsi que de nos jours le projet de notre Code civil a été rédigé en quatre mois : tant à certaines époques il y a de hâte et d'entraînement pour les choses nécessaires !

CHAPITRE II.

LES LOIS BARBARES. — LA FÉODALITÉ.

Nous suivons les progrès de la race humaine, et nous passons avec César le Rhin, ce fleuve célèbre et historique qui sépare deux peuples, si grands et si distincts, deux sociétés d'aptitudes et de mœurs si diverses. Le cinquième siècle de l'ère chrétienne ensevelit irrévocablement le monde antique, cette liberté collective des anciens, panthéisme social où l'individu n'est plus qu'un instrument et ne sauve sa propre puissance qu'à force de grandeur et d'héroïsme ; civilisation extérieure et souvent cynique où l'homme estimait qu'il pouvait se permettre certains vices pour être plus fort dans certaines vertus ; vive et brillante jeunesse de l'humanité dont le souvenir l'enchante davantage à mesure que plus de siècles l'en séparent. Quand César s'engage dans les premières forêts qui s'offrirent à lui au delà du Rhin, il nous représente le génie de Rome convergeant aux temps modernes par une attraction fatale.

En effet, voici quelque chose qui n'est ni oriental, ni grec, ni romain, vraiment inconnu et nouveau. Les mœurs germaniques se placent entre la vie sauvage et la civilisation moderne comme un germe fécond qui n'a son analogue nulle part. La liberté du Germain ne ressemble à rien de l'antique. Dans sa vie, moitié patriarcale et moitié guerrière, sous la consécration de mythes et de dogmes qu'effaça le christianisme, le Germain est libre ; il porte au plus haut point le sentiment de ce qu'il vaut et de son droit, s'estime engagé lui-même dans l'outrage fait aux siens et à ses frères d'armes ; et de cette noble solidarité il fait sortir une liberté domestique, une fierté de famille qui se transmettent aux mœurs du moyen âge. Ce n'est pas un sauvage, car il a un vif sentiment du droit et de la justice ; mais il ne comprend pas la vie et la société sans la faculté de se défendre et de se protéger lui-même ; personnalité originale dont la peinture paraissait si attrayante à l'historien de Tibère ; qui se fait jour encore à travers les fragments informes des lois salique, ripuaire et wisigothe, rédigées quand les Barbares étaient mêlés aux Romains et dans la langue des vaincus.

La succession dans la famille germaine est fondée tout entière sur la consanguinité. *Nullum testamentum ;* opposition tranchée avec le patriciat romain, qui exerçait dans ses commencements la faculté absolue de tester. Les lois salique et ripuaire nous montrent l'hérédité poursuivie exclusivement dans la ligne descendante et masculine, source incontestable de l'orgueil des maisons modernes.

Les Germains ne se représentent pas la justice comme un principe extérieur, positif, social, le même pour tous, qui ramène les sentiments individuels à une idée générale. La justice est pour eux une disposition particulière du cœur, et la pénalité n'est plus qu'une relation d'homme à homme. Si dans une rencontre un homme libre a été blessé, si même il a succombé, le parent du mort se dit atteint par la mort de son parent et de son compagnon, et il s'établit entre lui et l'homicide un rapport de composition. Le wehrgeld n'est autre chose qu'une satisfaction particulière qui se règle sur la condition de l'individu. Celui qui veut prouver qu'il n'a pas fait telle action amènera devant le chef de la tribu, au milieu de l'assemblée générale, douze hommes libres comme lui, ses égaux, qui jureront que tel fait est véritable ou faux (*conjuratores*); cri de la conscience individuelle, foi religieuse dans l'assertion d'un homme qui prend pour garants et témoins quelques-uns de ses semblables; origine du jury, de cette institution qu'on voudrait à tort retrouver dans l'antiquité (1). et qui appartient tout à fait aux temps modernes, à la civilisation de Luther et de Descartes.

La femme, chez les anciens, n'était proprement pas respectée en vertu d'elle-même, de sa nature et de sa dignité; elle n'arrivait à l'estime et à la gloire que par accident. La mère des Gracques est célèbre, Aspasie fameuse, Hypatie, déchirée par la populace chrétienne d'Alexandrie, illustre; mais la femme elle-même est reléguée dans une triste infériorité dont elle ne peut s'affranchir. Pour la première fois, elle est reconnue par la conscience des Germains comme l'égale de l'homme; elle leur semble même animée d'une sensibilité plus ardente qui lui communique des pressentiments divins. Ne nous étonnons plus si la poésie allemande dévoile avec une profondeur si chaste les sentiments et les pensées infinies qui peuvent troubler le cœur des femmes, et si, mieux que ses autres sœurs, elle a peint la vierge dans Marguerite et dans Thécla.

A un nouvel amour vient s'associer encore un autre sentiment inconnu à l'antiquité, la fidélité personnelle, la foi, le dévouement d'un homme libre pour un homme libre qu'il reconnaît pour son supérieur et son chef; lien moral qui unit étroitement le roi à ses fidèles, à ses leudes, à ses antrustions; sentiment qui s'efface aujourd'hui devant les mœurs démocratiques, mais qui, au moyen âge, fut l'âme de la féodalité, de la chevalerie et de la monarchie.

(1) La double vraisemblance de l'histoire et de la philosophie ne permet pas d'attribuer à une autre origine que les mœurs germaniques l'esprit et l'avènement du jury. (Voyez, liv. V, le chapitre sur les institutions judiciaires.)

Il faut donc décerner cette gloire à l'Allemagne, d'avoir apporté dans la civilisation du monde des éléments nouveaux, quelque chose de primitif et de vigoureux qu'elle n'a emprunté à personne, et que l'Europe a reçu d'elle : le peuple allemand le sent avec quelque fierté, et il s'estime le père des temps modernes.

Cette personnalité se manifesta surtout dès que les barbares se trouvèrent en contact avec les Romains. M. de Savigny a parfaitement saisi cet accident historique ; mais a-t-il raison de blâmer Montesquieu quand celui-ci fait remonter l'esprit des lois personnelles au delà de la conquête ? Voici le résumé du système du célèbre jurisconsulte allemand :

« Mais le droit personnel, qui dut être le résultat non du
« hasard, mais de la nécessité, quand commença-t-il à pré-
« valoir ? Montesquieu a écrit (1) « que l'esprit des lois per-
« sonnelles était chez les barbares avant qu'ils partissent
« de chez eux, et qu'ils le portèrent dans leurs conquêtes. »
« Et il attribue cela à leur amour pour l'indépendance et la
« liberté. Il est singulier d'assigner de pareils effets à une
« pareille cause. Que le Germain, isolé dans une peuplade
« étrangère, ait désiré d'être jugé suivant le droit paternel,
« on le conçoit ; mais comment le peuple étranger eût-il été
« forcé d'accéder à ce désir ? Admettons même qu'il y ait eu
« tolérance de sa part ; c'eût été amour de l'hospitalité et
« non de l'indépendance. D'ailleurs, comment se tirer de la
« pratique ? Si un Goth vivait chez les Bourguignons, qui
« pouvait lui rendre la justice suivant la loi des Goths ? Cer-
« tes, ce n'étaient pas les Bourguignons eux-mêmes ; ils
« ignoraient cette loi. Et, d'un autre côté, comment, dans
« un pays étranger, réunir des Goths en nombre suffisant ?
« Il faut revenir à des idées plus vraisemblables. Le droit
« personnel n'a dû être nécessaire et possible que dans le

---

(1) *Esprit des lois*, liv. XXVIII, chap. xi.

« choc des peuples conquérants et des Romains vaincus ; il
« dut s'établir dans tous les empires nouveaux fondés par
« les barbares sur le sol romain. Ainsi, loi barbare, droit
« romain, voilà la législation. Dans l'origine de la conquête,
« les Germains eux-mêmes, hors de leur tribu et de l'empire,
« n'étaient pas jugés selon leur droit; mais plus tard, quand
« les Barbares se firent la guerre entre eux, les vainqueurs
« permirent aux vaincus, dans toute l'étendue de leur em-
« pire, de vivre selon leur loi, comme ils avaient fait à l'é-
« gard des Romains. Ainsi, dans le nord de la Gaule, au
« commencement de la domination des Francs, leur loi et le
« droit romain étaient seuls en vigueur; mais, sous les Car-
« lovingiens, nous voyons le droit des Wisigoths, des Bour-
« guignons, des Allemands, des Bavarois et des Saxons, avoir
« cours dans tout l'empire; et, si nous ne parlons pas du
« droit lombard, c'est que l'Italie n'a jamais été une pro-
« vince de la monarchie des Francs (1). »

Maintenant, allons à Montesquieu lui-même, et voyons
jusqu'à quel point il pourrait se tromper.

« C'est un caractère particulier de ces lois des barbares
« qu'elles ne furent point attachées à un certain territoire ;
« le Franc était jugé par la loi des Francs, l'Allemand par
« la loi des Allemands, le Bourguignon par la loi des Bour-
« guignons, le Romain par la loi romaine; et, bien loin qu'on
« songeât dans ces temps-là à rendre uniformes les lois des
« peuples conquérants, on ne pensa pas même à se faire lé-
« gislateur du peuple vaincu.
« Je trouve l'origine de cela dans les mœurs des peuples
« germains : ces nations étaient partagées par des marais,
« des lacs et des forêts; on voit même dans César qu'elles
« aimaient à se séparer; la frayeur qu'elles eurent des Ro-

(1) *Introduction générale à l'Histoire du Droit*, pag. 388 et 389.

« mains fit qu'elles se réunirent ; chaque homme, dans ces
« nations mêlées, dut être jugé par les usages et les coutu-
« mes de sa propre nation ; tous ces peuples dans leur par-
« ticulier étaient libres et indépendants, et, quand ils furent
« mêlés, l'indépendance resta encore ; la patrie était com-
« mune, et la république particulière. Le territoire était le
« même, et les nations diverses. L'esprit des lois personnel-
« les était donc chez ces peuples avant qu'ils partissent de
« chez eux, et ils le portèrent dans leurs conquêtes. »

Je ne crains pas de dire que, si M. de Savigny eût pénétré plus avant dans ces paroles de Montesquieu, il y eût trouvé un sens historiquement et philosophiquement profond. Comment ces lois personnelles eussent-elles pu s'établir après la conquête, si ce n'est en vertu de *l'esprit* de ces barbares ? M. de Savigny a vu l'occasion, mais non pas le principe. Il est singulier que ce soit un Français qui ait mieux deviné ce secret de la personnalité germanique. M. de Savigny a étudié avec plus de vérité que tout autre le choc de la loi barbare et de la loi romaine ; mais il a tort d'accuser Montesquieu d'inexactitude au moment où Montesquieu est plus profond que lui.

Merveilleux contraste de l'histoire ! c'est au même instant où la jurisprudence romaine fait son dernier effort dans les Pandectes que les institutions germaniques annoncent l'aurore d'une société nouvelle. Gibbon a relevé cette opposition, et il ne balance pas à dire que la réflexion accordera toujours aux Romains les avantages non-seulement de la science et de la raison, mais aussi de la justice et de l'humanité (1). Il a échappé à cet historien quel progrès les Germains faisaient faire à l'Europe en la dotant de mœurs neuves, capables de s'assimiler le christianisme ; ce chantre éloquent des ruines qui encombrent encore aujourd'hui le Forum demeure pres-

---

(1) Tom. VII, pag. 44, de la traduction française.

que sans intelligence devant le berceau d'un nouvel univers.

Les lois germaniques se développent en trois époques bien distinctes : après une enfance pleine de poésie et de mystère, elles organisent sur la terre des vaincus des établissements politiques et se rédigent dans des codes informes ; enfin, avec mille modifications, en s'imprégnant de droit romain et de droit canonique, elles constituent la féodalité, législation sans laquelle le monde moderne ne saurait être compris, pas plus que sans l'Orient l'antiquité (1).

Je laisserai de côté les mœurs religieuses et morales de la féodalité, pour considérer seulement les rapports positifs de la propriété terrienne. Quand le Gaulois, à l'approche des barbares, mettait sa femme et ses enfants sur un chariot et abandonnait son patrimoine, le Franc prenait la terre en déclarant qu'il la tenait de Dieu et de son épée, et il constitua l'alleu primitif, fondement de la société moderne et de l'aristocratie féodale. Ces premiers vainqueurs groupent autour d'eux leurs amis, leurs compagnons et leur tribu ; ils leur partagent les terres qu'ils ne peuvent occuper eux-mêmes ; de là le bénéfice, de là encore la supériorité de l'alleu, qui n'est autre que l'avantage de celui qui donne sur celui qui reçoit. Les terres tributaires sont encore un autre degré de la propriété cultivée par des hommes libres à titre de redevances : elles ne ressemblent pas mal aux *possessio-*

(1) M. Mittermaier, dans la quatrième édition (1830) de son excellent *Grundsætze des gemeinen deutschen Privatrechts*, donne une vaste bibliographie sur les sources du droit germanique, les textes, les codes, les commentaires, les travaux des modernes. Voyez aussi du même auteur : *Einleitung in das Studium der geschichte des Germanischen Rechts* (1812). Nous citerons seulement ici les leçons de M. Guizot ; Grimm, *Deutsche Rechts-Alterthümer Gœttingen* (1828); Eichhorn, qui, outre son grand ouvrage, a donné une introduction fort utile ; Rogge, esprit original, enlevé si tôt à la science ; enfin, une *Encyclopédie* écrite en danois sur la jurisprudence, par M. Joh.-Fr.-Wilhelm Schlegel (1825), qui renferme de fort bonnes indications sur les législations du Nord.

nes des Romains. Enfin, le servage vint couronner cette étrange économie; et les serfs, *adstricti glebæ*, servaient d'instruments, de meubles et d'accessoires à la terre, règle de la condition politique.

La terre avait été répartie dans le principe en raison de l'importance des personnes; elle avait reçu de l'homme sa valeur. Elle la lui rendit dans une large mesure : car, une fois que la conquête eut brusqué le partage, on ne distingua plus la terre par les hommes, mais les hommes par la terre; et la féodalité, sortie de la barbarie si personnelle des Germains, ne fut autre chose, eu égard à la condition positive des hommes, que la terre élevée à la souveraineté.

Voilà fondé le théâtre sur lequel va se déployer l'aristocratie féodale, car ici je ne crois pas qu'il faille admettre de moyen terme et la royauté au partage : celle-ci n'a paru efficacement que plus tard. La grandeur individuelle de quelques maires du palais sert la puissance même de la noblesse. Si Charlemagne suspend à force de génie l'envahissement de la féodalité, et veut avant le temps contraindre l'Europe à s'asseoir sur le fondement d'une unité morale, l'aristocratie poursuit sa marche en traversant la tombe de Karle, et se joue facilement de Louis le Débonnaire, le prince le plus déplorable qui ait jamais abaissé un trône.

La civilisation française des dixième et onzième siècles est caractérisée par un fait jusqu'alors sans exemple : la terre ne constitue pas seulement la souveraineté, la condition politique et civile; elle constitue la justice, et le même domaine renferme le juge, le justiciable et le bourreau. Rien, dans les temps antérieurs, de comparable à la justice seigneuriale, à cette impitoyable localité du droit, à cette omnipotence immorale qui corrompit la noblesse en remettant à ses fantaisies la vie des hommes. Jamais les droits les plus chers de l'humanité ne furent plus méconnus; jamais institution ne laissa dans le cœur d'un peuple plus de ressentiment et de colère, et en même temps (chose bizarre) n'a déposé dans l'esprit national plus de préjugés et d'habitudes opiniâtres. Pourquoi chaque arrondissement, chaque canton veut-il encore aujourd'hui avoir son juge et son tribunal? Pourquoi la pensée de diminuer le nombre des magistrats et des cours, et de créer une justice moins sujette aux petitesses et aux inconvénients de la localité, plus générale, plus simple, rencontre-t-elle dans nos mœurs tant de résistance, si ce n'est qu'en ce point nous n'avons pas encore extirpé ce dernier vestige de la féodalité?

L'aristocratie a toujours provoqué un second terme, le peuple, qui ne manque jamais à l'appel. La liberté moderne a commencé par une lutte semblable à celle que nous avons vue à Rome : tant il y a, dans les différences de l'histoire, une analogie rationnelle! Sans aucune intention de dogmatisme et de système, un historien contemporain a décrit une à une les insurrections naissantes de plusieurs communes : Laon, Beauvais, Cambrai, Reims, Vézelay, avec leur pauvre bourgeoisie, avec leurs agressions courageuses et leurs résistances désespérées, ont pris dans l'histoire la place qu'elles méritaient et qu'elles attendaient depuis si longtemps, grâce à la plume énergique et aux divinations patriotiques de M. Augustin Thierry. C'est avec le cœur d'un plébéien qu'il a écrit l'histoire des premières tentatives de l'insurrection populaire, héritage sacré qu'il a su recueillir avec une piété sans faste et avec lequel il a pour jamais confondu son nom. Comme Niebuhr après Vico a fait mieux comprendre l'histoire de la liberté romaine, M. Thierry a désormais rendu plus facile l'intelligence des progrès de la liberté française. Les lois de l'histoire concordent ici avec les témoignages de l'érudition. Comment se représenter en effet des chartes octroyées, l'intervention de l'autorité royale, sans l'antériorité de l'insurrection des communes? C'est la même cause et la même marche que dans la Grèce et dans Rome; le δῆμος chez les Grecs, la *plebs* dans le Latium, la bourgeoisie chez les Français, revendiquent et finissent par conquérir leurs droits. Quand les communes auront vivement attaqué l'aristocratie, la royauté pourra s'entremettre et amener, comme un juge du camp, les parties belligérantes à composition; mais une longue guerre doit précéder la transaction et la paix.

Tenons donc pour certain que la royauté n'a exercé d'empire dans les affaires modernes que provoquée et enhardie par les vives impatiences des peuples; les rois n'étaient pas autre chose que des chefs de noblesse, abandonnant leur caste pour se créer une fortune particulière en s'appuyant sur des alliés étrangers.

CHAPITRE III.

L'ÉGLISE. — LA RÉFORME. — LE DROIT CANONIQUE.

La Grèce avait donné à l'Europe la philosophie; mais son génie causeur, brillant et logique, ne pouvait aller au delà de la spéculation. Xénophon, dans ses *Memorabilia*, nous montre chez Socrate lui-même une ironie caustique et babillarde qui atténue un peu la dignité de ce réformateur. La religion devait naître au sein d'une nation plus grave, héritière de l'Orient et déjà douée de l'esprit occidental, nourrie dans une discipline religieuse qui gouvernait ses mœurs, sa politique et ses sentiments; et c'est du mosaïsme, au milieu du concours de trois sectes philosophiques et religieuses, des Pharisiens, des Sadducéens et des Esséniens, que devait sortir le fondateur d'une religion divine, Jésus de Nazareth. Ouvrez le plus élémentaire et le plus simple des quatre évangiles, *secundum Matthœum*; parmi les premières paroles qui s'échappent de la bouche de Jésus, vous lirez celles-ci : *Nolite putare quoniam veni solvere legem aut prophetas; non veni solvere, sed adimplere.* (Ch. v, vers. 17.) Ainsi il n'est pas venu briser quoi que ce soit; mais il est venu compléter.

développer, et abstraire du mosaïsme des nouveautés fécondes.

Après lui, douze hommes, qui l'ont toujours environné et suivi, se mettent à répandre la doctrine de leur maître, et avec la propagation commence une ombre de gouvernement. Dans ces temps primitifs du christianisme tout fut insensible, libre, spontané, successif; on n'y voit pas ces impatiences hâtives qui tendraient à précipiter l'allure naturelle des choses. Une inaltérable foi vivifie d'une chaleur douce et paisible les premiers chrétiens. Après saint Paul la hiérarchie s'affermit de plus en plus; administration à la fois spirituelle et positive, ἱερὰ ἀρχή, elle remet naturellement aux plus pieux et aux plus dignes le gouvernement de la société naissante; les fidèles réunis proclament les hommes qu'ils veulent pour guides, et, par ce mélange de démocratie et d'aristocratie, l'épiscopat devient pour toutes les églises un pouvoir à la fois religieux et politique.

Les évêques (car nous laissons le fond du christianisme pour ne considérer que son institution politique) se trouvèrent successivement en présence des empereurs romains, des rois barbares, de Pépin et de Charlemagne. Les rapports de l'épiscopat avec les successeurs de Constantin furent presque toujours amiables et paisibles. L'Empire ne songeait pas à troubler la liberté de l'Église, et ne demanda quelquefois qu'à confirmer les évêques, à ne laisser convoquer les conciles que sous son autorité, et dans certains cas sous la présidence de l'empereur. Quand les barbares arrivèrent, tout à fait préparés à se convertir et à apprendre, puisqu'ils n'avaient rien à oublier, l'entremise de l'épiscopat entre les vainqueurs et les vaincus fit du sacerdoce une magistrature morale. Hommes d'État, lettrés, prêtres saints et pieux, les évêques pendant quatre siècles furent véritablement les instituteurs de la société moderne.

En examinant les principales révolutions qu'a subies la propriété dans l'histoire, nous avons vu que le spiritualisme chrétien eût été impuissant si on ne l'eût investi des droits positifs de la propriété. Mais ces richesses mêmes faillirent dénaturer tout à fait le christianisme et l'étouffer dans les rouages de l'organisation féodale. Cela veut être observé.

Quand les barbares, établis sur le sol, convertis et chrétiens, pénétrèrent dans les rangs mêmes de l'Église et arrivèrent à l'épiscopat, ils y portèrent leurs mœurs violentes, aventureuses et militaires; ils trouvèrent naturel de continuer à servir les rois de leur personne, d'autant plus que leur condition de possesseurs de bénéfices les y obligeait. Peu à peu le caractère de l'évêque disparut sous l'investiture féodale; le prêtre fut baron ou comte, et il perdit insensiblement son indépendance et son autorité religieuse.

Heureusement pour l'épiscopat, il put se sauver lui-même en se donnant un chef, et en transformant la constitution de l'Église. Dès les premiers temps, l'évêque de Rome s'était concilié une sorte d'autorité sur ses égaux. Il semblait que le prêtre chrétien dont le siège spirituel était la métropole du monde ne devait pas disparaître sous le niveau d'une égalité commune. Dès le onzième siècle, Tertullien reconnaissait la supériorité morale de l'évêque romain, et M. de Maistre a rassemblé dans son livre *Du pape* tous les témoignages qui attestent la reconnaissance volontaire de cette suprématie de la part des pères et des docteurs(1). Si à cette autorité, d'autant plus forte qu'elle était consentie, venait se joindre quelque consistance politique, il est clair que l'épiscopat trouvait dans l'Église romaine un centre, une tête. D'ailleurs, les véritables puissances, loin de s'entre-détruire, se devinent et s'appellent. Pépin le Bref eut besoin de consacrer par une influence morale son usurpation sur les débris de la race mérovingienne: il s'appuya de l'évêque de Rome et lui donna des terres. Charlemagne constitua le pape, en même temps qu'il se créa empereur, et il voulut faire planer sur la couronne impériale

---

(1) Liv. I, chap. vi.

l'esprit même de la religion ; véritable grandeur du génie qui sent ne pouvoir mieux enraciner le trône qu'en le soumettant à Dieu, et qui dédaigne les appréhensions d'un étroit égoïsme.

Quand le traité de Verdun eut, en 843, démembré l'empire de Karle, les deux puissances dont ce grand homme avait posé les fondements ne purent se concilier ; leurs discordes occupent le premier plan de la scène du moyen âge. Le pape et l'empereur, ces deux pouvoirs également électifs que faisaient les électeurs et les cardinaux, voilà le Janus à deux faces qui retient encore dans une laborieuse unité cette civilisation moderne qui veut s'éparpiller et s'épanouir.

Après Louis le Germanique la couronne d'Allemagne devint élective, et trois maisons combattirent successivement le sacerdoce, la maison de Saxe, la maison Salique et la maison de Hohenstaufen. L'Allemagne fut constituée par un grand homme qui devait avoir un fils encore plus grand que lui. Après Henri l'Oiseleur, Othon le Grand passa les monts, se fit couronner à Milan roi d'Italie, prit à Rome la couronne impériale des mains du pape, confirma les donations de Pépin et de Charlemagne, et fit jurer à Léon VIII et aux Romains que jamais ils n'éliraient de pontifes sans son consentement et celui de ses successeurs. Après avoir ainsi repris toutes les prétentions de Charlemagne, Othon opéra en Allemagne une véritable révolution en dotant avec une prodigalité systématique les évêques et les abbés, en leur confiant le gouvernement des villes, préoccupé qu'il était de la pensée d'opposer les intérêts de l'Église allemande à la suprématie du pape. Voilà pourquoi tant de principautés ecclésiastiques divisèrent l'Empire et disputèrent le sol aux fiefs des gentilshommes. Ainsi l'Église disparaissait sous la baronnie féodale ; elle était amenée à ne plus reconnaître pour chef que l'empereur en Allemagne, le roi en France : encore un pas, et sa spiritualité était perdue sans retour.

Mais la papauté rendit à l'Église et aux évêques tout ce qu'ils lui avaient prêté ; véritablement chef, elle combattit à

outrance et sauva le christianisme. Un moine toscan, qui déjà avait montré son génie dans les conseils dont il avait éclairé son prédécesseur, arrive lui-même au pontificat, use de dissimulation pour obtenir la confirmation impériale; mais, une fois pape, il entreprend seul de retirer l'Église des mains de l'Empire et de la royauté. Ses lettres nous le représentent travaillé du désir de sauver la religion. *Unum desideramus, scilicet ut sancta Ecclesia per totum orbem conculcata et confusa et per diversas partes scissa ad pristinum decorem et soliditatem redeat* (1). C'est un réformateur; il en aura toute l'audace, toute l'imagination, toute la hauteur de vues; il rassemble un concile à Rome pour y déclarer que toutes les relations féodales entre l'épiscopat et le pouvoir temporel doivent cesser, pour ordonner aux évêques de se refuser à l'investiture par l'anneau et par la crosse : c'était entreprendre une révolution; c'était se mettre en guerre avec l'organisation politique de l'Europe. De plus, voulant réunir en un seul corps le clergé, réformer ses mœurs, et en faire au milieu de l'Europe comme une armée d'élite, il lui prescrit le célibat, et impose à tout prêtre l'alternative de dépouiller le sacerdoce ou de s'abstenir du mariage. La simonie trouve encore en lui un juge impitoyable. Cependant il se jette au milieu des différends qui s'étaient élevés entre la noblesse allemande et l'empereur Henri IV, et il ordonne à celui-ci (on ne le croirait pas sans le témoignage irrécusable de l'histoire) de venir se justifier devant lui. Ivre de colère, Henri IV assemble des évêques à Worms, et y fait déposer le pape. Grégoire répond par plus d'audace encore; il dépose à son tour l'empereur en ces termes : « Au nom de Jésus-Christ, je te
« défends de régner désormais sur l'Allemagne et l'Italie, et
« je délie tous tes sujets de l'obéissance qu'ils t'ont prêtées
« jusqu'ici. »

Qui triomphera dans cette lutte inouïe? sera-ce la pensée

---

(1) Liv. XIX, épît. xxi.

d'un seul homme? ou bien l'Empire et le successeur de Charlemagne et d'Othon? A ce mot terrible de déposer l'empereur, l'Europe fut émue, partagée ; les évêques se divisèrent, et cependant Hildebrand avait pressenti si juste jusqu'où pouvaient aller la religion et son pontife, qu'il fut signifié à l'empereur que, si au plus tôt il ne se procurait l'absolution papale, les électeurs de l'Empire lui donneraient un successeur. Henri fut obligé de passer les monts, et d'attendre trois jours dans une cour de château, par un froid rigoureux, qu'il plût au vicaire de Jésus-Christ de lui donner audience. Était-ce véritablement la gloriole périlleuse de faire attendre ainsi Henri IV qui préoccupait Hildebrand? Non. Mais il eut sans doute la tentation de ne pas céder ; il n'eût pas cru son triomphe complet s'il eût rétracté l'excommunication, et il en délibéra longtemps. Cette fois c'en était trop ; la conscience et la religion de ce siècle avaient cédé au pape en exigeant de l'empereur d'aller chercher l'absolution au delà des Alpes ; mais, une fois Henri dans le château de Canosse, on se révolta contre l'inflexible sévérité de Grégoire ; Mathilde intervint elle-même ; et, à la fin du troisième jour, quand toute la piété de Henri IV commençait à se lasser, l'absolution arriva. L'empereur avait repris sa couronne aux yeux de l'Allemagne et de l'Europe ; mais il n'avait pas pardonné : nouvelle lutte. Grégoire le dépose encore une fois. C'était une faute ; car ou il fallait ne pas se rétracter, ou, après avoir cédé, il ne fallait pas réitérer l'audace et faire comme un pléonasme de témérité. Quand on se copie soi-même, on échoue toujours : l'excommunication de Grégoire n'eut plus de crédit ; l'empereur passa outre, gagna deux batailles ; Hildebrand alla mourir à Salerne, et l'avantage resta au pouvoir impérial.

Il faut bien distinguer ici l'entreprise de l'homme même. L'entreprise fut juste, salutaire à l'Europe, et sauva le christianisme ; l'homme fut grand, mais violent, mais tribun plus que prêtre, mais emporté par son tempérament de Toscan, mais réunissant la ruse et la furie italiennes. Ainsi il ressuscite et fait prêcher partout les fausses décrétales, il alarme les rois outre mesure, et il parvient lui-même par ses excès à déconsidérer son œuvre et son génie. Que tous les systèmes et tous les partis le sachent bien : quand, pour arriver à un but légitime, ils prodiguent les rigueurs et les aspérités, quand ils couronnent une entreprise nécessaire par des emportements inutiles et des cruautés de luxe, l'humanité accepte les résultats, mais elle flétrit les excès, et, lors même qu'elle a recueilli des travaux de ces hommes ardents d'assez notables avantages, elle ne leur accorde après une longue controverse qu'une gloire amoindrie, altérée, et qui encore, aux yeux de beaucoup, demeure douteuse et problématique.

Jusqu'à Boniface VIII, le pontificat romain continua puissamment l'ouvrage d'Hildebrand ; mais, dès le commencement du quatorzième siècle, Rome s'affaiblit dans l'esprit des peuples et déchut peu à peu : aussitôt le christianisme essaye de se séparer de la papauté par un instinct naturel et obscur qui lui fait chercher son salut dans l'indépendance et la liberté. Un docteur d'Oxford, Wiclef, rejette la suprématie du pape, et prêche le retour aux maximes évangéliques ; les protestants l'ont appelé l'étoile du matin de la réforme. Les opinions de Wiclef traversèrent l'Europe ; il en tomba quelque chose en Hongrie, et Jean Huss et Jérôme de Prague tentèrent les seconds d'innover. Jean Huss fut brûlé, sur un sauf-conduit parfaitement en règle que lui avait délivré l'empereur.

L'Église avait justement triomphé quand elle arrachait le christianisme aux entraves de la féodalité ; mais elle-même le compromit au quinzième et au seizième siècle. Elle en effaça presque entièrement le spiritualisme par l'ambition de ses papes, qui dénaturaient leur rôle pour vouloir être de grands princes temporels, par la licence de leurs mœurs, par les merveilles un peu païennes de son culte : Michel-Ange, Raphaël, et Luther sont contemporains. Un moine de Wittemberg, religieux augustin, s'était rendu pour quelques affaires de son ordre dans la capitale de la religion catholique, au moment où les arts, se teignant à la fois des couleurs du Midi et des souvenirs de l'antiquité, épuisaient leurs pompes et leurs miracles. L'âme du Saxon, loin de s'enthousiasmer à ce spectacle, s'en indigna sans doute ; elle dut éprouver tous les ressentiments et toutes les antipathies d'un homme du Nord, et dans Rome même Luther a bien pu concevoir les premiers germes de son dessein. Les indulgences vinrent dans son propre pays émouvoir sa bile, mais son entreprise même part de plus haut ; si jamais homme put être comparé à Hildebrand, ce fut Luther : même opiniâtreté dans leurs desseins ; des passions aussi ardentes ; même résultat, c'est-à-dire la transformation du christianisme.

Veut-on saisir d'un seul coup combien est vive la différence qui sépare le protestantisme, soit du christianisme primitif, soit de la religion catholique du moyen âge ? Qu'on examine le caractère de ces réformés, de ces hommes du seizième siècle, qui commencèrent une révolution dont nous avons hérité. Tandis que le chrétien des temps antiques passe sur la terre sans regarder pour ainsi dire autour de lui, n'aime que Dieu, et humilie son intelligence devant des supériorités spirituelles et morales ; le réformé, actif, plein de confiance en ses forces et en sa personnalité, aime la terre et lui-même ; il semble que le ciel ne soit pas sa principale affaire ; il s'exalte dans ses facultés, ne se fie qu'à son jugement propre, et ne consent à aimer Dieu qu'après avoir sévèrement examiné les titres de sa légitimité. Ordonnez au chrétien des temps antiques de renoncer à sa foi ; il s'offre au supplice, il sort de la vie, le cœur inondé de joie, parce qu'il va trouver son Dieu ; il est martyr. Si, au seizième siècle, les lois défendent l'exercice public du nouveau culte, le réformé frémit, il crie qu'il est blessé dans son droit, il s'attache à la terre, et il fait la guerre civile.

Le protestantisme est une opposition, une résistance qui a commencé par la religion, et qui depuis s'est montrée partout ; c'est la raison de l'individu qui parcourt les choses et les institutions humaines, les apprécie, repousse les unes, accepte les autres, et proclame qu'elle a le droit de tout juger ; c'est un besoin philosophique qui a éclaté au sein de la théologie, et qui veut aujourd'hui se satisfaire en tout : aussi les vrais enfants de la réforme ne sont pas tant ses religionnaires que les philosophes. C'est Descartes élevant l'empire de la raison ; c'est Rousseau déclarant la volonté reine du monde ; c'est Kant établissant le siège de l'humanité dans la conscience de l'individu.

Ce mouvement de l'esprit humain se manifesta sous deux formes différentes. En France, la réforme montra plutôt un esprit politique, et sa physionomie fut toute guerrière ; ce sont moins de graves théologiens qui la représentent que des gentilshommes ambitieux et prompts à la guerre. Coligny en est le héros ; aussi doit-elle à cette allure peu théologique, vive et française, de trouver des sectaires partout, auprès du trône, dans la noblesse, dans les parlements ; elle fait un pacte avec les *politiques*, est sur le point de conquérir à Amboise le maniement des affaires, et vit longtemps au sein de la monarchie sans qu'on soit frappé de son humeur démocratique et républicaine.

L'Allemagne, au contraire, tire de la pensée de Luther une théologie profonde, les germes d'une philosophie nouvelle, une rénovation complète de la science. Reuchlin (1), Ulrich de Hutten, Mélanchton et Luther sont, indépendamment des polémiques où ils se trouvent engagés, des penseurs religieux qui reprennent pour ainsi dire *à novo* le christianisme, le dégagent des traditions qui pouvaient faire sa richesse, et qui dans leur temps l'avaient puissamment servi, mais dont alors l'épais cortége en obscurcissait l'esprit pri-

---

(1) Reuchlin, quoique catholique, appartient au mouvement de la réforme. Luther se prononça pour lui dans les querelles que suscitèrent ses opinions théologiques.

mitif. De là cette théologie rationnelle qui n'a pas dissimulé l'ambition de renouveler l'intelligence critique et philosophique des Écritures, et qui, dans cette entreprise, s'est égarée si loin de son point de départ. Qu'on mesure la carrière parcourue depuis Luther jusqu'à Strauss !

Pendant que le protestantisme s'est laissé sur tant de points envahir par la philosophie, et lui a livré ce qui constitue vraiment la religion, le dogme et le symbole, il s'est développé, surtout depuis vingt ans, dans l'Allemagne méridionale et catholique, une sève de vie morale et religieuse qui a singulièrement élevé les âmes et fécondé les imaginations. Il y a, dans les populations catholiques de l'autre côté du Rhin, une foi vraiment vivante que les atteintes du rationalisme n'ont pas entamée, et qu'excite plutôt le voisinage d'opinions dissidentes. Qu'on parcoure les campagnes de la Bavière et de l'Autriche, qu'on en visite les cités, on trouvera une pratique sincère et vigoureuse du culte, des croyances se confondant naturellement avec la vie, et qui s'élèvent à l'intelligence de la véritable égalité, celle que la religion établit parmi les hommes devant Dieu.

A côté de ces instincts si spontanément religieux, une science profonde lutte avec l'érudition du protestantisme. Elle a élaboré l'histoire de l'Église, l'histoire du dogme et des conciles, les Écritures et les Pères, avec une haute intelligence qui, loin de faire divorce avec la foi, y puise de fortes inspirations et en même temps je ne sais quelle vivifiante douceur. Outre ces travaux éminents d'une orthodoxie positive, le catholicisme de l'Allemagne méridionale a produit encore de remarquables écrits de philosophie religieuse. Franz Baader, mort il y a plusieurs années, est incontestablement le plus attachant de ces théosophes. Il a donné de Jacob Bœhme et de Saint-Martin, le *philosophe inconnu*, de profonds commentaires.

L'ambition de la théosophie est de s'élever à la pleine possession des vérités premières de la religion et de la nature, et de saisir en toute chose le sens caché. On pourrait, sous certains rapports, comparer la théosophie à ces écoles *ésotériques*, c'est-à-dire intérieures, de la philosophie antique, où un enseignement supérieur était donné à quelques adeptes. Il y a toujours eu des âmes ardentes, des imaginations contemplatives qui éprouvent le besoin d'un aliment plus fort, et d'une audacieuse recherche des plus hautes vérités.

Pour nous résumer sur le protestantisme, il a fait marcher l'esprit humain par ses mouvements et ses travaux; mais, rompant jusqu'à un certain point avec la tradition, il se condamna lui-même à rester inférieur comme culte au catholicisme; aurore de la philosophie, il devait être la décadence du symbole. Aujourd'hui, le protestantisme est plus divisé que jamais. Autour des deux cultes de la confession d'Augsbourg et de la communion réformée, qu'on a un moment sans succès tenté de réunir, tourbillonnent des sectes innombrables, flottant entre le rationalisme et le piétisme, sans jamais pouvoir trouver un point d'arrêt, un centre.

Mais revenons à l'Église. Tant que le christianisme primitif ne composa qu'une petite famille, il n'eut à s'embarrasser ni du droit ni de la législation. Toute doctrine religieuse qui s'élève ne songe qu'à persuader et à convertir. Entièrement morale, elle ne descend pas encore aux rapports et aux résistances juridiques. Ainsi, dans les quatre évangiles, le mot de droit n'est pas même prononcé; la justice n'y est que la sainteté même, et toute la politique du Christ consiste à ne pas blesser les puissances établies. Mais, dès que l'Église chrétienne eut pris quelque corps, qu'elle se trouva mêlée aux intérêts de la société qu'elle voulait convertir, elle dut régler à la fois sa propre constitution et ses rapports avec les laïques tant sujets que souverains. Dans son sein il fallut déterminer les conditions et les degrés du sacerdoce, les lois de la hiérarchie, les censures et les châtiments de la discipline, la manière d'acquérir les bénéfices, la nature des choses sacrées, des temples, des autels, des chapelles, des cloches et de tous les biens ecclésiastiques ; vis-à-vis des peuples, elle dut régulariser la distribution de la parole spirituelle et la conférence des sacrements, puis les donations volontaires, ainsi que les relations de propriété avec les domaines des laïques. Nous voilà bien loin des commencements modestes de l'Église, et une législation fort compliquée devait être l'inévitable résultat de son agrandissement.

L'Écriture, les traditions, les conciles, les décrétales, constitutions et bulles des papes, enfin des lois rendues par les autorités temporelles concoururent à former le droit canonique, *jus canonicum*. Il ne faut pas s'étonner que les empereurs et les rois aient participé à la législation ecclésiastique, car le droit canonique ne représente pas tant l'esprit même de l'Église que les transactions et les rapports auxquels elle est obligée de se prêter vis-à-vis de tout ce qui n'est pas elle. Ainsi le *corpus juris canonici* nous offre des fragments du code théodosien, des compilations justiniennes, des capitulaires des rois francs et des lois des empereurs d'Allemagne.

Une législation si nécessaire à l'Europe chrétienne ne devait pas longtemps attendre des essais de rédaction uniforme. Sous le pape Eugène III, vers 1107, un moine de Bologne, Gratien, composa un décret qu'il fabriqua avec des extraits des canons des conciles, des écrits des Pères grecs et latins, des constitutions des papes et de quelques lois des empereurs.

Depuis Gratien, les papes s'occupèrent à l'envi de travailler à la législation ecclésiastique. Alexandre III fit une première collection des décrétales.

Alexandre IV en fit une seconde ;

Innocent III une troisième et une quatrième ;

Honorius III une cinquième ;

Enfin, la sixième et dernière, dont on se sert encore aujourd'hui, fut rédigée par les ordres de Grégoire IX.

Après ce pape, Boniface VIII, en 1291, composa le Sexte

des constitutions d'Innocent IV, de Grégoire X et de celles qu'il avait rendues lui-même.

Clément V disposa ensuite ses constitutions, et les canons du concile de Vienne, qu'il appela les *Clémentines*.

Jean XXII et d'autres papes ajoutèrent les *Extravagantes communes*, dont les cinq livres terminent le *Corpus canonicum*.

Dans cette codification successive, les papes voulurent rivaliser avec le droit romain. Ainsi, ils donnèrent la forme de Pandectes au Décret de Gratien, de Code aux Décrétales ; le Sexte, les Clémentines et les Extravagantes furent rédigés sur le plan des Novelles de Justinien ; il n'y eut pas même jusqu'aux Institutes que les pontifes n'aient voulu contrefaire ; et, en 1580, Paul IV ordonna à Lancelot de rédiger des Institutes de droit canonique : elles servirent de manuel à la jeunesse des universités.

Cela nous conduit à considérer la position de l'Église en égard au droit romain ; elle commença par le cultiver avec ardeur ; elle aimait cette législation élevée et générale, écrite dans une langue qu'elle seule alors savait à fond, dépôt de maximes d'équité, d'opinions et de faits dont l'intelligence augmentait sa culture et son crédit ; elle tenta aussi d'exercer son influence sur le droit civil et d'y porter la rigueur de sa spiritualité ; mais elle n'y réussit jamais qu'à demi, et, repoussée par l'instinct soupçonneux des légistes, elle devint l'ennemie de ce *jus civile* dont les principes étaient une arme puissante aux mains des laïques, défendit à ses membres, sous Honorius III, de l'étudier et de le professer, et désormais travailla avec persévérance à se ménager dans le droit canonique un arsenal de doctrines à elle, mélange tout à fait nouveau de théologie et d'intérêts temporels, et qui s'installa dans la science, dans les juridictions et dans les universités.

Voilà posée la triple base de la législation européenne : le droit civil, le droit féodal et le droit canonique. Ce soncours d'éléments divers amena dans l'Europe moderne les mêmes résultats que le conflit du droit prétorien et des douze Tables dans l'ancienne Rome. En effet, combiner et concilier des termes aussi opposés que les maximes du droit romain, les mœurs féodales, les intérêts et les prétentions ecclésiastiques, n'était pas chose facile et légère. Les jurisconsultes devinrent indispensables en Allemagne, en France, en Italie, en Angleterre et en Espagne. Ils s'associèrent à l'autorité de l'Église et de la noblesse; conseillers des rois, hommes d'État, professeurs, magistrats, ils occupèrent le premier rang jusqu'à la fin du seizième siècle.

La France, par sa révolution, a rompu aussi complétement avec le droit canonique qu'avec la féodalité : catholique, elle s'est dégagée des liens temporels du clergé, pendant que la réforme en Allemagne a été souvent contrainte de respecter les établissements politiques de l'Église, et qu'avec toute son indépendance philosophique elle vit, sous certains rapports, au milieu du moyen âge.

CHAPITRE IV.

L'ANCIENNE MONARCHIE FRANÇAISE.

Trois puissances, la liberté, la religion et la philosophie, les communes, Grégoire VII, Abélard, attaquèrent presque en même temps la féodalité, cette société unique dans l'histoire, comme l'a remarqué Montesquieu, et qui rendit le service au monde de poser un point d'arrêt entre la conquête et les temps modernes. Les peuples alors étaient trop enfants pour se conduire eux-mêmes. La papauté avait une spiritualité trop générale et des passions trop italiennes pour rallier longtemps à elle les intérêts politiques de chaque nation ; la philosophie, impopulaire et suspecte, épuisait d'ailleurs toutes ses forces à se défendre des persécutions de la théologie et d'Aristote.

Parut alors la royauté moderne, qui trouva dans la monarchie française son développement le plus complet et le plus fécond. Si, aussitôt après la mort de Karle le Grand, l'Allemagne s'empare du premier rang, et si alors le pape et l'empereur semblent tout dominer, dans les siècles suivants, la France se lève à son tour ; elle puise dans sa configuration géographique et dans son unité monarchique la force nécessaire pour ne plus trouver, à travers des fortunes diverses, quelqu'un qui puisse la remettre à la seconde place.

L'audace et la persévérance font la grandeur de la royauté française comme celle de la papauté romaine. Un seigneur féodal, possesseur d'un fief plus central que les domaines de ses égaux, conçoit la pensée de conquérir peu à peu sur la noblesse une autorité monarchique ; pensée qui est dans l'ordre politique ce que le dessein de Grégoire VII fut dans l'ordre religieux, et qui mit les rois à la tête de la société française, depuis Hugues Capet jusqu'au moment où Louis XIV entra dans la tombe.

Les premiers successeurs des comtes de Paris avaient senti confusément ce qu'ils pouvaient devenir ; mais, avant Philippe-Auguste, rien de grand ne fut conçu ni tenté ; et, de même que Rome triompha par une succession de pontifes illustres, depuis Hildebrand jusqu'à Boniface VIII, la royauté française poussa ses entreprises, grâce au génie différent de trois hommes, Philippe-Auguste, saint Louis et Philippe le Bel. Ils inaugurèrent la monarchie et la firent asseoir sur des fondements solides. Il ne saurait échapper que les deux rois qui ont travaillé les premiers à constituer la France ont passé une partie de leur vie dans l'Orient, et se sont montrés chevaliers héroïques et chrétiens : les grandes pensées croissent ensemble et confondent leurs fruits et leurs rameaux. C'était encore une manière de contredire le génie local de la féodalité que de guerroyer pour un sentiment religieux, pour une idée générale. Philippe-Auguste songe à élever et à concentrer le pouvoir : il rend une ordonnance sur l'université qui ne la crée pas proprement, mais la constitue et la régularise (1). Il requiert les seigneurs de faire exécuter ses propres lois dans leurs domaines, discute avec eux ses ordonnances et leur en fait jurer l'observation. Voilà une justice et une administration générales ; voilà véritablement un roi de France. Mais notre plume n'aura pas assez d'éloges pour un homme dont le royal génie est sans contredit ce que le christianisme a produit, parmi ses enfants qui ont passé sur un trône, de plus harmonieux et de plus pur. Louis IX croit à son Dieu avec toute la candeur et la foi naïve d'un enfant ; il réchauffe dans son cœur les intérêts de son peuple avec toute la charité d'un père ; il y travaille avec le bon sens d'un grand roi ; il sait résister aux ambitions temporelles de Rome au moment où il en adore l'autorité divine. Eh ! qui serait plus chrétien que saint Louis ? qui croirait mieux que lui à Jésus-Christ et à son pontife ? Mais rien ne peut déconcerter et faire dévier du vrai cet excellent caractère, qui seul, dans son siècle, sait accorder la raison et la foi : c'est lui qui eût été dignement pape et qui méritait de parler aux rois en père et en maître. Poursuivant la pensée de Philippe-Auguste, il rend la justice plus générale encore en établissant les *cas royaux*, en déterminant les circonstances et les occasions où les lois de sa terre de France deviendront des lois pour les autres fiefs ; il abolit le combat judiciaire, c'est-à-dire qu'il frappe au vif l'esprit guerroyant et barbare de la féodalité, qui exprimait d'une manière grossière et matérielle la croyance en la protection de Dieu pour le bon droit. Sous ce rapport, le combat judiciaire pouvait être une idée spirituelle et religieuse inconnue à l'antiquité, mais saint Louis lui substitua la jus-

---

(1) Voyez le livre IX des *Recherches* de Pasquier, chapitres III, IV, V, VI, VII, VIII, IX, X, XI, XII, XIII. Les premiers temps de l'Université de Paris y sont mis dans tout leur jour.

tice même et ses paisibles débats. Les *établissements* du saint roi recueillirent les procédés de la pratique, quelques notions de droit romain et quelques essais de réforme. Ils sont, après les *assises* de Jérusalem, fruit des croisades, importation de la loi chrétienne en Asie, le premier monument de la législation française, car Charlemagne et ses Capitulaires appartiennent autant à l'Allemagne qu'à la France. On dirait que Philippe le Bel se chargea de faire payer au pontificat romain les injures de l'empereur Henri IV; Boniface VIII n'a pour se défendre du gantelet de Sciara Colone que l'insolente entremise de Nogaret, et il meurt vaincu par un caractère encore plus altier que le sien. Il est remarquable que la théocratie papale suscita elle-même les deux institutions qui devaient la réprimer et devenir pour elle un obstacle insurmontable. Philippe le Bel rendit le parlement sédentaire et composa les premiers états généraux, création politique qui devait avoir sur l'avenir une si grande influence. Nous allons bientôt examiner à part ces deux fondements de l'ancienne monarchie.

Après Philippe le Bel, de faibles rois occupent le trône : Louis le Hutin, Philippe le Long, Charles le Bel. Je passe sur les règnes désastreux de Philippe de Valois et de Jean. Je cherche les grands hommes, ces rois types de la monarchie, et qui semblent par la variété de leur caractère répondre à la variété des circonstances. Charles le Sage délivre la France des Anglais par l'épée de Duguesclin, restaure les finances, établit une bonne police et corrige, par la persévérance d'une habileté modeste, l'amertume des disgrâces qui pesaient sur le trône quand il y monta. Un siècle après, nous rencontrons un méchant homme qui rendit à la cause populaire d'incontestables services. Jusqu'à Louis XI, les rois, en poursuivant l'agrandissement de leur pouvoir, n'avaient jamais ni considéré ni traité la noblesse comme ennemie : Louis XI, au contraire, lui fit une inexorable guerre, inonda les échafauds de son sang. On ne saurait comprendre son règne pas plus que le gouvernement de Richelieu, si on ne l'envisage comme un temps d'exception et de lutte, où la commune justice ne paraît guère, où tout est sacrifié à un but, à une impitoyable raison d'État. Enfin, la France voit à sa tête un roi brillant, dont elle adopte pour ainsi dire les défauts et les malheurs, aussi hautain dans la captivité que dans sa cour, passionné pour les vers et les batailles, sachant, en un mot, contre-balancer Charles-Quint. Ni les revers de François Ier, ni les taches de son caractère ne le feront descendre du rang d'un grand roi : il a compris d'instinct et l'influence (1) que devaient avoir les lettres dans notre pays, et la politique qui devait diriger la France vis-à-vis du continent. Mais la nation française se rallie et s'attache plus encore à un pauvre gentilhomme, cadet de Gascogne, obligé de conquérir son trône à la pointe de son épée, n'ayant pas le sou, puisant dans la bourse de ses amis, guerroyant avec eux, et puis, quand il a triomphé, pratiquant à fond une vertu de roi, l'ingratitude, tournant le dos aux réformés, oubliant les d'Aubigné et les Mornay pour se faire catholique, et n'être plus que le roi de France et de Navarre par la grâce de Dieu. Cette perpétuelle gasconnade ne nous déplaisait pas. Quel roi plus populaire que Henri IV? Quel est celui dont la mémoire a laissé plus de racines dans le cœur du peuple? Il y doit toujours vivre ; plus nous nous enfoncerons dans la liberté, plus les souvenirs vrais et purs de la monarchie seront respectés comme l'inaliénable gloire de la patrie. Louis XIII n'est que le premier sujet de Richelieu. Le grand cardinal, véritablement roi, moissonne la no-

---

(1) Voyez Pasquier, *Recherches de la France*, liv. IX, chap. xviii, où est racontée la fondation du Collége de France et la succession des professeurs, depuis Ramus jusqu'au temps où vivait Pasquier. « Entre les pro-
« fesseurs du roi, dit-il, que je vous ai touchés, je ne nomme point les
« vivants, qui trouveront dedans la postérité leurs trompettes, s'ils s'en
« rendent dignes. »

blesse, dépouille ses antipathies naturelles de prêtre romain pour s'allier à la réforme et à l'épée de Gustave Adolphe; sachant bien, ce profond politique, que la France doit toujours avoir un point d'appui dans le nord de l'Europe; enfin, il protége les lettres, fonde l'Académie, tour à tour émule et patron de Corneille : c'est-à-dire que cet homme à lui seul a consommé l'ouvrage de Louis XI, poursuivi les intentions de François Ier, et rendu possible Louis XIV.

Si, à travers les vingt volumes du duc de Saint-Simon, on veut recueillir tous les traits épars qui peuvent former le caractère individuel de Louis XIV, il faut avouer que, de cette lecture, il sort assez petit de sa personne. Les hommes qui ont vécu dans le règne suivant l'ont jugé avec une extrême sévérité, et voici comment Montesquieu s'était amusé à crayonner un portrait qui, par une singulière coïncidence, semble être le résumé des longs mémoires de Saint-Simon.

« Louis XIV. Ni pacifique, ni guerrier. Il avait les formes
« de la justice, de la politique, de la dévotion, et l'air d'un
« grand roi. Doux avec ses domestiques, libéral avec ses
« courtisans, avide avec ses peuples, inquiet avec ses enne-
« mis, despotique dans sa famille, roi dans sa cour, dur
« dans ses conseils, enfant dans celui de conscience, dupe
« de tout ce qui joue le prince, les ministres, les femmes et
« les dévots, toujours gouvernant et toujours gouverné,
« malheureux dans ses choix, aimant les sots, souffrant les
« talents, craignant l'esprit, sérieux dans ses amours, et
« dans son dernier attachement faible à faire pitié ; aucune
« force d'esprit dans les succès, de la sécurité dans les re-
« vers, du courage dans sa mort. Il aima la gloire et la reli-
« gion, et on l'empêcha toute sa vie de connaître ni l'une ni
« l'autre. Il n'aurait eu presque aucun de ces défauts s'il
« avait été un peu mieux élevé et s'il avait eu un peu plus
« d'esprit. Il avait l'âme plus grande que l'esprit. Madame

« de Maintenon abaissait sans cesse cette âme pour la mettre
« à son point (1). »

L'histoire s'arrêtera-t-elle à cette appréciation du caractère personnel d'un homme qui représente son siècle et lui donne son nom? Sur ce point, Voltaire a vu plus juste en présentant à l'admiration de la France le règne de Louis, qui, j'en demande bien pardon à Montesquieu, non-seulement avait l'air d'un grand roi, mais l'était en réalité; qui, s'il craignait l'esprit, sut employer le génie, et se fit une couronne de toutes les illustrations contemporaines. Il a porté le dernier coup à la féodalité, non plus comme Richelieu en mettant les nobles à mort, mais il les change en courtisans, et ne laisse debout qu'une grandeur, la sienne : incontestable acheminement vers l'égalité politique. Au surplus, quand tout un peuple aime à se reconnaître et à se glorifier dans un homme, il y a là une vérité profonde, et souvent les lieux communs de l'histoire sont les arrêts de l'humanité.

Après Louis XIV, les destinées de l'antique monarchie sont closes et consommées. Son esprit fut de s'appuyer sur le peuple; sa gloire de l'avoir conduit et émancipé; au commencement du dix-huitième siècle, elle a fini cette œuvre; alors on dirait qu'elle est à la fois abandonnée de son génie et de sa fortune.

L'histoire des parlements se partage en deux époques bien distinctes : depuis le règne de Philippe-Auguste jusqu'au début du seizième siècle, ils travaillent à la constitution et à la grandeur de la France. Depuis l'avènement de la réforme, c'est-à-dire d'une opinion qui venait contrarier l'antique légalité, jusqu'en 1789, où ils furent indéfiniment mis en vacances, ils ne vont plus que d'échec en échec, et leur décadence n'a plus d'interruption.

(1) Pensées détachées.

L'ordre législatif, l'ordre administratif et l'ordre judiciaire, sortirent péniblement d'une confusion inévitable au commencement des sociétés. Que les parlements rendissent la justice, voilà qui fut toujours incontesté; mais de plus ils se disaient législateurs et voulaient contribuer à l'administration du royaume: de là ces luttes avec le trône et les déchirements de la constitution. La loi émanait de la royauté, et notre droit public tenait pour maxime, *si veut le roi, si veut la loi*. Les rois faisaient la loi dans leur conseil, qui ne se distinguait pas du parlement dans les premiers temps de la troisième race ; mais, quand une des parties de ce conseil eût été instituée à Paris compagnie judiciaire permanente, les rois, pour donner à leurs ordonnances une autorité plus authentique encore, prirent l'habitude de les faire présenter à cette compagnie pour qu'elles y fussent..... Quel sera le mot ? approuvées ? homologuées ? confirmées ? Non, mais *enregistrées*. C'est sur ce mot, sa valeur et sa portée, que les parlements et les rois ont épuisé leurs prétentions, leur polémique, les séditions et le despotisme ; point à jamais litigieux et obscur que la révolution ne trouva pas encore débrouillé et éclairci. Il était reconnu que le parlement, sur la présentation d'un édit, avait le droit de remontrances : si le roi persévérait, le parlement faisait encore de nouvelles remontrances ; mais le roi s'opiniâtrait, et s'en allait lui-même en lit de justice commander l'enregistrement. Que devait-il advenir dans ce conflit de la puissance royale et de la puissance parlementaire ? L'enregistrement itérativement exigé par le roi était-il obligatoire pour le parlement ?

Adhuc sub judice lis est.

Dans un ouvrage fort savant rédigé par trois jurisconsultes parlementaires, Mey, Maultrot et Aubry, *Maximes du droit public français*, et qui fut écrit sous le règne de Louis XV, on soutient que le parlement a le droit de refuser l'enregistrement quand la loi lui paraît inique; qu'il y a des moments où la véritable fidélité des sujets consiste dans la résistance. Mais enfin, disent les parlementaires, si le roi persiste, le parlement doit-il s'entêter à jamais? Voilà bien la question posée, mais elle n'est pas résolue. La plus grande partie du sixième volume des *Maximes* est consacrée à exhorter les magistrats à la fermeté; il y a force citations de Sénèque et d'Horace, mais le nœud n'est pas tranché. Les parlementaires insinuent bien que le parlement a le pouvoir législatif; mais ils n'osent pas poser nettement cette prétention et en déduire les conséquences.

« Le parlement, disent-ils, est *dépositaire* des droits du
« souverain et de ses sujets, chargé de faire respecter à
« ceux-ci la puissance royale, et de défendre la liberté et les
« droits nationaux contre les entreprises du despotisme. Il
« est chargé de la garde des lois, de l'exécution des an-
« ciennes et de l'examen des nouvelles. C'est le roi lui-même
« et le roi seul (on le suppose) qui l'a déchargé de cet impor-
« tant *dépôt*; mais il l'en a chargé depuis plusieurs siècles,
« et avec toutes les solennités de la forme légale (1). »

L'enregistrement avait ses avantages; il empêchait les précipitations et les surprises, et pouvait donner à la royauté des avertissements précieux : mais, d'un autre côté, il entravait l'initiative et l'allure du pouvoir, qui n'avait pas de compte à rendre à la magistrature, mais seulement à la nation, représentée par les états généraux. La cause des parlements et la cause du peuple n'était pas la même. Quand l'Assemblée constituante gouverna la France avec la même autorité que Louis XIV, et qu'elle envoya ses décrets sur tous les points du territoire, le parlement de Rennes refusa d'en enregistrer quelques-uns. « Ils ne veulent pas enregistrer !

(1) Tom. VI, chap. VI, pag. 323.

« s'écria Mirabeau ; eh ! qui leur parle d'*enregistrer* ? qu'ils
« écrivent, qu'ils transcrivent, qu'ils copient, qu'ils choisis-
« sent de tous les noms celui qui plaira le plus à leur orgueil
« féodal ; mais qu'ils obéissent à la nation, quand elle leur
« intime ses ordres sanctionnés par son roi. »

Les beaux côtés des parlements furent le droit civil, la jurisprudence et la doctrine, le dépôt de la vieille législation française, le maintien des libertés et des résistances gallicanes, une succession de magistrats consommés dans la science et la vertu, des mœurs antiques et naïves, un esprit religieux, sincère, et qui suffit à les conduire tant que l'orthodoxie catholique ne fut pas troublée. Mais, dès que la réforme, la philosophie et les lettres commencent une ère nouvelle, les parlements sont déconcertés dans leurs vieux errements et dans leurs maximes ; de l'incertitude ils passent à la colère, et se mettent en lutte réglée contre tout ce qui est novateur et progressif. Les nouvelles opinions religieuses n'eurent pas d'ennemis plus persévérants et plus durs ; les nouveaux systèmes philosophiques, de censeurs plus acharnés et plus risibles. On connaît l'arrêt en faveur d'Aristote. Quand Richelieu voulut établir l'Académie française, le parlement de Paris garda pendant un an l'édit de fondation, ne l'enregistra qu'avec chagrin et avec cette restriction : « A la charge par ceux de ladite assemblée de ne connaître « que de l'ornement, embellissement et augmentation de la « langue. » Qui brûle les ouvrages des philosophes au dix-huitième siècle ? Le parlement, qui voudrait apparemment étouffer dans les flammes l'esprit national. Mais Voltaire, en introduisant le sens commun dans la législation criminelle, en arrivant presque à la publicité quotidienne de nos journaux par son inépuisable activité, fut l'adversaire des cours souveraines ; il passa sa vie à leur faire des politesses et une guerre à mort ; il a peine à ne pas révéler son antipathie pour la robe, et c'est un plaisir pour lui que d'écrire dans son *Pauvre diable :*

> Eh bien ! la robe est un métier prudent,
> Et cet air gauche et ce front de pédant
> Pourront encor passer dans les enquêtes ;
> Vous verrez là de merveilleuses têtes.

Entre Voltaire, qui régnait sur la France et sur l'Europe, et des compagnies déchues qui ne savaient plus rien, pas même leur science, et qui ne croyaient plus à elles-mêmes, la lutte était trop inégale ; et, longtemps avant 1789, l'opinion avait abandonné les parlements, et les vit disparaître sans regrets ; et cependant que de vertus illustres, de caractères nobles et fermes, de doctrines profondes et de talents élevés, avaient rehaussé l'histoire parlementaire ! Mais les services rendus, les anciennes luttes vraiment utiles et courageuses, les gloires individuelles, ne pouvaient prévaloir contre les torts uniformes et constants de la corporation ; et la société française n'avait plus d'estime et de respect pour un système successivement bienfaisant et admirable, étroit, funeste et ridicule.

Pasquier, au moins aussi précieux pour l'antiquité française que Varron pour l'antiquité romaine, a consacré le second livre des *Recherches de la France* à l'examen des origines de l'ancienne constitution. Il y traite du parlement ambulatoire, du parlement établi dans Paris, et des autres du royaume, de l'ancienneté et progrès de la chambre des comptes, de l'établissement du grand conseil, et, ce qui nous intéresse surtout en ce moment, de l'assemblée des trois états de la France. Viennent ensuite de savantes excursions sur l'ordre des douze pairs de France, les maires du palais, les connétables, chanceliers et ducs, sur la noblesse, le droit d'aînesse, l'apanage, la loi salique, sur la régence et la majorité des rois.

Occupons-nous des états généraux. Toute nation qui commence à se constituer se réunit, soit tout entière, soit par des représentants, dans des assemblées solennelles pour faire des lois, administrer, et même, dans les premiers temps, rendre la justice. Mais après Karle le Grand les assemblées nationales des Francs disparaissent; et, jusqu'à Philippe le Bel, cette institution, si bien fondée sur la nature des choses, qu'elle se retrouve partout, a cédé la place au régime féodal. Il y a, pour ainsi dire, solution complète de continuité, et c'est à tort que quelques publicistes ont voulu trouver un lien historique entre les assemblées de la première et de la seconde race et l'avénement du tiers état sous l'adversaire de Boniface VIII. Son apparition n'est d'abord qu'un accident tout à fait fortuit. Philippe le Bel, dans ses entreprises, s'avisa de s'adresser aux bourgeois par cet instinct qui tourne les rois vers les peuples quand ils ont besoin du suffrage de l'opinion et du secours de la bourse. Sur ce point Pasquier est aussi détaillé que précis. Après avoir remarqué *que jamais on ne fit assemblées générales des trois états en cette France sans accroître les finances de nos rois à la diminution de celles du peuple,* il continue en ces termes :

« Le premier qui mit cette invention en avant fut Philippes
« le Bel, sous lequel advinrent plusieurs mutations tant en la
« police séculière qu'ecclésiastique. Cestuy avoit innové certain
« tribut qui estoit pour la première fois le centiesme; pour
« la seconde, le cinquantiesme de tout nostre bien : cet im-
« post fut cause que les manans et habitans de Paris,
« Rouen, Orléans, se révoltèrent et mirent à mort tous ceux
« qui furent députés pour la levée de ces deniers. Et luy en-
« cores, à son retour d'une expédition contre les Flamans,
« voulut imposer une autre charge de six deniers pour livre
« de chasque denrée vendue; toutesfois on ne luy voulut
« obéyr. Au moyen de quoy, par l'advis d'Enguerrand de
« Marigny, grand super-intendant de ses finances, pour ob-
« vier à ces émeutes, il pourpensa d'obtenir cela de son
« peuple avecques plus de douceur. Car s'estant fait sage par
« son exemple, et voulant faire un autre nouvel impost, Guil-
« laume de Nangis nous apprend qu'il fit ériger un grand

« échafaud dedans la ville de Paris, et là, par l'organe d'En-
« guerrand, après avoir haut loué la ville, l'appelant chambre
« royale, en laquelle les rois anciennement prenoient leurs
« premières nourritures, il remonstra aux syndics des trois
« estats les urgentes affaires qui tenoient le roi assiégé pour
« subvenir aux guerres de Flandres, les exhortant de le vou-
« loir secourir en cette nécessité publique où il y allait du
« fait de tous. Auquel lieu on lui présenta corps et bien :
« levant par le moyen des offres libérales qui furent faites
« une imposition fort griefve par tout le royaume.

« L'heureux succès de ce premier coup d'essay se tourna
« en coustume, non tant sous Louys Hutin, Philippes le Long
« et Charles le Bel, que sous la lignée des Valois, et spécia-
« lement sous le roi Jean, aydé en cecy des instructions et
« mémoires de Charles cinq son fils, lequel ne fut pas sans
« raison surnommé le Sage après sa mort, parce qu'en toutes
« ses actions il eut cette proposition stable, de les faire au-
« toriser par les trois estats, ou bien en une cour de parle-
« ment, chose qui n'estoit pas si familière à nos roys aupara-
« vant luy : et encores que de fois à autres il receust quelques
« traverses des estats, estant à ce instigué par les sollicita-
« tions et menées du roy de Navarre, et fust par cette cause
« contraint d'acquiescer contre son opinion à leurs volontés,
« si est-ce que leurs cholères refroidies ou l'assemblée dis-
« solue, il restablissoit toutes choses conformément à son
« desir. Voilà sur quoy les tailles, aydes et subsides ont pris
« leur premier fondement, et ont avecques le temps pris tel
« pied entre nous qu'elles sont parvenues au sommet. Du
« commencement on procéda par impositions, que l'on obte-
« noit des estats ; lesquelles ne duroient qu'un an, que l'on
« appela aydes et subsides, parce qu'elles estoient mises sus,
« pour ayder nos roys au défroy des guerres qui lors se pré-
« sentoient. Etc. (1). »

(1) *Recherches de la France*, liv. II, chap. vii : De l'Assemblée des trois

Ainsi, voilà le pouvoir des états déterminé; ils votaient l'impôt; quant à l'exercice de la puissance législative, ils n'y concouraient que par des remontrances. Les quatre rois qui suivirent Philippe le Bel ne rassemblèrent pas les états généraux. Sous le roi Jean, nos malheurs les firent convoquer presque annuellement. Rappelons en passant ceux de 1367, sous Charles le Sage, qui s'occupèrent de purger la France des compagnies qui désolaient le royaume; ceux où, un siècle après, en 1467, Louis XI donna le premier exemple de manœuvres employées pour corrompre les électeurs; ceux qui, sous Charles VIII, réglèrent la majorité du roi, la pragmatique et le conseil; ceux qui, sous François Ier, refusèrent la cession de la Bourgogne; ceux qui, en 1560, pendant la minorité de Charles IX, produisirent l'ordonnance d'Orléans. On se souvient assez de ceux de Blois; la Ligue tint les siens à Paris, en 1593.

Louis XIII entrait dans sa majorité quand il convoqua, en 1614, les derniers états généraux de l'ancienne monarchie. On y trouve le premier exemple d'une pétition adressée aux états contre les excès d'un haut seigneur, le duc de Nevers, qui avait fait emprisonner un trésorier de France pour s'être opposé à une levée illégale de deniers. On y délibéra sur le retranchement des pensions. Le tiers-état demanda une déclaration nouvelle de l'indépendance de la couronne; le clergé y mit obstacle : mais il n'obtint pas non plus la publication du concile de Trente, objet constant et toujours malheureux de ses vœux et de ses efforts. Enfin sortit de ces états généraux la belle ordonnance de 1629.

Il est sensible que dans cette dernière assemblée tout ce qui tient aux intérêts et aux droits d'un pays fut agité, ma-

---

états de la France, cour des aydes, sur le faict de la justice, tailles, aydes et subsides, pag. 87, 88. — Voyez encore Mézeray, ainsi que l'*Histoire des Assemblées nationales*, par le président Henrion de Pansey, et la xxve Lettre d'Augustin Thierry sur l'histoire de France.

tières financières, religieuses et de haute police. Il s'y passa aussi un incident curieux ; le lieutenant civil, à la tête d'une députation du tiers état, dit un jour à l'ordre de la noblesse assemblée en chambre : « Traitez-nous comme vos frères « cadets, et nous vous honorerons et aimerons. » Le lendemain, M. de Senecey, président de l'ordre de la noblesse, ayant audience du roi, s'exprima ainsi sur cette irrévérentieuse prétention : « Le tiers-état, sire, qui tient le dernier « rang, oubliant toute sorte de devoirs, se veut comparer à « nous ; j'ai honte de vous dire les termes qui de nouveau « nous ont offensés : ils comparent votre État à une famille « composée de trois frères ; ils disent l'ordre ecclésiastique « être l'aîné ; le nôtre le puîné, et eux les cadets. En quelle « misérable condition sommes-nous tombés, si cette parole « est véritable? En quoi tant de services rendus d'un temps « immémorial, tant d'honneurs et de dignités transmis héré-« ditairement à la noblesse, l'auraient-ils bien, au lieu de « l'élever, tellement rabaissée, qu'elle fût avec le vulgaire en « la plus étroite sorte de société qui soit parmi les hommes, « qui est la fraternité. Rendez, sire, le jugement, et, par une « déclaration pleine de justice, faites-les mettre en leurs de-« voirs et reconnaître ce que nous sommes et la différence « qu'il y a (1). » Les infortunés! Richelieu n'était pas encore arrivé aux affaires. Un siècle et demi après, Mathieu de Montmorency briguait la faveur populaire.

Entre 1614 et 1789, les lettres et la philosophie comblent l'intervalle, et cette Assemblée constituante, où l'on devait expier tant de mépris, ne s'ouvrira que lorsque la civilisation et le génie national auront reçu la plus brillante et la plus riche culture. Il faudra que sous le plus absolu de nos rois une littérature enchanteresse nous ait fait goûter les plus vives jouissances de l'esprit, que plus tard une audacieuse émancipation de la pensée nous ait jetés dans des systèmes

(1) Extrait du procès-verbal de la noblesse aux états de 1614, pag. 115.

qui voudront à tout prix se satisfaire. Alors, le temps venu, les salles de Versailles s'ouvriront, se rempliront d'orateurs, d'hommes d'État ignorés, s'ignorant eux-mêmes. Barnave sortira d'un barreau de province, Cazalès d'un régiment de cavalerie, Mirabeau de ses débauches : des comités pleins d'ardeur écriront sans hésiter une législation nouvelle, et, en deux ans, le peuple français ne trouvera plus rien de l'ancienne monarchie. Ce n'est pas, comme en Angleterre, une conquête lente qui ne parvient à s'achever qu'à force de temps, de statuts arrachés successivement au despotisme royal ou à l'asservissement parlementaire; c'est le développement soudain et électrique d'une nation qui croit toucher d'un bond au terme de sa course.

Maintenant, il nous est facile de répondre à cette question : la France avait-elle ou non une constitution sous l'ancienne monarchie ? Elle avait une constitution non écrite, profondément enracinée dans ses mœurs, voilà quelle était sa force ; mais confuse, imparfaite, dépourvue des moyens de se réformer elle-même, douteuse ou muette sur des difficultés capitales, voilà qui fit sa ruine. Comme le parlement ne savait pas au juste, non plus que la royauté, ce qu'était l'enregistrement, il fallut que l'Assemblée constituante se chargeât de supprimer ce sujet de controverse; comme les états généraux ne pouvaient réclamer que la faculté de voter l'impôt quand ils étaient convoqués suivant le bon plaisir des rois, il fallut que la royauté, qui avait si puissamment servi la liberté, reconnût son propre ouvrage et voulût bien donner à ce tiers état, émancipé sous sa protection et sous son aile, la réalité du pouvoir législatif. Voilà ce qu'elle aurait dû comprendre. Il y avait donc dans l'ancienne France une constitution impuissante, et il y eut une révolution inévitable.

Vers la fin du règne de Louis XIV, trois hommes sentirent confusément l'approche de commotions redoutables. Les vices qui minaient la monarchie frappèrent vivement Fénelon, le duc de Bourgogne et le duc de Saint-Simon, qui nous montre, dans ses Mémoires, quels étaient à peu près les projets de réforme de ces trois personnages. Ils songeaient à une restauration de la noblesse, à des assemblées provinciales qui devaient intervenir dans l'administration générale et dans les affaires particulières des localités, enfin la vieille constitution devait être recrépie et réparée. Il n'en alla pas ainsi : au lieu du ministère de Fénelon, il y eut celui du cardinal Dubois. La réforme ne vint pas d'en haut ; elle ne partit ni du trône ni de la noblesse ni du clergé : toute la vie de la France s'était réfugiée dans le peuple, se concentrait dans le cœur du pays, qui battait violemment, et dont les pulsations vives rejetèrent beaucoup de choses.

CHAPITRE V.

LA CONSTITUTION ANGLAISE.

Que les révolutions sont utiles pour comprendre l'histoire ! Combien, dans un siècle où les dynasties et les constitutions se supplantent avec une rapidité qui peut étonner même l'imagination la plus prompte, il nous est plus facile de pénétrer dans l'esprit des vicissitudes du passé, et des faits qui auparavant paraissaient si compliqués et si obscurs ! Ainsi, avant 1789, la constitution anglaise n'était que difficilement comprise, parce qu'elle était empreinte d'un caractère tout à fait national, et aussi parce qu'elle était unique. L'Angleterre seule vivait constitutionnellement libre. L'Italie avait donné les lettres et les arts à l'Europe ; l'Allemagne l'indépendance religieuse ; la Grande-Bretagne lui donna l'exemple de la liberté politique, conquise, maintenue et régularisée. Montesquieu seul, dans la première moitié du dix-huitième siècle, sut s'élever à la contemplation exacte et profonde de la constitution anglaise ; après lui, elle fut constamment étudiée, souvent mal entendue, surtout quand on voulut l'accommoder à la France. Nous pouvons aujourd'hui, après nos deux révolutions qui s'enchaînent et se complètent, apprécier avec une impartialité facile l'originalité historique et les mérites généraux de cette vieille et puissante constitution, d'autant plus qu'elle est troublée en ce moment par une crise qui met à nu ses fondements et ses principes (1).

César était tellement prédestiné dans l'histoire à s'entremettre entre l'antiquité et le monde moderne, comme Napoléon laissant derrière lui la vieille Europe pose sa statue sur le seuil du dix-neuvième siècle, que c'est encore lui qui débarque en Angleterre et asseoit le premier un camp romain sur le sol de cette île. Mais, vers le milieu du cinquième

(1) Il y a vingt ans (car le bill de réforme a été voté en 1832) que la constitution anglaise a été sensiblement modifiée dans un intérêt démocratique. Deux opinions ont partagé et partagent encore les hommes d'État de l'Angleterre sur un fait aussi considérable. Les unes, parmi lesquels il suffit de citer lord Eldon et le duc de Wellington, ont pensé que la réforme porterait le trouble dans cette grande organisation politique par laquelle l'aristocratie ne se retrouvait pas moins dans la chambre des communes que dans la chambre des lords. Elle s'y retrouvait dans d'autres conditions, et plus rapprochée des classes moyennes; mais elle y dominait avec toute l'autorité de traditions fortes et respectées. Les autres, dont lord John Russell a souvent exprimé le sentiment, pensent que si l'Angleterre a jusqu'à présent, notamment en 1848, évité une révolution, elle le doit à la réforme. Ils sont convaincus que, depuis la réforme, le peuple n'a jamais été plus attaché à la couronne, plus loyalement dévoué à la monarchie constitutionnelle. Ils se portent garants de la sagesse de la démocratie.

Il est remarquable, au surplus, que, si la moitié de l'aristocratie anglaise a pris l'initiative de la réforme, c'est qu'elle était persuadée que, par un pareil acte, loin de bouleverser la constitution, elle la raffermissait. C'est ce qu'en 1832, au sein de la chambre des pairs, soutint avec une éloquente énergie l'illustre et vieux lord Grey, qui s'écria plusieurs fois : *Non, milords, je ne suis pas un révolutionnaire!*

Néanmoins, l'originalité historique de la Grande-Bretagne tend à s'effacer : on reconnaît de plus en plus, chez nos voisins, des analogies frappantes avec la civilisation politique des États-Unis, et chaque jour l'Angleterre de Cobden ressemble moins à l'Angleterre qu'admirait Montesquieu.

(*Note de la 3ᵉ édition.*)

siècle, Rome renonça à l'occupation vaniteuse des rivages de l'Angleterre; c'est à peine si elle eût pu en tenter la conquête dans ses plus éclatantes prospérités. Comme pour remplacer sur-le-champ les maîtres de la vieille civilisation, la Germanie envoya les Saxons fonder dans cette île une société neuve, ayant ses lois, ses traditions, ses grands hommes, ses souvenirs et ses monuments. Antérieure à la féodalité, la société saxonne se compose de prêtres chrétiens, de nobles et d'hommes libres; elle a des assemblées nationales (*wittenagemot*), un grand législateur qui appartient à la fois à l'histoire et à la poésie, dont les traditions ont fait un type, une époque entière, comme les mythes helléniques pour Orphée, *legum anglicanarum conditor*, auquel le patriotisme attribue tout ce que les mœurs anglaises ont de franchise, de justice et de liberté. Après Alfred, les Danois qu'il avait chassés, reparurent, régnèrent quelque temps; mais la dynastie saxonne fut restaurée par Édouard le Confesseur, pour succomber irrévocablement sous une conquête nouvelle et définitive, sous l'invasion normande. Ainsi, cette Angleterre si fière, à juste titre, de son isolement qui la protége, la rend libre des soldats étrangers et l'a sauvée de Napoléon, a commencé son histoire par être violée tour à tour par les Romains, les Saxons, les Danois et les Normands.

Guillaume le Bâtard n'apporta pas seulement en Angleterre sa personne et son épée, mais aussi une autre société, d'autres mœurs, la féodalité; et cette fois non plus une féodalité successive, se rassemblant pièce à pièce, mais constituée d'un seul coup, générale et systématique. Il partage l'Angleterre à ses barons, à ses nobles; il fait toutes les parts lui-même; il exige serment non-seulement de ses vassaux immédiats, mais des vassaux de ses vassaux, et il se constitue le chef d'une féodalité royale et d'une aristocratie terrienne. Alors la vieille société saxonne, méprisée, s'efface sous cette organisation de la conquête, et ne peut plus que laisser dans l'âme des fiers Anglais de poétiques rancunes.

Les rois et la noblesse se trouvaient désormais en présence, véritablement égaux; ou plutôt la puissance appartenait à l'aristocratie, et ses divisions seules pouvaient la donner passagèrement au suzerain assis sur le trône. C'est ici qu'il faut saisir le point de départ et la position de l'aristocratie anglaise; comment, seule entre tous les patriciats, elle se poussa spontanément à la tête de la nation, stipula pour le pays, le conduisit et le gouverna sans attendre les sommations de la bourgeoisie et les insurrections populaires. De même que les Douze Tables résument les mœurs et les luttes des trois premiers siècles de Rome, de même la grande charte des communes libertés de l'an 1215 représente et satisfait tous les droits qui, depuis la mort de Guillaume le Bâtard jusqu'au roi Jean, furent tour à tour réclamés, retirés et conquis. Les hauts barons, après avoir vaincu ce prince insolent et lâche, qui, avec Richard III, déshonora la royauté anglaise, stipulèrent pour l'Église, pour la noblesse, pour les vassaux tant immédiats que médiats, et pour le peuple. Depuis Guillaume les assemblées nationales avaient disparu; mais les hauts barons avaient pris l'habitude de se rassembler autour du roi pour s'occuper des affaires générales : commencement naturel et obscur de représentation (1). Il fut écrit dans la grande charte qu'il ne serait fait aucune levée ou imposition, soit pour le droit de *scutage* ou autre, sans le consentement du commun conseil du royaume. Comment ce commun conseil était-il composé? Les hauts barons y figuraient sans contredit; mais on ne sait rien de plus, ou plutôt il est constant que le peuple et même la moyenne aristocratie n'étaient pas représentés. Quoi qu'il en soit, la

(1) Il y a ici une analogie entre l'histoire de France et celle d'Angleterre : le *Wittenagemot* ne se rattache pas plus au parlement que les assemblées du champ de mai aux états généraux. Dans les deux pays, il y a sur ce point la même interruption.

grande charte, composée de soixante-sept articles, est une véritable constitution. Elle garantit le droit et la liberté de chacun ; elle statue qu'on n'arrêtera, ni n'emprisonnera, ni ne dépossédera de ses biens, coutumes et libertés, et qu'on ne fera mourir personne, de quelque manière que ce soit, que par le jugement de ses pairs, selon les lois du pays. Elle promet aussi que jamais la justice ne sera ni vendue, ni refusée, ni différée.

Désormais les libertés nationales ne sauraient périr ; mais elles auront à s'affermir par de nouveaux combats. Henri III exécute avec traîtrise le pacte que son père a signé, et la haute noblesse nomme une commission de vingt-quatre barons, destinés à veiller au maintien de la grande charte : voilà bien les procédés d'une oligarchie puissante, qui ne craint pas de mettre le trône en suspicion et de prendre la nation en tutelle. Le comte de Leycester est d'abord son chef, veut devenir ensuite son maître et son roi ; et, pour satisfaire une ambition vulgaire, il introduit une innovation dont ni lui ni ses contemporains ne soupçonnèrent l'importance : tant les jeux de l'histoire se plaisent à contrarier les intentions par les résultats. Leycester, pour se ménager un appui contre les pairs, s'avisa de convoquer dans le conseil commun du royaume deux chevaliers par comté, et deux bourgeois par bourg ou par ville. Révolution fondamentale. L'aristocratie secondaire et la bourgeoisie se trouvent associées à la haute noblesse : de telle façon que, dès Édouard Ier, le parlement commence à se constituer, et se distingue en deux chambres dans la première partie du quatorzième siècle.

L'histoire des Plantagenets n'est que la lutte de l'aristocratie contre la royauté. La noblesse a le bon droit, la force et la gloire ; elle confond ses privilèges avec l'illustration et la liberté de l'Angleterre.

La royauté n'arriva au premier rang que par les Tudor. Elle fut alors maîtresse, victorieuse et brillante ; c'est elle qui conduit le pays, impose silence au parlement, et se sert du despotisme pour doter l'Angleterre de l'indépendance religieuse et de l'éclat des lettres et des arts. Henri VIII fonde l'Église anglicane; le génie d'Élisabeth confirme son ouvrage, que ne renversent pas les tentatives de Marie, et l'Angleterre se sépare à jamais du pape et de Rome. Quelques historiens catholiques, et même des historiens indifférents ou philosophes, ont trouvé dans cette séparation de l'Angleterre quelque chose de petit et de peu social. Mais il ne faut pas oublier que l'Église anglaise avait constamment recours au pape contre les concessions qui étaient arrachées au pouvoir royal, et que, pendant les luttes de l'aristocratie en faveur de la liberté, elle apportait constamment son entremise et celle de la papauté entre les efforts de la noblesse et les refus perfides des Plantagenets. C'était d'ailleurs pour cette île, pour l'humeur des Anglais, si différente du génie du Midi, pour cette liberté politique et constitutionnelle qui voulait être reine sur sa terre, un servage intolérable que de relever de Rome. L'antipapisme de l'Angleterre fut donc alors la condition nécessaire de ses progrès; la réunion de l'Église et de l'État fut comme le corollaire des développements de l'esprit anglais. Encore une fois, quand on embrasse les données générales du seizième siècle et de son génie, on comprend que Westminster et le Vatican devaient se fuir et se repousser. Bacon et Shakspeare furent les contemporains de cette émancipation religieuse.

La dynastie des Stuarts était destinée à être vaincue par le parlement et à compléter ainsi la trilogie de la vieille histoire anglaise et le développement successif des trois éléments de sa constitution. Jacques Ier vint, après Henri VIII et Élisabeth, avec le mauvais goût et la pédanterie d'un méchant théologien, faire la théorie d'un despotisme qui n'était plus possible, et compromettre les prérogatives de la couronne par la ridicule insolence de son érudition. Aussi, quand Charles Ier arriva au trône, la tête remplie des traditions des Tudor et encore échauffée par l'ivresse que lui avait laissée

le spectacle de la monarchie espagnole, il trouva dans la chambre des communes moitié noblesse et moitié peuple, une puissance qui brûlait de se constater, avide de guerre et de succès. La première révolution anglaise eut ce caractère de s'accomplir dans les conditions mêmes de la légalité nationale. Elle fut faite pour développer la constitution; c'était une guerre civile entreprise au nom de la loi, dans l'intérêt et dans l'esprit de la loi. La chambre des communes n'a les armes à la main que pour s'opposer à l'envahissement du pouvoir absolu; elle dresse, en 1628, une pétition des droits qu'elle présente à Charles Ier, et le roi, après une première réponse qui n'avait pas été trouvée assez claire, prononça ces mots en plein parlement : « Soit droit « fait comme il est désiré. » Quand, en 1688, la race inhabile et malheureuse des Stuarts fut irrévocablement bannie, que demanda-t-on à Guillaume III, si ce n'est la reconnaissance de tous les droits méconnus par Jacques II? Le bill des droits n'est point du tout une déclaration philosophique, un programme de principes généraux : l'acte commence par une énumération méthodique de tous les méfaits de Jacques II ; vient ensuite le rétablissement de toutes les franchises nationales, réclamées comme droits et libertés incontestables, et sur ce : « Les lords spirituels et temporels, et
« les communes assemblées à Westminster, pleins d'une
« entière confiance que son altesse le prince d'Orange accom-
« plira la délivrance qu'il a déjà tant avancée, et qu'il les
« préservera encore de voir la violation à ces droits qu'ils
« viennent de rappeler, et de toutes autres atteintes portées à
« leur religion, à leurs droits et à leurs libertés, arrêtent que
« Guillaume et Marie, prince et princesse d'Orange, sont et
« restent déclarés roi et reine d'Angleterre, de France, d'Ir-
« lande et des États qui en dépendent. » Ainsi, en 1688, la constitution anglaise a porté toutes ses conséquences normales ; elle est tout à fait assise sur ses bases.

Il est clair qu'il n'y a là ni république démocratique, ni

monarchie parfaite, ni aristocratie oligarchique : c'est une combinaison complexe qui s'est écrite dans l'histoire peu à peu, de règne en règne, de siècle en siècle ; qui, par ces heureux accidents du hasard, ce merveilleux artiste, présente un système complet, qu'on pourrait croire conçu et médité philosophiquement. Le roi est dépositaire de l'unité du pouvoir exécutif ; l'aristocratie, respectée en raison de ses œuvres, pépinière intelligente d'hommes d'État, partage le pouvoir législatif. La chambre des communes mêle l'aristocratie moyenne et le peuple ; c'est elle qui, à vrai dire, rédige la loi, exprime l'opinion nationale, et trouve toujours le moyen de la faire parvenir aux affaires. Quel est le défaut, la dissonance dans ce concert ? C'est que le peuple n'est pas suffisamment représenté. Locke l'écrivait dès 1690 (1).

Mais depuis 1688 l'Angleterre donna à l'Europe le spectacle exemplaire d'une constitution obéie par tous avec loyauté, n'ayant besoin ni de commotions ni de guerre civile, et puisant sa force dans les oscillations salutaires et légales qui font la vie des sociétés. Il est admirable combien, dans l'usage de la liberté, le génie anglais s'est montré modeste, sobre et pur de tout esprit de faction.

L'Europe doit encore à l'Angleterre la liberté de la pensée qui sortit naturellement des mœurs politiques de ce peuple. Comme il est de principe dans la légalité anglaise que tout ce que la loi ne défend pas est permis, et comme aucun statut n'avait interdit le libre exercice de l'esprit et de la pensée, on écrivit, on imprima sur les affaires du pays, sur les intérêts et les idées qui importent à l'humanité ; et l'Anglais ne fut responsable de ses opinions que devant ses pairs, ses concitoyens, devant le jury de son pays. Tout cela (tant l'histoire va vite) nous paraît aujourd'hui fort simple et fort ordinaire ; mais il n'y a pas encore cinquante ans qu'en

---

(1) Voyez liv. V, chap. vi. Hobbes, Locke.

France la liberté de la presse était refusée, contestée comme un droit exorbitant et une intolérable licence. L'Angleterre a donné les journaux à l'Europe; elle a pris sur elle l'initiative des mœurs publiques; elle a été depuis la fin du dix-septième siècle inviolablement libre. S'environnant de l'Océan comme d'une large ceinture qui fait à la fois son ornement et sa force, elle regardait les autres nations, et, comme elle ne les voyait pas libres, elle les méprisait un peu. Elle ne songeait pas à l'émancipation des autres peuples; on eût dit même une espèce de convention tacite entre elle et les souverains, qui ne craignaient pas que cette liberté insulaire devînt contagieuse; mais quand, en 1789, la liberté devint continentale, les rois changèrent de ton et l'histoire de face.

L'Anglais est fier, hautain, individuel, aimant à s'isoler; nous, au contraire, nous sommes parfaitement communicatifs, aimables et bons compagnons. Mais n'y a-t-il pas dans cette fierté du caractère anglais un côté précieux pour la liberté politique? L'Anglais a une indestructible estime de lui-même qui lui permet de se passer des applaudissements de la foule quand il se croit dans la route du bien; il a une profondeur de caractère, une dignité de mœurs, une foi en lui-même dont nous ne ferions pas mal de prendre quelque chose.

On a dit que l'Angleterre était une île, et que rien ne pouvait s'y développer en grand (1). Y a-t-on bien songé? Rien ne se développant en grand en Angleterre, la patrie de Shakspeare, de Bacon et de Byron! Substituons à cette affirma-

---

(1) « L'Angleterre est une île assez considérable. En Angleterre, tout est insulaire, tout s'arrête en certaines limites; rien ne s'y développe en grand. L'Angleterre n'est pas destituée d'invention; mais l'histoire déclare qu'elle n'a pas cette puissance de généralisation et de déduction qui seule pousse une idée, un principe, à son entier développement, et en tire tout ce qu'il renferme. » (Introduction à l'*Histoire de la philosophie*, par M. Cousin, xııe leçon.)   (*Note de la 3e édition.*)

tion singulière un jugement plus détaillé et plus réfléchi. Il est hors de doute que l'éducation politique des Anglais, qui est comme une déduction historique sans interruption, leur a imprimé un caractère de circonspection et de prudence, et les renferme souvent dans le cercle des traditions et des précédents. Les jurisconsultes et les publicistes, Édouard Coke, praticien classique, Blackstone, qui en 1758 montait pour la première fois en chaire pour enseigner les lois anglaises, au grand mécontentement des autres légistes, cordialement indignés d'une telle innovation, sont destitués de cet esprit qui généralise et tire de tant de faits épars un enseignement théorique. Mais sortez de la légalité pratique, et déjà le génie anglais s'élève davantage. Hume, Robertson et Gibbon se font avec Voltaire les maîtres de l'histoire au dix-huitième siècle; toutefois, si on excepte Gibbon, on trouve encore dans les historiens anglais un reste de préjugés nationaux qui les prive quelquefois de cette large impartialité plus naturelle à la France et à l'Allemagne. Montons plus haut : adressons-nous à la philosophie; le génie anglais en a su atteindre toute la hauteur. Quel esprit plus général que Bacon, dont la lecture vous agrandit, vous retrempe et vous laisse toujours plus d'éclat et de justesse dans l'imagination? Quel logicien plus irrésistible que Hobbes, plus artiste dans son désespoir et dans son ironie? Quel penseur plus indépendant et plus libre que Jérémie Bentham, dédaigneux à l'excès de l'histoire et du passé? Mais encore plus haut. Élevons-nous à une région plus éthérée, à la poésie. Cette fois le génie anglais n'a plus rien d'insulaire, ou plutôt l'ange de la poésie anglaise est sorti des mers comme la beauté chez les Grecs : il a posé le pied sur le sol britannique, et de là il a pris son vol pour planer sur l'Europe et l'enchanter de cette mélancolie profonde et poignante, de ces révélations du cœur de l'homme, qui semblent le satisfaire en le tourmentant. Shakspeare, sous Elisabeth, réfléchit dans son âme toutes les pensées et tous les souvenirs de l'humanité et de sa patrie.

Universel et national, il peint dans Hamlet l'homme de tous les temps ; au moment où l'Angleterre se sépare de l'Italie, il donne la vie à Roméo, à Juliette, à Othello ; il se plonge dans les feux du Midi, et cependant cet Italien, ce Grec, chante l'histoire anglaise dans des drames que le peuple sait par cœur, et il se fait aux temps modernes ce qu'Homère est à l'antiquité. Byron a-t-il l'esprit assez général, lui qui dépouille et maudit les mœurs britanniques, s'enfuit loin des manufactures et des guinées, pour chanter le Corsaire et Childe-Harold, et place l'apogée de son monde idéal à mille lieues de l'Angleterre ?

Mais, même dans la politique, on peut saisir aujourd'hui une disposition plus cosmopolite. Quand, en 1789, l'Angleterre perdit le monopole de la liberté, le spectacle que lui donnait la France la partagea. Les esprits jeunes et généreux, Fox à leur tête, saluèrent avec enthousiasme notre régénération. Ceux qui étaient plus entièrement Anglais, qui ne s'étaient pas laissé captiver par les nouveautés philosophiques du siècle, se montrèrent mornes, chagrins, prêts à devenir hostiles. Ils ne gardèrent même pas longtemps le silence. Un homme d'une éloquence impétueuse traduisit notre révolution à la barre de l'Europe, et, la rapprochant de la constitution anglaise, il repoussa, au nom de son pays, la contagion morale que nous voulions répandre.

« Mes compatriotes, quels qu'ils soient, aimeront mieux,
« j'espère, recommander à nos voisins l'exemple de notre
« constitution anglaise que de prendre modèle sur les amé-
« liorations qu'ils ont faites dans la leur. Je crois que nous
« devons notre heureuse situation à notre constitution, mais
« je pense que c'est à son ensemble et non pas à aucune de
« ses parties séparément que nous la devons. Je crois que
« cela tient beaucoup au soin que nous avons eu dans nos
« changements, dans nos réformes et dans nos acquisitions,
« de conserver toujours avec respect quelque chose de notre

« ancienneté. Notre nation trouve que le soin de conserver ce
« qu'elle possède et de le mettre à l'abri de la violation suf-
« fit à l'occupation d'un esprit vraiment patriote, libre et in-
« dépendant. Je n'en exclurais pas non plus quelques chan-
« gements; mais, même en changeant, je voudrais conserver,
« je voudrais n'être conduit à nos réformes que par de gran-
« des nécessités. Dans ce que je ferais, je voudrais imiter
« l'exemple de mes ancêtres ; je voudrais que la réparation
« fût, autant que faire se pourrait, dans le style de tout l'é-
« difice : l'esprit de conduite que nos ancêtres ont toujours
« manifesté était remarquable par la profondeur de leur po-
« litique, par la sagesse de leur circonspection et par une
« timidité qui venait de la réflexion, sans qu'elle fût dans
« leur caractère. N'ayant point été illuminés par les lumières
« dont ces messieurs en France nous assurent qu'ils ont reçu
« une portion si abondante, ils agirent sous l'impression
« forte de l'ignorance et de la faillibilité humaine. Celui qui
« les avait créés ainsi faillibles, les récompensa pour s'être
« conduits conformément à leur nature. Imitons leur pru-
« dence, si nous souhaitons de mériter les mêmes succès ou
« de conserver leur héritage. Ajoutons, si cela nous plaît ;
« mais conservons ce qu'ils ont laissé; et, nous fixant sur les
« bases solides de la constitution anglaise, bornons-nous à
« admirer, et ne nous efforçons pas de suivre le vol désespéré
« des aéronautes de la France (1). »

Voilà bien le vieux génie anglais fronçant le sourcil devant les innovations philosophiques ; mais, depuis la fin du
dernier siècle, Fox, se regardant à la fois comme citoyen de
son pays et du monde, a corrigé l'âpreté de ces superstitions
nationales. Canning a porté au pouvoir les principes de son
illustre maître ; il a senti que l'Angleterre devait sortir peu à
peu de sa politique insulaire, et qu'en face de la liberté qui

(1) Edmond Burke, *Reflexions sur la révolution de la France.*

occupait le continent la liberté anglaise ne devait pas rester chagrine et superbe (1). Évidemment, la patrie de Canning et de Fox se sépare des errements de Pitt et de Burke; elle tend à devenir plus humaine et presque continentale, à lier entre elle et les autres peuples une solidarité utile à tous; elle s'est émue à notre dernière révolution; une noble émulation a précipité sa réforme : à notre tour, sachons la suivre dans cette vie politique de tous les jours et de tous les instants, plus difficile à apprendre pour la vivacité française qu'un trône à renverser ou des bataillons ennemis à détruire.

L'avenir décidera si, entre l'Angleterre et la France, il y a encore des haines assez vivaces pour des guerres longues et cruelles. Peut-être les antipathies nationales ne s'épuisent-elles qu'après s'être satisfaites; peut-être la politique européenne a-t-elle d'anciens comptes à régler avant de se rebâtir sur un autre plan; mais il ne saurait être éternellement dans la nature des choses que deux puissances parfaitement égales, car elles sont profondément différentes, que l'Angleterre, qui peut couvrir la mer de ses vaisseaux, qui est chargée de porter aux autres parties du monde la civilisation européenne, et que la France, peuple central de l'Europe, peuple chef, entreprenant, peuple philosophe, peuple agriculteur et soldat, ne finissent pas par s'entendre, s'aimer et se secourir. L'histoire avance et saura bien, dans son inépuisable variété, ima-

(1) Nous ne voulons rien rétracter de ce que nous disons ici des tendances élevées de la politique de Fox et de Canning. Nous n'oublions pas ce que Napoléon disait de Fox : « Je reconnus bientôt en lui une belle âme, un bon cœur, des vues larges, généreuses, libérales, un ornement de l'humanité; je l'aimais. » Mais l'histoire contemporaine nous a prouvé que la politique extérieure de l'Angleterre n'était pas gratuitement libérale. Lord Palmerston s'est montré fort habile dans l'art de tirer parti, au profit de son pays, des mouvements et des révolutions des autres peuples. Cette savante et impitoyable exploitation lui a valu, en Angleterre, une popularité inébranlable. (*Note de la 3ᵉ édition.*)

giner autre chose que l'ancienne antipathie de Rome et de Carthage.

CHAPITRE VI.

LA RÉVOLUTION FRANÇAISE.

Depuis la réforme de Luther, depuis que ce moine de Wittemberg a partagé l'Europe, déchiré la papauté, fondé un schisme puissant, jeté le calvinisme en France, en Angleterre une Église nationale, rendu plus tard nécessaire la guerre de trente ans; depuis qu'il a préparé Descartes, Locke, Spinosa, Kant et Voltaire; depuis qu'il a tout remué, idées, sentiments, aristocraties, démocraties, rois, peuples, consciences, tout bouleversé, tout ému, il ne s'est rien passé en Europe d'aussi considérable. L'Angleterre a fait une révolution, mais elle en a renfermé dans son île la grandeur et la fécondité. N'y aura-t-il pas un autre événement qui sera dans son ordre aussi européen que le christianisme réformé?

La nation française mit deux siècles à exercer sa pensée; sans avoir aucune institution politique, elle passa de l'âge de Descartes, de Corneille, de Racine, de Bossuet et de Molière, à celui de Montesquieu, de Jean-Jacques, de Voltaire et de Diderot; des idées, toujours des idées depuis la fin de la Fronde jusqu'en 1789; étonnez-vous encore du caractère philosophique de notre révolution.

Mais il y eut pour l'Europe comme un événement précurseur. L'Amérique, en 1775, s'insurgea contre l'Angleterre, et reçut les secours de la France : industrieuse économie de l'histoire, qui associe le génie français à la déclaration des droits de l'homme de 1776, et le fait préluder, par une expédition nationale funeste à l'Angleterre, à une révolution cosmopolite.

Quelles étaient sous Louis XVI les divisions politiques du

pays? Le clergé, la noblesse, le tiers état. Le clergé avait eu, dès l'origine de la monarchie, une existence féodale : comme propriétaire, il partageait les intérêts de la noblesse; comme corporation religieuse, il hésitait et flottait entre la papauté et la royauté; tantôt il adhérait aux libertés gallicanes, ouvrage des jurisconsultes français; tantôt il inclinait vers Rome et la théologie ultramontaine : il n'eut jamais une puissance isolée, indépendante; il tint constamment ses grands hommes et ses ambitieux au service de la royauté, Suger, d'Amboise, Mazarin, Richelieu, Fleury et Dubois; la révolution le trouva riche, opulent, mais asservi et corrompu.

La noblesse s'était illustrée par la guerre et s'était fait un nom immortel; mais elle avait toujours vécu dans une ignorance imperturbable, sans autre science politique qu'un dévouement chevaleresque à la royauté.

Quand le désordre des finances occasionna les états généraux, car il est remarquable que les révolutions les plus fécondes ont souvent débuté par une question de budget, on était fort embarrassé pour savoir dans quelle attitude se présenterait le tiers état. Les traditions historiques voulaient qu'il se mît à genoux. Un des nombreux ministres de Louis XVI, qui en changeait si facilement, M. de Montmorin, eut la bonhomie de faire un appel aux écrivains, et de leur demander des conseils. L'opinion consultée répondit par l'organe d'un homme, tête merveilleusement organisée pour la logique et la pensée, demandant aux principes toutes leurs conséquences, et, dans le véritable sens du mot, un parfait *doctrinaire;* l'abbé Sieyès posa ainsi la question :

>Qu'est-ce que le tiers état? Tout.
>Qu'est-il aujourd'hui? Rien.
>Que veut-il être? Quelque chose.

Effectivement il fut quelque chose, car un mois après la

convocation des trois ordres, il constituait la France. Les députés du tiers sentirent naturellement qu'ils étaient le pays, que ce n'était pas à eux à courir après le clergé et la noblesse, mais au clergé et à la noblesse à venir se mêler et s'incorporer dans la nation. Ils s'intitulent avec calme et courage *Assemblée nationale*, unissent dans une mesure parfaite la réserve et l'audace, attirent dans leur sein par une puissance irrésistible l'Église et l'aristocratie; en un moment les trois ordres ont disparu, il n'a fallu qu'un sentiment profond et vrai pour abolir ces deux castes et les perdre dans la mer immense du peuple français.

Ne vous attendez pas à voir briller à la tribune de la Constituante des renommées déjà solides et des noms déjà célèbres. C'est l'obscurité qui paraît à la lumière; parmi les innombrables avocats qui encombraient les bancs, tout ce qu'il y avait de réputations de palais défaillit et tomba. Au bout de quelques séances, Target, l'orgueil du barreau, devint ridicule; plus tard il ne voudra pas défendre Louis XVI: âme molle et vraiment digne de réprobation, qui refusa la gloire parce qu'elle aurait coûté la vie. C'était le tour aux hommes inconnus, au conseiller Duport, esprit vaste et systématique, à Barnave, au brillant et généreux Barnave, dont la jeunesse, les espérances et les vœux représentaient si bien la jeunesse, les espérances et les vœux de notre révolution: ardent et naïf, sachant maîtriser les cœurs, se laissant entraîner lui-même, orateur aimable dont les triomphes n'avaient rien d'offensant, et dont l'unique défaite n'eut rien de honteux, puisqu'il succomba sous l'effort redoublé de Mirabeau.

Mirabeau!... on a épuisé les phrases sur ce colosse; laissons donc de côté sa fougueuse jeunesse, le tumulte et la furie de ses passions, cette sensibilité ardente et fiévreuse qui le précipitait dans le travail comme dans le plaisir; ne célébrons même pas cette immense faculté oratoire qui lui fait surpasser dès son début tout l'éclat de la tribune anglaise, l'associe à la gloire séculaire de ceux qui ont le mieux parlé dans Rome et dans Athènes, sur-le-champ, aux yeux même de ses contemporains, et ne lui laisse peut-être d'autre rival, parmi les modernes qui se sont servis de la parole, que Bossuet. Mais prenons Mirabeau au sein même de la Constituante, dans son bon sens et dans son esprit d'homme d'État, maître de l'assemblée, devinant avec un instinct rapide jusqu'où il faudra frapper et détruire, ayant marqué d'avance le point où il voudra s'arrêter, de tribun devenir ministre, et imposer à la démocratie comme à la royauté la dictature de son génie. La politique de Mirabeau fut de combiner l'unité du pouvoir exécutif avec l'unité du pouvoir législatif; il avait reconnu que le peuple seul était puissant, et qu'un roi seul était encore possible. Si nous descendons aux détails, Mirabeau sait tout, a tout étudié, a tout compris; il est versé dans l'histoire anglaise, dans les précédents parlementaires, non pour les copier, mais pour y puiser une expérience nécessaire; prenez-le sur les questions les plus diverses, droits de timbre, tabac, théâtre, successions, droit de paix et de guerre, assignats et monnaies, politique étrangère, équilibre des pouvoirs, il est également sur tout habile, profond et passionné. Il a toute l'étendue philosophique de l'esprit national, et de plus il est positif comme un Pitt et un Chatam; enfin, il résume à lui seul les trois premières années de la révolution; c'est le manœuvre immortel qui en a posé la première pierre (1).

1) La chaleur avec laquelle j'ai esquissé ce portrait ne m'a pas heureusement fait manquer le trait principal du caractère de Mirabeau. C'était, avant tout, un homme d'État; il n'a été tribun que par accident. Le doute n'est plus permis sur la nature de cet esprit extraordinaire, depuis la publication de la *Correspondance entre le comte de Mirabeau et le comte de Lamark*, qui est venue l'an dernier jeter un jour entièrement nouveau sur les intentions et le rôle de ce grand orateur.

On y voit que, dès la fin de juin 1789, Mirabeau disait au comte de Lamark : « On abandonne l'Assemblée à elle-même, et on se flatte de la

Puisque nos pères, en 1789, procédaient a nous et recréaient le monde; puisqu'ils ne s'appuyaient pas sur des franchises nationales et des antécédents historiques; puisque Montesquieu, Jean-Jacques, Diderot et Voltaire étaient les barons féodaux de la philosophie, qui avaient stipulé la charte des droits de l'homme, avant que M. de Lafayette la portât à la tribune de la Constituante, il était naturel que la révolution s'ouvrît, et que la constitution nouvelle commençât par une déclaration philosophique des droits de l'homme et du citoyen.

« Les représentants du peuple français, constitués en as-
« semblée nationale, considérant que l'ignorance, l'oubli ou
« le mépris des droits de l'homme sont les seules causes des
« malheurs publics et de la corruption des gouvernements,
« ont résolu d'exposer dans une déclaration solennelle les
« droits naturels, inaliénables et sacrés de l'homme, afin
« que cette déclaration, constamment présente à tous les
« membres du corps social, leur rappelle sans cesse leurs
« droits et leurs devoirs; afin que les actes du pouvoir légis-
« latif et ceux du pouvoir exécutif, pouvant être à chaque

---

soumettre par la force, comme le prétend le parti aristocratique, ou de la ramener par les phrases vides et redondantes de M. Necker, tandis qu'il faudrait que le gouvernement cherchât à s'y former un parti au moyen des hommes qui ont le pouvoir de l'influencer, de l'entraîner et de le calmer. » A la fin de septembre 89, Mirabeau s'écriait : « A quoi donc pensent le roi et la reine? Ne voient-ils pas les abîmes qui se creusent sous leurs pas?... Tout est perdu. Le roi et la reine y périront, et, vous le verrez, ils battront le pavé de leurs cadavres. »

Mirabeau avait encore plus de raison que d'éloquence. Ce n'est pas une corruption basse, mais une ferme et pénétrante conviction, qui le poussa parmi les défenseurs de la monarchie. Il vit le danger d'une dissolution sociale, et voulut y parer. Cette résolution est le fait le plus marquant de la vie politique de Mirabeau : elle sépare sa gloire de la renommée de tant de tribuns uniquement fameux par de subversives saillies.

(*Note de la 3ᵉ édition.*)

« instant comparés avec le but de toute institution politique,
« en soient plus respectés; afin que les réclamations des ci-
« toyens, fondées désormais sur des principes simples et in-
« contestables, tournent toujours au maintien de la constitu-
« tion et au bonheur de tous.

« En conséquence, l'Assemblée nationale reconnaît et dé-
« clare, en présence et sous les auspices de l'Être suprême,
« les droits suivants de l'homme et du citoyen :

« Art. 1ᵉʳ. Les hommes naissent et demeurent libres et égaux en droits. Les distinctions sociales ne peuvent être fondées que sur l'utilité commune.

« Art. 2. Le but de toute association est la conservation des droits naturels et imprescriptibles de l'homme : ces droits sont la liberté, la sûreté, la propriété, et la résistance à l'oppression.

« Art. 3. Le principe de toute souveraineté réside essentiellement dans la nation; nul corps, nul individu ne peut exercer d'autorité qui n'en émane expressément.

« Art. 4. La liberté consiste à pouvoir faire tout ce qui ne nuit pas à autrui; ainsi, l'exercice des droits naturels de chaque homme n'a de bornes que celles qui assurent aux autres membres de la société la jouissance de ces mêmes droits. Ces bornes ne peuvent être déterminées que par la loi.

« Art. 5. La loi n'a le droit de défendre que les actions nuisibles à la société. Tout ce qui n'est pas défendu par la loi ne peut être empêché, et nul ne peut être contraint à faire ce qu'elle n'ordonne pas.

« Art. 6. La loi est l'expression de la volonté générale. Tous les citoyens ont droit de concourir personnellement ou par leurs représentants à sa formation; elle doit être la même pour tous, soit qu'elle protége, soit qu'elle punisse. Tous les citoyens, étant égaux à ses yeux, sont également admissibles à toutes les dignités, places et emplois publics, selon leur capacité, et sans autre distinction que celle de leurs vertus et de leurs talents.

« Art. 7. Nul homme ne peut être accusé, ni détenu, que dans les cas déterminés par la loi, et selon les formes qu'elle a prescrites. Ceux qui sollicitent, expédient, exécutent ou font exécuter des ordres arbitraires doivent être punis; mais tout citoyen appelé ou saisi en vertu de la loi doit obéir à l'instant; il se rend coupable par la résistance.

« Art. 8. La loi ne doit établir que des peines strictement, évidemment nécessaires, et nul ne peut être puni qu'en vertu d'une loi établie et promulguée antérieurement au délit et légalement appliquée.

« Art. 9. Tout homme étant présumé innocent jusqu'à ce qu'il ait été déclaré coupable, s'il est jugé indispensable de l'arrêter, toute rigueur qui ne serait pas nécessaire pour s'assurer de sa personne doit être sévèrement réprimée par la loi.

« Art. 10. Nul ne doit être inquiété pour ses opinions, pourvu que leur manifestation ne trouble pas l'ordre public établi par la loi.

« Art. 11. La libre communication des pensées et des opinions est un des droits les plus précieux de l'homme; tout citoyen peut donc parler, écrire, imprimer librement, sauf à répondre de l'abus de cette liberté dans les cas déterminés par la loi.

« Art. 12. La garantie des droits de l'homme et du citoyen nécessite une force publique; cette force est donc instituée pour l'avantage de tous, et non pour l'utilité particulière de ceux auxquels elle est confiée.

« Art. 13. Pour l'entretien de la force publique et pour les dépenses d'administration, une contribution commune est indispensable; elle doit être également répartie entre tous les citoyens en raison de leurs facultés.

« Art. 14. Tous les citoyens ont le droit de constater par eux-mêmes ou par leurs représentants la nécessité de la contribution publique, de la consentir librement, d'en suivre l'emploi et d'en déterminer la quotité, l'assiette, le recouvrement et la durée.

« Art. 15. La société a le droit de demander compte à tout agent public de son administration.

« Art. 16. Toute société dans laquelle la garantie des droits n'est pas assurée, ni la séparation des pouvoirs déterminée, n'a point de constitution.

« Art. 17. La propriété étant un droit inviolable et sacré, nul ne peut en être privé, si ce n'est lorsque la nécessité publique légalement constatée l'exige évidemment, et sous la condition d'une juste et préalable indemnité. »

Ainsi, l'Assemblée constituante a aboli les institutions qui blessaient la liberté et l'égalité des droits; elle a organisé la France, refait la législation et l'administration, constitué l'unité du pouvoir exécutif et la souveraineté du pouvoir législatif, institué le jury, la garde nationale, aboli la torture, réformé la jurisprudence criminelle, déclaré à l'Europe que la nation française renonçait à entreprendre aucune guerre dans un esprit de conquête, et n'emploierait jamais ses forces contre la liberté d'aucun peuple. Cette assemblée fut véritablement constituante, et représente tout à fait la philosophie de la révolution française.

Notre première révolution a trois époques : la Constituante, la Convention et l'Empire; voilà les véritables phases de la pensée de 1789, dont l'ineffaçable unité réunit et domine les contrastes pittoresques de ces trois grandes histoires.

Je serai court sur la Convention, époque exceptionnelle et tragique où la démocratie fut aussi cruelle que Louis XI et Charles IX, où la philosophie, se débordant elle-même, rêva follement la suppression immédiate du christianisme et l'égalité absolue, où les partis se dévoraient entre eux, où la mort envahit tout, depuis Barnave jusqu'à Robespierre; mais en même temps époque héroïque, où l'indépendance du territoire, de la patrie, fut maintenue; où la Convention, traquée par l'Europe comme un sanglier dans sa bauge, envoyait aux frontières ces admirables armées révolutionnaires qui n'avaient ni pain ni souliers, prodiguaient leur sang, multipliaient la victoire, et formaient, pour ainsi dire, un formidable bataillon carré au milieu duquel la France pouvait être déchirée, malheureuse, mais au moins pas avilie, pas conquise, mais libre du joug de l'étranger, mais indépendante, mais victorieuse.

Les deux résultats historiques de cette époque sont l'inviolabilité du territoire et le partage au peuple des biens de la noblesse.

Que la Convention fût un combat, en voulez-vous la preuve? Sous son règne, la constitution fut continuellement suspendue; on avait suspendu bien autre chose, on avait suspendu l'humanité.

Je passe, non qu'il y ait dans mon cœur la moindre appréhension de condamner ce qui fut condamnable ni de plaindre ce qui fut malheureux. Mais enfin, l'histoire n'est pas une idylle, destinée à représenter les hommes perpétuellement heureux, dans des plaines fortunées où coulent des ruisseaux de lait et de miel. Non; c'est une arène de lutte et de combat où l'avantage se paye souvent fort cher, où, pour toucher le but, il faut traverser les traces de sang des victorieux et des vaincus.

Dans sa première époque, la révolution avait constitué son esprit et sa philosophie; dans le second moment de son existence, elle s'était recueillie et ramassée en *convention* pour se battre et se défendre contre ses ennemis; dans la troisième époque, elle passa tout entière dans un homme qui la rendit conquérante et législatrice, l'affubla de la pourpre impériale, commença par la servir, et n'exista véritablement que par elle, la mit ensuite en oubli, et tomba.

Que la France fût fatiguée sous le Directoire, qu'elle eût le droit de l'être, que le désir du repos et de la stabilité l'ait entraînée à l'abandon de sa liberté politique, voilà qui est vrai, mais secondaire, et ne suffirait pas pour expliquer l'avénement de Napoléon. Mais le pays, jusqu'alors cerné, attaqué, sentait, sans bien y réfléchir, le besoin d'initiative, d'une gloire militaire qui répandît le nom français à travers l'Europe. La révolution s'était défendue avec vigueur, avec héroïsme; mais elle n'avait pas été conquérante, elle n'avait pas été fière et insolente aux yeux de l'Europe, elle n'avait pas encore parlé comme si elle eût eu pour elle une légitimité de quatre ou cinq siècles : elle arriva par Napoléon à une autre légitimité, à celle de la victoire. On vint annoncer un jour au premier consul que l'Autriche consentait à reconnaître la république française. « En vérité! répondit-il; elle « reconnaît donc le soleil en plein midi. » Se faire reconnaître était beaucoup; dicter des lois, mieux encore : et la révolution française, après s'être battue sur la frontière, se promena par le monde.

Si l'Assemblée constituante avait décrété les principes de sa philosophie politique, elle avait laissé derrière elle les établissements civils et domestiques de l'ancienne France qu'il fallait réformer et ramener aux doctrines nouvelles (1). Or, on peut, dans le premier enthousiasme d'une révolution, écrire avec promptitude les principes constituants d'une organisation politique ; mais, pour rédiger des codes, pour régler la vie civile et les transactions commerciales, il faut du temps et de la sécurité. Le Consulat et l'Empire nous donnèrent l'un et l'autre; alors furent élaborés les codes que nous apprenons dans nos écoles. L'égalité ne fut plus une maxime philosophique, mais elle s'établit irrévocablement dans les mœurs domestiques du peuple français.

Tout cela fut grand et nécessaire; seulement, pour que la révolution pût régner à la fois par les armes et par les lois,

---

1) J'ai apprécié ailleurs le caractère à la fois historique et philosophique de nos Codes, surtout du Code civil. (*Introduction générale à l'Histoire du Droit*, chap. xx.)

elle dut se résumer dans une formidable unité, et cette unité ne pouvait consister que dans un homme. Or, par une autre déduction irrésistible, cette unité personnelle ne pouvait être que le despotisme, qui finit par corrompre celui qui en fut le dépositaire. Sur le faîte du trône impérial, quand Napoléon, voyant au-dessous de lui tous les rois de la terre, puis les petits princes, enfin les peuples, se pencha pour regarder cette multitude immense dont le bruit venait mourir à ses pieds, la tête lui tourna.

En ce moment, deux opinions contradictoires divisent les amis de la liberté. Quelle est celle qui prévaudra dans l'histoire de Napoléon, quand il sera temps de l'écrire? On ne peut nier que, parmi les contemporains de l'empereur, tout ce qui avait de l'indépendance dans l'esprit et de la grandeur dans l'âme fut mécontent et froissé. Napoléon, sorti du peuple, venu à la pourpre par le vœu national qu'attestera l'histoire sans faire le relevé des votes inscrits aux registres municipaux, oublia son origine plébéienne, livra son cœur à un égoïsme profond, et, ce qui est plus triste encore, au mépris des hommes et de l'humanité : disposition mortelle et vénéneuse dont je voudrais charger comme des victimes expiatoires ces flatteurs qui ont aveuglé sa grandeur et déserté son exil. Alors, il y eut un temps où faire de l'opposition à l'empereur fut le rôle des âmes généreuses. Daunou, Benjamin Constant, Andrieux ne s'y épargnèrent pas ; résistance honorable et légitime par laquelle ces hommes d'élite empêchaient la liberté de se prescrire. De son côté, le peuple, sans rien analyser, dans son instinct profond, sans être ébranlé par l'oppression uniforme qui pesait sur tous, salua toujours dans l'empereur l'enfant de la révolution ; il s'opiniâtra à le considérer comme son homme et son héros, à le recommander à la postérité par la popularité la plus unanime et la plus vivace qui ait jamais célébré une gloire humaine. Nous croyons que l'opposition partielle disparaîtra de plus en plus devant l'acclamation nationale, et que le génie du peuple pèsera d'un plus grand poids dans la balance que la spirituelle critique de quelques écrivains.

Quel était donc cet homme tour à tour l'idole et la terreur du monde? Il y avait en lui du Mahomet, du César, du Charlemagne, et, de plus, cet homme était Napoléon. Né sur une autre terre que la France, sur un sol insulaire entre Rome et Paris, d'une imagination italienne et orientale, d'une justesse et d'une vivacité d'esprit toute française, il échappe à l'appréciation quand on veut s'enfermer dans un certain ordre d'idées positives et médiocres. On a comparé Napoléon et Washington : certes, Washington est le caractère le plus pur que la liberté ait pu frapper à son image ; mais voulez-vous qu'un Corse ressemble à un Américain, et que Napoléon se modèle sur le général de l'Union? Prenons donc l'histoire avec son originalité et sa poésie; enchantons-nous des créations inépuisables qu'elle sème sur sa route; voyons-la, aussi riche que sévère, absoudre un peu de mal par beaucoup de bien, et ne rien regretter des œuvres immortelles de son plus glorieux enfant, de Napoléon le Grand.

Une femme illustre a tout à fait méconnu l'empereur. Elle l'a représenté comme une espèce de génie du mal, comme un démon incarné. Mais madame de Staël s'est attaquée à quelque chose d'un peu plus fort qu'elle : ce serait, pour toute autre gloire que celle de l'empereur, un malheur irréparable que de l'avoir pour ennemie auprès de la postérité; mais toute l'éloquence de sa partialité féminine ne pourra prévaloir contre Napoléon. Au surplus, autrement placé, l'auteur de l'*Allemagne* eût autrement écrit; c'est aux grands hommes à comprendre les grands hommes, et madame de Staël était digne d'entendre le génie de l'empereur, par la même raison que Montesquieu nous a révélé celui d'Alexandre.

Nous donnâmes, en 1814, le triste spectacle d'un peuple qui s'abandonne lui-même et qui laisse à l'armée la défense du territoire. Alors reparut une dynastie dont pas un homme de notre âge n'avait entendu parler, qui redemandait le trône, assurant qu'elle seule pouvait faire le bonheur de la France. Lorsque Charles II entra dans Londres, il ne trouva pas une nation nouvelle. Les luttes parlementaires de 1640, pour avoir dégénéré en guerre civile, n'avaient rien changé au fond de la société anglaise. En France, au contraire, la révolution avait été complète : elle ne s'était point arrêtée aux surfaces de la vie politique, et elle avait pénétré jusque dans les derniers replis du corps social.

Quand une dynastie proscrite vient reprendre le trône, elle n'a d'autres titres et d'autre sens que de représenter les sentiments et les vœux de cette partie de la nation qui n'a pas voulu passer sous la bannière des idées nouvelles et de la révolution accomplie. La légitimité historique représente le passé qui veut prendre le pas sur le présent et l'avenir de la société, et il ne saurait y avoir de restauration sans qu'elle songe à contraindre la révolution à s'avouer vaincue. Alors, trois opinions se partagent ordinairement le pays. Les partisans purs et complets de la légitimité veulent en faire le premier principe social. D'autres personnes, apportant dans le débat une modération plus politique, disent à la légitimité : Oui, vous avez raison, et nous reconnaissons en vous le principe premier de la constitution sociale ; mais convenez aussi que depuis vous il s'est passé quelque chose, et que des faits nouveaux se sont accomplis. Or, ces faits sont les droits et les intérêts populaires ; on les présente à la légitimité pour qu'elle les amnistie et consente à les couvrir de son sceau et de sa prérogative. Enfin d'autres hommes, plus entiers dans leurs jugements, professent dès l'abord l'incompatibilité des deux principes, en estiment l'accouplement monstrueux, et se refusent à la transaction, à cette primauté du passé sur le présent. Ils soutiennent qu'une restauration ne saurait jamais être qu'une courte transition ; que c'est le dernier effort de l'ancien ordre pour revivre et régner, résurrection passagère ou plutôt exhumation factice qui, à leurs yeux, ne fait que mieux constater l'irrévocable mort de la vieille dynastie.

Il faut que la constitution d'un pays découle d'un principe unique : sans cela, on n'attacherait pas une aussi grande importance au préambule des chartes. J'ai cité la déclaration des droits de l'homme qui ouvre la constitution de 1791. Louis XVIII commença sa charte par un préambule qui la faisait émaner de l'octroi royal, de la légitimité. Qu'a-t-on fait après la révolution de 1830? on a supprimé le préambule : qu'est-ce à dire? qu'entre la légitimité et la souveraineté nationale on a voulu que l'une fasse place à l'autre; il n'y avait pas là d'éclectisme possible.

Que reste-t-il donc en France après nos deux révolutions, sans théorie, mais en fait? Quelle est la réalité reconnue de tout le monde, devant laquelle sont venues tomber toutes les fantasmagories diverses qui ont brillé quelques jours? A cette question, posée par Sieyès en 1789, la réponse sera aujourd'hui plus facile et plus générale : que reste-t-il en France? le peuple. La France est une vaste démocratie à des degrés différents. Plus de clergé constitué en corporations : les ministres de la religion catholique et des autres cultes sont rétribués sur le budget. Plus de noblesse historique : Louis XI, Richelieu et la Convention l'ont effacée. Que reste-t-il donc, encore une fois? Le peuple. En quoi réside la raison de toute chose? Dans les droits et les intérêts du peuple français. Et c'est en ce sens qu'il est vrai de dire que toute souveraineté réside dans la nation; c'est-à-dire que la souveraineté, mélange de raison, de justice et de volonté, qui représente à la fois ce qu'une nation croit, pense et veut, est dans le peuple et pas ailleurs.

Voilà pourquoi la destruction de la vieille légitimité, qui s'appuyait sur le droit divin et l'épée féodale, qui prétendait avoir une raison qu'elle n'avait pas puisée dans les intérêts et le consentement de la nation, est une œuvre salutaire (1). Désormais, il faudra bien que la conception phi-

(1) Je me trompais. Il n'est jamais *salutaire* pour une nation de se sé-

losophique et nationale de 1789 poursuive sa ligne droite, et qu'elle développe avec des progrès périodiques la liberté et la propriété. La philosophie de la révolution n'est pas subversive de la propriété, elle en est propagatrice ; son vœu le plus cher est de la communiquer à tous, et non de la troubler dans ses principes naturels.

Un mot sur la révolution française en face des autres peuples. Elle a renoncé aux conquêtes ; son génie tout philosophique n'est pas celui d'Alexandre, de César ou de Napoléon ; il tend à la paix, se regarde comme solidaire de la liberté du monde ; il est par excellence social et humain. Vers la fin du cinquième siècle de la république, un ami de Lélius et du second Scipion l'Africain fit entendre ce vers sur le théâtre de Rome :

Homo sum, et humani a me nihil alienum puto.

L'assemblée se leva tout entière, et tous battirent des mains. Pour ces Romains qui méprisaient si fièrement le monde, pour ces plébéiens, ces patriciens et ces affranchis qui avaient d'autres intérêts que ceux de l'humanité même, c'était une révélation que ce cri de Térence : *Homo sum*. Quand Jésus de Nazareth mourut sur la croix, quel est le mot prononcé sur lui par le christianisme : *Ecce homo*, c'est-à-dire ce n'est ni un Juif, ni un Romain, ni un Grec, ni un barbare, c'est l'homme qui se dévoue et qui meurt pour l'humanité. Quand

---

parer violemment d'un passé qui a fait sa gloire. La chute de la Restauration a eu de funestes conséquences. Elle a ébranlé l'ordre social tant en France qu'en Europe ; elle a enflammé les esprits ; elle a ramené le goût des agitations et des bouleversements. La société, remuée jusque dans ses fondements, laissa monter à sa surface ces passions mauvaises et ces théories folles qui, dans des époques bien ordonnées, manquent de moyens et d'audace pour se produire. Au surplus, notre impuissance à fonder un autre 1688 est une démonstration qui peut se passer de commentaires.

(*Note de la 3ᵉ édition.*)

la révolution de 1789 a sonné, en vertu de quoi s'est-elle accomplie? En vertu de l'homme, de sa nature et de ses droits; elle est aussi universelle que nationale. Il nous a été donné à deux époques, en 89 et en 1830, de confondre la cause de la France avec celle de l'humanité, et de faire de l'affranchissement de notre pays le dernier progrès de l'histoire du monde.

Mais si, dans son principe, la révolution française est pacifique, l'est-elle par position? Puisqu'elle est une philosophie, elle est nécessairement une innovation contre l'histoire du passé. Tout ce qui, en Europe, est encore féodalement constitué s'étonne et se blesse de notre existence; l'opposition est trop éclatante et trop tranchée, et il faut reconnaître que, intimement pacifique, la révolution, dans sa position accidentelle, est hostile et guerrière. Je n'ai pas besoin de développer ce texte; l'avenir s'en chargera : nous verrons si les soins que l'on prend pour modérer l'éclat de notre liberté, et cacher au passé féodal de l'Europe, la profondeur de sa chute, préviendront de terribles rencontres. Quoi qu'il en soit, nous serions bien malheureux de n'avoir pas la conscience que, si la révolution de 1830 est destinée à avoir sa guerre de trente ans, elle ne reculera pas; et, qu'essuyât-elle de mauvais jours, des tempêtes et des disgrâces, elle restera victorieuse, autant pour les autres peuples que pour elle.

L'Europe n'a pas attaqué la révolution de 1830; mais cette révolution s'est détruite elle-même. Elle avait été l'œuvre commune d'une bourgeoisie libérale, n'aspirant qu'à substituer une dynastie à une autre et la charte octroyée à un contrat synallagmatique, puis d'une démocratie ardente, pour laquelle un changement politique n'était que le chemin d'une révolution sociale. Après la victoire, ces deux partis se considérèrent comme des adversaires, et le premier défendit le trône nouveau contre les attaques du second; mais il arriva que plus tard la bourgeoisie libérale, par son opposition, par son aveuglement, se fit l'alliée, la complice de la démocratie révolutionnaire, et le même concours de forces qui avait élevé le trône de 1830 le détruisit.

Cependant, au milieu de ce conflit d'intérêts et de passions avait régné un prince qui parut un instant les dominer par sa fortune et sa sagesse. Le roi Louis-Philippe avait en Europe une situation exceptionnelle et forte par son origine révolutionnaire et ses intentions hautement contre-révolutionnaires. C'étaient deux forces dont il avait à se servir tour à tour, et il y réussit quelque temps. Pour jouer ce double rôle avec une supériorité continue, il fallait une intelligence étendue, une rare prévoyance et une grande âme. Or, le roi, si distingué d'ailleurs par son instruction et son expérience, avait plus de finesse que de largeur dans les idées, plus de souplesse à descendre dans les détails que de vigueur pour embrasser l'ensemble des choses; enfin, plutôt les vertus privées d'un père de famille que la magnanimité d'un chef d'État, d'un roi. Néanmoins, l'orgueil dynastique l'aveugla, et la multiplication de sa race lui enfla le cœur. Quand il comparait, ce qui lui arrivait parfois dans ses entretiens intimes, l'éclat de son destin et de sa lignée à son isolement, à sa détresse au moment où il restait le seul rejeton de la branche d'Orléans, il ne pouvait se défendre de vifs élans de fierté, et il s'estimait l'égal de Louis XIV. Au milieu de cette infatuation, que personne n'osait troubler, la vérité ne pénétrait plus, et, pour ce malheureux prince, la catastrophe de Février eut le caractère douloureux d'une foudroyante révélation.

Il y eut encore, pour la royauté de 1830, une autre cause d'erreur et de ruine, je veux parler du jeu légal d'institutions incomplètes. Lorsque dans les deux chambres une majorité dévouée appuyait le ministère, lorsque dans les comices électoraux l'avantage restait aux conservateurs, on croyait que tous les devoirs étaient remplis, tous les orages conjurés. Le gouvernement ne s'apercevait pas qu'il rétrécissait sa base de plus en plus, tandis que le champ de ses adversaires s'agrandissait tous les jours. Les masses lui échappaient et passaient de l'indifférence à l'animosité. Elles étaient enivrées de théories séduisantes qui leur promettaient une félicité sans bornes. Des sectes infatigables attaquaient l'ordre social dans des écrits dangereux, qui échappaient non-seulement à la répression judiciaire, mais à l'attention des hommes politiques et des gouvernants. Ceux-ci n'avaient d'yeux et d'oreilles que pour les complots qui s'ourdissaient dans les chambres, d'énergie que dans les luttes de la tribune. La bourgeoisie se livrait pour ainsi dire des batailles à huis clos, pendant que contre elle une conspiration formidable s'organisait. Le gouvernement parlementaire était comme un épais rideau qui cachait le pays, et, quand il fut déchiré par la tempête, ce coup de théâtre dévoila tout à coup un horizon enflammé, d'implacables assaillants, partout des pièges, des périls, des abîmes.

De l'histoire qui s'est déroulée depuis soixante ans, et notamment des révolutions de 1830 et de 1848, il y a cette leçon à recueillir : qu'abandonné à lui-même, sans obstacle, sans frein, tout mouvement révolutionnaire emporte et détruit non-seulement les institutions et les hommes contre lesquels il a été déchaîné, mais ses propres chefs et le gouvernement même sorti de son triomphe. Un tel ravage provoque nécessairement une résistance, une réaction. Les révolutionnaires victorieux sont appelés en première ligne à lutter contre la révolution, parce qu'eux-mêmes sont menacés et qu'ils ont plus d'autorité pour la réprimer. Derrière eux se reforme la phalange dispersée des soutiens de l'ordre social, dont les chefs reprennent peu à peu le gouvernail. Cependant l'armée révolutionnaire se choisit d'autres généraux et reprend l'offensive sous des formes et avec des chances diverses.

Il y a donc une loi fatale qui ordonne à tout révolutionnaire au pouvoir de se retourner, à un moment marqué, contre les passions et les forces qui l'y ont porté. Cette loi a eu d'illustres instruments dans Mirabeau, dans Bonaparte et le roi Louis-Philippe.

Voilà pour le jeu des oscillations politiques. Quant à l'avenir de la révolution et de ses doctrines, la catastrophe de 1848 a tout altéré, tout obscurci. Le mouvement de 1789 a eu des causes profondes, la révolution de 1830 ses raisons politiques. Mais comment expliquer rationnellement un fanatisme qui n'a d'autre procédé, d'autre pratique que l'insurrection perpétuelle, et d'autre but que l'anéantissement de la propriété? Ce n'est plus là sans doute la révolution telle que l'entendaient Mirabeau et Sieyès. C'est une aberration qui deviendra tristement fameuse dans l'histoire de l'esprit humain, et dont il est impossible de prévoir les conséquences dernières.

LIVRE QUATRIÈME.

LES PHILOSOPHES.

CHAPITRE PREMIER.

PLATON.

Que d'obstacles, dans le champ de l'histoire et de l'action, la liberté de l'homme ne rencontre-t-elle pas? La succession et les vicissitudes du temps, qui tantôt pèse sur nous comme un nuage orageux, tantôt nous échappe comme de l'eau, les distances de l'espace, les éléments, tout est un perpétuel empêchement à l'activité humaine. Ce n'est pas assez : l'homme s'oppose à lui-même; les passions se heurtent contre les passions, les préjugés contre les préjugés, l'ignorance contre l'ignorance ; et l'histoire n'est que l'enchaînement des efforts et des luttes que l'homme soutient contre lui-même et contre la nature.

Mais dans l'exercice et dans le règne de la pensée, sans pouvoir échapper à la condition de l'espace et du temps, l'homme est plus indépendant et plus affranchi, il pense plus librement qu'il ne peut agir. L'esprit humain, père de toutes les opinions qui gouvernent la terre, engendre les religions, les philosophies, la science et la politique; disant avec Descartes : « Je pense, donc je suis, » il est le roi du monde et n'est vassal que de Dieu.

Il importe donc, après avoir constaté les progrès de la liberté dans l'histoire, d'en vérifier encore les développements par la pensée et la philosophie. Mais il faut choisir dans cette revue. Tout enseignement n'est qu'une méthode, toute méthode n'est qu'une élection; et nous devrons abstraire de l'histoire infinie de la philosophie ce qui dans notre sujet est vraiment élémentaire et monumental; comparer dans les époques fécondes les grandes théories, les saisir tantôt d'accord avec leur temps, tantôt au delà, conséquence ou principe d'une révolution sociale; reconnaître jusqu'à quel point le grand homme que nous examinerons représente son siècle, le complète, le détruit ou le surpasse. La philosophie n'est pas la réflexion pure d'une époque; elle peut avoir cette face, mais elle en a d'autres; comme elle est l'homme lui-même, elle en prend tous les tons et toutes les positions : tantôt elle prépare la religion, tantôt elle s'y incorpore, tantôt elle ébranle son propre ouvrage; mais, idées ou symboles, insurrection de l'intelligence ou autorité de la foi, c'est toujours la philosophie, toujours l'homme, toujours la puissance de l'homme, et pour trouver autre chose, il faut sortir de la terre.

Platon naquit dans la quatre-vingt-septième olympiade, presque au moment où Périclès en mourant emportait avec lui toute la majesté de la démocratie athénienne. Platon dans son enfance et dans sa jeunesse, vit les excès du peuple, les revers de l'expédition de Sicile, la carrière orageuse et brillante du bel Alcibiade, la mort de Socrate. Athènes vaincue, et Lacédémone ne laissant plus à cette reine de la Grèce que la dictature de la pensée. Il employa sa vie à former dans son âme une harmonie complète de tout ce qu'un homme peut aimer et savoir; il voulait retrouver en lui cet accord sublime, cette μουσική divine des Grecs où vibrent toutes les cordes de l'art, de la science et de l'amour. Il alla en Égypte, parcourut l'Italie, séjourna trois fois en Sicile, voyagea dans la Grèce pour en recueillir les mœurs, les coutumes et les lois (1), instruisit Dion, tenta de corriger Denys : tour à tour voyageur, philosophe, politique, écrivain, il a abandonné la vie la plus complète pour l'immortalité la plus éclatante.

C'est au fond des temples de l'Égypte qu'il alla puiser les doctrines orientales, qu'il devait opposer à l'esprit de son siècle ; mais, pour en parler, il faut attendre que la main chargée de lever le voile des sanctuaires de Saïs ait livré ses trésors à l'érudition française (2).

A côté de l'Égypte, et avec une égale importance pour l'intelligence de Platon, se place un fait jusqu'alors unique dans l'histoire de la philosophie. A l'entrée du golfe de Tarente, sous le beau ciel de la Calabre, à Crotone, arriva un jour un philosophe que les uns ont fait naître à Samos, les autres ailleurs. Ce sage, par sa parole, rassembla autour de lui d'innombrables disciples; on en compta jusqu'à trois mille ; il put fonder une école où ces disciples se soumettaient au noviciat le plus rigoureux, à une discipline constamment sévère, déposaient leurs biens aux pieds de leur maître, et formaient sous sa loi une communauté philosophique (3). Cette société eut d'abord la faveur populaire ; jamais plus de vertus n'avaient brillé dans une multitude plus choisie, plus aristocratique de perfection et de sagesse. Mais bientôt elle

1. Voir l'*Histoire des législateurs et des constitutions de la Grèce antique*, tom. II, chap. XIV. Syracuse.   (*Note de la 3ᵉ édition.*)

2. « L'interprétation des monuments de l'Égypte mettra encore mieux en évidence l'origine égyptienne des sciences et des principales doctrines philosophiques de la Grèce. L'école platonicienne n'est que l'égyptianisme sorti des sanctuaires de Saïs, et la vieille secte pythagoricienne propagea des théories psychologiques développées dans les peintures et les légendes sacrées qui décorent les tombeaux des rois de Thèbes, au fond de la vallée déserte de Bibanel-Molouck. » (Discours d'ouverture du cours d'archéologie de M. Champollion jeune, au Collège de France.)

(3) Voir l'épilogue de l'*Histoire des législateurs et des constitutions de la Grèce antique*.

(*Note de la 3ᵉ édition.*)

fut accusée d'ambition et de nouveautés coupables. Pythagore fut proscrit, l'école dispersée; les disciples se répandirent dans les villes de l'Italie et dans la Grèce. Platon vit les pythagoriciens, élèves comme lui des prêtres de l'Égypte; et il continua dans ce commerce de s'abreuver à longs traits de cette sagesse orientale qui convenait si bien à son cœur et à son génie. Alors, plein de l'orient de l'Égypte et de cet autre orient élaboré par Pythagore; disciple de Socrate, mais dépassant son maître; poëte et prophète de la philosophie dont Socrate avait été le moraliste et le martyr; résumant la Grèce et son siècle pour les contredire et les ébranler, il jeta son idéal entre le polythéisme et le christianisme, artiste grec destiné à l'idolâtrie des chrétiens.

Quatre dialogues, le *Gorgias*, les *Lois*, la *République*, le *Politique*, nous livrent surtout la philosophie sociale de Platon. Je ne parle pas des lettres qui lui sont attribuées, dont l'authenticité est tout à fait suspecte, et qui ne font que reproduire sous la forme de conseils des principes établis ailleurs. Dans le *Gorgias*, Platon a tracé la théorie de la justice, du juste en soi : idée éternelle, pure de toute utilité contingente, et, comme conséquence, la théorie de la pénalité, dont le but est de ramener l'homme au juste, de le réconcilier avec le bien en l'instruisant et en le purifiant. Les *Lois* (et ce point est capital) furent écrites dans les derniers jours de la vieillesse de Platon, trouvées après sa mort, et ne circulèrent jamais de son vivant, ni dans son école ni dans la Grèce. Elles présentent une espèce de transaction entre les théories absolues du philosophe et l'application possible et pratique; ou plutôt, dans notre pensée, elles sont la décadence du génie de Platon, dont le dogmatisme chancelait; car enfin il avait vu Aristote qui était venu l'entendre à l'Académie; il avait pu être ébranlé par ce génie observateur, vouloir laisser un monument de politique plus positive, plus praticable et plus grecque. Oui, on peut se représenter ce grand homme dans les langueurs, les découragements et les doutes de l'inspiration qui l'avait animé, suspendu entre lui-même et son disciple qui va devenir son rival, ne croyant plus tant à l'Orient, depuis qu'il a pu voir les premiers progrès de la monarchie macédonienne, écrivant dans cette disposition, d'une main mal assurée, une dernière œuvre incertaine, quelquefois incohérente, où son génie semble atteint de lassitude, et ne recueille pas énergiquement ses forces pour se livrer tout entier une dernière fois.

Quoi qu'il en soit de la valeur de cette conjecture, c'est se tromper tout à fait que d'aller chercher dans les *Lois* le véritable esprit de la politique platonicienne (1). Dans ce livre, Platon, après avoir montré l'importance des vertus morales, du courage, de la justice, met la législation en rapport avec l'imperfection humaine, fait des excursions historiques dans la Crète et dans Lacédémone, passe à la pénalité proprement dite comme conséquence de la justice et de l'éducation, dresse une espèce de catalogue des délits sociaux à punir, et finit par établir un pouvoir suprême qui devra conserver le principe constitutif de l'État et le sauver des révolutions. On ne nous prêtera pas l'intention de méconnaître dans les *Lois* un

(1) Nous craignons que M. Cousin, par son éclectisme, n'ait été conduit à effacer un peu le caractère dogmatique et exclusif de la politique de Platon. Dans l'argument philosophique dont il a fait précéder les *Lois*, il nous paraît trop enclin à faire tourner Platon dans le cercle des idées ordinaires et des institutions grecques; ainsi, il le compare à Montesquieu, *dont le gouvernement aristocratique de l'Angleterre était l'idéal, comme celui de Lacédémone était l'idéal de Platon*. Il va jusqu'à dire que *les Lois sont, à proprement parler, le seul monument politique de Platon.* Ce point de vue ne nous semble pas historiquement exact. Le vrai Platon n'est ni un parallèle de Montesquieu ni une nuance d'Aristote. Les draperies grecques ont trop caché à l'habile traducteur la statue égyptienne. Nous regrettons qu'il n'ait pas abordé le *Politique* ou la *République* avant les *Lois*; cette priorité eût été à la fois plus conforme à la hiérarchie rationnelle des théories platoniciennes et à leur développement chronologique. Une fois entré dans cette voie, le savant professeur n'eût plus prêté à Platon des idées de milieu et de transaction, ou des principes modernes tels que l'institution du jury.

riche trésor de faits et d'aperçus sur les mœurs et la législation de la Grèce, mérite précieux pour nous, et qui surtout avait frappé Montesquieu. Mais ce n'est pas là qu'il faut aller chercher le dogmatisme même de Platon ; entrons dans sa *République*.

La *République*, partagée en dix livres, est sans contredit le morceau le plus complet qu'ait façonné le génie du fils d'Ariston. La pensée y déploie toute son audace, la poésie toutes ses richesses, l'art toute son industrie. Comme le temps n'était pas bien loin où Socrate avait bu la ciguë, la spéculation n'avait pas tort de chercher des voiles et des allégories. Le dialogue commence par une discussion sur le *juste* entre Glaucon, Polémarque, Adymante, Nicérate et quelques autres, qui revenaient d'une fête célébrée au Pirée, et il se termine par un magnifique symbole de croyance et de foi à l'immortalité de l'âme. Quand Socrate a confondu les sophistes par une ironie aussi divertissante et plus profonde que la plaisanterie d'Aristophane, quand il a établi qu'il y a une justice indépendante des accidents humains et des caprices du paradoxe, il laisse entrevoir qu'il aurait à montrer un modèle de république où les hommes seraient parfaitement justes et heureux. Il est pressé peu à peu par ses amis de laisser voir, de développer sa pensée. Il est merveilleux de saisir comment, dans le dialogue de Platon, Socrate est toujours forcé dans ses retranchements pour découvrir le fond de ses idées, pour se dévoiler lui-même, et comment ce qu'il y a de plus hardi et de plus novateur s'enveloppe et se sauve dans l'harmonie et la suavité des formes.

Mais laissons de côté ces délicatesses de l'art ; brisons cette économie ingénieuse pour abstraire du dialogue même les idées fondamentales qui le constituent. — Comment l'État dont vous parlez, Socrate, est-il possible ? A cet interlocuteur, Socrate ne craint pas de répondre que peut-être cet État est vraiment impraticable, et que, si la république qu'il se représente est impossible, c'est que jamais on ne verra une société gouvernée par les philosophes. Cependant, à la philosophie seule devrait être remis le gouvernement des choses humaines. Mais, poursuit Socrate, bien que nous ne devions jamais voir une société ainsi réglée, construisons toujours une république que gouvernera la philosophie. C'est-à-dire que Platon ne craint pas d'élever une société idéale qui contrarie sur tous les points la légalité non-seulement athénienne, mais grecque.

Or, la philosophie que Socrate appelle au gouvernail est la science du bien en soi, le triomphe de l'homme sur toutes les passions, la pureté la plus éclatante de l'âme, sa ressemblance la plus complète avec Dieu, avec le type éternel. C'est revêtue de cette gloire immortelle que la philosophie conduira la société, divisée en trois classes, les magistrats, les guerriers et le peuple. Les magistrats seront sages par excellence; les guerriers défendront la patrie; le peuple s'appliquera surtout à l'agriculture, méprisera les métiers et les arts mercenaires. Cette division découle de la triplicité des facultés morales; la raison est représentée par les magistrats, le courage par les guerriers, et les passions par le peuple: ainsi passions et peuple, courage et soldats, magistrats et raison, voilà la société idéale conçue par Platon. Vous êtes tous frères, dit Socrate aux citoyens de sa république ; mais le Dieu qui vous a formés a fait entrer de l'or dans ceux d'entre vous qui sont propres à gouverner, voilà pourquoi ils sont les plus précieux ; il a mêlé de l'argent dans la formation des guerriers, du fer et de l'airain en façonnant les laboureurs et les autres artisans. Ἐστὶ μὲν γὰρ δὴ πάντες οἱ ἐν τῇ πόλει, ἀδελφοί (ὡς φήσομεν πρὸς αὐτοὺς μυθολογοῦντες) ἀλλ' ὁ θεὸς πλάττων, ὅσοι μὲν ὑμῶν ἱκανοὶ ἄρχειν, χρυσὸν ἐν τῇ γενέσει συνέμιξεν αὐτοῖς, διὸ τιμιώτατοί εἰσιν · ὅσοι δ' ἐπίκουροι, ἄργυρον · σίδηρον δὲ καὶ χαλκὸν τοῖς τε γεωργοῖς καὶ τοῖς ἄλλοις δημιουργοῖς (1). Alors, dans une déduction subtile et laborieuse, Platon établit un rapport parfait entre l'homme individuel

---

1 *De Republica*, lib. III.

et l'État. Καὶ δίκαιος ἄρα ἀνήρ, δικαίας πόλεως, κατ' αὐτὸ τὸ τῆς δικαιοσύνης εἶδος, οὐδὲν διοίσει, ἀλλ' ὅμοιος ἔσται (1). L'homme et l'État seront justes aux mêmes conditions. La justice de l'âme résultera de l'accord et de la subordination de la raison, du courage et des passions : τὸ λογιστικόν, τὸ θυμοειδές, τὸ ἐπιθυμητικόν. La justice de l'État sortira de l'harmonie hiérarchique entre ceux qui pensent et gouvernent (τὸ βουλευτικόν), ceux qui défendent la cité (τὸ ἐπικουρικόν), et ceux qui l'enrichissent (τὸ χρηματιστικόν). La même trinité anime l'âme et la république : καὶ ἡμῖν ἐπιεικῶς ὁμολογεῖται, αὐτὰ τά μὲν ἐν πόλει, τὰ αὐτὰ δ' ἐν ἑνὶ ἑκάστῳ αὐτῇ ψυχῇ γένη ἐνεῖναι καὶ ἴσα τὸν ἀριθμόν.

Que se passera-t-il dans cet État ainsi constitué? des choses assez singulières. Tout y sera en commun, les biens, les femmes et les enfants. L'État, développant sa pensée philosophique par l'éducation, formant les magistrats, les guerriers et le peuple à leurs différentes vocations, loi et raison universelle, est partout, au sommet, au centre, à la base; il absorbe les individus qui n'empruntent leur valeur que de lui seul; il envahit la famille, il dévore tous les droits de l'humanité; et le despotisme philosophique auquel l'élève Platon en fait, suivant l'expression d'Homère, un véritable mangeur d'hommes, δημοβόρος βασιλεύς. Pas de propriété; car les membres de l'État ne doivent participer que de lui, ne vivent que d'une vie commune, dénués d'une indépendance qui troublerait l'ordre et l'harmonie. Il faut donc que l'individu n'ait rien en propre, qu'il ignore le *tien* et le *mien*, que tous les biens soient communs, appartenant à tous et à personne. Mais le système ne s'arrêtera pas là; car la logique est donnée pour enfanter les erreurs, comme les vérités. Platon passe des biens à l'humanité même, aux femmes et aux enfants : il est sans pitié ; il les dépouille de leur personnalité, qui est pour ainsi dire leur vêtement et leur robe, et il les livre nus et dégradés à cette impitoyable communauté qui doit en faire comme un patrimoine social. Il faut chercher

(1) De Republica, lib IV.

dans la *République* même les détails et les combinaisons de ce mélange, délire de la métaphysique platonicienne (1). Il est donc vrai que c'est seulement au début du monde moderne, sous la double influence du christianisme et des mœurs germaniques, que l'humanité a eu le sentiment profond et unanime de l'individualité humaine, puisque le spiritualiste et mystique Platon méconnaît le caractère sacré de la femme, son égalité naturelle avec l'homme, l'individualité du père transmise aux enfants, et se montre aussi ignorant que le dernier esclave païen sur les droits les plus chers à la nature humaine.

Socrate, à la fin du quatrième livre, avait parlé des diverses formes de gouvernement; mais Adymante et Polémarque l'avaient interrompu et l'avaient engagé dans une longue digression sur les philosophes, la philosophie et le souverain bien. Au commencement du huitième livre, Glaucon rappelle à Socrate qu'il n'a pas expliqué sa pensée sur les formes de gouvernement, et celui-ci se met en devoir de satisfaire son interlocuteur.

Il n'était ni dans les convenances, ni dans la méthode de la philosophie de Platon d'exposer directement, sans détours et sans voile, la supériorité du gouvernement monarchique. Aussi le philosophe établit un rapport entre cinq espèces de caractères de l'homme et cinq espèces de gouvernements politiques. L'aristocratie ou la royauté, car Platon les confond, correspondent à l'homme qui sait triompher de toutes ses passions, obéit à la raison et déploie un caractère véritablement royal; le gouvernement timocratique, à l'homme possédé d'une ambition politique qui peut être utile à son pays; l'oligarchique, à l'homme qui descend de l'ambition à

1 Livre V: « Les gardiens (hommes ou femmes) se chargeront de la nourriture des enfants, conduiront les mères au bercail, tant qu'elles auront du lait, et feront en sorte qu'aucune d'elles ne puisse reconnaître son enfant. » Πᾶσαν μηχανὴν μηχανώμενοι ὅπως μηδεμία τὸ αὑτῆς αἰσθήσεται.

l'amour des richesses et à l'avarice ; le démocratique, à celui qui fait de la liberté, ou plutôt de la licence, son idole et s'abandonne sans frein à ses désirs ; enfin, la tyrannie est comparée à un pauvre jeune homme que le tumulte de ses passions précipite dans le plus complet esclavage, qui devient leur jouet, se débat dans une impuissance douloureuse, sous une domination qui ne lui laisse pas la disposition de lui-même. Allant continuellement de l'État à l'homme moral et de l'homme à l'État, Platon est conduit par cette industrieuse analogie à conclure la supériorité du gouvernement monarchique. « Voulez-vous, dit Socrate, que nous fassions
« venir un héraut, ou que je publie moi-même à haute voix
« que le fils d'Ariston a déclaré le plus heureux des hommes
« celui qui est le plus juste et le plus vertueux, c'est-à-dire
« celui qui est vraiment maître de lui-même, et qui se gou-
« verne selon les principes de l'État monarchique ; qu'il a
« jugé que le plus malheureux était celui qui est le plus in-
« juste et le plus méchant, c'est-à-dire celui qui, étant d'un
« caractère très-tyrannique, exerce sur lui-même et sur les
« autres la plus cruelle tyrannie (1) ? » Quelle est la conséquence naturelle à déduire de cette morale, si ce n'est que la meilleure forme de gouvernement est l'État monarchique? Platon craignait peut-être de le dire expressément, mais il ose le laisser entrevoir. Il faut remarquer aussi qu'il accouple la monarchie et l'aristocratie. « Je comprends ces
« deux noms sous une seule forme de gouvernement, parce
« que, soit que le commandement soit entre les mains d'un
« seul ou les mains de plusieurs, on ne changera rien aux
« lois fondamentales de l'État, tant que les principes d'é-
« ducation que nous avons donnés y seront en usage (2). »
Il est vraisemblable que Platon, dans un traité tout à fait

(1) Lib. IX.
(2) Fin du livre IV. Je me sers, dans les citations de la *République*, de la traduction de Grou, dont l'excellent travail sur les *Lois* vient d'être reproduit et révisé par M. Cousin.

politique, ait trouvé prudent de confondre l'aristocratie et la royauté, soin qu'il avait négligé dans le *Politique*. Mais toujours ni Lacédémone, ni la Crète, ni Lycurgue, ni Minos, ne sont pour lui le type idéal de sa philosophie. A ses yeux, ils ne sont à vrai dire que *minima de malis*. Il s'autorisait de l'exemple de Sparte et de la Crète, où l'autorité plus concentrée se rapprochait quelque peu de cette dictature philosophique qui lui était si chère ; mais il rêvait un autre gouvernement, il rêvait l'Orient avec sa théocratie et son spiritualisme.

Voilà déjà, ce me semble, assez d'innovations, et cependant il s'en rencontre de plus contraires encore au génie de la Grèce. C'était peu de proscrire philosophiquement la démocratie; Platon s'élève contre la religion nationale et soumet sa république idéale à une inspiration religieuse étrangère à son pays. C'est un lieu commun que Platon a banni Homère et les poëtes de sa république. Mais pourquoi cette exclusion? parce que les poëtes représentent les dieux remplis de passions, et les hommes suivant leur exemple ; parce que les poëtes amollissent les âmes, les corrompent par l'imitation dramatique des malheurs, des vices et des crimes de l'humanité, loin de les fortifier et de les retremper par des poésies vigoureuses sans mollesse et sans volupté. « Ainsi, mon cher Glaucon, dit Socrate, lorsque
« vous entendrez dire aux admirateurs d'Homère que ce
« poëte a formé la Grèce, qu'on apprend en le lisant à se
« gouverner et à se bien conduire dans les événements de la
« vie, et qu'on ne peut rien faire de mieux que de se régler
« sur ses préceptes, il faudra avoir toutes sortes d'égards et
« de complaisances pour ceux qui tiennent ce langage, croire
« qu'ils travaillent autant qu'il est en eux à devenir gens de
« bien, et leur accorder qu'Homère est le plus grand des
« poëtes et le premier des poëtes tragiques. Mais, en même
« temps, souvenez-vous qu'il ne faut admettre dans notre ré-
« publique d'autres ouvrages de poésie que les hymnes en

« l'honneur des dieux et les éloges des grands hommes (1). »

En proscrivant Homère, Platon proscrivait le polythéisme, la religion de son temps et de son pays; il demandait que les livres d'Homère, à la fois épopée, histoire et poésie domestique des Grecs, ne fussent pas reçus dans sa république, c'est-à-dire qu'il fondait un État philosophique, novateur, révolutionnaire. Jamais utopie plus audacieuse n'a été offerte à un pays : aussi avec quel ménagement, avec quels artifices n'amène-t-il pas ses propositions les plus choquantes! Au commencement, Socrate avait jeté en passant que tout devait être commun, la propriété, les femmes et les enfants. Un des interlocuteurs le tirant par le pan de sa robe : Socrate, tu n'iras pas plus loin; il faut t'expliquer là-dessus. C'est seulement sur cette provocation que Socrate expose la théorie de la communauté. De même il avait annoncé, dans les premiers chants du dialogue, qu'Homère et les poëtes devaient être bannis d'une république parfaite; on le ramène aussi là-dessus, et c'est encore une sommation nouvelle qui précède cette digression délicate. La morale est invoquée par Platon pour expliquer l'exil d'Homère; mais il y a une pensée plus profonde que la morale, la pensée religieuse. En condamnant les passions dramatiques des héros, Platon renversait la théologie grecque, qui est un indivisible mélange des dieux et des hommes, et dont ne pouvait s'accommoder une théodicée empruntée à l'Égypte (2).

Au surplus, dans tous les temps, toutes les théologies se sont élevées contre les arts d'imitation, quand ceux-ci ont cessé de les servir et de les célébrer exclusivement. Elles ont condamné la poésie dramatique, reflet orageux de toutes les

---

(1) Lib. X.
(2 Des études ultérieures m'ont confirmé dans ce point de vue. On trouvera dans la théorie que j'ai tracée de la religion grecque (*Histoire des législateurs et des constitutions de la Grèce antique*, t. I, chap. IV) la suite des révolutions traversées par le culte chez les Hellènes.

Note de la 3ᵉ édition.

passions humaines. Bossuet tonne contre les spectacles et les défend aux catholiques ; l'austère Genève ne souffre pas de théâtres dans ses murs, et Rousseau signifie à M. de Voltaire d'aller faire jouer ses tragédies ailleurs. Il n'y a pas de transaction possible entre les grandes ferveurs du spiritualisme religieux et la liberté de l'art. Accordez un peu, si vous pouvez, Bossuet et Molière, Aristophane et Platon.

Il y a si bien une pensée religieuse dans la proscription d'Homère, que Platon aussitôt après enseigne l'immortalité de l'âme, la rémunération de l'homme dans d'autres vies qui doivent suivre son existence actuelle, et que dans un mythe ingénieux, dans le récit de la vision de Her, Arménien, originaire de Pamphilie, il oppose la pureté de ses croyances à la frivole indifférence de son siècle sur la destinée future. « Cette histoire, mon cher Glaucon, s'est conservée jusqu'à « nous ; et, si nous y ajoutons foi, elle est très-propre à « nous conserver nous-mêmes. Nous passerons heureusement « le fleuve d'oubli, et nous préserverons notre âme de toute « souillure ; si nous nous en tenons à ce que j'ai dit, nous « croirons que notre âme est immortelle, et capable par sa « nature d'un grand bonheur ou d'un grand malheur. Nous « marcherons toujours par la route céleste ; nous nous atta-« cherons à la pratique de la justice et de la sagesse ; par là « nous serons en paix avec nous-mêmes et avec les dieux : « et, après avoir remporté sur la terre le prix destiné à la « vertu, semblables à ces athlètes victorieux qu'on mène en « triomphe par toutes les villes, nous serons encore cou-« ronnés là-bas, et nous goûterons une joie délicieuse dans « ce voyage de mille ans dont nous avons parlé (1). »

C'est encore dans la *République* que, non content de montrer ainsi l'aurore d'un dogme nouveau, Platon, à travers de splendides images, laisse apercevoir les mystères de son ontologie. Il enseigne en substance que ce monde où

1) Fin de la *République*, liv. X.

nous paraissons est contingent et périssable, et qu'il est l'émanation altérée, mais ressemblante, d'un monde supérieur. Ce monde au-dessus de nos têtes est le monde des idées et des essences; ces idées ne sont pas seulement des conceptions et des souvenirs de l'esprit (1), mais des types éclatants revêtus de gloire et de lumière, types dont les exemplaires dégénérés constituent le monde que nous habitons. Plus haut encore, par delà le monde idéal, est le un, bonté, vérité, beauté, qui n'est ni une idée, ni une essence, mais qui, supérieur aux essences et aux idées, les a toutes engendrées, raison universelle et dernière de tout ce qui est.

Un autre dialogue du philosophe athénien, qu'il a pu écrire aussitôt après avoir visité l'Égypte, suivant l'ingénieuse conjecture de Tennemann, présente d'une manière plus resserrée, moins adoucie, la théorie de la monarchie théocratique. L'homme d'État doit se modeler sur Dieu, modérateur du monde et pasteur des hommes, se façonner autant que possible à cette divine ressemblance, et se sauver de toute analogie avec le peuple, qui est gouverné et non pas gouvernant. Semblable à Dieu, l'homme d'État est la loi vivante; il la constitue et se confond avec elle. Platon semble avoir concentré dans le *Politique* toute la substance de la sociabilité orientale. Ast, dans son essai sur la vie et les ouvrages de Platon (2), remarque fort bien que le philosophe a déposé dans ce dialogue le germe de ses derniers et plus beaux ouvrages. Ainsi il y fait découler sa politique de l'ordre de la nature; il met en présence l'univers et la sociabilité, et veut régler l'humanité sur l'harmonie divine qui vivifie le monde. Plus tard Platon a séparé ce qu'il réunit dans le *Politique*. Dans sa *République*, il développe à part sa morale et son utopie de l'État; dans le *Timée*, il chante la nature et en déroule la magnifique universalité pour en faire le type

---

(1) Voyez le *Menon*.
(2) Platons Leben und Schriften. Leipzig, 1816

d'une sociabilité rationnelle à laquelle doit s'élever l'humanité. Enfin dans le *Critias*, il réunit de nouveau la nature et la société dans le mythe d'un monde primitif.

Il s'est donc trouvé un homme, contemporain de la guerre du Péloponèse et qui mourut vers le temps où Démosthènes prononçait sa première Philippique, qui, au sein de la démocratie athénienne, a fait la théorie philosophique de la monarchie, du sacerdoce, a innové contre le polythéisme, et s'est fait le chantre d'un dogmatisme plein de poésie et de mystères, entre Périclès et Philippe de Macédoine. Il a protesté avec génie contre la démocratie grecque et la corruption du paganisme, en ramenant dans la législation l'ordre, la morale et Dieu. Ces sociétés capricieuses et pétulantes de la Grèce oubliaient dans l'étourdissement de leur liberté arbitraire les idées immuables de l'humanité, sacrifiaient la raison à la volonté populaire et aux inépuisables sophismes du génie national. Platon, majestueux comme un prêtre de Saïs, oppose à cette légèreté des enseignements nouveaux, qui changeront la philosophie et prépareront le christianisme. Débarrassez cet Athénien des voiles brillants dont il couvre sa pensée, vous serez surpris de la trouver déjà si chrétienne, et tellement chrétienne (1), que plus tard les néoplatoniciens accuseront le christianisme de s'être emparé des doctrines du fondateur de l'Académie, et que de leur côté les chrétiens revendiqueront Platon pour le placer dans leur Église.

C'est en considérant ainsi toute la profondeur des nouveautés platoniciennes que l'on arrivera à ne plus s'étonner des étranges erreurs où est tombé ce grand homme. Platon est si fort préoccupé de Dieu, qu'il méconnaît l'homme ; de l'ordre universel, qu'il outrage la liberté de l'individu ; de l'État, qu'il efface la famille ; il assimile tellement l'humanité à la

---

1) Voyez, entre autres détails, la célèbre peinture du juste et de sa destinée, au livre II de la *République*.

nature, qu'il veut faire vivre dans la société les hommes d'une vie commune, comme les arbres d'une vaste forêt, dont la végétation appartient à la fois au ciel et à la terre. Ainsi toutes les variétés inviolables de la liberté humaine seront étouffées dans ce despotisme novateur, qui semble n'avoir pu retrouver l'ordre qu'en demandant à la nature de l'homme les plus sanglants sacrifices.

CHAPITRE II.

ARISTOTE.

Vers la cent troisième olympiade entrait dans Athènes un jeune Macédonien, sujet du roi Philippe. Aristote, fils de Nicomaque, apportait à l'école de Platon une raison vaste et sévère, disposée à faire peu de cas des images et des symboles, cherchant à se rendre compte de tout et ne voulant conclure qu'après avoir observé. Ce jeune homme commença par suivre les leçons d'un maître qu'il devait contredire et balancer au moins. L'idéal de Platon donna l'éveil à son génie, lui fit exercer des qualités tout à fait contraires, qui le menèrent à substituer la réalité dans la philosophie sociale au poétique mysticisme du père de l'Académie.

Aristote ne réfléchit plus le siècle de Périclès ; il introduit dans la philosophie l'esprit et la monarchie d'Alexandre : même dictature, mêmes conquêtes, et la Grèce ne devient assez forte pour envahir l'Orient qu'en laissant mourir Démosthènes, en faisant taire sa tribune et disparaître la richesse et la variété de son génie si mobile sous le despotisme puissant et uniforme d'Aristote et d'Alexandre.

Le philosophe macédonien apportait une indépendance facile dans l'examen de l'histoire et des constitutions politiques. Libre des préjugés et des liens de la démocratie athénienne, il put observer les différentes formes sociales, l'aristocratie, la monarchie, comme la démocratie, apprécier leurs avantages, condamner sévèrement leurs inconvénients. S'il a quelque penchant pour Lacédémone, il en voit toutefois les causes de corruption et de décadence. Quand il parle d'Athènes, il n'est pas fâché de pouvoir la blâmer ; il ne l'aimait pas, et il avait coutume de dire que les Athéniens, qui avaient trouvé à la fois les lois et le blé, se servaient bien du blé, mais non pas des lois (1).

Avant d'arriver à sa politique, constatons en passant que, s'il a combattu la théorie des idées de Platon, il n'en a pas moins séparé tout à fait l'intelligence de la sensibilité ; les formes constitutives de l'entendement, de ses applications particulières ; la nécessité, de la contingence ; la science, de l'opinion ; le général, du particulier ; et qu'il a écrit de la manière la plus explicite, dans son *Organum* (2) et dans sa

---

(1) Πολλάκις δὲ καὶ ἀποφαινόμενος, τοὺς Ἀθηναίους ἔφασκεν εὑρηκέναι πυροὺς καὶ νόμους· ἀλλὰ πυροῖς μὲν χρῆσθαι, νόμοις δὲ μή. (Diog. Laërt., *Aristoteles*, lib. V, cap. I, XI.)

(2) Dans ses *Analytiques*, Aristote part de la description du syllogisme, examine ses espèces, ses conditions dans ces différentes espèces ; puis il considère les conditions mêmes de la science et de la démonstration ; les différences qui les séparent, comment la démonstration a, au-dessus d'elle, des principes nécessaires dont elle découle. Les principes eux-mêmes échappent à la démonstration. Théorie de la causalité. Excellence de la méthode *a posteriori*, qui remonte *a singularibus ad universalia*. Relation de la cause à l'effet. Origine de la connaissance des principes. Là, le Stagyrite sépare la science tant de l'opinion que de l'intelligence elle-même, source dernière, mode dernier de tous les principes. Je citerai ses dernières paroles : Ἐπεὶ δὲ τῶν περὶ τὴν διάνοιαν ἕξεων, αἷς ἀληθεύομεν, αἱ μὲν ἀεὶ ἀληθεῖς εἰσιν· αἱ δὲ ἐπιδέχονται τὸ ψεῦδος, οἷον δόξα καὶ λογισμός· ἀληθῆ δ' ἀεὶ ἐπιστήμη καὶ νοῦς· καὶ οὐδὲν ἐπιστήμης ἀκριβέστερον ἄλλο γένος, ἢ νοῦς· αἱ δ' ἀρχαὶ τῶν ἀποδείξεων γνωριμώτεραι· ἐπιστήμη δ' ἅπασα μετὰ λόγου ἐστί· τῶν ἀρχῶν ἐπιστήμη μὲν οὐκ ἂν εἴη. Ἐπεὶ δ' οὐδὲν ἀληθέστερον ἐνδέχεται εἶναι ἐπιστήμης, ἢ νοῦν, νοῦς ἂν εἴη τῶν ἀρχῶν· ἐκ δὲ τούτων σκεποῦσι, καὶ ὅτι ἀποδείξεως ἀρχὴ οὐκ ἀπόδειξις· ὥστ' οὐδ' ἐπιστήμης ἐπιστήμη. Εἰ οὖν μηδὲν ἄλλο παρὰ ἐπιστήμην ἔχομεν γένος ἀληθές, νοῦς ἂν εἴη ἐπιστήμης ἀρχή. Καὶ ἡ μὲν ἀρχὴ

métaphysique, une véritable critique de la raison. Il vit même dans l'intelligence une identité avec Dieu, et dans la spéculation la jouissance la plus pure et la plus haute de l'homme. Hegel, à la fin de son Encyclopédie, relève cette métaphysique, qui met la vie dans la pensée et la pensée dans Dieu : Ταὐτὸν νοῦς καὶ νοητόν..... καὶ ἡ θεωρία τὸ ἥδιστον καὶ ἄριστον (1)... Mais c'est en vertu même de l'observation qu'Aristote a décrit tout ce que l'esprit humain a d'intellectuel : il a la gloire d'avoir également observé l'homme intérieur, le monde de l'histoire et la nature. Il ne limitait pas l'expérience aux explorations des sciences naturelles ; la moralité sociale lui paraissait pouvoir être étudiée avec autant d'exactitude que l'organisme physique. De même qu'il avait rassemblé pour son histoire naturelle tous les matériaux qu'il avait pu arracher à la nature, il avait recueilli pour sa politique cent cinquante-huit constitutions des différents États de la Grèce et de l'Italie ; selon Diogène Laërce (2), il avait, comme dans un catalogue méthodique, classé à part les

τῆς ἀρχῆς εἴη ἄν· ἡ δὲ πᾶσα ὁμοίως ἔχει πρὸς τὸ ἅπαν πρᾶγμα. (*Analit. post.*, lib. II, édit. Bip. Buhle, t. II, p. 620, 621.)

Voici la suite des déductions péripatéticiennes.

1. Entre les formes et les conditions à travers lesquelles nous percevons le vrai, les unes sont toujours vraies, les autres se tachent de mensonge. Les premières sont la science et l'intelligence, les secondes l'opinion et le raisonnement.

2. Dans l'ordre scientifique, l'intelligence est ce qu'il y a de plus sûr et de plus exact.

3. Les principes sont plus faciles à connaître que les démonstrations.

4. Le principe de la démonstration n'est pas la démonstration même.

5. Le principe de la science n'est pas la science.

6. C'est l'intelligence qui est le principe même de la science.

On est donc fondé à estimer que la véritable philosophie d'Aristote fut un idéalisme réaliste qui s'appuyait sur l'observation et sur les faits fournis par la sensation, mais qui partait des conditions mêmes et des lois de l'esprit.

(1) *Métaphys.*, XI, vii.
(2) Diog. Laërt., *Aristoteles*, lib. V, cap i, xii.

constitutions démocratiques, les oligarchiques, les aristocratiques et les tyranniques : tant Aristote n'affirmait qu'après avoir tout comparé! tant il voulait préluder par la vue directe de tous les faits aux conclusions théoriques de sa philosophie sociale!

Il nous reste pour l'apprécier sa *Morale* et sa *Politique*. Plus réel et plus profond que Platon, il ne confond déjà plus la législation avec un mysticisme spéculatif et novateur : il veut bien fonder sa politique sur la morale pratique, mais il l'en distingue ; il réunit les deux sciences au même centre, mais il les suit à part dans leurs développements, et trace leurs limites avec une ferme précision.

Commençons par la *Morale*. Quel est le bien que nous nous proposons en toutes choses ? c'est la fin. Que veut le médecin, si ce n'est guérir son malade? l'orateur, persuader son auditoire? Dans chaque chose l'homme se propose un bien qui en est la fin particulière. Mais n'y a-t-il pas une fin générale que se proposent les hommes dans les différentes actions auxquelles ils se livrent, outre le dénoûment d'un fait isolé? La dernière fin de toute action n'est-elle pas le bonheur, que nous poursuivons à travers des routes différentes pour arriver au même but?

Qu'est-ce donc que le bonheur? Pour le savoir, cherchez quelle doit être ici-bas l'œuvre de l'homme, et pourquoi il est mis en ce monde. Il doit développer son activité conformément à la raison dans la direction de la vertu ; et, quand il a rempli ce devoir, il est à la fois vertueux et heureux. Il s'est développé ; il se trouve un homme complet et carré, selon l'énergie de l'expression grecque, τετράγωνος ἀνήρ. Cependant il est à cette heureuse destinée une condition étrangère ; ce sont les biens extérieurs dans une certaine mesure, et le bon sens pratique d'Aristote fait consister le bonheur dans l'harmonie convenable de la vertu et des biens extérieurs. Maintenant, qu'est-ce que la vertu, cette condition fondamentale du bonheur qui se confond avec lui, et qu'en séparera plus tard l'austérité du Portique? Quand l'artiste exécute son œuvre, il espère, en le présentant à la sympathie et à l'admiration de ses semblables, que son juge, la foule, ne voudra rien en ôter, rien y ajouter; il cherche à se sauver de l'excès comme de l'ellipse, et à rencontrer l'harmonie dans le milieu. De même la vertu, supérieure aux arts, plus parfaite, se proposera comme la nature d'atteindre un milieu harmonique : ἡ δὲ ἀρετὴ, πάσης τέχνης ἀκριβεστέρα καὶ ἀμείνων ἐστὶν, ὥσπερ καὶ ἡ φύσις, τοῦ μέσου ἂν εἴη στοχαστική (1). La vertu, ainsi définie dans son caractère général, engendre des vertus, les unes intellectuelles, les autres morales, les unes résultat de l'intelligence, les autres produit des mœurs; car Aristote distingue dans l'homme les affections, les facultés et les habitudes. Je laisse l'énumération détaillée des différentes vertus. Je signale seulement en passant la théorie de la volonté et de l'imputabilité morale, chose nouvelle pour la philosophie antique; et j'arrive à la justice, qui, dans son expression la plus générale, est la vertu appliquée dans nos rapports avec les autres. Mais qu'est-elle spécialement? elle consiste dans l'égalité.

C'est ici qu'il faut considérer les procédés de la pensée aristotélicienne. Partant de ce fait que, dans toute action où il peut y avoir du plus et du moins, il doit y avoir aussi une égalité possible, et que, si on appelle injuste ce qui s'écarte de cette égalité, le juste sera ce qui y est conforme, Aristote conclut que le juste doit être nécessairement un milieu, une égalité par rapport à des choses et à des personnes. La justice consiste donc dans une sorte de proportionnalité, et le caractère de l'injustice, c'est le défaut de proportion; car, dès lors, ou il y aura plus, ou il y aura moins qu'il ne faut. Pour Aristote, pour Platon, qui, dans le sixième livre de ses *Lois*, passe par les mêmes détours, pour Bodin, qui reproduisit au seizième siècle la même théorie (2), le juste est le

---

(1) *Morale*, liv. II, cap. VI, pag. 39, édition Coray.
(2) *Introduction générale à l'Histoire du Droit*. Bodin, chap. VI.

juste, parce que c'est un terme moyen entre deux termes, une proportion géométrique, un reflet des nombres pythagoriciens ; la justice est un partage égal : δίκαιον, qui signifie *juste*, exprime ce qui est partagé en deux, et δικαστής, *juge*, celui qui fait le partage. Il n'y a pas là un sentiment intime, direct et psychologique du droit et du juste ; c'est la déduction d'une logique mathématique.

Toutefois, Aristote se débarrasse de ces liens géométriques pour revenir à la réalité ; il distingue la justice sociale en justice naturelle et justice légale ; il reconnaît que la justice naturelle est partout la même et toujours indépendante des opinions et des décrets de la société, tandis que la justice légale ne doit son existence qu'aux prescriptions des lois. On ne peut séparer plus nettement ce que la légalité politique a d'arbitraire et de transitoire d'avec la justice naturelle dans ce qu'elle a d'incorruptible et de général. Le philosophe termine sa *Morale* par une théorie détaillée des sentiments moraux ; les affections du cœur et de famille et l'amitié y sont décrites avec une douceur qui vous charme de la part de ce génie sévère.

La *Politique* se partage en huit livres. Vous trouverez dans le premier la théorie de l'esclavage et de la sociabilité. Le second est tout critique. Aristote y examine les théories de Platon et de quelques autres philosophes. Il y observe les constitutions de Sparte, de la Crète et de Carthage. Dans le troisième livre, il pose le principe fécond et nouveau que la société doit être instituée pour l'avantage du grand nombre ; il reconnaît en même temps que l'État se compose de différentes parties, et que la variété est de son essence. Il distingue trois espèces de gouvernement : la monarchie, l'aristocratie et la république (πολιτεία). Ces trois espèces en enfantent trois autres : la royauté produit la tyrannie ; l'aristocratie, l'oligarchie ; la république, la démocratie. Ce n'est pas assez : ces six espèces se subdivisent en d'autres plus dégénérées encore, et Aristote consacre le troisième et le quatrième livre à l'observation des États divers. Le cinquième nous offre une théorie complète des révolutions politiques, et nous enseigne comment les sociétés périssent. Dans les sixième et septième livres, Aristote cherche les améliorations convenables aux différentes institutions dans les différents États, les conditions de la justice et du bonheur social qu'il veut puiser dans la nature, les mœurs et la raison. Ici il réunit fortement la législation et la morale, et ne veut pas à l'État d'autre fondement que la justice. Enfin l'éducation occupe le huitième livre ; Aristote ne se contente pas d'en vanter la puissance, mais il en trace les principes et les règles. Telle est l'économie de ce fragment précieux de philosophie politique qui, dans l'antiquité, est une sorte d'Esprit des lois et qui est aussi nécessaire pour l'étude de la sociabilité même que pour la connaissance de la Grèce (1).

L'homme ne saurait exister isolé, et il s'unit à la femme. Cette union est le germe de la famille, de cette association qui s'est formée pour subvenir aux besoins de tous les jours. Plusieurs familles se sont groupées les unes à côté des autres ; elles ont constitué une bourgade ; plusieurs bourgades se sont réunies comme en un corps, et la cité s'est trouvée formée : c'est pourquoi il est juste de dire que la cité est une œuvre tout à fait naturelle, puisque c'est la nature qui a formé les premières associations, puisque la cité est la fin de celles-ci. Hegel et Vico ont reproduit cette transformation de la sociabilité qui sort de la famille, de l'agrégation des familles forme une bourgade, et par la réunion des bourgades constitue la cité. Si la cité est fondée par la nature, il suit que, par la nature aussi, l'homme est un animal sociable :

---

(1) Au milieu de mes recherches sur l'histoire politique de la Grèce, j'ai senti le besoin de me livrer à un nouvel examen de ce grand monument, et j'en ai consigné les résultats dans un morceau ayant pour titre : *Analyse de la politique d'Aristote*, qu'on trouvera à la fin du premier volume de l'*Histoire des législateurs et des constitutions de la Grèce antique*.
(*Note de la 3ᵉ édition.*)

ἐκ τούτων οὖν φανερὸν, ὅτι τῶν φύσει ἡ πόλις ἐστὶ, καὶ ὅτι ἄνθρωπος φύσει πολιτικὸν ζῶον. Aristote ne se contente pas de faire sortir également de la nature des choses l'homme et la cité ; il pense que, dans l'ordre de la nature, la cité prime la famille et chaque individu ; car il faut nécessairement que le tout existe avant une de ses parties. Après cette raison logique, il en donne une meilleure : « Si chacun, dit-il, est incapable de
« se suffire à lui-même dans l'état d'isolement, il sera,
« comme les autres parties, dans la dépendance du tout.
« Quant à celui qui ne peut rien mettre en commun dans la
« société, et qui n'a besoin de rien parce qu'il se suffit à
« lui-même, il ne saurait faire partie de la cité, il faut que
« ce soit une bête, ou un dieu : ὥστε ἢ θηρίον, ἢ θεός. Ainsi, il
« y a dans tous les hommes une pente naturelle à l'associa-
« tion ; et celui qui le premier parvint à l'établir fut la cause
« des plus grands biens : car, si l'homme, quand il a atteint
« son degré de perfection, est le plus excellent des animaux,
« il en est le pire quand il vit isolé, sans lois et sans jus-
« tice (1). » C'est cependant sur le même sujet qu'ont écrit Aristote et Rousseau (2) ! La philosophie antique a toujours cherché l'homme dans la société. Ainsi, Platon estime qu'il est beaucoup plus raisonnable d'étudier l'âme humaine dans l'image même de la cité politique que dans l'abstraction de l'homme pris à part : tant l'homme n'était pour les anciens que le citoyen ! tant ces mystères de la nature humaine, qui sont pour ainsi dire hors de la légalité sociale, leur échappaient ! Figurez-vous un peu la plus ferme intelligence des

(1) Liv. I. Je me sers de la traduction de mon savant collègue, M. Thurot, et j'ai sous les yeux l'édition grecque du docteur Coray.

(2) « Je vois l'homme, a écrit Rousseau dans son discours de l'*Inégalité des conditions*, se rassasiant sous un chêne, se désaltérant au premier ruisseau, trouvant son lit au pied du même arbre qui lui a fourni son repas ; et voilà ses besoins satisfaits » C'est sans doute un de ces passages qui faisait dire à Voltaire en écrivant à Rousseau même : *Il prend envie de marcher à quatre pattes quand on lit votre ouvrage.*

(*Note de la 3ᵉ édition.*)

temps antiques en face des conceptions de Descartes et de Byron.

Quand Aristote a jeté les fondements de la sociabilité, il rétablit les droits de la propriété méconnus par Platon; il rapporte dans le second livre l'opinion de Socrate qui met tout en commun, les biens, les femmes et les enfants; il la censure, il triomphe, il accable Platon sous la supériorité de son bon sens. Après une argumentation logique qui tend à prouver que tous les hommes ne peuvent pas dire *mien* en parlant d'une même chose, il arrive aux raisons puisées dans la nature humaine. Pourquoi la communauté de biens est-elle nuisible? parce que, si l'on attache une grande importance à ce qui nous appartient en propre, on en attache bien moins à ce qu'on possède en commun, ou du moins chacun ne s'y intéresse qu'en ce qui le concerne : Τῶν γὰρ ἰδίων μάλιστα φροντίζουσι, τῶν δὲ κοινῶν ἧττον, ἢ ὅσον ἑκάστῳ ἐπιβάλλει. Voilà un commencement d'individualité. Mais sur la communauté des enfants, la réfutation d'Aristote est encore plus heureuse. « Dans une société civile, où la bienveillance est pour ainsi
« dire délayée entre tous, elle doit être extrêmement faible;
« et il est presque impossible qu'un père y dise : Mon fils,
« ou un fils : Mon père; car, de même qu'en mêlant un peu
« de miel dans une grande quantité d'eau, on obtient un
« mélange qui n'a plus de saveur douce; ainsi, ce qu'il y a
« d'individuel et de touchant dans les rapports que désignent
« ces noms se dissipe et s'évanouit, parce que le résultat
« inévitable d'une pareille communauté est d'intéresser extrê-
« mement peu un père à ses fils, des fils à leur père et des
« frères les uns aux autres. Car il y a deux choses qui con-
« tribuent essentiellement à faire naître l'intérêt et l'attache-
« ment dans le cœur des hommes : la propriété et l'affection;
« or, ni l'une ni l'autre ne peuvent exister dans une forme
« de gouvernement comme celle-là (1). » Les expressions

(1) Liv. II.

d'Aristote sont aussi justes que sa pensée : τὸ ἴδιον καὶ τὸ ἀγαπητόν. Les deux éléments de l'humanité sont en effet *le propre*, ce qui nous constitue, nous fait être nous-mêmes, τὸ ἴδιον; et puis, ce qui nous attire les uns vers les autres, cette sympathie affectueuse qui nous attire et nous associe, τὸ ἀγαπητόν. La propriété ainsi maintenue, le philosophe n'en veut pas moins la faire tourner à l'utilité de tous, et il estime que la possession doit être particulière, mais l'avantage général ; ce sera l'ouvrage d'un sage législateur : φανερὸν τοίνυν, ὅτι βέλτιον εἶναι μὲν ἰδίας τὰς κτήσεις τῇ δὲ χρήσει ποιεῖν κοινάς.

Ce même Aristote, qui déploie sur la propriété et la nature de l'homme la raison la plus droite, échoue tristement devant le problème de la liberté humaine. Toutefois, on s'étonnera moins de trouver dans sa *Politique* une justification rationnelle de l'esclavage, si l'on ne perd pas de vue qu'observateur des faits, génie non moins politique que spéculatif, il s'attachait surtout à la réalité. Comment pouvait-il tomber dans l'esprit du contemporain d'Alexandre de réprouver l'esclavage, fondement de la constitution sociale? J'admire davantage que l'idéaliste Platon, que n'arrêtait pas le respect de l'ordre établi, qui, dans ses conceptions hardies, bravait son siècle, n'ait rien trouvé d'humain et de novateur contre une telle institution. Au surplus, dès que ces philosophes ne soupçonnaient même pas l'iniquité de l'esclavage, ils étaient naturellement amenés à vouloir le justifier en vertu même de la nature des choses. Aristote ne se dissimule pas que quelques-uns ont prétendu que le pouvoir du maître est contre nature. Il y avait donc protestation même dans l'antiquité. Mais il ne s'arrête pas à l'objection ; il estime que l'art de posséder est nécessaire à la vie ; que, parmi les instruments que l'on possède, les uns sont inanimés, les autres animés. « Ainsi pour le pilote le gouvernail du vaisseau « est un instrument inanimé, et le matelot qui veille à la « proue un instrument animé ; car dans les arts le manou- « vrier est une sorte d'instrument. De même une chose qu'on

« possède est un instrument utile à la vie, et la somme des cho-
« ses possédées une multitude d'instruments ou d'outils. L'es-
« clavage est en quelque sorte une propriété animée, et, en
« général, tout serviteur est comme un instrument supérieur
« à tous les autres. Ὁ δοῦλος κτῆμα τι ἔμψυχον. » Aristote consent à animer l'esclavage, non pour le réhabiliter, mais pour
l'avilir et le condamner à jamais. Il s'entête encore davantage
dans son raisonnement. « Dans l'homme, nous trouvons la
relation de l'âme et du corps. Qui obéit à l'âme? le corps.
Dans le monde physique, nous voyons la relation des animaux à l'homme, et l'homme leur commande. De plus, entre
le mâle et la femelle, c'est la femelle qui obéit au mâle. Donc
tous les êtres entre lesquels il y a autant de différence qu'entre l'âme et le corps, entre l'homme et l'animal, sont esclaves
par nature, et c'est pour eux un avantage d'être esclaves, et
la nature a même voulu marquer les corps des hommes libres et ceux des esclaves en donnant aux uns la force convenable pour leur destination, aux autres une stature droite
et élevée qui les rend peu propres aux travaux serviles, mais
utiles dans les emplois civils et de la guerre. » Détestable
argumentation, tellement absurde qu'à l'instant même Aristote la rétracte, en avouant que souvent il arrive que certains
individus n'ont que le corps des hommes libres, tandis que
d'autres n'en ont que l'âme. Toutefois le philosophe est si
fort persuadé de l'indignité naturelle de l'esclave, qu'en énu-
mérant les différentes vertus humaines, il demande si les esclaves ont besoin d'avoir de la vertu; il établit que ceux qui
commandent ont besoin d'autres vertus que ceux qui obéissent; que, pour l'esclave, il ne lui faut que très-peu de vertu
et seulement le strict nécessaire pour ne pas manquer à ses
travaux soit par indocilité, soit par défaut de courage. Est-
ce assez de déraison et d'inhumanité? et cependant c'est le
même philosophe qui a rétabli sur certains points l'individualité humaine contre les excès de Platon. Mais, pour détruire l'esclavage, il a fallu que l'antiquité elle-même s'écrou-

lat; tant cette institution était le fondement de la civilisation païenne!

Quand Aristote a constitué la sociabilité, il lui reconnaît un double caractère, la variété des formes et des moyens, l'unité du but qui est l'utilité générale. A ses yeux, la cité se compose d'individus qui ne sont pas semblables. Comme la famille est composée du mari et de la femme, la propriété du maître et de l'esclave, de même la cité se compose de tous ces éléments divers et de plusieurs autres encore. Il suit naturellement que la vertu de tous les citoyens ne doit pas être la même; comme, dans un chœur de danse, le talent du coryphée doit différer de celui du choriste. De la différence des citoyens entre eux et des vertus sociales, Aristote passe à la diversité des formes de gouvernement. Il apprécie successivement les caractères réels et historiques de la royauté, qui peut devenir tyrannie; de l'aristocratie, qui dégénère souvent en oligarchie; de la république, qui tourne facilement à la démocratie. Dans cette contemplation de l'histoire, Aristote prend encore le pas sur Platon. Les inconvénients de chaque gouvernement, leurs mérites, les causes de corruption et de décadence; les leçons que donnent pour l'avenir des sociétés, Lacédémone à la fois démocratique et oligarchique, Athènes livrée tout entière au génie brillant et facile des mœurs populaires; l'orageuse Syracuse; Solon, Lycurgue et Charondas appréciés dans leurs intentions et leur ouvrage; les petites républiques de la Grèce et de l'Italie citées en témoignage des règles politiques qu'établit le philosophe, tout cela fait du livre d'Aristote la meilleure école pour l'historien et le publiciste. Mais, au milieu de ces richesses historiques, le philosophe n'oublie pas le but général de la société, qui est, comme pour l'homme individuel, l'union du bonheur et de la vertu : il faut que tous les citoyens participent à une vie heureuse qui procure aux familles et aux générations toutes les ressources nécessaires à la subsistance et à une aisance complète; il faut aussi que la société politique mette son principe et son but dans les actions honnêtes et vertueuses des hommes qui la composent et non pas simplement dans la condition de vivre ensemble.

Pour le philosophe, le *souverain* varie suivant la forme de l'État; la souveraineté est tantôt dans la multitude, tantôt dans les riches, tantôt dans l'aristocratie, tantôt dans un homme, roi ou tyran. Aristote ne songe pas à tracer une théorie philosophique de la souveraineté considérée abstraitement; il ne l'étudie que dans ses manifestations.

Le politique macédonien reprend les mêmes faits et les mêmes leçons sous une autre face; il considère les révolutions des empires, comment ils se pervertissent et finissent par tomber, l'égalité politique faussement entendue dans les républiques et les démocraties, les querelles et les factions entre les plus puissants, l'insolente audace des démagogues; dans les oligarchies, une ambitieuse minorité s'attribuant toutes les magistratures, et s'appuyant sur des soldats étrangers; les mêmes dangers dans les aristocraties; la royauté n'ayant de force que dans la justice, affaiblie et impuissante dès qu'elle ne donne plus au peuple la sécurité des personnes et des propriétés; la tyrannie travaillée à la fois des vices de l'oligarchie et de ceux de la démocratie, ne pouvant se conserver quelque temps que par des procédés exaspérés et cruels.

Platon, dans sa *République*, avait aussi traité des révolutions; « mais, remarque son rival, il n'en parle pas bien; car
« il ne fait pas connaître proprement le changement qui peut
« arriver dans la première et meilleure forme de gouverne-
« ment. Il prétend en effet que rien ne peut se maintenir,
« parce qu'il doit toujours survenir des changements dans
« une période donnée, et que cela arrive lorsque les nom-
« bres dont la racine cubique est ajoutée à un multiple de
« cinq font deux harmonies; c'est-à-dire lorsque le nombre
« de cette figure devient solide, attendu qu'alors la nature

« produit des êtres dépravés, et qu'ils résistent à toute édu-
« cation. » Voilà le fameux nombre de Platon sur lequel les
commentateurs se sont épuisés, mais le *fiat lux* n'a pas encore paru. Au surplus, en écartant les formules géométriques, on comprendra que Platon enseigne que tout sur
cette terre doit périr et tomber. Comme il faisait descendre
sa politique du ciel et des idées éternelles, comme il ne voyait
dans ce monde qu'une tente éphémère qui devait se replier
quand les destins seraient accomplis, il obéissait à ses
croyances en assignant aux révolutions politiques une pério-
dicité fatale, en prodiguant les siècles pour aboutir à l'éternité. Ainsi Bossuet, dans le siècle même où les institutions
paraissaient le plus immobiles, célèbre d'un ton de triomphe
l'acheminement des choses humaines vers le néant. Qu'en
dirons-nous donc aujourd'hui où les rois et les empires s'é-
vanouissent comme une fumée légère?

Aristote abandonne les révolutions pour chercher quelles
améliorations peuvent, dans chaque État, en fortifier le principe, le conserver et le féconder : transition naturelle qui le
conduit à l'éducation.

L'antiquité faisait de l'éducation une puissance à laquelle
rien ne pouvait résister. Quand ses législateurs voulaient
fonder des sociétés nouvelles, ou réformer les anciennes, ils
demandaient à l'éducation de façonner les hommes à leurs
pensées et à leurs conceptions. Socrate, dans la *République*
de Platon, répond à ceux qui lui objectent que les femmes
ne sauraient se livrer aux mêmes exercices et aux mêmes
occupations que les hommes : nous y parviendrons par l'é-
ducation. Monstrueux contre-sens, car l'éducation ne saurait
être efficace qu'en respectant le caractère et les variétés de
la nature humaine. Mais, malgré cette exagération, l'antiquité, législateurs et philosophes, avait reconnu l'office social de l'éducation, comment elle doit rallier les générations
naissantes à un sentiment commun, les suivre dans tous les
âges de la vie, se multiplier sous toutes les formes, fêtes,

solennités, réunions de jeunes gens, assemblées de vieillards, théâtres, pompes nationales, comment elle peut à la fois réjouir et fortifier l'homme par cette μουσικὴ, expression admirable dont les mœurs modernes n'ont pu reproduire le véritable sens. L'éducation est si bien le corollaire nécessaire de la législation, que toujours elle se trouva associée dans la pensée des législateurs et des philosophes. Rousseau fait de même qu'Aristote et Platon : il écrit le *Contrat social* pour la législation, et l'*Émile* pour l'éducation. Il a senti que la réforme sociale dont il traçait la théorie devait s'asseoir sur ces deux fondements. Mais, tandis qu'Aristote et Platon ne considérèrent que l'État et l'harmonie sociale, Jean-Jacques a surtout songé à l'individu. Émile est un homme qu'il a voulu armer contre ses semblables et la société entière ; il les lui montre comme ses ennemis. Il lui apprendra un métier ; il saura le préparer à la fois à l'esclavage chez les Algériens et à l'adultère dans sa maison (1). Le problème de l'éducation n'est si difficile chez les modernes que parce qu'il s'est agrandi et qu'il embrasse l'individu comme la société. Il ne se dénouera pas en un jour, dût-on vouloir en précipiter la solution avec une puérile impatience.

Aristote, au début du second livre de sa *Politique*, a déclaré que, s'il s'engage dans la recherche des améliorations sociales, c'est qu'il est touché des imperfections des États qui existent : διὰ τὸ καλῶς ἔχειν ταύτας τὰς νῦν ὑπαρχούσας (πολιτείας). Il a su réunir à la critique de l'historien l'indépendance du philosophe, raconter et juger, apprécier les faits et recommander les réformes ; à le lire, on dirait que des siècles le séparent de Platon, et cependant il est son contemporain : cette Grèce accumulait dans un court espace Périclès, Socrate, Platon, Aristote et Alexandre.

(1) Voyez chap. x, Jean-Jacques Rousseau.

CHAPITRE III.

LE STOÏCISME.

Socrate avait fondé la morale, et le démon avec lequel il s'était entretenu avait passé dans l'âme de Platon et d'Aristote. Le Stagyrite avait reconnu les caractères de la sociabilité humaine ; et, comme moraliste, il avait mis la vertu dans un milieu, dans un tempérament. Or, cette vue de bon sens, qu'il ne faut pas détacher du reste de la théorie péripatéticienne, n'était pas assez entière, assez absolue, pour rallier l'humanité et susciter un mouvement nouveau. Ce n'est pas au nom d'un milieu que les nations se remuent, mais au nom d'une idée une, tranchée, qui soumet toutes les autres, qui, si elle les épargne, a au moins la force de les coordonner et de les dominer. La morale péripatéticienne, pratiquement excellente, ne suffit pas alors aux progrès nécessaires. Autrement, comment Épicure et Zénon eussent-ils songé à dogmatiser? Un homme né à Gargettos, bourg à quelques lieues d'Athènes, chercha à rendre la vertu facile, agréable et commode, dans des intentions pures qu'au surplus, parmi les modernes, Gassendi a complétement expliquées. Épicure met la vertu dans l'art d'être heureux, dans un bonheur aisé et médiocre, dans des mœurs élégantes et de bon goût, qui ne doivent jamais tremper dans aucun extrême. N'ayez pas peur que l'épicurien s'embarque dans un dévouement périlleux ou dans des opinions décidées qui réclament un prosélytisme ardent : ses amis se moqueraient de lui, car il aurait dérangé son bonheur ; mais son égoïsme est plus savant, plus raffiné, et place entre lui et les passions énergiques et bruyantes une modération systématique. Une vertu aussi peu héroïque devait sur-le-champ trouver des contradicteurs qui se réfugieraient dans les plus nobles attributs de la nature humaine lâchement désertés par l'épicuréisme, et se feraient de nouveau les soutiens du *démon* de l'humanité. Zénon, de Cittium, continua la carrière de Socrate, et revendiqua les droits de la conscience en attendant le christianisme.

Raphaël, dans son tableau de l'*École d'Athènes*, a mis sur le premier plan, et se donnant la main, Platon et Aristote. Il a jeté sur les marches de l'escalier un homme qui sort de la toile ; figure pleine de réalité, sans noblesse, mais originale : c'est Diogène. Le Cynique se trouve ainsi à la place où l'on renvoie d'ordinaire l'animal qui lui a donné son nom. Diogène fut animé d'un sentiment vrai ; il voulait dégager l'indépendance individuelle des formes sociales, et la saisir aussi bien sous la robe du sénateur que sous la cuirasse du soldat. Quand il cherchait un homme, il avait raison ; car c'était l'homme qu'avait cherché Socrate : mais Diogène le chercha mal en foulant aux pieds les sentiments sévères et pudiques de la nature humaine (1). Zénon, qui fonda son école vers la cent vingtième olympiade, avait quelquefois écouté le Cynique avant d'enseigner lui-même.

Le stoïcisme a trois parties : la morale est sa raison et son but ; la logique et la physique ne sont que secondaires eu égard à la vertu pratique. La *Logique* de Zénon, où, sur les traces d'Aristote, il essaye une théorie de la perception, nous inquiète peu. Dans sa *Physique*, il reconnaissait la ma-

---

(1) Un savant du dix-septième siècle, du Rondel, correspondant et ami intime de Bayle, qui l'a cité plusieurs fois dans son *Dictionnaire*, a parlé en ces termes du philosophe cynique : « Comme Diogène avait coutume de dire qu'il fallait opposer la raison aux passions, le courage à la fortune, et la nature aux coutumes, il entra enfin dans les desseins de la nature, et s'imagina que, pour être un véritable enfant de cette bonne mère, il fallait ressembler aux bêtes, qui en sont une image si naïve et si fidèle dans les lieux de leur naissance. Diogène donna donc dans cette opinion, et s'y maintint par la pauvreté, par le jeûne, et par les ascétiques qu'il a eu l'honneur d'inventer. » (Bayle, verb. *Péréira*.)

(*Note de la 3ᵉ édition.*)

tière et Dieu. La matière n'a pas été créée ; elle existe de toute éternité ; Dieu l'a travaillée et façonnée, et il vit au milieu de ce monde qui est son ouvrage et son temple. Comme la matière est entièrement inerte, passive, et ne reçoit son animation que de Dieu, la dualité primitive, posée par Zénon, se résout en unité de substance, en un panthéisme incontestable.

Αὐτὸν (κόσμον) τε τὸν θεὸν, τὸν ἐκ τῆς ἁπάσης οὐσίας ἰδίως ποιὸν ὅς ἄφθαρτός ἐστι καὶ ἀγέννητος, δημιουργὸς ὢν τῆς διακοσμήσεως, κατὰ χρόνων ποιὰς περιόδους, ἀναλίσκων εἰς ἑαυτὸν τὴν ἅπασαν οὐσίαν καὶ πάλιν ἐξ ἑαυτοῦ γεννῶν (1).

Ainsi Dieu, incorruptible et incréé, ouvrier de ce monde, absorbe lui-même toute la substance et la répand harmoniquement en dehors de lui-même. En même temps il est intelligent et parfait, prévoit tout, gouverne le monde par cette prévoyance, et cette prévoyance constitue le destin : θεὸν δὲ, ζῶον ἀθάνατον, λογικὸν, τέλειον, ἢ νοερὸν ἐν εὐδαιμονίᾳ κακοῦ παντὸς ἀνεπίδεκτον, προνοητικὸν κόσμου τε καὶ τῶν ἐν κόσμῳ . . . . ἔστι δὲ εἱμαρμένη αἰτία τῶν ὄντων εἰρομένη, λόγος καθ' ὃν ὁ κόσμος διεξάγεται (2).

Si Dieu est le monde lui-même, les développements du monde sont les lois de Dieu. Tout ce qui se développera sera donc à la fois prévu, arrêté par Dieu et nécessaire comme lui. Le destin et la providence seront donc même chose, et se confondront dans l'unité du panthéisme stoïque. Alors l'homme sera libre en se mettant en rapport avec la nature, et il trouvera la vertu dans la ressemblance avec Dieu. Pour se rapprocher de ce type immortel, il supprimera les passions et les affections de l'humanité, il fera son âme insensible à tout, au plaisir comme à la douleur, ne permettra à rien des créatures et des choses humaines de lui être nécessaire ; et, s'appuyant sur sa raison solitaire, il contemplera Dieu. Tel est le sage dont Sénèque célèbre la constance :

[1] Diog. Laërt., liv. VIII, chap. I, parag. 70.
[2] Ibid., parag. 73 et 74.

« Non potest ergo quisquam aut nocere sapienti aut pro-
« desse. Quemadmodum divina nec juvari desiderant nec
« lædi possunt, sapiens autem vicinus proximusque diis con-
« sistit, excepta mortalitate similis Deo. Ad illa nitens, per-
« gensque excelsa, ordinata, intrepida, æquali et concordi
« cursu fluentia, secura, benigna, bono publico natus, et
« sibi et aliis salutaris, nihil humile concupiscet, nihil flebit,
« qui rationi innixus, per humanos casus divino incedet
« animo (1). »

Le souverain bien pour le stoïcien sera donc l'honnête et le juste en soi ; il pratiquera la justice sans songer à aucune récompense. Voici encore Sénèque qui crie à l'homme : « *Te justum esse gratis oportet, et nullum justæ actionis præmium majus est quam justum esse* (2). » Ainsi vivre conformément à la nature, qui est Dieu ; être juste *gratis*, défendre sa liberté morale de l'atteinte des passions et des disgrâces humaines, rester inébranlablement libre, et demander, quand il le faut, à la mort, au poison ou à son épée, un refuge contre les accidents extérieurs, tel est le catéchisme du stoïque, telle est la vie qu'il est admirable pour lui de clore à propos par un suicide nécessaire. S'il se hâte, s'il meurt avant le temps, s'il se frappe en écolier, on ne l'estimera pas ; mais, si une mort majestueuse et volontaire le dérobe à l'heure convenable aux opprobres de la tyrannie et de l'adversité, c'est aux applaudissements du Portique qu'il ira se confondre dans le sein de cette divine nature dont il s'est constamment proposé la ressemblance laborieuse.

La conception du stoïcisme fut grecque, et la pratique romaine. Passons sur Cléanthe, Chrysippe, Antipater et Posidonius, pour chercher cette philosophie dans les mœurs de la république et de l'empire. On peut se peindre l'étonnement, le plaisir et l'enthousiasme de la jeunesse de Rome,

---

(1) A. Senecæ, *de Constantia Sap.* cap. VIII.
(2) *Epist.* CXIII.

quand, sur la fin de la troisième guerre punique, des philosophes grecs, dans de beaux propos et de magnifiques harangues, développèrent les doctrines et les idées de l'Académie, du Lycée et du Portique. Caton l'Ancien protesta ; mais les importations de pensées et de doctrines sont aussi nécessaires à la sociabilité humaine que l'originalité indigène. La philosophie grecque fit école, malgré le mécontentement chagrin du vieillard ; soixante ans plus tard la jeunesse romaine prenait le chemin d'Athènes. Un siècle après, Lucrèce traduisait le système d'Épicure dans une langue que Quintilien estimait difficile, mais qui est attrayante par ses aspérités mêmes, et Cicéron, réfléchissant en lui toutes les écoles de la philosophie grecque, n'était pas un truchement sans éloquence entre Rome et Athènes. Sans doute, comme athlète de tribune, je le crois, avec Fénélon, inférieur à Démosthènes. Il n'a pas, comme lui, cette invincible vigueur qui vous fait joindre un adversaire, le presse, le saisit, l'étouffe et le précipite, lui, son éloquence et ses arguments, dans une irrévocable chute. Mais, esprit général, sociable, humain, transmettant la Grèce à Rome, sachant amollir l'âpreté de la nationalité romaine, il se recommande surtout à la postérité pour avoir civilisé ses concitoyens. Orateur, il a des rivaux ; homme d'État, il se laisse jouer par le neveu de César, et paye sa méprise de sa tête ; mais, génie de tous les temps, après avoir instruit son pays par la Grèce, il a instruit l'Europe moderne par l'antiquité tout entière.

Dans le *De Legibus* et le *De Republica*, Cicéron imite les procédés de Platon ; il veut aussi tracer le plan d'une république et faire la théorie des lois ; mais il est loin de posséder comme lui tous les secrets du dialogue ; il ne sait pas le distribuer et le façonner à l'image des conversations réelles ; il a de longues tirades, et la gêne pompeuse de sa fiction dramatique ne vous laisse pas les mêmes illusions que la lecture de l'Athénien. Quant au fond, qui, au surplus, nous importe seul, sa *République* nous le montre surtout préoccupé de l'esprit d'Aristote et des institutions de la république romaine. Il adopte la division péripatéticienne des gouvernements en royal, aristocratique et démocratique. « Quare « quum penes unum est omnium summa rerum, regem illum « unum vocamus, et regnum ejus reipublicæ statum. Quum « autem est penes delectos, tum illa civitas optimatium arbi« trio regi dicitur : illa autem est civitas popularis, sic enim « appellant, in qua in populo sunt omnia (1). » Mais de plus il voudrait abstraire de ces trois formes de gouvernement, le royal, l'aristocratique et le populaire, une quatrième qui en rassemblât tous les avantages. « Quartum quoddam genus « reipublicæ maxime probandum esse sentio, quod ex his, « quæ prima dixi, moderatum et permixtum tribus (2). » Cette vue, qui n'appartient pas à Cicéron, et qu'il avait trouvée chez quelques philosophes grecs, est trop vague, a trop peu de consistance et de précision pour qu'on puisse y reconnaitre comme une prévision anticipée du gouvernement représentatif des modernes. Le philosophe romain combine seulement des formules et non pas des réalités. Mais il a reconnu avec une grande sagacité les développements successifs de la constitution romaine, comment elle fut l'ouvrage du temps et des révolutions, et non pas d'un seul législateur, différente des sociétés grecques, de Lacédémone constituée par Lycurgue, de la Crète qui se personnifie dans Minos : « Is dicere solebat, ob hanc causam præstare nostræ civi« tatis statum cæteris civitatibus, quod in illis singulis fuis« sent fere, qui suam quisque rempublicam constituissent « legibus atque institutis suis, ut Cretum Minos, Lacedemo« niorum Lycurgus, Atheniensium, quæ persæpe commutata « esset, tum Theseus, tum Draco, tum Solo, tum Clisthenes, « tum multi alii : postremo exsanguem jam jacentem doctus « vir Phalereus sustentasset Demetrius : nostra autem respu-

---

(1) *De Republica*, lib. I, cap. XXVI.
(2) *Ibidem*, lib. I, cap. XXIX.

« blica non unius esset ingenio, sed multorum ; nec una
« hominis vita, sed aliquot esset constituta sæculis et æta-
« tibus (1). » Cette république romaine, qui doit ses progrès
et sa grandeur au temps et à la suite des siècles, ne rap-
pelle-t-elle pas l'élévation successive de la constitution
anglaise, qui n'est pas sortie non plus des conceptions systématiques d'un législateur ou d'un philosophe?

Dans son *De Legibus*, Cicéron, toujours à l'exemple de
Platon, veut donner à sa république le complément des lois.
Pour la première fois, il déroule devant les Romains une
théorie philosophique de la justice et du droit ; il fait découler le juste de la nature même de Dieu, et le rend ainsi indépendant des conventions humaines ; il unit étroitement le
droit et la religion, comme philosophe et comme homme
d'État, fidèle à la fois aux maximes des anciens Romains et
des penseurs de la Grèce. Du sacerdoce il passe à l'examen
des magistratures. Vous chercherez en vain dans Cicéron
une idée neuve, un élément nouveau pour la science de la
sociabilité humaine. Il n'ajoute rien à l'Académie et au Lycée;
mais il en revêt les doctrines d'un éclat immortel et populaire (2). Ainsi dans son *De Officiis*, dans le *De Finibus
malorum et bonorum*, dans les *Tusculanæ Disputationes*,
Épicure et Zénon, Platon et Aristote, vous deviennent acces-
sibles et familiers, et leur génie semble revivre dans ces
traductions éloquentes échappées à l'imagination la plus
heureuse.

1 *De Republica*. lib. II, cap. 1.
2) S'il n'est pas un métaphysicien créateur et original, et il y a bien
peu d'hommes qui, dans l'histoire des idées, méritent ce titre, Cicéron
est supérieur dans la morale aussi bien que dans l'observation et la peinture des mœurs politiques. Sous ce dernier rapport, sa correspondance
est un trésor auquel la littérature grecque n'a rien de comparable. C'est
le monde intérieur de Rome, et presque le monde moderne. Avec les
Lettres de Cicéron, on éprouve très-souvent le même genre de plaisir
qu'à la lecture de madame de Sévigné et du duc de Saint-Simon.
(*Note de la 3e édition.*)

Pendant que l'ami d'Atticus se nourrissait ainsi de la sagesse des Grecs et goûtait de tout sans rien exclure, le Portique trouvait dans un de ses contemporains son plus ferme et son plus digne soutien. Caton avait embrassé avec ardeur la doctrine de Zénon et s'en était entretenu avec les stoïciens les plus célèbres de son siècle ; c'était chose publique à Rome que Caton était de la secte stoïque, et s'attachait à régler sa vie d'après les maximes de cette philosophie. Or, Cicéron, dans sa carrière d'orateur, eut l'occasion de railler un peu le stoïcisme de son ami. Muréna, l'un des hommes les plus distingués de la jeunesse romaine, avait fait, en débutant dans les charges, ce que faisait tout le monde : il avait pratiqué la brigue et distribué quelque argent. Caton l'accusa en s'appuyant de la lettre de la loi. Muréna choisit pour défenseur leur ami commun, qui fit de ce procès une controverse élégante de philosophie morale. Cicéron prit Caton à partie avec l'urbanité la plus délicate ; il fit honneur de toutes les qualités qui brillaient en lui à son caractère personnel, et rejeta ce que sa conduite pouvait offrir d'exagéré sur un stoïcisme d'école, s'armant d'une raillerie fine dont il était impossible de se dire blessé, puisqu'elle était un hommage à la vertu du personnage dont on se moquait un peu. Voici le résumé ironique des préceptes de Zénon : « Sapientem gra-
« tia nunquam moveri, nunquam cujusquam delicto ignos-
« cere : neminem misericordem esse nisi stultum et levem :
« viri non esse neque exorari, neque placari. Solos sapientes
« esse, si distortissimi sint, formosos ; si mendicissimi, di-
« vites ; si servitutem serviant, reges ; nos autem qui sapien-
« tes non sumus fugitivos, exsules, hostes, insanos denique
« esse dicunt : omnia peccata esse paria, omne delictum
« scelus esse nefarium ; nec minus delinquere eum qui gal-
« lum gallinaceum, cum opus non fuerit, quam eum qui pa-
« trem suffocaverit : sapientem nihil opinari, nullius rei pœ-
« nitere, nulla in re falli, sententiam mutare nunquam (1). »

(1. *Oratio pro Murena*, parag. 29.

Je ne relèverais pas cette plaisanterie littéraire assez connue si elle n'attestait que la philosophie grecque commençait à être bien connue des Romains, puisqu'un avocat pouvait devant un tribunal opposer à la rigueur stoïque la modération de l'Académie, et la recommander comme une vertu convenable à un honnête homme et à un citoyen.

Mais le stoïcisme, loin de s'éclipser avec Caton et la république, pénétra, sous l'empire, non-seulement dans les mœurs de plusieurs, mais dans la jurisprudence et la légalité. Comme il faisait de la justice le souverain bien, lui sacrifiait même l'utile, il convenait à cette jurisprudence qui resta sévère, même quand les mœurs s'amollirent, et qui semblait compenser la licence des habitudes par la rigueur antique de ses maximes. Le stoïcisme s'incorpora tellement au droit romain, qu'on peut dire, en se servant d'une expression juridique, qu'ils forment un tout indivisible. L'influence du Portique sur la jurisprudence romaine est un des plus curieux sujets que puisse rencontrer la plume de l'historien du droit romain. Toutefois, il ne faut pas oublier que les autres systèmes de la philosophie grecque, notamment la doctrine d'Épicure, pénétrèrent aussi dans la jurisprudence romaine. Trebatius, Alfenus Varus, appartenaient à la secte du rival de Zénon. On peut reconnaître, au surplus, par les passages du *Digeste*, où se trouvent cités Platon, Aristote, Chrysippe, combien les opinions des philosophes grecs étaient familières aux jurisconsultes de Rome.

La doctrine de Zénon trouva encore comme un chantre et un poëte dans un artiste moins régulier, mais plus profond que Cicéron, et qui écrivit la philosophie morale avec une concision passionnée. Sénèque fut très-embarrassé toute sa vie; précepteur de Néron, il ne savait comment corriger ni comment quitter cet étrange disciple : mais au moins il a racheté une vie incertaine par une mort convenable. On s'est disputé sa mémoire avec acharnement; tour à tour calomnié et vigoureusement défendu, Sénèque se présente à la posté-

rité sous le patronage de Tertullien, de plusieurs autres Pères
de l'Église, d'Érasme, de Montaigne, de Juste-Lipse et de
Diderot. Ce dernier a écrit pour Sénèque un véritable factum ; il plaide en avocat pour la sainte cause de la philosophie, il apostrophe les adversaires du Romain, les couvre de
confusion : singulier don qu'avait reçu si pleinement cet
homme de ranimer, par l'enthousiasme d'une âme bouillante, d'anciens débats qui semblaient oubliés. Au seizième siècle, Juste-Lipse défendit aussi la gloire de Sénèque ; dans une excellente histoire du stoïcisme (1), il
lui consacre une dissertation spéciale pour louer ses écrits
et justifier sa vie. Les traités du philosophe décèlent un
sentiment plus profond que chez tous ses devanciers de la
dignité de la nature humaine. C'est celui des anciens qui
entre le plus avant dans la moralité de l'homme et pressent
davantage les droits et les secrets de son individualité. J'en
choisirai une preuve unique, mais décisive. Dans son traité
De Beneficiis, il se demande si un esclave peut obliger son
maître (*beneficium dare*) ; car on peut objecter que l'esclave
ne peut offrir à son maître que son ministère et qu'il ne saurait lui rendre service (*officium*) ni l'obliger (*beneficium*).
Voici la réponse de Sénèque : « Præterea servos qui negat
« dare aliquando domino beneficium, ignarus est juris humani ; refert enim cujus animi sit qui præstat, non cujus
« status. Nulli præclusa virtus est ; omnibus patet ; omnes
« admittit ; omnes invitat : ingenuos, libertinos, servos, reges et exules : non elegit domum, nec censum ; nudo ho-

---

(1) Manuductionis ad stoicam philosophiam libri tres, L. A. Senecæ
aliisque scriptoribus illustrandis. — Le célèbre Muret commençait ainsi
un discours qu'il prononça à Rome, en 1575, avant d'expliquer le traité
de Sénèque *Sur la Providence* : « De Seneca nihil hoc loco constitui dicere ; nam, si vituperatores illius confutare vellem, necessario mihi ducenda essent præcipua argumenta e scriptis ipsius, ut ostenderem eum
« et doctrinæ copia et scribendi elegantia longe multumque omnibus obtrectatoribus suis præstitisse. »

« mine contenta est. » Et plus loin, après une peinture pathétique du courage qu'aura déployé l'esclave résistant aux menaces et aux tortures pour sauver son maître, après avoir montré que la vertu dans l'esclavage est plus méritoire encore, il écrit ces mots presque chrétiens : « Errat si quis
« existimat servitutem in totum hominem descendere; pars
« melior ejus excepta est. Corpora obnoxia sunt et adscripta
« domino ; mens quidem sui juris, quæ adeo libera et vaga
« est, ut ne ab hoc quidem carcere cui inclusa est teneri
« queat, quo minus impetu suo utatur et ingentia agat, et in
« infinitum comes cœlestibus exeat. Corpus itaque est quod
« domino fortuna tradit; hoc emit, hoc vendit : interior illa
« pars mancipio dari non potest (1). » Voilà enfin des idées humaines : *Jus humanum; nudo homine contenta est;* la légalité de l'esclavage ne s'attachant plus qu'au corps; mais l'âme s'appartenant à elle-même (*sui juris*), ne pouvant être l'objet d'un contrat civil, *mancipio dari non potest.* Nous sommes loin d'Aristote et de ses misérables sophismes.

Quand Domitien expulsa les philosophes de Rome, un esclave phrygien se retira à Nicopolis et y enseigna sans doute sa doctrine. Ses maximes, qui ont été conservées ainsi que les commentaires de Simplicius, nous livrent la théorie complète de la résignation et de l'insensibilité stoïque. On ne peut pousser plus loin la noble exagération d'une vertu solitaire. Marc-Aurèle sur le trône ne tire du Portique que des règles de conduite individuelle; et son stoïcisme n'a pas ranimé l'empire. C'est que le mérite unique de cette philosophie fut d'exalter outre mesure l'individualité, mais sans la féconder : le stoïcien doit s'abstenir et doit supporter, mais rien ne l'oblige d'agir; il résiste toujours, jamais il ne veut conquérir; loin d'aimer les autres hommes qu'il ne trouve pas à son point, il les méprise; il se retire dans son orgueil, comme Achille sous sa tente; il se gonfle, il ne s'épanche

---

1) Lib. III, *de Beneficiis*, cap. xxviii, xxix et xxx.

pas. Insociable à force d'héroïsme, pour lui toutes les fautes sont égales, tous les manquements à la morale sont de même valeur. Chrysippe faisait ce beau raisonnement : Soyez à cent stades de distance de Canopes, ou n'en soyez éloigné que d'un seul, dans les deux cas vous n'êtes pas à Canopes : soyez de même à quelques pas de la vertu ou à une distance infinie, dans les deux cas vous n'êtes pas dans la vertu (1). Quand une doctrine a le malheur d'être aussi sophistiquement logique, elle est antisociale. Toutefois, les stoïciens ne demandaient pas mieux que de se mêler des affaires ; leurs sages devaient être des hommes politiques : mais qu'ont-ils fait ? quel dévouement pour l'humanité ? quelle grande action historique, sauf la protestation et la mort de Caton ? où sont les actes positifs, les institutions durables ? où est la parole et le pain pour l'humanité ?

CHAPITRE IV.

LE CHRISTIANISME

Pendant que Sénèque écrivait, il y avait déjà des chrétiens dans Rome (2); et, quand saint Paul arriva dans la ville éternelle, il y trouva une communion d'hommes qui s'étaient rassemblés au nom de Jésus-Christ et pratiquaient une vertu nouvelle. Le dernier et le plus pur effort du paganisme avait

---

(1) Diogen. Laërt., *Zénon*, lib. VII, cap. I, n° 44.

(2) Nous n'avons pas besoin de la prétendue liaison entre saint Paul et Sénèque pour expliquer le caractère si profond de la morale du philosophe. Les temps étaient arrivés, et Sénèque aboutissait, par la philosophie, au pressentiment du christianisme. Comme Platon, il poussait la morale antique à la rencontre d'une morale nouvelle. Ainsi va le cours des choses ; ainsi marchent la nature et l'esprit humain, opérant leurs révolutions par des transitions qui rapprochent les termes, plaçant et distribuant les grands hommes aussi bien à la fin d'une civilisation qui s'en va qu'à l'aurore d'un ordre nouveau qui s'élève ; et les grands hommes forment ainsi la chaîne des idées.

enfermé l'homme dans une exaltation solitaire ; mais il ne suffit pas de poser avec noblesse devant le genre humain, il faut le servir, l'entraîner et le convaincre : or, voici une doctrine qui non-seulement purifie l'individualité comme le stoïcisme, mais la vivifie, la console et la relève par la promesse formelle d'ouvrir les cieux à l'homme pour réparer l'injustice de la terre. C'est autre chose qu'une opinion philosophique sur la vraisemblance de la divinité de l'âme ; c'est l'annonce positive d'une autre vie : il y a là un langage inconnu et supérieur aux autres philosophes. Mais, non contente de redresser la personnalité humaine en l'abouchant avec Dieu, la nouvelle doctrine enseigne que tous les hommes sont frères, et sont égaux devant celui qui les a créés ; elle apporte ainsi un principe nouveau de sociabilité. Sénèque lui-même, qui avait parlé du droit de l'humanité (*jus humanum*), est dépassé par l'avénement de cette fraternité naturelle, de cette égalité des hommes entre eux : principe tellement profond, qu'encore aujourd'hui il est diversement commenté, et qu'il s'élève de tragiques débats sur ses légitimes conséquences.

J'ai déjà considéré (1) l'établissement politique du christianisme, la nécessité du droit canonique et les fruits de la réforme. Il faut examiner ici comment s'est développée dans la tête des penseurs la sociabilité du christianisme et les théories politiques qui sont sorties tant de l'ancienne loi que de la nouvelle.

Évidemment une doctrine qui contenait l'abolition virtuelle de toute inégalité contraire à la nature des choses, qui niait la légitimité de l'esclavage, fondement de la société antique, portait dans son sein une suite inépuisable de révolutions. Mais, pensant que chaque jour suffit à sa peine, marchant avec patience et naïveté dans sa large voie, le christianisme s'accommoda longtemps des institutions au milieu desquelles il fut obligé de passer son enfance et sa première jeunesse.

(1) Liv. III, chap. III.

Jésus avait dit : Rendez à César ce qui appartient à César. On avait tenté de l'ériger en tribun politique ; il ne donna pas dans le piége : il rendait à César ce qui lui appartenait, parce qu'il avait l'ambition de fonder quelque chose de plus grand que César.

Saint Paul, consulté par des chrétiens qui ne savaient comment accorder leur nouvelle doctrine avec la domination qui pesait sur eux, Romains opprimés par Tibère, Claude et Néron, et qui avaient encore quelques souvenirs de la liberté antique, leur recommande d'obéir aux puissances du monde :

« Omnis anima potestatibus sublimioribus subdita sit :
« non est enim potestas, nisi a Deo ; quæ autem sunt, a Deo
« ordinatæ sunt.

« Itaque qui resistit potestati, Dei ordinationi resistit. Qui
« autem resistunt, ipsi sibi damnationem acquirunt ;

« Nam principes non sunt timori boni operis, sed mali. Vis
« autem non timere potestatem : bonum fac et habebis lau-
« dem ex illa ;

« Dei enim minister est tibi in bonum ; si autem malum fe-
« ceris, time : non enim sine causa gladium portat. Dei enim
« minister est ; vindex in iram ei qui malum agit.

« Ideo necessitate subditi estote, non solum propter iram,
« sed etiam propter conscientiam.

« Ideo enim et tributa præstatis ; ministri enim Dei sunt,
« in hoc ipsum servientes.

« Reddite ergo omnibus debita : cui tributum, tributum ;
« cui vectigal, vectigal ; cui timorem, timorem ; cui honorem,
« honorem.

« Nemini quidquam debeatis, nisi ut invicem diligatis ; qui
« enim diligit proximum, legem implevit (1). »

(1) *Epist. ad Romanos*, cap. XIII.

Ainsi tout pouvoir vient de Dieu, et les supériorités sociales proviennent de la nature des choses. Résister au pouvoir, au principe d'autorité, c'est résister à ce qui a été décrété par Dieu, et prononcer ainsi soi-même sa propre condamnation. Il n'y a pas à craindre les puissances de la terre quand on veut faire une bonne œuvre, mais seulement quand on veut en faire une mauvaise. Voulez-vous donc n'avoir rien à appréhender du pouvoir : faites le bien, et vous serez loué par cette même puissance. Ainsi donc, prenant votre position dans la nécessité politique, soumettez-vous au pouvoir de fait, non-seulement à cause des dangers que pourrait faire courir la colère du prince, mais en vertu du principe même de la moralité intérieure. Rappelez-vous que ce que vous devez constamment à votre prochain est de l'aimer. Dans cet amour sont compris tous les devoirs et la plénitude de la loi.

On le voit, saint Paul ne voulait pas engager les destinées de sa doctrine dans les sentiments et dans les chances d'une lutte politique. En disant : Soumettez-vous aux puissances, car toute puissance vient de Dieu, il n'était pas sans penser qu'un jour sa propre doctrine deviendrait aussi une puissance, et qu'alors, en vertu de ce grand principe, *omnis potestas a Deo*, qui cherche la raison du pouvoir dans la raison générale, elle fonderait quelque chose d'autrement novateur et d'autrement subversif de l'antiquité que s'il appelait les chrétiens à une insurrection immédiate. Cette politique de saint Paul, tout ensemble prudente, transitoire et pleine d'élévation, anima constamment l'Église chrétienne ; cette cité de Dieu s'accommode des misères et des nécessités de la cité terrestre, en attendant l'heureux moment où elle pourra la régir et la dominer; et le principe de saint Paul, *omnis potestas a Deo*, sera tour à tour disputé et commenté par la théocratie, le génie monarchique et les théories républicaines.

En 354 naquit un Africain qui devait donner à l'Église

chrétienne un corps de [...] doctrine, combiner le néoplatonisme et l'Évangile, passer neuf ans dans le manichéisme pour le répudier et le combattre, et doter son siècle d'une philosophie religieuse où les faibles comme les forts pourraient trouver nourriture et consolation. Nous n'avons pas à nous occuper de la théologie même de ce grand homme. Mais il a consigné dans une œuvre capitale le précieux témoignage de la pensée des chrétiens sur leurs rapports sociaux : la *Cité de Dieu* est un poëme véritable. Je considère le fond et non pas le style, il est clair que saint Augustin n'écrit pas le latin comme Cicéron ; mais, sans nous embarrasser de ces soucis de rhéteur, cherchons l'esprit et la raison de la *Cité de Dieu*.

C'était une rumeur générale qu'il fallait attribuer la décadence de l'empire à ces chrétiens qui avaient renversé le culte des dieux, et qu'ils étaient coupables aussi bien de la détresse de la vieille société que de l'inondation des barbares. Dans les dix premiers livres de la *Cité de Dieu*, saint Augustin répond à cette calomnie. Il accuse à son tour le paganisme, lui demande compte de ses doctrines et de ses actes, le poursuit dans les idées et les vertus dont il se glorifiait le plus, insulte à ses ruines par une polémique impitoyable ; puis il établit que dans la nature des choses il y a deux cités, la cité de Dieu et la cité de l'homme ; que celle de l'homme a été enfantée par le mauvais génie de l'orgueil ; qu'au contraire celle de Dieu, incorruptible et pure, dont l'origine remonte aux premiers jours célébrés par l'Ancien Testament, est arrivée peu à peu à descendre sur la terre par le christianisme.
« Deux amours ont bâti deux cités : l'amour de soi-même jus-
« qu'au mépris de Dieu, celle de la terre ; et l'amour de Dieu
« jusqu'au mépris de soi-même, celle du ciel ; car l'une se
« glorifie en soi, et l'autre dans le Seigneur ; l'une brigue la
« gloire des hommes, et l'autre ne veut pour toute gloire que
« le témoignage de sa conscience ; l'une marche la tête levée,
« toute bouffie d'orgueil, et l'autre dit à son Dieu : Vous êtes

« ma gloire, et c'est vous qui me faites marcher la tête levée;
« en l'une, les princes sont possédés de la passion de domi-
« ner sur leurs sujets, et, en l'autre, les princes et les sujets
« se rendent des assistances mutuelles, ceux-là par leur bon
« gouvernement, ceux-ci par leur obéissance, l'une se flatte
« de sa vertu en la personne de ses souverains, et l'au-
« tre dit à Dieu : Seigneur, qui êtes ma vertu, je vous aime-
« rai (1). »

Saint Augustin fait de Caïn le premier citoyen de la cité terrestre, et d'Abel le premier citoyen de la cité de Dieu. Il déroule toutes les traditions de l'Ancien Testament, la suite des
prophéties jusqu'à l'avénement de Jésus; puis il reprend l'histoire du monde profane depuis Abraham, comparant sans
cesse l'esprit et les mérites des deux cités. Mais comment,
en face des puissances de la terre, les habitants de la cité céleste se comporteront-ils? Voici la réponse : « Nous avons
« intérêt que le peuple qui méconnaît le vrai Dieu jouisse
« d'une certaine paix pendant cette vie, parce que, tandis que
« les deux cités sont mêlées ensemble, nous nous servons
« nous-mêmes de la paix de Babylone dont le peuple de Dieu
« est tellement séparé par la foi, qu'il demeure dans son en-
« ceinte en lui restant étranger. C'est pourquoi l'Apôtre aver-
« tit l'Église de prier pour les rois et les grands du monde,
« afin, dit-il, que nous menions une vie tranquille, en toute
« piété et charité. Et Jérémie en prédisant à l'ancien peuple de
« Dieu sa captivité, en lui commandant de sa part d'aller en
« Babylone, sans résister, afin de lui donner cette preuve de
« sa patience, l'avertit aussi de prier pour cette ville, parce
« que, dit-il, vous trouverez votre paix dans la sienne, c'est-
« à-dire une paix temporelle qui est commune aux bons et
« aux méchants (2). » Le christianisme ne songeait donc
pas alors à gouverner la terre, mais seulement à y vivre

1) Liv. XIV, chap. xxviii.
(2) Liv. XIX, chap. xxvi.

tranquille et à partager la paix des gentils et des infidèles.

De ce mépris un peu forcé pour l'empire de la terre, le christianisme passa successivement à la dictature sous Grégoire VII, et à l'insurrection par Luther. La papauté fit mieux que d'écrire des théories, elle gouverna avec autorité. La réforme s'annonça aussi par des résultats positifs, mais elle devait nécessairement unir la pensée à l'action, et communiquer aux intelligences un ébranlement fécond. C'est ainsi qu'Aristote, dont la philosophie s'était incorporée avec la discipline du moyen âge, dont les uns disaient que sans lui la nature n'eût pas été complète, sur quoi d'autres ajoutaient qu'il était lui-même une seconde nature; qui eut le singulier privilége d'être commenté à la fois par le mahométisme et le christianisme, partagea le sort du moyen âge, et, comme lui, vit son autorité répudiée. Luther ne tarit pas en invectives sur Aristote, et il ne l'aime pas plus que le pape (1). Ramus, au nom même de la philosophie, rompt avec le péripatétisme.

---

(1) Plus tard, Luther se réconcilia avec Aristote. C'est ce qu'a fort bien établi un savant écrivain auquel on doit de remarquables travaux littéraires et philosophiques, M. Christian Bartholmèss. Voici comment il s'exprime sur ce changement de Luther : « ..... Dans la dernière partie de sa vie, lorsqu'il fallait édifier sur les ruines, et en même temps contenir l'illuminisme des anabaptistes, Luther modifia singulièrement son opinion, et prêta l'oreille aux représentations de Melanchton. Déjà il avait permis à son *grammairien* de citer Aristote avec éloge dans la *Confession d'Augsbourg*; plus tard, il lui accorda que « l'humaine raison, loin d'être « un feu follet, était une faculté extraordinaire; que, si elle ne compre- « nait pas d'une manière positive ce qu'est Dieu, elle concevait du moins « ce qu'il n'est pas; qu'enfin elle était quelque chose de surnaturel, un « *soleil* et une *divinité* placés dans notre existence pour tout dominer, et « plutôt fortifiés qu'affaiblis depuis la chute d'Adam. » De proche en proche, Melanchton l'amena à convenir qu'il s'agissait non pas de repousser la philosophie même, mais de la purger des rêveries absurdes de certains philosophes, *nugas philosophorum*. Luther finit par regarder Aristote comme le plus pénétrant des hommes, *acutissimum hominem*, et son *Éthique* comme un de ses meilleurs ouvrages. » (*Jordano Bruno*, tom. I, pag. 150, 151.) (*Note de la 3e édition.*)

Le mouvement est général pour réclamer la liberté de conscience et de pensée.

C'est alors que le catholicisme et la réforme se disputent à l'envi l'esprit et les textes du christianisme, et tour à tour s'autorisent de Dieu, les uns pour garder le pouvoir, les autres pour conquérir l'indépendance. L'Espagne, que nous n'avons pas encore nommée dans cette série de révolutions et de théories, cette péninsule, si fière et si poétique dans ses superstitions naïves, qui semble mettre sa gloire à rester volontairement immobile sous le sceptre du catholicisme et d'une légalité dont elle doit les origines aux barbares et aux Romains ; l'Espagne produit alors des jurisconsultes et des savants qui tracent la théorie du droit divin, et s'efforcent d'opposer une digue aux innovations des réformés. Suarès compose son traité *De Legibus et Deo legislatore*. Soto écrit un livre *De Justitia et Jure*. Mariana, de la compagnie de Jésus, dédie son traité *De Rege et Regis Institutione* à Philippe III, roi d'Espagne (1). Dans le sixième chapitre du premier livre, Mariana traite cette question : *an tyrannum opprimere fas sit?* Il met en scène Jacques Clément, le montre frappant Henri III, et son récit dramatique implique une approbation véritable. Mais, ajoute-t-il, cette action a suscité une vive controverse ; on a prétendu qu'il n'était pas permis de tuer un roi. Ici, énumération des raisons qui appuient cette opinion. *Sic disputant qui tyranni partes tuentur.* Mais on peut leur opposer d'autres raisons aussi nombreuses et aussi fortes. *Populi patroni non pauciora neque minora præsidia habent.* Alors, Mariana établit qu'une fois bien constaté qu'un homme est un tyran, il est parfaitement licite de le tuer. La difficulté, dit-il, n'est pas de savoir s'il faut tuer un tyran, mais bien de constater si le prince oppresseur est véritablement un tyran, parce qu'il ne faudrait pas le tuer légèrement. *Ita facti quæstio in controversia est, quis me-*

---

1) L'édition que nous avons sous les yeux est la seconde, de 1611.

rito tyrannus habeatur : juris in aperto fas fore tyrannum perimere. Aussi Mariana estime que le meilleur moyen pour le peuple qui voudra se faire justice sera de se réunir en assemblée, en *convention*, pour délibérer sur le parti à prendre, et que ses résolutions doivent avoir force de lois. « Atque ea « expedita maxime et tuta via est, si publici conventus facul- « tas detur communi consensu statuendum sit quid delibe- « rare : fixum ratumque habere quod communi sententia ste- « terit. » Mais, se demande le théoricien, s'il est impossible d'assembler une convention nationale, et si l'État est trahi, au moment de périr, quel moyen prendre? Mariana se fait effort, mais enfin, conclut-il, je crois que celui qui courra sus au tyran fera bien. *Haud quaquam inique eum fecisse existimabo.* Ainsi voilà un écrivain de la société de Jésus coupable non d'un régicide, mais, ce qui est plus triste encore, de la théorie du régicide, s'attachant à établir par voie de raisonnement la légitimité philosophique d'un acte criminel auquel des peuples ont été emportés par une détestable fatalité. Saint-Just était préférable quand il disait : « Il ne s'agit pas « de juger Louis XVI, il s'agit de le tuer. » Mais Mariana, avec son apologie sentencieuse et morale, cherchant les raisons philosophiques du régicide pour les cas futurs et possibles, et faisant d'avance comme provision de sophismes, voilà la plus profonde aberration de la pensée humaine.

De son côté la réforme composait le livre de Hubert Languet, *Vindiciæ contra tyrannos, sive de principis in populum populique in principem legitima Potestate* (1). Hubert Languet était un gentilhomme bourguignon dont le nom se trouva mêlé à beaucoup d'affaires du seizième siècle : questions littéraires, questions politiques, controverses religieuses. Il fut l'élève et l'ami de Melanchton, et représenta la cour électorale de Saxe auprès de Charles IX. Destinée

---

(1) Voyez Bayle, Dissertation concernant le livre de *Junius Brutus*, imprimé l'an 1519.

qui ne laisse pas d'être singulière pour un gentilhomme français. Languet écrivit les *Vindiciæ contra tyrannos* deux ans après la Saint-Barthélemy, et mourut sans avoir publié son livre. Ce fut Duplessis-Mornay qui l'édita sans en faire connaître l'auteur, et en y mettant une préface sous un nom supposé (1).

L'Angleterre paraît à son tour dans cette polémique, où le christianisme joue un si grand rôle. Ce furent des hommes qui passaient leur vie à chercher le Seigneur qui envoyèrent Charles Ier à l'échafaud. Milton, la Bible à la main, commente le meurtre du roi. Saumaise le maudit en s'appuyant sur d'autres textes. Misère de l'esprit humain, s'acharnant à une lettre étroite et se montrant incapable de saisir la vérité générale du christianisme. Cinquante ans après, Sidney payait de son sang les arrhes de l'irrévocable révolution qui devait précipiter les Stuarts. Il avait eu fort à cœur de prouver que la liberté et la république étaient de droit divin, que Dieu les avait établies chez son peuple modèle, et que la constitution de la Judée était aristocratico-démocratique. Déjà Calvin avait entamé cette démonstration : « Mais, dit Sidney, je puis dire hardiment que Calvin n'est
« pas le seul qui ait été de cette opinion. Josèphe, Philon
« et Maimonides, aussi bien que les meilleurs auteurs juifs
« et chrétiens, ont dit la même chose longtemps avant lui.
« Josèphe dit positivement que le premier crime de Saül fut
« d'avoir aboli le gouvernement aristocratique ; ce que ce
« prince ne pouvait pas faire, si ce gouvernement n'avait été
« établi parmi les Israélites avant lui. Philon attribue l'institution du gouvernement monarchique, tel qu'il était en
« Israël, non à Dieu ou à sa parole, mais à un peuple insensé

---

(1) On peut consulter aujourd'hui une intéressante biographie d'Hubert Languet, que vient de publier un ancien magistrat, M. Henri Chevreul, et qu'il a eu l'avantage d'écrire sur des documents authentiques et des papiers de famille. (*Note de la 3e édition.*)

« et criminel. Abarbanel dit que ce gouvernement doit son
« origine à l'idolâtrie à laquelle les voisins des Israélites
« étaient adonnés, et qui ne pouvait être établie que par un
« gouvernement contraire à celui que Dieu avait institué.
« Maimonides dit souvent la même chose, s'appuyant des
« paroles d'Osée : Je leur donnai des rois dans ma colère.
« Et quiconque voudra regarder cela comme une institution
« divine pourra donner le même nom à la peste et à la fa-
« mine ; ce qui étant trop absurde pour être soutenu par une
« créature raisonnable, j'ose dire, sans craindre de me trom-
« per, que les rois d'Israël n'ont pas été établis de Dieu,
« mais qu'ils ont été donnés à ce peuple pour le punir du
« péché qu'il avait commis en méprisant le gouvernement
« que lui-même avait institué parmi eux (1). » Sidney décrit
ensuite la constitution antérieure à la monarchie qui vint
affliger les Hébreux. « Ils avaient un principal magistrat
« qu'on nommait juge ou capitaine, comme Josué, Gédéon
« et les autres, un conseil de soixante et dix personnes choi-
« sies, et des assemblées générales de toute la nation (2). »
L'écrivain anglais poursuit la monarchie à travers toute
l'histoire, la condamne dans les divers États du continent,
et s'exprime ainsi sur la France : « Les Français sont en
« apparence plus heureux, mais rien au monde ne surpasse
« la misère où ce peuple est réduit à l'abri du soin paternel
« de son triomphant monarque. Semblables aux ânes et aux
« mâtins, le plus grand bonheur dont ils jouissent, c'est de
« travailler et de combattre, d'être opprimés et massacrés
« pour le plaisir de leur bon maître. Ceux d'entre eux qui
« ont de l'esprit n'ignorent pas que leur adresse, leur cou-
« rage et leurs bons succès non-seulement ne leur sont d'au-
« cune utilité, mais même que tout cela contribue à leur
« ruine, et qu'en travaillant à l'accroissement de la puissance

---

(1) *Discours sur le gouvernement*, t. I, sect. IX.
(2) *Ibidem*.

« de leur maître, ils ne font qu'appesantir leur chaîne (1). »

Mais voici venir le vengeur et l'appui de Louis XIV : Bossuet seul soutient tout l'effort du protestantisme, l'attaque, profite de l'embarras où s'étaient mis les premiers novateurs en présentant leur réforme comme une œuvre définitive, relève les contradictions où plus tard ils étaient tombés ainsi que leurs successeurs, et triomphe de ces variations. Les réformés furent ainsi punis de n'avoir pas gardé le principe de liberté dont ils s'étaient armés, et d'avoir voulu couronner une insurrection par le despotisme. Claude et Jurieu ne pouvaient pas eux-mêmes reprendre toute l'indépendance nécessaire. Aussi, comme polémique, l'histoire des *Variations* de Bossuet est irréfutable et immortelle, au point du dogme et de la théologie catholique. Seulement le protestantisme a pu répondre avec quelque raison qu'il n'était pas plus juste de lui reprocher ses variations qu'au premier christianisme ses mille hérésies. C'eût été en effet un étrange début pour des novateurs que l'uniformité, et pour la réforme elle-même, qui est le triomphe de l'indépendance, un véritable contre-sens.

Le christianisme, sous la plume de l'évêque français, sera tout à fait monarchique, se séparera de l'esprit démocratique de la Bible et du génie de la théocratie romaine, pour consolider une Église gallicane dont la royauté sera maîtresse en continuant d'honorer le Vatican. Bossuet, qui, dans sa revue de l'histoire de la terre, a subordonné toutes les nations au peuple juif, subordonne dans sa *Politique* toutes les institutions à la monarchie. Son livre, composé de centons tirés de l'Écriture sainte, et destiné à l'instruction de Monsieur le Dauphin, enseigne que, s'il y a eu d'autres formes de gouvernement que la royauté, la monarchie est la forme la plus commune, la plus ancienne et aussi la plus naturelle. La Bible est invoquée. « Le peuple d'Israël se réduisit de lui-même à la

---

(1) *Ibidem*, t. I, sect. xxxvi.

« monarchie, comme étant le gouvernement le plus universel-
« lement reçu. *Établissez un roi pour nous juger, comme
« en ont tous les autres peuples.* Si Dieu se fâche, c'est à
« cause que jusque là il avait gouverné ce peuple par lui-
« même, et qu'il en était le vrai roi ; c'est pourquoi il dit à
« Samuel : *Ce n'est pas toi qu'ils rejettent, c'est moi qu'ils
« ne veulent pas pour régner sur eux.* » Ainsi le même fait
est tiraillé par Sidney et Bossuet ; l'un veut l'adapter à ses
théories républicaines, l'autre le revendique pour la monarchie. Bossuet est-il ici tout à fait au niveau de lui-même ? Il
s'autorise de Rome qu'il pense avoir commencé par la monarchie, et qui est enfin revenue comme à son état naturel.
Il remarque que les Suisses étaient auparavant sujets des
princes de la maison d'Autriche ; que les Provinces-Unies ne
font que sortir de la domination de l'Espagne et de celle de
la maison de Bourgogne ; même genre de raisonnement sur
les villes libres d'Allemagne et d'Italie ; enfin, il termine par
cette conclusion : « Tout le monde donc commence par
« des monarchies, et presque tout le monde s'y est con-
« servé comme dans l'état le plus naturel. Aussi avons-
« nous vu qu'il a son fondement et son modèle dans l'em-
« pire paternel, c'est-à-dire dans la nature même : les hom-
« mes naissent tous sujets, et l'empire paternel qui les
« accoutume à obéir les accoutume en même temps à n'a-
« voir qu'un chef (1). » C'est une incomplète théorie sur
la sociabilité humaine que d'en voir exclusivement l'idéal
dans la forme monarchique, et de rapetisser le christianisme aux proportions de la royauté, fût-ce même la royauté
de Louis XIV.

La révocation de l'Édit de Nantes non-seulement offensa
la liberté de conscience, mais altéra l'empire que la religion
exerçait sur les âmes. L'intolérance, qui avait chassé loin du
sol natal tant de Français, laissa dans l'esprit de la nation
un ressentiment vif, un mécontentement profond. Aussi l'opi-

(1) *Politique tirée de l'Écriture sainte*, liv. II, propositions III-XVII.

nion accorda sur-le-champ sa faveur aux premières saillies d'un talent téméraire. Certes, quand Voltaire faisait dire à Jocaste pour consoler OEdipe :

> Nos prêtres ne sont pas ce qu'un vain peuple pense ;
> Notre crédulité fait toute leur science ;

pas plus que Luther au début de sa réforme, il ne mesura de l'œil l'étendue de la carrière où il s'engageait ; il ne prévoyait pas cette guerre opiniâtre déclarée non-seulement au clergé, mais aux principes même du christianisme. Plus tard, dans les emportements et dans les précipitations de sa colère, il ne s'aperçut pas que ses coups portaient trop loin ; il ne comprit pas que le christianisme au fond était une pensée d'émancipation, de progrès et de liberté, qu'il était insensé de proscrire au nom de la philosophie et de l'humanité (1). Nous verrons Jean-Jacques éviter cette erreur et défendre le spiritualisme religieux.

Le christianisme, dans son essence et dans sa grandeur, est une pensée pure, indépendante de toutes les formes ; il console et relève l'homme individuel ; il tend à établir dans la sociabilité humaine toute l'égalité possible : c'est-à-dire qu'à l'heure qu'il est, il reste l'idée la plus générale qui se soit encore produite. En ce sens, Schelling a eu raison de dire que le christianisme comprend l'universalité des choses (2). C'est frappé de cette supériorité de la doctrine chrétienne sur les autres doctrines connues qu'un philosophe célèbre, Saint-Simon, a écrit son *Nouveau christianisme*.

(1) On peut reconnaître que, dans Voltaire, j'ai toujours distingué l'homme d'un beau génie littéraire du fanatique qui voulait détruire le christianisme. J'aurais dû seulement accentuer davantage cette distinction. Il y a, pour ainsi dire, deux natures dans Voltaire, d'une égale fécondité pour le bien et pour le mal. L'une est droite, généreuse, excellente ; l'autre est maligne et perverse. C'est cette opposition même qui fait de Voltaire un nom impérissable. (Note de la 3ᵉ édition.)

(2) Schelling, *Vorlesungen über die Methode des academischen Studium*, chap. VIII.

Il est intéressant d'observer comment ce penseur original arriva au sentiment religieux. Saint-Simon avait débuté par l'athéisme; mais après avoir longtemps vécu, mais fatigué de tous les spectacles qui avaient passé sous ses yeux, naturellement il se trouva croire en Dieu. Comme il poursuivait toujours le principe de l'association, il reconnut qu'un homme ne pouvait se rattacher à un autre homme qu'en vertu d'une idée qui leur serait commune, et il appela le christianisme divin parce qu'il avait rallié les hommes; il mit uniquement la religion dans la sociabilité, et il eut ainsi l'avantage sur le dix-huitième siècle de comprendre un des attributs de la pensée religieuse; mais, ni théologien ni métaphysicien, il n'en vit pas les autres faces.

Si la religion était renfermée tout entière dans un code de morale rationnelle et pratique, où serait son caractère et son génie? Sans entrer dans le domaine de la théologie, rappelons la seconde partie du christianisme qui appartient à la foi. Or, voici en substance le dogme chrétien : l'homme est la proie d'une corruption originelle qui date de sa venue sur la terre, et c'est pourquoi saint Paul a dit que *nous étions morts en Adam*. Cette corruption a voué inévitablement notre nature au péché, qui ravale l'homme par une dure et abjecte fatalité. Cependant il y eut un moment où Dieu prit en pitié la race humaine, qui chaque jour dans l'abîme du vice descendait un degré de plus. Au milieu de nos passions, de nos erreurs et de nos crimes, qui avaient atteint des proportions monstrueuses, Dieu intervint par une médiation divine : il envoya son fils parmi les hommes. Mystère d'amour qui devait sauver l'humanité du joug qui l'opprimait.

Le véritable fondement du christianisme est l'indignité de l'homme, qui se trouve racheté par la bonté divine et qui cependant reste à sa merci. Entre la miséricorde et la colère de Dieu, l'homme doit toujours craindre, ou plutôt, par ses élans de foi et d'amour, il doit appeler sur lui les rayons de la lumière céleste, d'où seulement il peut tirer sa force et son bonheur.

Or de nos jours, au milieu de toutes les théories et de tous les systèmes qu'enfante l'esprit philosophique, où le christianisme trouvera-t-il sa force, si ce n'est dans l'essence même des dogmes de la révélation? Autrement, il se réduirait à n'être qu'une variante du rationalisme. Plus l'humanité s'exalte et se glorifie, plus l'office de la religion est de lui dénoncer que sans Dieu elle ne peut rien, que hors de Dieu, elle s'agite dans un douloureux néant.

La mission du christianisme n'est pas de se montrer *humanitaire*, comme on dit dans le jargon du jour, mais bien d'inspirer à l'homme le désir d'un monde placé au delà de l'humanité. Je suis toujours convaincu, comme autrefois, que le christianisme a sa part dans le développement des institutions et dans le triomphe de la liberté civile. Mais aujourd'hui ce résultat est obtenu. Maintenant que faire de la liberté? comment organiser l'avenir? Dans ce nouveau travail, les représentants et les ministres du christianisme ne sauraient se méprendre sur la nature de leur rôle, ni se mettre à doubler, pour ainsi dire, les rationalistes et les philosophes. Leur mission est autre : elle est dans la guérison, dans le changement des âmes, dans l'affranchissement de l'homme de la tyrannie des sens et des passions, dans la régénération complète de l'homme intérieur, qu'il faut remettre en rapport avec la sagesse divine. Il est écrit dans l'Évangile : « Cherchez d'abord le royaume de Dieu et sa jus- « tice, le reste vous sera donné par surcroît. » Ainsi donc changez les âmes, et le reste vous sera donné par surcroît : or, ce reste n'est autre chose que la transformation pacifique et féconde de la société.

CHAPITRE V.

MACHIAVEL.

Dès que les Romains eurent soumis Tarente et chassé Pyrrhus, l'unité politique de l'Italie commença ; elle se développa sous la république, se confirma sous César et sous Auguste, fut troublée par Constantin, expira avec Augustule; unité où aspire encore aujourd'hui l'Italie après tant de déceptions et d'épreuves. Mais que de détours ne prend pas l'histoire ! Ainsi Grégoire VII, qui voulait soumettre la Péninsule à sa théocratie, suscite au contraire les républiques italiennes. Ce pape, plus que tout autre, avait mis aux prises le Nord et le Midi ; à chaque règne l'empereur passait les monts pour aller prendre sur l'autel de Saint-Pierre la couronne impériale ; guerres toujours renaissantes, lutte du sacerdoce et de l'empire, des Guelfes et des Gibelins, orages qui fécondèrent l'indépendance des villes italiennes. Milan, destiné à servir tour à tour de garnison à l'Allemagne et à la France, combat les empereurs avec héroïsme. Venise donne l'exemple d'un patriciat despote et persévérant comme un seul homme. Gênes, cet amphithéâtre de marbre au milieu de la Méditerranée, se glorifiera de Doria et de Colomb. Déjà, dans l'antiquité, la Toscane avait devancé Rome par une civilisation moitié orientale, moitié grecque, et la sagesse de ses Lucumons avait brillé dans Fisole et dans Volaterre. Florence, au moyen-âge, passe tour à tour de l'aristocratie au régime populaire, du patronage des Médicis à l'insurrection ; incapable de liberté comme de servitude (1),

(1) Au quinzième siècle, Mathieu Palmieri, un de ces anciens auteurs que les Italiens aiment à relire aujourd'hui, déplorait amèrement dans son livre de la *Vita civile*, les divisions qui désolaient Florence. « Je ne puis me rappeler sans larmes, écrivait-il, que Dieu a si heureusement disposé aux plus grandes choses le génie et la forte nature des Floren-

mais reine de l'Italie, mais fleur brillante de cette Grèce moderne, elle donne à l'Europe le Dante, Machiavel, Guichardin et Galilée.

Quand Machiavel vint aux affaires, l'importance politique de Florence s'éclipsait un peu. Il occupa toujours des emplois inférieurs à son génie, et il rendit des services essentiels, sans jamais paraître au premier rang. Dans l'espace de quatorze ans, sa république l'envoya quatre fois à la cour de France, deux fois auprès du pape, deux fois aussi auprès de César Borgia, d'abord triomphant, ensuite prisonnier au château Saint-Ange. Le secrétaire florentin eut encore à s'acquitter de plusieurs autres missions auprès de petits princes italiens. Florence flottait alors entre les alliances de l'Allemagne, de la France et de Rome, et sa politique incertaine avait les inconvénients de tous les partis qu'elle prenait. Machiavel dépensa donc sa vie à ménager à sa patrie des transactions continuelles, et à conquérir de petits résultats ; rôle

---

tins, que si les dissensions et les guerres civiles n'avaient tourné contre eux-mêmes ces dons, ils eussent certes étendu leur empire, non-seulement en Italie, mais aussi au dehors et sur les générations des peuples étrangers. La cruelle et détestable division des Guelfes et des Gibelins a perdu la nation qui florissait dans l'abondance. Certes, cela est dur, et digne de deuil et de pleurs, de songer à tant de bons et paisibles citoyens abattus par d'autres injustes et superbes. Cela est dur, de se remettre sous les yeux les veuves délaissées, les innocents pupilles dévorés par des gens affamés et rapaces. Cela est dur de voir la pudeur sans tache des vierges, violée en présence même de leurs mères. Cela est dur, de se remémorer nos temples si ornés, nos saints et révérés autels devenus la proie sacrilège d'avares et insatiables spoliateurs. Mais surtout sont choses cruelles les blessures, le sang répandu, les morts, les incendies, les ruines, les désastres de tant de dignes citoyens, produits par l'obstination acharnée des deux partis. Non contents du mal qu'ils pouvaient se faire, combien de fois n'ont-ils pas provoqué pour les défendre, et appelé presque des extrémités du monde dans les diverses contrées de l'Italie, de puissants rois et empereurs, préférant servir sous ces races barbares et sans frein, plutôt que de vivre dans leur propre ville, sous le gouvernement de leurs concitoyens. » (*Note de la 3ᵉ édition.*)

subalterne, indigne de lui : je lui eusse voulu un emploi de premier ministre sous un roi puissant, auprès de quelque grand trompeur sur le trône, comme Louis XI, Ferdinand le Catholique, ou Charles-Quint. Quoique dans son patriotisme il ait toujours cherché l'indépendance de sa patrie, et qu'il ait servi tour à tour pour la sauver du joug étranger la *seigneurie* et les Médicis, on peut dire qu'il eût été inutile au monde, s'il n'eût pas écrit.

Un critique anglais (1) a expliqué avec bonheur une des faces du caractère de Machiavel. Il en a fait le représentant du génie italien, tel qu'il était sorti des troubles et des factions du quinzième siècle ; mélange de finesse, de ruse et de persévérance, fourbe avec naïveté, aussi naturellement que le Français était présomptueux et le Germain un peu lourd ; une inépuisable perfidie dans les desseins, du sang-froid dans l'exécution, de la bravoure, de la fidélité dans les haines et les amitiés. Il est évident que le siècle et le pays qui produisirent Machiavel, Alexandre VI, César Borgia, tous les politiques du consistoire romain, furent par excellence le pays et le siècle de la diplomatie. Ainsi, Machiavel, continuellement envoyé où il y avait de sérieuses difficultés à vaincre, se trouvait auprès de César Borgia au moment où celui-ci était au plus fort de ses entreprises et de ses hypocrisies. Ce fils naturel du pape Alexandre VI bouleversait toute l'Italie. On était toujours incertain de savoir quels alliés il se proposait de duper ; sa pensée était en hostilité constante avec ses paroles. Pendant la légation de Machiavel, César Borgia se surpassa lui-même. Il avait autour de lui les Orsini et Vitelozzo, éternels ennemis qu'il était parvenu à persuader de son profond regret sur leurs inimitiés passées. Il

(1) Voyez *Edimburg Review*. — L'article a été traduit dans le 23ᵉ numéro de la *Revue britannique*. L'auteur est M. Macaulay, aujourd'hui membre de la Chambre des communes, et l'un des réformistes les plus distingués. Nous sommes fâché seulement de la légèreté injuste avec laquelle il a traité Montesquieu.

les amène à lui gagner et à lui ouvrir la ville de Sinigaglia, y entre avec eux, les fait saisir, et pendant la nuit met à mort Vitelozzo et messer Oliverotto. Aussitôt après il se présente à Machiavel pour lui apprendre l'heureux succès de son entreprise, et lui témoigner qu'il serait charmé de recevoir à ce sujet les félicitations de la république. Machiavel ne sourcille pas, et, avec le plus grand flegme, il expédie ses dépêches à la *seigneurie*.

« Magnifiques seigneurs, je vous ai écrit hier par deux
« lettres, tout ce qui s'était passé depuis l'arrivée de Son
« Excellence à Sinigaglia, ainsi que la manière dont il
« s'était emparé du seigneur Pagolo, du duc de Gravina Or-
« sini, de Vitelozzo et d'Oliverotto. Ma première n'était qu'un
« simple avis de cet événement. Dans la seconde j'entrais
« dans les plus grands détails, et de plus je vous y rendais
« compte de ce que m'avait dit Son Excellence, et de ce que
« l'on pensait généralement de sa conduite dans cette cir-
« constance... Je vais vous redire en substance, par surcroît
« de précaution, tout ce qui s'est passé, dans le cas où vous
« n'auriez pas reçu mes lettres.

« Son Excellence partit hier matin de Fano avec toutes
« ses troupes, et se dirigea sur Sinigaglia, qui, à l'exception
« de la citadelle, avait été occupée par les Orsini et messer
« Oliverotto. La veille, Vitelozzo était venu de Castello dans
« les environs; ils allèrent les uns après les autres à la ren-
« contre du duc, l'accompagnèrent à travers la ville jusqu'à
« son logement : entrés avec lui dans son appartement, Son
« Excellence les retint prisonniers... Il me fit ensuite appe-
« ler vers la deuxième heure de la nuit, et, de l'air du monde
« le plus satisfait, il se félicita avec moi du succès qu'il ve-
« nait d'obtenir, me dit qu'il m'en avait parlé la veille, mais
« qu'il ne m'avait pas dit clairement toute la chose, telle
« qu'elle était; il s'expliqua ensuite en termes pleins de sa-
« gesse et de la plus vive affection pour notre république,
« donnant toutes les raisons qui lui faisaient désirer votre

« amitié, si vous ne la refusiez pas... Nous restâmes d'ac-
« cord que je vous écrirais tout ce qu'il m'avait dit, et il at-
« tend votre réponse. Par ma lettre d'hier je vous ai informés
« que plusieurs personnes éclairées et amies de la république
« m'avaient rappelé que jamais plus belle occasion ne s'était
« offerte à vos seigneuries de se remettre en état ainsi que
« la cité, car chacun est persuadé qu'à cause de la France
« vous pouvez vous fier à lui, et l'on pense qu'il serait tout à
« fait à propos, à l'occasion de ce nouvel événement, que
« vous envoyassiez sans différer un de vos principaux ci-
« toyens en qualité d'ambassadeur; car, s'il vient quelque
« personne de considération avec des propositions sur les-
« quelles on puisse négocier, il est hors de doute qu'elle
« réussira... Cette nuit, à la dixième heure, le duc a fait
« mourir Vitelozzo et messer Oliverotto da Fermo. Les deux
« autres sont encore vivants, mais on croit que ce n'est que
« jusqu'à ce que l'on sache si le pape a entre les mains le
« cardinal et les autres Orsini qui étaient à Rome (1). »

Huit jours après, Machiavel écrivait à la *seigneurie* : « Les
« discours du duc sont empreints de tant de sagesse, il
« s'exprime d'un ton si vif et si persuadé que, si l'on pou-
« vait croire à la sincérité de ce qu'il dit, il n'y aurait au-
« cune crainte à concevoir; néanmoins, ce qui arrive aux
« autres doit inspirer de la méfiance, etc., etc. » Homme
d'affaires, acceptant tout, observateur imperturbable au milieu des scènes les plus sanglantes, ne prenez Machiavel ni
pour un hypocrite, ni pour un scélérat; encore une fois non;
c'est un Italien du seizième siècle, c'est un secrétaire d'état
de la république de Florence que vous eussiez beaucoup
étonné en vous étonnant de sa conduite.

Mais voici une révélation nouvelle sur son caractère. Une
de ses lettres retrouvée en 1810 nous le montre écrivant *le
Prince* dans une petite campagne à quelques lieues de Flo-

(1) Légation auprès du duc de Valentinois, lettre XIIV°.

rence, pauvre, négligé de tout le monde. C'était un plaisir pour lui, quand il avait pris son repas, d'aller à une hôtellerie où il trouvait des paysans et des rustres : là Machiavel se délectait à s'encanailler, à boire, à se disputer, à crier, à jouer à des jeux très-vulgaires ; quand il y avait passé plusieurs heures, quand il s'était contemplé, lui, le premier homme d'État de Florence, obligé d'aller chercher ses distractions dans un cabaret ; quand il avait bien ri de lui-même et des autres, il rentrait chez lui, ôtait les habits avec lesquels il s'était compromis, et, dans son cabinet, évoquant tous les illustres morts de Rome et d'Athènes, il retrouvait dans leur entretien toute l'énergie de son âme et redevenait lui-même. S'il pensait encore à sa patrie, ce n'était qu'avec un mépris vengeur ; il se moquait alors, mais de cette ironie supérieure, peine sanglante que les grands hommes savent infliger à l'ingratitude.

Machiavel est encore inintelligible, si l'on n'a devant les yeux l'histoire de la papauté italienne. Des desseins de Grégoire et de Boniface, la papauté était descendue à de mesquines ambitions, elle songeait à s'arrondir en Italie ; sa politique devint toute temporelle et ne se distingua plus de celle de Florence, de Pise ou de Venise ; position indigne d'elle et qui réduisit à l'impuissance, même le génie de Jules II. Rome pesait à toute l'Italie ; elle n'était plus pour elle qu'un embarras et souvent un scandale. Du vivant même de Machiavel, un moine dominicain, Jérôme Savonarola, s'érigeant à la fois en prophète et en tribun, se répandit en déclamations contre le Vatican, annonça le retour de Charles VIII en Italie, en l'appelant un nouveau Cyrus. La voix imprudente de Savonarola n'était autre chose que le cri des populations italiennes ; mais c'était trop tôt ; d'ailleurs, ce n'était pas à l'Italie à se réformer elle-même, et le malheureux Bolonais, livré au pape, périt sur le bûcher. Machiavel se moqua de lui, disant qu'un prophète devait avoir toujours une armée pour réaliser ses prophéties. Mais le secrétaire florentin n'en considérait pas moins la papauté comme une cause inépuisable d'inconvénients et de dangers pour l'Italie. Chemin faisant, nous en trouverons la preuve.

La nécessité de défendre l'indépendance de Florence préoccupa toujours cet homme d'État, et il proposa à plusieurs reprises à la *seigneurie* d'organiser des troupes nationales et régulières. Cette mesure, qui ne laissait plus la république à la merci des *condottieri*, produisit sur-le-champ quelques avantages, bien qu'elle ne fût exécutée que timidement. Machiavel était versé dans la tactique, et il a écrit un traité en sept livres de l'*Art de la guerre*, que les militaires estiment et dont a profité le chevalier Folard. Il commença avec enthousiasme l'histoire de Florence, et, dans les premiers livres, il a su s'associer à la gloire de Guichardin. Mais arrivé aux temps plus modernes, où il rencontrait les Médicis, il perdit son ardeur avec son indépendance, et laissa l'ouvrage inachevé.

Les Décades de Tite-Live ne sont pas un commentaire : l'historien romain n'est guère là qu'un prétexte. Les yeux sur l'antiquité, Machiavel en compare les mœurs et la politique aux États modernes ; il cherche des leçons pour l'Italie dans l'imitation de la liberté antique ; il veut que la vie républicaine de Florence, de Pise ou de Venise s'instruise à l'école de Rome ou d'Athènes ; tellement qu'il méconnaît tout à fait l'originalité du moyen âge et des temps modernes. C'est ainsi que, frappé à la fois du caractère politique de la religion dans l'antiquité, et des fautes de la papauté au siècle où il vivait, il s'exprime en ces termes : « Puisque « quelques personnes prétendent que le bonheur de l'Italie « dépend de l'Église de Rome, j'alléguerai contre cette Église « plusieurs raisons qui s'offrent à mon esprit, et parmi les- « quelles surtout il en est deux extrêmement graves auxquel- « les, selon moi, on ne peut opposer aucune objection. D'a- « bord les exemples coupables de la cour de Rome ont éteint, « dans cette contrée, toute dévotion et toute religion, ce qui

« entraîne à sa suite une foule d'inconvénients et de désor-
« dres ; et comme partout où règne la religion on doit croire
« à l'existence du bien, de même où elle a disparu, on doit
« supposer l'existence du mal. C'est donc à l'Église et aux
« prêtres que nous autres Italiens nous avons cette première
« obligation, d'être sans religion et sans mœurs ; mais nous
« leur en avons une bien plus grande encore qui est la
« source de notre ruine, c'est que l'Église a toujours en-
« tretenu et entretient la division dans cette malheureuse
« contrée... La cause qui empêche l'Italie d'être soumise
« à un gouvernement unique, soit monarchique, soit répu-
« blicain, c'est l'Église seule qui, ayant possédé et goûté
« le pouvoir temporel, n'a cependant eu ni assez de puis-
« sance ni assez de courage pour s'emparer de l'Italie et
« s'en rendre souveraine. Mais, d'un autre côté, elle n'a ja-
« mais été assez faible pour n'avoir pu, dans la crainte de
« perdre son autorité temporelle, appeler à son secours
« quelque prince étranger... Voilà pourquoi l'Italie n'a pu se
« réunir sous un seul chef et demeure asservie à plusieurs
« princes ou seigneurs ; de là ces divisions et cette fai-
« blesse qui l'ont réduite à devenir la proie non-seulement
« des Barbares puissants, mais du premier qui daigne l'atta-
« quer (1). »

Machiavel ne se contente pas de censurer l'Église ; il
accuse le christianisme de rendre les hommes moins braves,
moins portés aux grandes actions, aux grandes entreprises :
et Rousseau, plus tard, a reproduit ces reproches : « Notre
« religion nous ayant montré la vérité et l'unique chemin du
« salut, a diminué à nos yeux le prix des honneurs de ce
« monde ; les païens, au contraire, qui estimaient beaucoup
« la gloire, et y avaient placé le souverain bien, embrassaient
« avec transport tout ce qui pouvait la leur mériter. On en
« voit les traces dans beaucoup de leurs institutions ; la

1 *Décade*, liv. I, chap. xii.

« pompe de leurs cérémonies égalait leur magnificence ; mais
« on y joignait des sacrifices ensanglantés et barbares où
« une multitude d'animaux étaient égorgés ; la vue d'un
« spectacle aussi cruel rendait les hommes semblables à
« ce culte. Les religions antiques, d'un autre côté, n'accor-
« daient les honneurs divins qu'aux mortels illustrés par
« une gloire mondaine, tels que les fameux capitaines et
« les chefs de république. Notre religion, au contraire, ne
« sanctifie que les humbles et les hommes livrés à la contem-
« plation plutôt qu'à la vie active ; elle a de plus placé le
« souverain bien dans l'humilité, dans le mépris des choses
« de ce monde, dans l'abjection même... Il semble que cette
« morale nouvelle a rendu les hommes plus faibles, et a li-
« vré le monde en proie aux scélérats audacieux. Ils ont
« senti qu'ils pouvaient sans crainte exercer leur tyrannie,
« en voyant l'universalité des hommes disposés, dans l'espoir
« du paradis, à souffrir tous les outrages plutôt qu'à s'en
« venger (1). »

Pour le coup le secrétaire est trop amoureux de l'antiquité. Il irait même jusqu'à excuser les sacrifices sanglants.
Il méconnaît entièrement la philosophie chrétienne, le courage nouveau, les mœurs héroïques, loyales et humaines qui
en sont sorties. Cet exemple fait toucher au doigt ce qui
manque au Florentin. Mais, dans l'étude même de l'histoire
de Rome, des secrets de sa croissance et de sa grandeur,
des principes de sa constitution, des maximes de sa politique, des ruses et des hardiesses de son génie ; dans l'analyse de l'art de gouverner, de ses ressources, de ses défian-
ces, des moyens qui changent et sauvent les États, des
conspirations qui les renversent, des fautes des peuples
et des princes, Machiavel s'est fait le précepteur des hommes
d'État et des historiens ; il a souvent inspiré Montesquieu :
le grand Jean de Müller l'étudiait constamment ; Riche-

(1) Décade, liv. II, chap. XI.

lieu et Cromwell ne durent pas non plus négliger sa lecture.

Nous arrivons au *Prince*. Machiavel, après une carrière subalterne, était dévoré dans la retraite par la douloureuse inquiétude d'un génie qui n'avait jamais pu se satisfaire. Il sentait le besoin d'épancher sa veine politique et de se montrer grand sur le papier, puisqu'on lui avait toujours refusé la place qui lui appartenait. Alors, sans songer au public, mais pour le communiquer confidentiellement à celui des Médicis qui régnait alors à Florence (1), il écrit un petit traité, substantiel, plein, nerveux, sans phrases. Il personnifie sa politique dans le Prince qui est à la tête d'un État, le suit dans les situations les plus difficiles, lui fait poursuivre son but à travers tous les moyens. Pour triompher de ses ennemis, le Prince corrompra les consciences; il assassinera, s'il ne peut faire autrement ; ici les remords seraient hors de saison : c'est de la politique expérimentale à tout prix. Ne croyez pas que le Prince imaginaire de Machiavel soit uniquement calqué sur César Borgia; ce bâtard lui en a bien fourni quelque chose, mais tous ses contemporains y ont contribué, Jules II, Alexandre VI, les cardinaux du sacré collège; et puis les perfides de tous les temps, les politiques anciens et modernes ont comparu devant le peintre pour enrichir des variétés de leur caractère la méchanceté idéale de son terrible héros.

Dans quel but est écrit le *Prince ?* est-ce un piége tendu aux Médicis ? Le Florentin veut-il les précipiter par la théorie et la séduction du pouvoir absolu ? Est-ce une satire de la puissance souveraine ? une vengeance de républicain ? Non : c'est l'épanchement naturel de l'âme de Machiavel. Il méprisait les hommes, établissait sa politique sur la connaissance de leurs vices et de leurs crimes, et puisait ses théories dans les mauvaises passions de la nature humaine. Pour moi, je ne puis m'empêcher de croire que, mo-

(1) Voyez la Lettre à François Vettori, retrouvée en 1810, dans l'*Histoire de Machiavel*, par M. Périès.

queur aussi sanglant qu'observateur profond, il n'ait été animé d'une impitoyable et secrète ironie. C'était un poëte comique; il avait égayé Florence par la Mandragore; il a bien pu, froid ricaneur, couronner son œuvre par un immense éclat de rire; gaieté coupable, joies perverses auxquelles s'abandonnent parfois les esprits supérieurs en se donnant de haut le spectacle des pauvretés et des bassesses humaines.

Machiavel ainsi considéré, qu'en est-il résulté pour la philosophie sociale? ses contemporains ne furent pas choqués de ses écrits, par une excellente raison: c'était leur propre portrait; c'étaient eux-mêmes. Mais, à mesure qu'on s'éloigna du quinzième et du seizième siècle, quand les doctrines sociales furent devenues plus saines et plus généreuses, il arriva qu'après avoir beaucoup marché, on aperçut, en se retournant, Machiavel et son siècle tout naïfs et tout réels, on cria au scandale, à l'immoralité. Le secrétaire fut vilipendé et passa pour un homme épouvantable. Au dix-huitième siècle, Frédéric le réfuta. Voltaire applaudit avec des cris de joie à ce royal commentateur. Cette réprobation philosophique ne s'exerçait pas sans d'excellentes raisons. La politique italienne avait passé dans les cours, dans les affaires et dans la diplomatie. Si Machiavel n'eût pas écrit, les fourberies du quinzième siècle n'eussent pas été résumées en théorie et n'eussent pas si longtemps corrompu l'Europe. Or l'humanité pardonne moins encore la théorie d'une mauvaise action que l'action même, et le sophisme peut quelquefois l'indigner plus que le crime. L'influence de Machiavel fut donc maligne, et peu s'en faut que ce grand homme n'ait payé de sa réputation auprès de la postérité le tort d'avoir trop fidèlement représenté son siècle, sans l'avoir relevé par une philosophie plus pure.

L'Italie corrigea, pour ainsi dire, l'esprit historique de Machiavel par la politique idéale et platonicienne de Vico. J'ai caractérisé ailleurs cet illustre Napolitain dans une analyse dont des Italiens compétents ont estimé l'exactitude (1). Filangieri et Beccaria importèrent dans la péninsule les leçons de la philosophie française.

Quant à l'individualité politique de l'Italie, elle n'a pu survivre au moyen âge. Sa structure géographique et le génie de ses habitants l'avaient admirablement appropriée à une époque où tous les éléments de la vie moderne étaient en fermentation et en lutte. Mais, dès que des empires considérables commencèrent à se former en attirant dans leur orbite de petits États, l'Italie n'eut ni la force de résistance, ni celle de l'assimilation. Elle ne put prendre place parmi les grandes puissances de l'Europe moderne, et elle n'eut plus d'autre destinée qu'une sujétion qui fut loin de lui donner toujours la paix.

Dans la question de l'unité italienne, nous rencontrons la plus imposante des autorités, celle de Napoléon, qui l'avait mise au nombre des derniers projets de sa politique. Il a écrit dans ses *Mémoires* qu'il n'attendait plus que la naissance d'un second fils pour le mener à Rome, le couronner roi des Italiens, donner la régence au prince Eugène, et proclamer l'indépendance de la péninsule, des Alpes à la mer d'Ionie, de la Méditerranée à l'Adriatique. La fortune envieuse n'a pas permis au nouveau Charlemagne d'accomplir de tels desseins.

Napoléon avait dit, en 1805, à la consulte de Lyon, qu'il lui fallait vingt ans pour refondre les peuples italiens et créer la nation italienne. Il attendait cette régénération de l'importation de l'administration française, et de l'égalité civile exprimée par des lois uniformes. Mais ces emprunts auraient-ils nivelé toutes les oppositions, toutes les dissidences profondes des mœurs indigènes?

Au surplus, tout en croyant que les diverses populations italiennes finiraient par s'agglomérer, comme l'ont fait les

(1) *Introduction à l'Histoire du Droit*, chap. XIII.

royaumes britanniques, les provinces d'Espagne, et comme le feront peut-être, ajoutait-il, les diverses parties de l'Allemagne, Napoléon ne dissimulait pas l'extrême difficulté de résoudre un point fort essentiel. Quelle serait la capitale de l'Italie travaillant à devenir une?

L'Italie, par sa configuration, Napoléon en tombait d'accord, n'a pas de ville centrale. Assurément, ni Venise, ni Gênes ne sauraient prétendre à ce rôle; elles sont trop aux extrémités. Si l'Italie ne comprenait que la vallée du Pô, Milan serait sa capitale naturelle; mais, dans l'agglomération de tous les peuples italiens, Milan serait trop rapprochée des frontières de l'invasion, et trop éloignée des autres extrémités exposées aux débarquements.

Napoléon mettait enfin en balance les avantages et les inconvénients de Rome pour devenir la capitale de l'Italie. Les défauts sont l'insalubrité de l'air, l'infertilité des environs, le manque d'un vaste port et d'une rade à portée. Les avantages sont la grande distance qui sépare Rome des frontières du nord, son double voisinage des côtes de la Méditerranée et de l'Adriatique, son peu d'éloignement de Naples; enfin, pour dernière considération, la magie et la noblesse de son nom.

Dans ces belles dictées politiques, qui étaient à Sainte-Hélène la dernière consolation de son génie, Napoléon embrassait à la fois le passé et l'avenir de la péninsule italique. Il signalait le vice capital de sa configuration géographique, consistant dans sa longueur, qui était sans proportion avec sa largeur. Il ne faisait pas difficulté d'y voir la cause de tous les malheurs essuyés par l'Italie, et de son morcellement en plusieurs monarchies ou républiques indépendantes. Voici maintenant la compensation. Au jugement de Napoléon, aucune partie de l'Europe n'est située d'une manière aussi avantageuse que l'Italie pour devenir une grande puissance maritime. Elle a douze cents lieues de côtes, des ports magnifiques, plusieurs villes éloignées seulement de trois ou quatre lieues de la mer; les bois de la Corse, de la Ligurie, de la Toscane; les fers de l'île d'Elbe, des Alpes et des Apennins; elle pourrait lever cent vingt mille matelots, et entretenir trois ou quatre cents bâtiments de guerre.

La perspective est magnifique. Maintenant, que faudrait-il pour tirer de l'Italie tant de ressources et de merveilles? Rien moins qu'un autre Napoléon. La question de l'unité pourra être posée pour la péninsule le jour où la Providence lui enverra un de ces hommes qu'elle charge de changer la face des empires.

Mais si l'unité italienne n'est pas possible dans les conditions connues du passé et du présent, l'Italie n'est pas condamnée à l'inertie morale. Chacun de ses peuples a un génie à développer, une histoire à continuer. C'est dans l'indépendance locale, dans les mœurs indigènes qu'elle doit travailler à entretenir et à féconder la vie. Plus chaque partie sera vigoureuse et saine, plus il sera possible de constituer un jour, non pas une unité artificielle et forcée, mais une union naturelle qui fortifie sans asservir.

On peut appliquer à l'Italie ce qui a été dit pour l'Allemagne : union et non pas unité. Au delà des Alpes, la variété n'est pas moins indomptable que de l'autre côté du Rhin : c'est la même révolte invincible contre l'uniformité que voudrait imposer la violence.

On l'entendait ainsi avant les révolutions de 1848. Trois gouvernements italiens, le pape, le roi de Sardaigne et le grand-duc de Toscane, avaient, dans les derniers mois de 1847, arrêté les préliminaires d'une union douanière. C'était, disaient les trois États, dans le désir de contribuer par leur union à l'accroissement de la prospérité et de la dignité de la nation italienne, de développer l'industrie indigène et le bien-être matériel des populations. Les trois États devaient proposer au roi de Naples et au duc de Modène d'accéder à l'union, quand les révolutions vinrent emporter ces utiles projets et briser le cadre d'une confédération purement italienne. Aujourd'hui, l'initiative de l'Autriche a tracé le cadre d'une fédération nouvelle où viennent d'entrer quelques États de l'Italie, où elle attend les autres.

C'est un travail d'amélioration locale, de développement individuel, que les Italiens doivent reprendre, les populations comme les gouvernements. On peut appliquer à notre époque les paroles que Machiavel adressait à la sienne : « L'Italie, disait l'illustre Florentin, offre matière à toutes les réformes, et l'énergie morale ne manquera pas aux individus, si les chefs n'en manquent pas eux-mêmes. »

CHAPITRE VI.

HOBBES. LOCKE.

Quand la révolution anglaise éclata, elle épouvanta l'Europe : l'insurrection n'avait pas encore revendiqué aussi haut les franchises nationales. Assurément il y avait eu des commotions, des factions, des guerres civiles; mais tout un peuple se levant contre une autorité qu'il avait révérée jusqu'alors, un parlement faisant légalement la guerre à son roi; ce roi battu, captif, condamné; une race royale expulsée, la légitimité historique proscrite, les intérêts nouveaux représentés par un homme de bonheur et de génie : voilà ce que l'Europe n'avait pas encore vu. Presque partout sur le continent, on passa de l'étonnement à l'indignation; on épousa les intérêts jacobites, et la révolution anglaise fut regardée comme la plus monstrueuse des nouveautés. Il se trouva que, dans le cœur même d'un Anglais, elle excita un ressentiment amer; que, spectateur de ces événements inouïs, au lieu de s'enflammer pour la liberté, un homme s'enflamma pour la cause de la monarchie tombée; que, prenant avec acharnement le contre-pied du mouvement populaire, il résolut d'écrire l'utopie du pouvoir absolu. Cet Anglais avait l'âme honnête et l'esprit grand; mais, tempérament mélancolique, imagination ardente et solitaire, il se passionna pour les puissances déchues, ou plutôt pour le despotisme en quelques mains qu'il le trouvât, chez Cromwell, Charles ou Jacques. La démocratie l'exaspérait : elle avait inspiré Milton ; elle fit horreur au philosophe de Malmesbury.

Ce contemporain de Descartes embrassa toutes les parties de la spéculation; mais nous n'avons à le suivre que dans sa philosophie politique. Nous la trouvons dans deux ouvrages, le *De Cive* et le *Leviathan*, écrits d'un style énergique et sombre.

Hobbes désirait surtout la liberté abstraite et spéculative de la pensée; il voulait être libre sur cette terre de ne pas croire à l'existence de Dieu, de croire uniquement à la sensation et à la matière, et de se séparer individuellement du christianisme. Sans intelligence du mouvement révolutionnaire qui remuait son pays, des progrès de la liberté civile, sans amour pour elle, il unit l'indépendance du métaphysicien à une servilité presque orientale. — Le *De Cive* se divise en trois parties, la liberté, l'État, la religion. C'est une erreur d'avoir considéré l'homme comme sociable. L'homme n'aime pas son semblable, il le craint et le hait. La relation des hommes entre eux n'est pas dans l'affection et la sympathie, mais dans l'égoïsme et la crainte. L'intérêt seul les rassemble. « Si coeant enim commercii causa, unusquisque non socium, sed rem suam colit, si officii causa, nascitur forensis quædam amicitia, plus habens metus quam amoris, unde factio aliquando nascitur, sed benevolentia numquam..... Statuendum igitur est originem magnarum et diuturnarum societatum non a mutua hominum benevolentia, sed a mutuo metu extitisse. » Dans cet état de nature, tout homme pourra faire par lui-même et par ses propres forces tout ce qui lui conviendra pour se protéger; il n'y a plus rien de rationnel et de normal : l'homme n'est plus en proie qu'à des passions animales; s'il frappe son voisin, et s'il est le plus fort, il aura raison; si plus faible, il aura tort. « Juris naturalis fondamentum primum est ut quisque vitam

« et membra sua quantum potest tueatur; quoniam autem jus
« ad finem frustra habet cui jus ad media necessaria dene-
« gatur, consequens est, cum unusquisque se conservandi jus
« habeat, ut unusquisque jus etiam habeat utendi omnibus
« mediis et agendi omnem actionem, sine qua conservare se
« non potest. »

Quelle sera la conséquence de cette lutte qui n'a sa raison que dans la mesure des forces physiques? c'est que l'État naturel de l'homme sera la guerre, la guerre de tous contre tous, une mêlée générale de toutes les passions brutales. «...Negari
« non potest quin status hominum naturalis antequam in so-
« cietatem coïretur, bellum fuerit, neque hoc simpliciter, sed
« bellum omnium in omnes. Bellum enim quid est, præter
« tempus illud in quo voluntas certandi per vim verbis fac-
« tisve satis declaratur? Tempus reliquum pax vocatur. »
Mais on ne peut vivre ainsi dans une guerre continuelle de tous contre tous; la raison s'y refuse et réclame la paix. Or, et voici le nœud de la doctrine de Hobbes, la paix, impossible dans l'état de nature, se réalisera par la société. La société s'établira par l'unité, l'unité par le pouvoir absolu; un despotisme sans exceptions comme sans limites peut seul sauver l'homme de l'anarchie naturelle. Les hommes jouiront de la paix à cette condition, qu'ils remettront à l'État tous leurs droits et toutes leurs prérogatives. Ils l'en chargeront comme de dépouilles opimes pour obtenir la paix en échange.
« Transfert in illum alterum jus virium et facultatum suarum,
« ut cum cæteri idem fecerint, habeat is cui submittitur
« tantas vires, ut terrore earum, singulorum voluntates ad
« unitatem et concordiam possit conformare. » Et quel sera le droit de cet État qui dévore ainsi la substance et la vie de tous ses membres? Il aura le pouvoir coercitif, sera justicier sans appel, législateur suprême, fera la guerre à son gré, nommera les magistrats tant supérieurs que subalternes, examinera les doctrines, sera au-dessus des lois, jouira d'une impunité absolue, d'une omnipotence sans bornes, aura tous

droits contre chacun, et chacun sera sans droits contre lui. A ces conditions, Hobbes s'engage à faire régner l'ordre dans la société.

Ces principes posés, trois formes de gouvernement s'offrent au philosophe, la démocratie, l'aristocratie et la monarchie. Il les examine tour à tour. La démocratie est l'objet d'une censure amère que nous retrouverons dans le *Leviathan*. Il a moins de blâme pour l'aristocratie, et lui enjoint de se rapprocher le plus possible de la monarchie, gouvernement supérieur à tous, dont Hobbes démontre l'excellence surtout par ce raisonnement : Quand les aristocraties et les démocraties soutiennent une guerre, elles ne connaissent rien de mieux que de confier le commandement de leurs armées à un seul homme ; elles confessent ainsi la supériorité du pouvoir absolu remis à un seul. Or, que sont les divers États si ce n'est autant d'armées et de camps qui se font la guerre les uns aux autres? « Signum autem quod monarchia
« absolutissima, civitatis sit optimus omnium status, mani-
« festissimum illud est, quod non solum reges, sed etiam
« civitates illæ quæ populo et optimatibus subjectæ sunt,
« non nisi uni soli totum belli imperium deferunt ; idque ita
« absolutum ut nihil possit esse amplius..... Monarchia ita-
« que omnium optimum in castris regimen est. Quid autem
« aliud sunt plures respublicæ quam totidem castra, præsi-
« diis et armis contra se invicem munita ; quorum status
« (quia nulla communi potentia coercentur, utcumque in-
« certa pax tanquam induciæ breves, intercedat) pro statu
« naturali, hoc est pro statu belli habendus est? » L'exemple est excellent. Hobbes ne pouvait mieux personnifier son pouvoir théorique que dans un général d'armée exerçant sur tous droit de vie et de mort. Voilà donc le code du despotisme complet et achevé.

Mais le christianisme semble être un obstacle insurmontable à ce pouvoir sans frein qui ne veut pas reconnaître la liberté de conscience et de pensée. Sur ce point, Hobbes a

des trésors secrets d'ironie et d'hypocrisie philosophiques. Acceptant la religion chrétienne comme un fait établi, il écrit que Dieu a manifesté aux hommes ses lois de trois manières, par la raison, la révélation et la prophétie. « Dei leges tri-
« plici modo declarantur : primo, per tacita rectæ rationis
« dictamina; secundo, per revelationem immediatam quæ in-
« telligitur fieri per vocem supernaturalem, vel per visionem,
« vel somnium, vel inspirationem, ceu afflatum divinum; ter-
« tio, per vocem alicujus hominis, quem Deus per vera mi-
« racula edita, ut fide dignum cæteris commendavit. Is au-
« tem, cujus voce sic utitur Deus ad voluntatem suam aliis
« significandam, vocatur propheta. Tres hi modi dici pos-
« sunt triplex verbum Dei, nimirum verbum rationale, ver-
« bum sensibile, et verbum propheticum, quibus respondent
« tres modi quibus audire Deum dicimur, ratiocinatio recta,
« sensus et fides. » Ainsi, Dieu se fait connaître à tous les hommes par la raison; à quelques-uns, par des manifestations sensibles, et de nouveau à tous par des prophètes auxquels nous devons croire et obéir. Or, au commencement du monde, Dieu régna non-seulement naturellement, mais encore par une sorte de convention entre lui et Adam, comme s'il eût voulu prouver que l'obéissance ne pouvait sortir que d'une convention, c'est-à-dire du consentement de tous les hommes. « Initio mundi regnavit quidem Deus, non solum
« naturaliter, sed etiam per pactum super Adamum et Evam;
« ut videatur nullam voluisse obedientiam præstari sibi, præ-
« ter illam quam dictaret ratio naturalis, nisi per pactum,
« id est, ex ipsorum hominum consensu. » Nouveau pacte entre Dieu et Abraham. Il est renouvelé sur le mont Sinaï, et le pouvoir d'interpréter la parole divine est réuni dans Moïse avec le pouvoir suprême; révolutions politiques chez le peuple de Dieu jusqu'à l'avénement du Christ, qui renouvelle encore le pacte primitif, et vient exercer sur la terre, non pas un pouvoir politique et royal, mais une autorité de conseil et de doctrine. « Non habuit Christus a patre sibi

« commissam autoritatem regiam, aut imperatoriam in
« mundo, sed consiliariam et doctrinalem tantum. »

Le christianisme, et je poursuis toujours les idées de Hobbes, est une croyance imposée à la foi humaine, qui consiste dans son principe et dans son essence à croire que Jésus-Christ est envoyé de Dieu pour fonder sur la terre le royaume de son père. Voilà tout ce qui est nécessaire au salut. A cette foi, joignez l'obéissance aux puissances, et vous aurez toute la religion nécessaire à la société, religion qu'enseignera une Église nationale sous la dictature de l'État, interprète souverain des divines écritures. Ce despotisme est nécessaire; autrement, il faudrait remettre cette interprétation à l'esprit individuel ou à une autorité étrangère à l'État même, et le philosophe, pour se sauver à la fois de la liberté et du papisme, soumet l'intelligence au pouvoir politique.

Hobbes a raisonné jusqu'ici dans l'hypothèse d'un État chrétien qui reconnaît la vérité de la religion révélée; mais il se pose une terrible et dernière objection. Que devraient faire les sujets, si un prince voulait détruire le christianisme et les contraindre de l'abjurer? faudra-t-il déserter la vérité divine? Hobbes, sans reculer, établit que, sous aucun prétexte, et même d'après les principes chrétiens, il n'est permis de résister au prince; que faut-il donc faire? Il faut mourir: il faut aller au Christ par le martyre, et si cela paraît dur à quelqu'un, c'est qu'il ne croit pas de tout son cœur que Jésus-Christ est le fils du Dieu vivant, autrement il brûlerait de se réunir à lui; mais, sous l'apparence du christianisme, il veut troubler la société. « Quid autem? an principibus re-
« sistendum est, ubi obediendum non est? Minime sane. Hoc
« enim contra pactum est civile. Quid ergo agendum? Eun-
« dum ad Christum per martyrium. Quod si cui dictu durum
« videatur, certissimum est eum non credere ex toto corde
« Jesum esse Christum, filium Dei viventis (cuperet enim
« dissolvi et esse cum Christo), sed velle, simulata fide chris-

« tiana, pactam civitati obedientiam eludere. » Voyez-vous Hobbes, secret ennemi du christianisme et logiquement athée, conseiller le martyre aux chrétiens comme leur dernier refuge, et mettre sous la protection des lois son incrédulité moqueuse?

Si l'on compare le *De Cive* et le *Leviathan*, on y trouvera les mêmes doctrines; mais dans le *Leviathan* la pensée plus profonde, mieux en relief, fournit sa course avec plus d'imagination encore et d'énergie. Dieu, voulant convaincre Job de sa puissance, la lui montre dans Behemoth et Leviathan, monstres mystérieux et fantastiques. Hobbes a personnifié l'État dans l'un des deux, dans Leviathan. Le corps social est à ses yeux comme un animal énorme qui ne reçoit la vie que du mécanisme de l'art. La nature a créé le monde; l'art forme et constitue l'État : « Magnus ille Leviathan quæ civi« tas appellatur, opificium artis est, et homo artificialis, « quanquam homine naturali (propter cujus protectionem et « salutem excogitatus est) et mole et robore multo major. » Dans le Leviathan, celui qui a le pouvoir suprême fait la fonction de l'âme; les magistrats et les autorités constituées en sont les membres; les peines et les récompenses, excitations et moyens de la société, représentent les nerfs; les richesses et les propriétés de chacun sont comme la substance du corps social; le salut du peuple en est le but; les conseillers qui suggèrent à l'État les avis nécessaires en sont comme la mémoire; les lois sont la raison; la concorde, la santé; la sédition, la maladie; la guerre civile, la mort; enfin, les conventions qui lient les unes aux autres toutes les parties de ce corps politique, *pacta quibus partes corporis hujus politici conglutinantur*, sont comme cette parole divine échappée de la bouche de Dieu, quand il créa le monde, *fiat, sive faciamus hominem*.

Après cette description, Hobbes s'exprime ainsi :

« Hominis hujus artificialis naturam describens, consi« derabo :

« 1° Materiam ejus et artificem, id est hominem ;
« 2° Quo modo et quibus pactis factus est ; quæ jura, quæ potestas, sive autoritas ejus est ; et in quo residet potestas summa ;
« 3° Quid est civitas christiana ;
« 4° Quid est regnum tenebrarum. »

Dans son analyse de l'homme, ce philosophe examine tour à tour les sens et le raisonnement, l'imagination et la mémoire, le langage, son origine et ses lois, la raison et la science, les principes internes de notre volonté, c'est-à-dire les passions, la variété infinie de leurs mobiles, de leurs jeux et de leurs caprices, les différentes qualités de l'esprit, la division des sciences qui se partagent sous le rapport moral en éthique, logique, rhétorique et politique, ou philosophie sociale, *civilis*, la diversité des humeurs, des mœurs et des habitudes. C'est à travers cette psychologie à la fois railleuse, logique et profonde que Hobbes parvient à la religion. Si l'homme est religieux, c'est par la crainte des esprits, l'ignorance des causes secondes, l'adoration des objets de sa crainte, et par l'habitude de prendre les effets du hasard pour des pronostics. « In iis autem quatuor rebus, metu spirituum, ignorantia causarum secundarum, cultu eorum quæ timent, et sumptione fortuitorum pro prognosticis, consistit religionis semen naturale, quod per hominum phantasias, judicia, passiones et consilia diversa, adeo diversas produxit cærimonias, ut quæ lege in una civitate comprobantur, in alia derideantur. » Le sentiment religieux ne trouve donc sa raison que dans les parties mauvaises et faibles de notre nature. Mais comment, s'il en est ainsi, les religions se sont-elles établies dans les sociétés humaines ? Deux espèces d'hommes les ont constituées, les hommes politiques, c'est-à-dire les législateurs ; les hommes religieux, c'est-à-dire les révélateurs. Les premiers se sont faits auteurs des religions selon leurs propres imaginations, *secundum suas ipsorum phantasias religionum authores*

extiterunt; c'est Numa, Mahomet, qui ont voulu se donner auprès des peuples l'appui et la sanction de quelque dieu, lui ont attribué leurs institutions, et ont ainsi confondu la religion avec la politique. Les révélateurs, comme Abraham, Moïse et Jésus-Christ, ont véritablement apporté sur la terre le royaume de Dieu. « Ubi vero per revelationem supernatu-
« ralem plantavit religionem Deus, ibi etiam regnum sibi
« condidit peculiare, subditisque suis leges dedit, non modo
« circa officia eorum erga seipsum, sed etiam erga se invi-
« cem. » Ici Hobbes a sous les yeux évidemment la république hébraïque, et il ajoute : « Manifestum ergo est in
« regno Dei politiam et leges civiles omnes, religionis par-
« tem esse, ideoque distinctionem dominii temporalis et spi-
« ritualis in regno Dei nullam fuisse. » Dieu sans doute est roi de toute la terre, mais rien ne l'empêche de se choisir une nation particulière dont il se fasse le chef ; *nulla enim istic incongruitas est.*

Après avoir ainsi accepté la révélation, Hobbes revient à ce qui, selon lui, est le principe générateur de toutes les religions, c'est-à-dire à la reconnaissance d'un pouvoir surnaturel, sentiment tellement durable et vivace chez les hommes, qu'il pourra par la suite enfanter des religions nouvelles, s'il se rencontre des hommes capables de le féconder. « A constitutione religionum apparet etiam modus, quo
« rursus in principia sua prima resolvuntur, nempe in agni-
« tionem divinitatis, sive potentiæ supernaturalis simpliciter;
« quæ agnitio nunquam ita aboleri potest, quin inde novæ
« religiones (si cultores accesserint idonei) germinaturæ
« sint. » La voilà véritablement la dernière pensée de Hobbes, énoncée comme en passant, après avoir rendu hommage à la révélation traditionnelle ; c'est la prédiction de religions nouvelles qui n'auront, comme les anciennes, d'autre source que la foi en une cause suprême.

Le philosophe reproduit ses doctrines sur l'état naturel. L'État, comme dans le *De Cive,* est dépositaire et maître des droits de tous en vertu même de leur consentement : nouvelles excursions sur la démocratie, l'aristocratie et la monarchie ; théorie du pouvoir paternel et despotique ; avantage qu'un État peut retirer des corporations ; attributions des magistrats et des officiers ; double devoir de l'État, de se conserver et de s'agrandir. Hobbes trace une assez courte théorie des lois civiles ; il les définit ainsi : *Lex civilis unicuique civi est regula qua civitas verbo, vel scripto, vel alio quocumque voluntatis signo idoneo, ad distinctionem boni et mali, uti imperat.* Omnipotence du législateur ; rapports nécessaires entre les lois naturelles et les lois civiles ; accord désirable de la loi et de la raison, mais toujours soumission complète à la lettre promulguée ; mention des divisions historiques de la législation romaine. Les peines ont pour objet de porter à l'obéissance en imprimant la terreur. Examen des causes de ruine et de dissolution du corps social ; le philosophe range sous ce chef l'opinion qui veut soumettre aux lois le dépositaire du pouvoir suprême, et qui revendique pour chaque citoyen la propriété absolue de ses biens. Il considère ensuite les devoirs du souverain : être juste, faire de bonnes lois, s'environner de conseillers habiles, ne confier ses armées qu'à des sujets fidèles, et primer toujours par sa popularité celle de ses généraux.

Jusqu'ici Hobbes n'a appuyé sa politique que sur des principes purement naturels ; mais il veut lui donner la sanction de la parole révélée : « Sed ad ea, quæ dicenda sunt
« de natura et juribus civitatis christianæ, cujus cognitio
« dependet magna ex parte a voluntatis divinæ revelationibus
« supernaturalibus, adhibenda sunt principia alia, nempe
« verbum propheticum. » Alors il considère le nombre, l'antiquité, le but et l'autorité des livres saints, le véritable sens du règne de Dieu, sa parole et les prophètes, les miracles et leur usage, la nature de l'Église de Dieu. Il nie qu'il y ait pour tous les chrétiens une Église universelle et catholique ; mais dans chaque État particulier les chrétiens doivent obéir

aux lois de leur pays, et par conséquent ne peuvent être soumis à une autorité étrangère. Hobbes approfondit ici plus expressément la théologie du *De Cive* : ainsi il montre la puissance de Dieu personnifiée dans Abraham, Moïse, les souverains pontifes et les rois de Judas, la sainte influence du Christ, la nature du pouvoir ecclésiastique. Il combat la théologie ultramontaine, les doctrines de Bellarmin, *pontificatus romani contra reges christianos pugil*. Enfin après avoir énoncé ce qui est nécessaire pour entrer dans le royaume des cieux, l'obéissance et la foi, il pénètre enfin dans le royaume de Satan.

L'auteur du Léviathan a raison de dire que nous sommes ici dans les ténèbres : *Sumus ergo etiam nunc in tenebris*. Quelle est la pensée de cet étrange fragment ? est-ce le jet d'une ironie qui persévère et qui s'acharne ? ou bien le misanthrope et mélancolique écrivain a-t-il fini par être lui-même la dupe et la proie de ses imaginations bizarres et solitaires ? Quelques-uns de ses contemporains soupçonnaient qu'il n'était pas sans croire aux esprits. Quoi qu'il en soit, Hobbes nous apprend dans son règne des ténèbres que quatre causes d'erreur nous sont envoyées par Satan : d'abord l'ennemi (*inimicus*) a éteint pour nous la lumière des Écritures, et nous nous trompons en ignorant le sens de la parole révélée ; puis nous admettons la démonologie des poëtes païens, leurs fictions et leurs images sur les idoles, les apparitions et les ombres des morts ; troisièmement, nous mêlons aux saintes Écritures les restes de la religion, de la philosophie grecque et surtout les doctrines d'Aristote ; enfin nous sommes séduits par des traditions et des histoires fausses, tronquées, incertaines. *Atque ita erramus attenti spiritibus deceptoribus et doctrinis dæmoniorum*. Je n'analyserai point ce livre, que caractérise surtout une double colère contre le pape et contre Aristote, morceau presque fantastique, véritable empire des ténèbres.

Il se termine par une tirade véhémente et amère, où Hob-

bes s'est complu à concentrer sa doctrine et sa colère : « Si
« cordibus scripsissem instar tabularum rasarum puris, bre-
« vior esse potuissem; suffecissent enim ea pauca quæ se-
« quuntur. Homines sine lege, propter jus omnium in omnia,
« mutuis cædibus seipsos interimere, leges sine pœnis et
« pœnas sine potestate summa inutiles esse : potestatem sine
« armis et opibus in unius personæ manum collatis, vocem
« meram, neque ad pacem, neque ad defensionem civium
« momenti ullius esse ; et proinde, cives omnes, sui (non
« imperantium) boni causa ad rem publicam opibus suis
« tuendam et confirmandam quantum possunt obligari ; idque
« arbitrio illius cui summam dederint potestatem : quæ
« summa est partis primæ et secundæ. Deinde quoniam in
« scriptoribus sacris (quarum lectionem Ecclesia nostra om-
« nibus permisit et commandavit) vita æterna et salus singu-
« lorum continetur ; et unusquisque periculo animæ propriæ,
« illas legit et sibimetipsi interpretatur : et propterea æquum
« est, ut conscientiæ eorum non pluribus fidei articulis one-
« rentur, quam qui sunt ad salutem necessarii, articulos
« illos, quinam sint, in parte tertia explicavi. Postremo in
« quarta parte, ne populus a falsis doctoribus seduceretur,
« consilia ambitiosa et astuta adversariorum Ecclesiæ angli-
« canæ patefeci. » Voilà ce que Hobbes se fût contenté
d'exposer rapidement ; mais s'il est entré dans des détails,
dans de longs développements, c'est qu'il vit à une époque
où la guerre civile a été le fruit des discordes religieuses,
où non-seulement l'épiscopat national a disparu, mais le roi,
les lois, la religion et la vertu ; tellement qu'on dirait que
ce malheureux royaume avait pour jamais été abandonné de
l'esprit de justice et de raison. Les démocrates victorieux
ont constitué la démocratie, bientôt après ils la perdirent,
digne récompense de leurs crimes ; un tyran vint asservir
l'Angleterre, l'Écosse et l'Irlande, et confondre cette sagesse
démocratique tant des hommes du peuple que du clergé. Le
peuple, fatigué par la guerre, méprisa les démocrates au-

tant qu'il les avait admirés. Quand le roi légitime fut rétabli sur son trône, ceux-ci demandèrent pardon, c'est-à-dire qu'ils reconnurent leurs folies. On leur pardonna par une amnistie universelle, *ne sceleribus suis à bonis distinguerentur*. Mais il faut étouffer les mauvaises opinions en propageant les bonnes, les esprits ont été infectés par la politique et la philosophie de l'antiquité. Il faut donc de toutes façons, par des prédications, des écrits et des controverses, travailler à éteindre cette peste démocratique, *itaque atramentum illud democraticum prædicando, scribendo, disputando eluendum est*. C'est aux universités à y travailler, et c'est à elles à prêter au pouvoir royal l'appui qu'elles ont donné autrefois à l'autorité pontificale.

Ni les doctrines ni les fureurs de Hobbes n'eurent aucune influence. Les amis de la liberté renversèrent facilement des paradoxes dont, au surplus, l'originalité érudite ne pouvait devenir accessible et familière qu'au petit nombre. De leur côté, les soutiens des Stuarts et de la restauration se scandalisèrent des théories que voulait leur fournir un pareil auxiliaire, et qu'on eût plutôt prises pour une satire que pour une apologie du pouvoir. Si Machiavel a été immoral sans le savoir, il a du moins balancé les inconvénients de son siècle par ce génie des affaires et de l'histoire qui fait des ouvrages du secrétaire l'éternelle école du politique. Mais quel profit tirer de ces enseignements dogmatiques de despotisme et de servilité, sans vues positives de l'histoire, de ces emprunts hypocrites demandés aux Écritures, de ce matérialisme qui ne trouve d'autre utilité à Dieu, que d'enchaîner sans appel la liberté de l'homme? Quand Charles II revint à Londres, il trouva Hobbes sur sa route et lui donna sa main à baiser.

Quelques années plus tard, Locke fut, pour ainsi dire, le philosophe de la maison de Hanovre. Après la révolution qui mit Guillaume III sur le trône, il passa de la métaphysique à la philosophie sociale, et publia son traité du *Gouvernement* civil. Métaphysicien, il est inférieur à Descartes, à Leibnitz et à Kant ; il n'a ni la rigueur ni la profondeur de ces maîtres de la pensée. Mais, écrivain moraliste et politique, il a exercé sur l'Europe une influence bienfaisante ; dans sa lettre sur la Tolérance (1), il a le premier donné la leçon et l'exemple de cette humanité pratique dont Voltaire se fit, après lui, le prédicateur populaire. Vous ne trouvez dans son *Gouvernement civil*, ni la logique ni l'éloquence du *Contrat Social*; mais Locke a inspiré Rousseau, et, le premier, il a ressaisi, au nom de la liberté, la doctrine d'un contrat primitif dont Hobbes avait fait sortir le despotisme.

Le traité de Locke est court, clair et facile. Il enseigne que le véritable état de l'homme est l'état social. Après avoir flétri l'esclavage, il fonde la propriété sur le travail, manifestation de la personnalité humaine qui en transmet les fruits par l'héritage à ceux qui viennent après. La puissance paternelle, base de la famille, est séparée avec un bon sens exact du gouvernement politique. Quant aux sociétés elles-mêmes, la paternité naturelle a pu en être le début historique, mais non pas le fondement dans la nature des choses. Le consentement exprès ou tacite de chacun des membres de l'association, voilà la raison philosophique de l'état et de sa légitimité. « Chacun étant naturellement libre, et rien n'étant
« capable de le mettre sous la sujétion d'aucun pouvoir que
« son propre consentement, il faut considérer ce qui peut
« être une déclaration suffisante d'un homme, pour le rendre
« sujet aux lois de quelque gouvernement. On distingue
« communément entre un consentement exprès et un consen-
« tement tacite, et cette distinction importe à notre sujet...
« La difficulté est de savoir ce qui doit être regardé comme
« un consentement tacite et jusqu'où il oblige et lie, c'est-à-
« dire, jusqu'où quelqu'un peut être censé avoir consenti et
« s'être soumis à un gouvernement, quoiqu'il n'ait pas pro-

---

1 Voyez tome VII, traduction de M. Thurot.

« féré une seule parole sur ce sujet. » Locke démontre que le même acte par lequel quelqu'un unit sa personne à quelque communauté, met pareillement ses possessions sous la domination de cette communauté, et qu'ainsi, par le fait même de sa présence, l'individu devient partie intégrante de la société. Si la fin principale que se proposent ceux qui entrent dans une société est de jouir de leurs propriétés en sûreté et en repos, la loi fondamentale de tous les États sera celle qui établira le pouvoir législatif et en définira la nature et l'étendue. Le philosophe sépare le pouvoir législatif du pouvoir exécutif, en ayant devant les yeux la constitution de son pays. Il est clair que, dans le chapitre XII du *Gouvernement civil*, Locke règle les rapports de ces deux pouvoirs suivant l'économie de la légalité britannique. La supériorité du pouvoir législatif, la permanence du pouvoir exécutif ne sont autre chose que le parlement et le roi d'Angleterre ; le philosophe indique même en passant la nécessité d'une réforme dans les élections qui produisent la Chambre des communes. « Il est arrivé souvent, dit-il, que dans les gouverne« ments où une partie de l'autorité législative représente le « peuple, et est choisie par le peuple, cette représentation, « dans la suite des temps, ne s'est trouvée guère conforme « aux raisons qui l'avaient établie dès le commencement. Il « est aisé de voir combien grandes peuvent être les absurdi« tés dont serait suivie l'observation exacte des coutumes « qui ne se trouvent plus avoir de proportion avec les rai« sons qui les ont introduites. Il est aisé de voir cela, si l'on « considère que le simple nom d'une fameuse ville, dont « il ne reste que quelques masures, au milieu desquelles « il n'y a qu'une étable à moutons, et ne se trouve pour « habitant qu'un berger, fait envoyer à la grande assem« blée des législateurs, autant de députés que tout un « comté peuplé, puissant et riche. Les étrangers en sont « fort surpris, et il n'y a personne qui ne confesse que la « chose a besoin de remède. Cependant il est très-difficile

« d'y remédier, à cause que la constitution de l'autorité lé-
« gislative étant l'acte original et suprême de la société, le-
« quel a précédé toutes les lois positives qui y ont été faites,
« et dépend entièrement du peuple, nul pouvoir inférieur
« n'a droit de l'altérer. » Vient ensuite la théorie de la prérogative royale. Si le pouvoir exécutif en fait un usage per-
vers et funeste, le peuple ne saurait renoncer au droit d'examiner s'il a juste sujet d'*appeler au ciel*. Sans déclamation
et sans colère, Locke établit que Dieu et la nature ne permettent jamais à qui que ce soit de s'abandonner tellement
soi-même, que de négliger sa propre conservation ; le même
droit appartient aux peuples, et ils s'en servent dans ces
extrémités qui réclament les derniers remèdes. En 1690,
Locke trouvait naturel de déposer dans son livre la théorie
exceptionnelle de l'insurrection. Son chapitre de la tyrannie n'est qu'une allusion perpétuelle aux Stuarts, à l'exercice perfide qu'ils avaient fait du pouvoir pour éluder les
lois du royaume et ramener la religion catholique. Il distingue ensuite la dissolution de la société et la dissolution du
gouvernement. Il montre le peuple survivant à la ruine des
formes sociales, et ressaisissant le droit de fonder un pouvoir nouveau qui sache le représenter et le défendre. « Cer-
« tainement Dieu seul est juge de droit ; mais cela n'empêche
« pas que chaque homme ne puisse juger par soi-même dans
« le cas dont il s'agit ici, aussi bien que dans tous les au-
« tres, et décider si un autre homme s'est mis dans l'état de
« guerre avec lui, et s'il a droit d'appeler au souverain juge,
« comme fit Jephté. » Mais, dans le cours régulier des choses, Locke estime que le peuple ayant une fois établi et délégué le pouvoir législatif, ne saurait le reprendre, et doit
s'en remettre à ses représentants.

Si le *Gouvernement civil* a servi de base au *Contrat social*, si l'ouvrage sur l'éducation a provoqué l'*Émile*, je ne
doute pas non plus que Rousseau n'ait conçu l'épisode de
son Vicaire savoyard en lisant le *Christianisme raisonnable*

du philosophe anglais. Il est si vrai que le christianisme ne se confond avec aucune Église et aucun gouvernement, et qu'il puise sa grandeur dans l'indépendance de la pensée, que nous verrons désormais tous les philosophes vouloir le ramener à la raison et le réconcilier avec la philosophie. L'Angleterre éprouvait après sa révolution le besoin qui nous travaille aujourd'hui d'épurer et d'éclaircir les idées religieuses. C'est dans cet esprit que Locke a écrit son *Christianisme raisonnable*, livre d'une théologie populaire et pratique où il rappelle que le point capital de la religion chrétienne est de croire que Jésus-Christ fut le Messie, et où il indique pourquoi le Christ, dans ses prédications, ne disait pas ouvertement qu'il était le Messie. Le moraliste anglais a surtout très-bien mis en saillie l'affirmation et l'autorité avec laquelle Jésus a annoncé aux hommes la croyance en un seul Dieu, l'importance et l'étendue des devoirs moraux. Sans doute, avant le Christ, il y avait eu des sages et des philosophes qui avaient parlé aux hommes de leurs devoirs; « mais « qui a montré aux hommes l'obligation où ils étaient de les « observer exactement, et où a-t-on jamais vu un pareil code « auquel le genre humain ait pu recourir comme à une règle « infaillible, avant que notre Seigneur eût paru dans le « monde (1)? » Si, avant la venue de Jésus-Christ, la doctrine d'une autre vie n'était pas tout à fait inconnue dans le monde, elle n'y était ni évidente, ni populaire; la vertu devait être sa récompense à elle-même. Le Christ seul a révélé d'une manière positive le dogme de l'immortalité; il a promis expressément les récompenses d'une autre vie, et a donné à la morale une sanction claire et solide.

Quand, en finissant, nous jetons un dernier regard sur les deux philosophes anglais, nous voyons Hobbes, plus original, ne jouir que de cette gloire restreinte qui peut s'attacher aux paradoxes du génie. Il s'est enfermé dans son ironie; on

---

(1) *Christianisme raisonnable*, chap. XIV.

l'y a laissé. Mais Locke, aimant l'homme et l'humanité, écrivant pour l'éclairer et le relever, popularisant la tolérance, la morale pratique et la liberté, a été pour l'Europe une grande autorité non-seulement durant sa vie (1), mais pendant tout le cours du dix-huitième siècle, où il trouva des disciples puissants dans Voltaire, Condillac et Rousseau.

CHAPITRE VII.

SPINOSA.

Descartes avait établi dans le domaine de la pensée l'indépendance absolue de la raison; il avait déclaré à la scolastique et à la théologie que l'esprit de l'homme ne pouvait plus relever que de l'évidence qu'il aurait obtenue par lui-même. Ce que Luther avait commencé dans la religion, le génie français, si actif et si prompt, l'importait dans la philosophie, et l'on peut dire, en suivant avec exactitude la génération des idées, que Descartes est le fils aîné de Luther.

(1) Leibnitz, si supérieur à l'auteur de l'*Essai sur l'entendement humain*, ne l'a combattu et réfuté qu'en lui donnant les plus grands témoignages d'estime. Il expose qu'ayant assez médité depuis longtemps sur le sujet traité par Locke et sur la plupart des matières qu'il y a touchées, il a cru que ce serait une bonne occasion d'en faire paraître quelque chose sous le titre de *nouveaux Essais sur l'entendement humain*, et de procurer une entrée plus favorable à ses pensées en les mettant en si bonne compagnie. « Il est vrai, ajoute-t-il, que je suis souvent d'un autre avis que lui; mais, bien loin de disconvenir pour cela du mérite de cet écrivain célèbre, je lui rends justice en faisant connaître en quoi et pourquoi je m'éloigne de son sentiment, quand je juge nécessaire d'empêcher que son autorité ne prévale sur la raison en quelques points de conséquence. En effet, quoique l'auteur de l'*Essai* dise mille belles choses que j'applaudis, nos systèmes diffèrent beaucoup. Le sien a plus de rapport à Aristote, et le mien à Platon, quoique nous nous éloignions en bien des choses l'un et l'autre de la doctrine de ces deux anciens. Il est plus populaire, et moi je suis forcé d'être un peu plus *acroamatique* et plus abstrait, ce qui n'est pas un avantage, à moi surtout, écrivant dans une langue vivante. » *(Note de la 3ᵉ édition.)*

Le philosophe français trouve à son tour un successeur chez un peuple qui jouissait avec l'Angleterre de la liberté politique et de l'indépendance de la pensée. La Hollande éclairait l'Europe par ses universités, la charmait par ses écoles de peinture, lui donnait le savant le plus ingénieux du seizième siècle, Érasme ; le premier publiciste du dix-septième, Grotius ; un des plus grands médecins modernes, Boerhaave ; et le métaphysicien le plus original, Spinosa.

Benoît Spinosa avait environ treize ans quand Grotius mourut. Ces deux hommes firent dans leur siècle le même contraste que plus tard Montesquieu et Rousseau. Je ne reviendrai pas sur Grotius (1), sur cet illustre soutien de l'autorité et des faits, qui constitua le droit des gens, le rendit humain et chrétien. Quel abîme entre lui et Machiavel! Le secrétaire enseigne aux hommes à se tromper et s'opprimer entre eux ; le jurisconsulte du dix-septième siècle adoucit le droit de guerre, introduit la morale dans la diplomatie, et recommande aux rois comme aux sujets de se conduire suivant les maximes de l'Évangile.

L'audacieux philosophe qui a remué tous les penseurs modernes fut, dans sa vie, simple et candide comme un enfant. Juif, né à Amsterdam en 1632, il commença par recevoir une éducation hébraïque. Quand peu à peu il eut acquis la conscience de lui-même et de son génie, il se sépara avec une tranquille fermeté de l'orthodoxie de la religion nationale, au grand désespoir de la synagogue, qui avait fondé sur lui les plus hautes espérances. Sorti d'Amsterdam, il ne vécut plus que dans la retraite et la solitude, philosophant toujours, passant son temps à préparer des verres polis pour des lunettes d'approche, et à crayonner de petits dessins, se nourrissant souvent avec quatre sous par jour ; c'est ainsi qu'après une vie de quarante-quatre ans, qui ne fut pour ainsi dire qu'une longue méditation, il mourut en 1677, n'ayant

---

(1) *Introduction générale à l'Histoire du Droit*, chap. VIII.

en qu'une pensée, la philosophie, qu'une ambition, la philosophie.

Spinosa commença par écrire un commentaire du système de Descartes, sous le titre de : *Renati Descartes principiorum philosophiæ part. 1e et 2e more geometrico demonstrata.* (Il faut y joindre un appendice *continens cogitata metaphysica.*) Il fit paraître ensuite le *Tractatus theologico-politicus,* composé de vingt chapitres. Paulus, dans l'édition d'Iéna (1802), termine le premier volume par la collection des lettres qu'adressèrent à Spinosa quelques-uns de ses contemporains, et des réponses du philosophe. Les œuvres posthumes comprennent sa morale, *Ethica more geometrico demonstrata,* divisée en cinq parties où il est traité : 1° *de Deo*; 2° *de Natura et Origine mentis*; 3° *de Origine et Natura affectuum*; 4° *de Servitute humana, seu de affectuum Viribus*; 5° *de Potentia intellectus, seu de Libertate humana*; le *Tractatus politicus,* qui s'arrête au chapitre onzième, que n'a pu achever l'auteur, *morbo impeditus et morte abreptus*; un Traité des moyens de réformer l'intelligence également inachevé, *de intellectus Emendatione et de Via qua optime in rerum rerum cognitionem dirigitur*; enfin un *Compendium grammatices linguæ hebrææ,* demeuré imparfait comme les ouvrages précédents : tel est l'héritage de ce métaphysicien, qui avait si bien compris sa mission unique de penseur, qu'il résista même à l'offre séduisante d'une chaire où il aurait pu propager son système. Le 16 février 1673, l'électeur palatin Charles-Louis lui offrit le professorat dans son université de Heidelberg : « An in illustri sua academia ordinariam philo-
« sophiæ professionem suscipere animus esset? » Le prince allemand lui garantissait toute liberté philosophique : « Phi-
« losophandi libertatem habebis amplissimam qua te ad pu-
« blice stabilitam religionem conturbandam non abusurum
« credit (1). » Spinosa répondit qu'après y avoir beaucoup

---

(1) *Epist.* LIII.

pensé, il ne pouvait profiter d'une aussi belle occasion ; que jamais il n'avait eu l'intention *publice docere;* que d'ailleurs l'enseignement le détournerait des profondeurs de la philosophie : « Nam cogito primo me a promovenda philosophia « cessare, si instituendæ juventuti vacare velim ; » et puis encore Spinosa ne se rend pas bien compte des restrictions qu'il faudrait apporter à la liberté philosophique ; il y a sur les matières religieuses tant de contradictions et de passions qui défigurent et condamnent souvent les pensées et les paroles les plus droites! « Cogito deinde me nescire quibus « limitibus libertas ista philosophandi intercludi debeat, ne « videar publice stabilitam religionem perturbare velle : « quippe schismata non tam ex ardenti religionis studio « oriuntur, quam ex vario hominum affectu, vel contradi- « cendi studio, quo omnia, et si recte dicta sint, depravare « et damnare solent (1). » Sur cette dernière raison, qui surtout était excellente, Spinosa resta chez lui, et je crois qu'il fit bien. Contemplons maintenant la pensée du solitaire, pyramide éternelle dans le champ de la philosophie.

Dieu est tout ce qui est : c'est un être absolu et infini ; il se manifeste par la pensée et l'étendue. « Per Deum intelligo « ens absolute infinitum, hoc est, substantiam constantem « infinitis attributis, quorum unumquodque æternam et infi- « nitam essentiam exprimit. » Substance une, qui persiste et se développe par des attributs infinis, dont chacun exprime l'éternelle et infinie essence de la substance même. Dieu est l'unité, l'essence et l'éternité. Or cette éternité se développe par l'existence : « Per æternitatem intelligo ipsam existen- « tiam, quatenus ex sola rei æternæ definitione necessario « sequi concipitur. » Dieu est donc l'identité de l'existence et de l'essence, du temps et de l'éternité ; unité nécessaire, car deux substances égales ne sauraient coexister dans la nature des choses : « in rerum natura non possunt dari duæ

---

(1) *Epist.* LIV.

« aut plures substantiæ ejusdem naturæ, sive attributi. » Toute substance est nécessairement infinie, et existe nécessairement ; cette nécessité se prouve par son existence, son être par son développement ; elle est parce qu'elle est, et parce qu'elle est, elle est. Dieu est sa preuve à lui-même ; et, vivant dans une unité qui n'a pas de concurrent, il dure par les lois de sa nature, et il existe nécessairement. « Deus, sive substantia constans infinitis attributis, quorum unumquodque æternam et infinitam essentiam exprimit, necessario existit. » Rien n'existe que dans Dieu et ne peut être conçu sans Dieu : « Et nihil sine Deo esse, neque concipi potest ; » donc Dieu est la cause permanente et non passagère de toutes choses : « Deus est omnium rerum causa immanens, nec vero transiens. » Dieu, cause toujours présente du monde, habite dans son ouvrage comme dans un tabernacle ; il ne passe pas à côté de cet univers, en le regardant comme un phénomène fragile et se réservant un autre séjour ; il y demeure et s'y incorpore : donc tout est nécessaire dans ce monde formé des attributs de Dieu : « Quidquid ex aliquo Dei attributo, quatenus modificatum est tali modificatione, quæ et necessario et infinita per idem existit, sequitur, debet quoque et necessario et infinitum existere. » Et, pour l'humanité, quelle sera la conséquence morale ? C'est que l'homme n'est pas dans ce monde une individualité libre, pouvant se conduire suivant ses règles et son arbitre propre ; mais dans le système du monde il est un effet nécessaire et déterminé. « Voluntas non potest vocari causa libera, sed tantum necessaria. » Voilà le fondement du déterminisme, qui veut identifier la liberté de l'homme avec une fatalité rationnelle. L'homme alors, satellite d'un astre autour duquel il doit constamment tourner, membre nécessaire et dépendant d'un Dieu dont il est une partie, s'adapte et se coordonne dans le mécanisme universel. Dieu lui-même n'était pas libre de faire autrement qu'il n'a fait : « Res nullo alio modo, neque alio ordine a Deo

« produci potuerunt, quam productæ sunt. » Spinosa absorbe l'homme et Dieu dans la même idée, dans l'unité nécessaire.

Dans la philosophie de cet homme, vous êtes toujours face à face avec Dieu; corps, esprit, étendue, toujours, c'est toujours Dieu. Il se révèle par les corps et la matière, par la pensée et les idées, par l'étendue.

« Per corpus intelligo modum, qui Dei essentiam, quatenus
« ut res extensa consideratur, certo et determinato modo
« exprimit. » Voilà pour la matière.

La pensée est une émanation, une face de la substance infinie qui pense. « Cogitatio attributum Dei est, sive Deus
« est res cogitans. »

L'étendue n'est encore qu'une manifestation de la substance : « Extensio attributum Dei est, sive Deus est res
« extensa. »

Ainsi Dieu se manifeste par le corps et la matière; il pense par l'intelligence; il se développe par l'étendue; il est tout; dans lui viennent se perdre idées, formes, essence, attributs. « In Deo datur necessario idea, tam ejus essentiæ, quam
« omnium, quæ ex ipsius essentia necessario sequuntur. »

Liberté, que deviendras-tu dans cet organisme où tout est prévu et nécessaire ? Tu te confondras avec l'intelligence; tu te perdras dans une série de causes déterminantes et de mobiles irrésistibles, qui tous te pousseront, malgré que tu en aies, à un but nécessaire, immuable. « In mente nulla est
« absoluta, sive libera voluntas; sed mens ad hoc, vel illud
« volendum determinatur a causa, quæ etiam ab alia deter-
« minata est, et hæc iterum ab alia, et sic in infinitum. » La volition et l'idée sont même chose. « In mente nulla datur
« volitio, sive affirmatio et negatio præter illam, quam idea,
« quatenus idea est, involvit. » Enfin, sous une formule plus générale encore, il faudra reconnaître l'identité de la volonté et de l'intelligence. « Voluntas et intellectus unum et idem
« sunt. »

Non-seulement Spinosa absorbe le vouloir de l'homme dans la pensée, mais il est amené à reconnaître que ce vouloir trouvera nécessairement dans les passions d'impérieuses maîtresses. Les passions, pour le philosophe, sont des affections sensibles qui troublent l'harmonie de l'intelligence, et les relations adéquates avec la nature des choses. « Affectus
« qui animi pathema dicitur, est confusa idea, qua mens
« majorem, vel minorem sui corporis, vel alicujus ejus partis
« existendi vim, quam antea, affirmat, et qua data ipsa mens
« ad hoc potius quam ad illud cogitandum determinatur. »
La vivacité de ces affections, combinée avec les influences extérieures, peut être telle qu'elle devienne insurmontable à l'homme, et le mette sous son joug. « Vis et incrementum
« cujuscumque passionis, ejusque in existendo perseverentia
« definitur potentia causæ externæ cum nostra comparata,
« adeoque hominis potentiam superare potest. » Il n'y aura de remède qu'en combattant une affection vive par une plus vive encore : « Affectus coerceri nec tolli potest, nisi per
« affectum contrarium, et fortiorem affectu coercendo. »
Spinosa reconnaît ainsi la puissance des passions, qui sont sacrées à ses yeux, puisqu'elles sont dans la nature des choses : tout en maintenant l'indélébile supériorité de l'intelligence, il s'attache dans sa théorie à les peindre, à les exalter dans leurs effets généreux ; il écrit cette sublime parole : « *Gloria rationi non repugnat, sed ab ea oriri potest.* »
Inclination naturelle du génie pour la gloire, pour cette image terrestre de l'immortalité.

Étrange athée que Spinosa, qui non-seulement célèbre les passions avec un enthousiasme sévère, mais veut les élever vers Dieu, les rallier toutes dans la contemplation de la divinité, rendre l'intelligence adéquate à Dieu, l'exalter à un amour intellectuel par lequel elle se confondra dans l'Être infini. « Mens efficere potest ut omnes corporis affectiones,
« ceu rerum imagines ad Dei ideam referantur. » Voici quelque chose de plus formel. « Hic erga Deum amor men-

« tem maxime occupare debet. » Enfin, « mentis amor in-
« tellectualis erga Deum est ipse Dei amor, quo Deus se-
« ipsum amat, non quatenus infinitus est, sed quatenus per
« essentiam humanæ mentis, sub specie æternitatis conside-
« ratam, explicari potest, hoc est mentis erga Deum amor
« intellectualis pars est infiniti amoris, quo Deus seipsum
« amat. » Ainsi, quand nous aimons Dieu, quand nous ver-
sons toutes nos affections particulières dans son sein, par
notre amour Dieu s'aime lui-même ; il se contemple dans sa
gloire, dans une identité où s'engouffrent tous les actes et
toutes les sympathies de l'homme ; il se glorifie dans un
égoïsme infini, immense comme la mer.

Mais quelle sera pour l'homme sa récompense quand il
aura pratiqué la vertu et l'amour de Dieu ? où sera son bonheur ? Spinosa, se rencontrant ici avec le Portique, ne lui
en accorde pas d'autre que la vertu même. « Beatitudo non
« est virtutis præmium, sed ipsa virtus ; nec eadem gaude-
« mus quia libidines coercemus ; sed contra quia eadem
« gaudemus, ideo libidines coercere possumus. » Identité
du bonheur et de la vertu tellement, que l'homme n'est pas
heureux parce qu'il dompte ses passions, mais qu'au contraire il ne les dompte que lorsqu'il est heureux.

Il faut encore demander compte à cet inflexible panthéisme
de la destinée de l'âme. Qu'a-t-il à offrir à l'homme pour
étancher cette soif d'une autre vie, que le christianisme a su
tout ensemble irriter et satisfaire ? Hélas ! la timidité, le
silence, remplacent ici la superbe et le dogmatisme du philosophe. Il nous dit bien : « Mens humana non potest cum
« corpore absolute destrui, sed ejus aliquid remanet, quod
« æternum est. » Mais que devient donc ce quelque chose
qui reste, et qui vous embarrasse de son éternité ? Une fois
que le corps a disparu, le panthéisme ne sait plus rien.
« Mens igitur nostra eatenus tantum potest dici durare ejus-
« que existentia certo tempore definiri potest, quatenus
« actualem corporis existentiam involvit et eatenus tantum

potentiam habet rerum existentiam tempore determinandi, easque sub duratione concipiendi. » On dirait que le philosophe cherche à décliner toute responsabilité en déclarant qu'il n'a pas d'autre moyen de reconnaître l'âme que la présence du corps. Nous ne pouvons, dit-il, nous rappeler d'avoir existé avant notre corps, puisque sans lui nous ne pouvions avoir de relation avec le temps et l'étendue ; et cependant nous sentons et nous éprouvons que nous sommes immortels. « At nihilominus sentimus experimurque nos æternos esse. » Et voilà toute l'immortalité que le panthéisme peut nous donner ; enfermé dans ce monde, puisqu'il s'est interdit à lui-même de le transgresser, il ne peut livrer à l'homme qu'une série d'existences et de transformations terrestres, ou un néant irrévocable.

Du haut de cette métaphysique, comme d'un roc inaccessible, Spinosa contemple cette histoire humaine qui s'agite dans l'espace et dans le temps. Libre de toute autorité, affranchi de la synagogue, sans engagement avec le christianisme, il attribue tout à la raison, révélations, prophéties et religions. « Cum itaque mens nostra ex hoc solo, quod Dei naturam objective in se continet, et de eadem participat, potentiam habeat ad formandam quasdam notiones rerum naturam explicantes, et vitæ usum docentes ; merito mentis naturam, quatenus talis concipitur, primam divinæ revelationis causam statuere possumus..... » Toutefois Spinosa reconnaît la révélation directe de Dieu à Moïse ; mais, quant aux autres prophètes, Dieu ne leur a parlé que par l'intelligence ; c'est en ce sens qu'ils furent animés de l'esprit de Dieu ; sages et purs, orateurs et poëtes, ils durent leurs prophéties aux éclairs et aux élans de l'imagination orientale.

La loi trouvera de même son explication dans la nature des choses : divine et humaine, elle dépendra ou des conditions nécessaires de Dieu, ou des conventions de l'homme ; humaine, elle s'occupera de régler la sécurité de la vie et des sociétés : « Ad tutandam vitam rempublicam tantum in-

« servit; » divine, elle se proposera la connaissance et l'amour de Dieu : « Solum summum bonum, hoc est Dei veram « cognitionem et amorem spectat. » Or, c'est le caractère de cette loi divine d'être universelle, de n'avoir pas besoin de la foi de l'histoire, « non exigere fidem historiarum; » de n'avoir pas besoin non plus de cérémonies extérieures, de faire consister enfin le souverain bien dans la connaissance de Dieu, et la véritable misère dans la servitude de la chair; voilà qui est humain, naturel, universel. Sortez de ces préceptes inculqués par la raison à Dieu même, vous tombez dans les choses éphémères, dans les institutions et les formes historiques, dans les intérêts politiques, dans les différences et les fantaisies du génie des peuples. Les lois et les cérémonies de la république hébraïque n'appartiennent donc pas à l'ordre divin, et n'ont pas plus d'autorité que les histoires des autres peuples.

Le philosophe rencontre les miracles sur sa route; il en nie le caractère surnaturel; rien ne saurait arriver contre les lois de la nature, qui garde un ordre éternel et immuable : les miracles sont inutiles pour prouver la Providence divine, qu'atteste bien mieux l'inaltérable régularité de l'univers. Ici le théologien rationaliste s'attache à restituer à l'ordre naturel certains faits tenus pour miracles. Dans l'interprétation des Écritures, il conseille de porter le même esprit que dans l'observation de la nature, c'est-à-dire de conclure rationnellement, en partant de quelques principes fixes et arrêtés. Il examine l'authenticité du Pentateuque, des livres de Josué, des Juges, de Ruth, de Samuel et des Rois. Après avoir soumis à la critique les autres parties de l'antique Écriture, il aborde le Nouveau Testament, montre les apôtres sous le double aspect de prophètes et de docteurs, et se servant plus des démonstrations de la raison que des inspirations prophétiques. Prédicateurs de la doctrine du Christ, ils n'eurent pas besoin d'une lumière surnaturelle, « ad religionem quam « antea signis confirmaverant, communi hominum captui ita

« accommodandam, ut facile ab unoquoque ex animo acci-
« periatur. »

Nous touchons enfin à la distinction profonde entre la raison et la foi que Descartes avait posée, mais qu'il n'avait pas appliquée avec une conséquence si claire et si directe. La foi consiste, aux yeux de Spinosa, dans des croyances sans lesquelles on n'obéirait pas à Dieu, et qui impliquent en même temps l'obéissance à Dieu et une créance entière à elles-mêmes : « Nempe quod nihil aliud sit (fides), quam de
« Deo talia sentire, quibus ignoratis tollitur erga Deum obe-
« dientia, et, hac obedientia posita, necessario ponuntur. »
Ainsi on croit parce qu'on obéit, et l'on obéit parce qu'on croit ; or la foi se témoigne par les œuvres, « obedientia enim
« posita, fides necessario ponitur, et fides absque operibus
« mortua est. » La foi ne se propose donc autre chose que l'obéissance et la piété. Qu'a cela de commun avec la philosophie, qui n'a d'autre but que la vérité, qui est la pensée elle-même relevant d'elle seule ? Elle ne croit pas, mais elle cherche, examine ; elle juge, et, tout en respectant la foi, elle n'a rien de commun avec ses vertus pratiques. « De veritate
« autem et certitudine rerum, quæ solius sunt speculationis,
« nullus spiritus testimonium dat, præter rationem quæ sola,
« ut jam ostendimus, veritatis regnum sibi vindicavit. » Il faut donc séparer la philosophie de la théologie ; chacune a son royaume à part ; elles ne sauraient se confondre que pour se troubler et se nuire.

Spinosa s'est chargé lui-même de faire de son idéalisme une application spéciale au caractère surnaturel du christianisme et de son fondateur. Il n'a pas hésité à s'en ouvrir à un de ses amis qui l'avait pressé sur ce point, en lui mandant qu'on l'accusait de dissimuler sa pensée. « Denique,
« *répond Spinosa*, ut de tertio etiam capite mentem meam
« clarius aperiam, dico ad salutem non esse omnino necesse
« Christum secundum carnem noscere ; sed de æterno illo
« filio Dei, hoc est, Dei æterna sapientia, quæ sese in omni-

« bus rebus, et maxime in mente humana, et omnium maxime
« in Christo Jesu manifestavit, longe aliter sentiendum. Nam
« nemo absque hac ad statum beatitudinis potest pervenire,
« utpote quæ sola docet, quid verum et falsum, bonum et
« malum sit. Et quia, uti dixi, hæc sapientia per Jesum Chris-
« tum maxime manifestata fuit, ideo ipsius discipuli eamdem,
« quatenus ab ipso ipsis fuit revelata, prædicaverunt, sese-
« que spiritu illo Christi supra reliquos gloriari posse osten-
« derunt. Cæterum quod quædam Ecclesiæ his addunt, quod
« Deus naturam humanam assumpserit, monui expresse ne
« quid dicant nescire ; imo, ut verum fatear, non minus ab-
« surde mihi loqui videntur quam si quis mihi diceret quod
« circulus naturam quadrati induerit (1). » Aux yeux de Spinosa, le Christ a représenté plus puissamment qu'aucun
autre la sagesse divine et éternelle qui l'avait choisi pour sa
manifestation la plus éclatante ; voilà pourquoi ses disciples,
qui reçurent de lui la révélation et l'enseignement de cette
sagesse, ont pu se glorifier d'avoir en eux plus que les autres hommes l'esprit du Christ ; mais, quand certaines églises
ajoutent que Dieu a revêtu la forme humaine, le philosophe
ne sait plus ce qu'elles veulent dire, et elles ne lui paraissent pas moins absurdes que si elles prêchaient qu'un cercle
est un carré. Dans une autre lettre qu'il écrit au même Henri
Oldenburg, il dit que, pour exprimer plus énergiquement la
manifestation de Dieu dans le Christ, Jean s'est servi de cette
expression orientale : Le Verbe s'est fait chair : « Deus sese
« maxime in Christo manifestavit, quod Joannes, ut efficacius
« exprimeret, dixit Verbum factum esse carnem (2). »

Après avoir défini l'empire de la raison et de la pensée,
Spinosa détermine pour ce qui vit dans la nature le droit par
la puissance. L'homme, l'animal, se développent suivant
leurs facultés, leurs modes, leurs aptitudes et leurs proprié-

---

(1) *Epist.* xxi.
(2) *Epist.* xxiii.

tes : tout ce qui existe a le droit de s'étendre et de se manifester jusqu'aux dernières limites de sa virtualité. « Jus uniuscujusque eo usque se extendere quo usque ejus determinata potentia se extendit. » Et cette définition du droit par la puissance ne convient pas seulement à l'homme raisonnable. « Nec hic ullam agnoscimus differentiam inter homines et reliqua naturæ individua, neque inter homines ratione præditos et inter alios qui veram rationem ignorant, neque inter fatuos, delirantes et sanos. » Aussi le droit naturel pour chaque homme ne se détermine pas par la raison, mais par les passions et la force. « Jus itaque naturale uniuscujusque hominis non sana ratione sed cupiditate et potentia determinatur. » Ne vous en étonnez pas, car la nature ne se règle pas seulement sur les lois de la raison humaine, mais sur les conditions infinies de l'ordre éternel dont l'homme n'est qu'une faible partie, ordre éternel d'où découlent pour chaque individu les modes de son existence. Et cependant l'homme veut tout ramener à sa mesure et à sa convenance ; cette prétention ridicule est la source de toutes ses erreurs ; il se trompe, parce qu'il ne sait pas tout embrasser. « Quidquid ergo nobis in natura ridiculum, absurdum aut malum videtur, id inde venit, quod res tantum ex parte novimus, totiusque naturæ ordinem et cohærentiam maxima ex parte ignoramus, et quod omnia ex usu nostræ rationis dirigi volumus, cum tamen id, quod ratio malum esse dictat, non malum sit respectu ordinis et legum universæ naturæ, sed tantum solius nostræ naturæ legum respectu. »

Est-il assez clair que Spinosa noie l'individualité dans son panthéisme ? L'homme à ses yeux ne puise sa raison que dans le tout : c'est une partie subordonnée de l'harmonie générale. Mais où donc est la personnalité humaine ? où donc est la raison propre de l'homme ? Attendons un moment, et nous verrons Kant et Fichte la rétablir au premier rang.

Au-surplus, Spinosa sera puni de dépouiller ainsi l'homme de son caractère sacré ; car je le trouve sur-le-champ condamné à se rapprocher de Hobbes, non qu'il partage sa haine contre l'indépendance, il a l'âme trop bonne et trop simple pour injurier la liberté comme cet Anglais, et pour lui rire au nez parce qu'elle est opprimée par Cromwell : mais, en définissant le droit par la puissance, définition juste et grande quand elle s'applique à la vie organique de tout ce qui respire, il a oublié, après l'avoir posé lui-même en principe, que la puissance de l'homme est l'intelligence ; il fait sortir, comme Hobbes, le droit naturel de la force matérielle, et le sentiment de la sociabilité de l'unique besoin de la sécurité. Tous les individus feront un pacte dont l'objet sera l'utilité commune, et dont le plus sûr moyen sera le renoncement fait par chacun de sa puissance particulière au profit de la puissance générale. « Hac itaque ratione sine ulla naturalis
« juris repugnantia, societas formari potest, pactumque
« omne summa cum fide semper servari ; si nimirum unus-
« quisque omnem, quam habet, potentiam in societatem
« transferat, quæ adeo summum naturæ jus in omnia, hoc
« est, summum imperium sola retinebit, cui unusquisque vel
« ex libero animo, vel metu summi supplicii parere tenebi-
« tur. » L'État ainsi fondé, il constituera par ses prescriptions le droit civil et la justice. « Per jus enim civile priva-
« tum nihil aliud intelligere possumus, quam uniuscujusque
« libertatem ad sese in suo statu conservandum, quæ edictis
« summæ potestatis determinatur, solaque ejus autoritate
« defenditur... Justitia est animi constantia tribuendi uni-
« cuique quod ei ex jure civili competit. »

Mais la logique ne mènera pas Spinosa comme Hobbes à l'approbation dogmatique du pouvoir absolu. Il revient sur cette individualité dont, en commençant, il n'a pas tenu compte. Il reconnaît que l'individu retient, en entrant dans le corps social, une partie de ses droits. « Nemo unquam suam po-
« tentiam et consequenter neque suum jus ita in alium

« transferre poterit, ut homo esse desinat, nec talis ulla « summa potestas unquam dabitur, quæ omnia ita ut vult, « exequi possit. » Restriction logiquement inconséquente, mais arrachée au philosophe par la générosité de ses instincts.

Comme le politique de Malmesbury, Spinosa soumet encore la religion au souverain. Il y aurait trop de danger à en soustraire l'exercice et l'interprétation au chef de l'État. Mais il réserve la liberté philosophique de penser, qui ne devra pas s'attaquer aux lois établies et dont le développement doit augmenter au contraire la force de l'État et de la société.

Si Platon s'inspire de l'Égypte, si Aristote considère la Grèce et la monarchie d'Alexandre, Spinosa a les yeux fixés sur la république hébraïque et la constitution de Moïse. Il en étudie les institutions, en démontre l'excellence dans des vues historiques, que l'Allemagne a depuis empruntées à ce grand homme. Mais il ne porte pas la même supériorité dans les détails où il entre sur la monarchie, l'aristocratie et la démocratie. Il avait, dans son *Tractatus theologico-politicus*, déposé toute la substance de sa métaphysique et ses applications immédiates. Dans son *Tractatus politicus* que la mort l'a contraint d'interrompre, il commence par répéter les principes posés dans le premier ouvrage; ensuite il distingue de nouveau les États en monarchie, aristocratie et démocratie; et là il fait à part la théorie de chacune de ces formes sociales. Il n'y épargne pas les dispositions arbitraires et les circonstances minutieuses; il s'attache à composer le conseil de la royauté, ne veut pas que les membres aient moins de cinquante ans : particularités du même genre pour l'aristocratie et la démocratie. Tout est sans portée, sans application; on croirait lire la fastidieuse utopie de Thomas Morus. Une fois descendu des sommités de la pensée, Spinosa semble perdre une partie de sa puissance.

Je le comparerai à Platon. Le disciple de Socrate n'a pas

seulement cet univers à sa disposition, mais il partage en trois mondes distincts l'existence universelle. La terre, troisième reflet d'une unité primitive, doit travailler à sa purification, à son amendement, et il veut la redresser à l'image du ciel. Si l'homme politique de Platon est dépouillé de son indépendance, du moins il se console par des pressentiments sublimes, vagues avant-coureurs du christianisme. L'homme de Spinosa est encore moins individuel que celui de Platon : partie et instrument d'un vaste organisme, il n'a qu'à se mouvoir à sa place et à son rang. A-t-il opéré ses mouvements avec exactitude, on lui déclare qu'au delà de ce monde il n'y a rien, car ce monde est Dieu, et il est Dieu lui-même. Il ira rejoindre l'Être infini à la condition, il est vrai, de ne pas le savoir et de ne pas le sentir. L'homme est assez exigeant pour ne pas s'estimer heureux de cette portion de divinité. Quand, à force de s'exalter, il saluerait par le cri d'une abnégation héroïque ce gouffre qui veut l'engloutir, aussitôt après il retomberait sur lui-même, reconquis et déchiré par cette individualité dont la plus chère espérance est de secouer la poussière de cette terre. Spinosa, le monde te demande grâce, ou plutôt il t'échappe ; regarde, depuis Moïse qui avait fondé sur la terre le règne de Dieu et dont la théocratie ne promettait rien à l'homme au delà du présent, quel progrès s'est accompli ? Le christianisme annonce à l'homme que son âme est immortelle et jouira d'une autre vie. Or, l'humanité ne reviendra point sur ses pas ; elle ne retournera ni au panthéisme, ni au mosaïsme ; elle poursuivra sans relâche la liberté sur la terre et l'immortalité dans les cieux (1).

(1) Comme je l'ai dit ailleurs, Spinosa, par sa métaphysique, touche à l'Orient et à Moïse ; par sa morale, il donne la main à Zénon, à Chrysippe, à tous les grands stoïciens. Les principes que vous voyez épars chez beaucoup de philosophes sont rassemblés par Spinosa avec une fermeté féconde, et il en tire des conséquences et des applications nouvelles, ou qui du moins, avant lui, n'avaient été entrevues que confusément. Ce

CHAPITRE VIII.

KANT. — FICHTE.

On raconte que Charles-Quint répondit à des Espagnols qui lui proposaient de détruire le tombeau de Luther : « Je « n'ai plus rien à faire avec Luther ; il est maintenant de- « vant Dieu, il appartient à une juridiction plus haute que la « mienne ; je fais la guerre aux vivants et jamais aux morts. » Cet homme, moitié Espagnol et moitié Flamand, ce bourgeois de Gand, empereur et roi, fut souvent plus embarrassé par le moine saxon que par François Ier et Soliman II. Même au milieu de l'oppression violente des protestants, il sentait la force que puisaient ceux-là dans leur droit et dans leur conscience. Il a pu entrevoir, du fond de sa cellule du monastère de Saint-Just, l'Europe partagée entre l'autorité catholique et la foi nouvelle, et il a pu douter avec amertume de l'éternité du Vatican. Luther, en mourant, avait jeté un cri de triomphe, il avait exhalé dans son testament son ivresse et son orgueil en contemplant l'Europe ébranlée, Rome confondue, et le christianisme réformé.

Il est naturel que, depuis le seizième siècle, les sciences morales et philosophiques aient été surtout développées au sein du protestantisme, qui avait proclamé le droit d'examen et de critique. La conséquence était nécessaire ; la ligne était tracée ; elle voulait être poursuivie. Grotius, Leibnitz, les universités florissantes, les professeurs célèbres, les études vigoureuses et hardies appartiennent à la réforme. Le mouvement progressif d'une science audacieuse, une fois sorti

---

qui le caractérise, c'est une grande puissance de concentration, et cette puissance lui a valu l'honneur de donner son nom au panthéisme même, qu'on appelle souvent le spinosisme. C'est entre cette doctrine et le dogme catholique qu'est la véritable lutte dans le monde des croyances et des idées. (*Note de la 3ᵉ édition.*)

de l'université de Wittemberg, s'accomplit dans les voies de la raison libre et souveraine, qui sait passer de l'interprétation de la religion à l'indépendance philosophique, ayant à la fois pour représentants le protestantisme avec sa théologie rationnelle, Descartes, Spinosa, Bayle, Locke, Kant, Fichte, Voltaire et Rousseau.

Kant eut pour précurseur un esprit critique de premier ordre qui soumit toujours l'imagination aux lois et au but de la raison, qui sut être philosophe profond sans système positif et sans métaphysique précise. Lessing a eu la singulière fortune de renfermer, dans un petit ouvrage de trente pages rédigées en aphorismes, ce qui a été dit dans le dix-huitième siècle de plus profond et de plus net sur la religion et le christianime. La religion est à ses yeux l'éducation du genre humain; la révélation est au genre humain ce que l'éducation est à l'homme isolé; l'éducation est une révélation qui a lieu chez l'homme isolé; et la révélation est une éducation qui a eu lieu et qui a lieu encore chez le genre humain. Armé de cette vue, il examine la révélation hébraïque; si dans cette éducation qui avait suivi le polythéisme tout n'est pas développé, il n'y a rien au moins qui puisse contrarier les progrès de l'avenir; au contraire elle les implique virtuellement. Au livre élémentaire, c'est-à-dire à l'Ancien Testament, aux commentaires insuffisants qu'y faisaient les docteurs, le temps vint d'ajouter un nouveau livre et un meilleur pédagogue. Le Christ arriva; il fut le premier professeur d'immortalité de l'âme qui méritât la confiance, et comme professeur et comme praticien. Ses élèves ont fidèlement propagé sa doctrine; que s'ils l'ont mêlée quelquefois avec d'autres dogmes d'une vérité moins lumineuse et d'une utilité moins générale, pouvait-il en être autrement? Ne le leur reprochons pas, mais cherchons plutôt si ces dogmes-là mêmes n'ont pas donné une autre impulsion à la raison humaine. Les nouvelles Écritures ont, depuis dix-sept cents ans, occupé l'esprit humain plus que tous autres livres, et il a mieux valu que ce livre seul occupât des têtes si différemment organisées que si chaque peuple avait eu pour lui son livre élémentaire, particulier. Mais le genre humain ne doit-il jamais parvenir au plus haut degré de lumière et de pureté? Jamais, ô blasphème! Ici Lessing, dans une sainte foi pour les progrès de l'intelligence humaine, s'écrie : « Il viendra certainement le jour d'un nouvel Évangile éternel, jour qui nous est promis même dans les livres élémentaires de la nouvelle alliance. » Il pense que certains rêveurs des treizième et quatorzième siècles avaient peut-être, quand ils annonçaient leur troisième âge du monde, saisi une lueur de ce nouvel Évangile; mais leur tort fut d'aller trop vite, et voilà ce qui en fit des rêveurs. Les rêveurs jettent souvent un coup d'œil juste sur l'avenir ; mais ils ne savent pas attendre, et ils veulent réaliser dans l'instant de leur existence les choses pour lesquelles la nature met des milliers d'années. « Marche à pas insensibles, dit éloquemment Lessing, providence éternelle ; laisse-moi seulement ne pas désespérer de toi, à cause de l'insensibilité de ton mouvement ; laisse-moi ne pas désespérer de toi, alors même que ta marche me semblerait rétrograde. . . . . . . Tu as tant de choses à emporter après toi sur ton chemin éternel, tant de mouvements obliques à exécuter! » Jamais on ne donna une explication plus profonde de ces lenteurs de la Providence qui déconcertent parfois l'impatience et la faiblesse humaines.

Maintenant, après Spinosa, qui s'était livré aux plus hautes inspirations de l'idéalisme, après la philosophie plus étendue qu'originale, plus historique que nouvelle, de Leibnitz, voici venir un métaphysicien qui critiquera la métaphysique, qui, se retournant sur elle, lui demandera ses titres, vérifiera ses conditions, jugera ses lois. Il n'a pas l'inspiration sur le front, il ne dogmatisera pas, mais pour lui la raison même de l'homme n'aura pas de secrets si profonds, de replis si cachés, de nuances si subtiles, que son œil n'y plonge. Il s'établit sur le théâtre même de l'esprit humain, il en sonde la solidité, il en fouille tous les recoins, il en dresse la statistique ; et, dans cette anatomie de l'intelligence, vous saisirez peu de moments où son regard se fatigue et s'éblouisse.

Kant, en faisant de la raison même le sujet de ses observations, la trouve produisant nécessairement la philosophie et les mathématiques ; après avoir posé l'existence de ces deux sciences rationnelles, il observe que nos connaissances sont de deux sortes, les premières rationnelles, synthétiques, *a priori*, générales et nécessaires ; les secondes analytiques, *a posteriori*, et contingentes. Les premières constituent les formes de notre entendement ; elles impriment leurs lois aux objets extérieurs ; elles font de l'homme le *criterium* de la nature ; mais ce magnifique attribut se compense par l'irréparable impuissance à démontrer la réalité même des objets qui ne peuvent être pour nous que des modes de nous-mêmes. Le temps et l'espace n'existent qu'en nous, et ne sont que les formes de notre sensibilité. Dieu, la substantialité et l'immortalité de l'âme, sa liberté rationnelle, échappent à l'affirmation dogmatique et aux théorèmes de la raison.

Voilà donc l'ontologie et la morale rendues impossibles. Après cette déclaration terrible pour l'homme, Kant prit un parti original avec audace et candeur. Sans rien rétracter de ses observations sur la raison pure et spéculative, il établit qu'il y avait une raison pratique qui se distinguait de la raison spéculative, avait ses lois à elle et menait irrésistiblement l'homme, sinon à la démonstration apodictique de l'existence de Dieu, de l'immortalité de l'âme et de la liberté, du moins à leur foi indestructible. Alors, il tenta de construire la science morale pour elle-même, en lui donnant une existence indépendante de la raison pure. Or, la raison pratique lui livre une loi réelle, objective, à laquelle il ne peut pas ne pas croire, et cette loi, il la formule ainsi : *Agis de telle sorte que les maximes de ta volonté puissent avoir la force d'un principe de législation générale.* Ainsi, le principe que doit suivre notre raison dans la conduite de la vie est d'élever l'individualité de notre volonté à la généralité d'une loi universelle et objective, loi que l'homme sans doute ne connait que par lui-même, mais qui se sépare de son individualité pour revêtir le caractère de la généralité (1).

La loi de l'homme moral trouvée, que faut-il pour qu'on puisse lui obéir? il faut qu'on puisse lui désobéir, c'est-à-dire qu'il faut être libre, car il n'y a pas d'obéissance possible à une loi, si les sujets n'ont en même temps la faculté de ne pas la suivre, de délibérer et d'opter. Alors, aux yeux de Kant paraît la liberté comme une conséquence inévitable, un postulat nécessaire de la loi posée. L'homme est obligé, donc il est libre; voilà en deux mots le fondement de la raison pratique. Le procédé de Kant a été de voir d'abord la loi, puis de conclure pour la possibilité de son exécution à la liberté. Il amène la liberté par la logique.

J'ai tracé ailleurs (2) la série des déductions morales et juridiques que Kant a tirées de son système; je n'y reviendrai pas: mais, avant de passer à l'idéalisme de Fichte, il faut remarquer la direction excellente que le kantisme sut imprimer aux esprits. Le philosophe de Kœnisberg, arrivé à la fin des démonstrations de la raison pratique, se trouve d'accord avec le christianisme, et il proclame avec joie cette harmonie de sa philosophie avec la morale de l'Évangile. Il a déposé, dans un autre ouvrage, la *Religion d'accord avec la raison*, sa pensée intime sur le christianisme. Il y reconnaît que le bien et le mal se partagent la terre, que l'homme doit porter toute l'énergie de sa volonté du côté du bien, pour lui assurer sur

---

1 Ici j'aurais dû signaler les dangers de cette distinction entre la raison spéculative et la raison pratique, ainsi que les objections sérieuses qu'elle soulève, puisqu'elle ne va à rien moins qu'à détruire l'unité de la raison humaine. En s'armant de la métaphysique de Kant, le scepticisme en détruit la morale.   (*Note de la 3e édition.*

2) *Introduction générale à l'Histoire du Droit*, chap. XVI. Kant considéré sous les rapports moraux et juridiques.

son ennemi une prédominance invincible. Or, il s'est rencontré que le Christ a eu plus que tout autre le sentiment profond de la moralité humaine, et a servi plus puissamment au triomphe du bien sur le mal. Donc, le christianisme est éminemment moral et conforme à la raison. Kant se montre préoccupé comme Locke du besoin de ramener la religion à l'ordre rationnel. Il aimait encore à causer de la révolution française. Cet événement, qui était venu troubler la pensée allemande au milieu de ses spéculations et lui avait fourni un autre aliment que des théories abstraites, s'était concilié l'intérêt affectueux du philosophe. Eh! comment ce noble enfant de Luther, cet interprète si pur de la raison et de la liberté de l'individu, n'eût-il pas honoré de son suffrage l'émancipation de tout un peuple qui revendiquait les droits de l'humanité avec une foi si énergique dans la puissance de l'homme (1)?

L'idéalisme, ce principe indestructible de toute philosophie, venait d'être affermi par la sévérité même avec laquelle Kant avait défini ses conditions et sa possibilité. Critique et circonspect, il avait réformé la philosophie et l'avait relevée à la fois de la psychologie incomplète de Locke, du scepticisme de Hume et de l'autorité théologique. Sur cette base tellement solide qu'elle est encore aujourd'hui le théâtre où s'agite la métaphysique, un disciple de Kant se proposa d'élever une variation féconde du système de son maître, qui en serait à la fois la conséquence et la solution. Jean Gottlieb Fichte ne se contentera pas de cet idéalisme critique ; il voudra, après l'avoir traversé, revenir à créer Dieu, l'homme et le monde au creuset de ses abstractions ardentes.

Mettons la main incontinent sur la face morale du nouveau système. Le reste en deviendra plus sensible et plus clair.

---

(1) Mais qu'aurait-il dit, au spectacle du socialisme voulant écraser le droit et la liberté ? (*Note de la 3ᵉ édition.*)

Kant avait dit : L'homme est obligé par une loi morale; donc il est libre. Fichte brise cette logique ; il ne veut pas de ce procédé artificiel ; mais, s'enfermant en lui-même, se plongeant dans une contemplation infinie de son individualité, il sort de ce monologue pour se poser lui-même et dire : Je suis libre. Ce n'est plus une conséquence, c'est un principe: plus un raisonnement, c'est un cri; elle est reconnue et saluée comme reine, la liberté humaine! Elle est incréée; qu'elle s'enracine et porte des fruits toujours plus féconds : homme, sois libre, reste libre, deviens de plus en plus libre; voilà la morale.

Moi, moi, dis-je, je me pose et je me constitue; je me développe, mais je me heurte. Contre quoi? quel sera le premier caractère que j'assignerai à l'obstacle? Évidemment ce sera de n'être pas moi. Il est hors de moi, et non moi. Il me limite quand je veux me développer; il me repousse quand je veux m'étendre. Dans ce choc même, je le signale et je le crée; car, s'il n'y avait pas de moi, où serait le non-moi? Il ressort donc du moi; même en lui résistant, il est sa créature. Donc, le monde, c'est moi.

Qu'est-ce que Dieu? Mais apparemment Dieu n'existe pour moi que parce que j'y pense. Je le construis moi-même comme l'idée la plus haute de l'ordre moral du monde. Hors de moi, il n'est pas ; il est en moi ; Dieu est la création sublime de l'homme, et l'homme doit travailler à ressembler à ce Dieu qu'il fait lui-même, qui est le résultat de sa conscience et de sa moralité; donc Dieu, c'est moi.

Je règne donc sur tout ce qui est; j'en suis le principe, la source, le centre; je suis l'être lui-même. Je suis cause indépendante, créatrice, et libre.

La liberté sort donc des entrailles mêmes du moi; rationnellement nécessaire, elle est son but à elle-même : l'homme n'est pas libre pour être moral, mais il est moral parce qu'il est libre. Le caractère de l'être rationnel est dans l'activité qui part d'elle-même pour y revenir, et se détermine dans la duplicité même de cet acte. Un être rationnel fini ne peut donc se poser lui-même sans s'attribuer une activité libre. Mais, en se posant ainsi libre et actif, il détermine hors de lui un monde sensible au partage duquel il est obligé d'admettre d'autres êtres rationnels, finis comme lui; il a rencontré des semblables, des êtres vivants aux mêmes conditions que lui, le limitant comme il les limite; de ce choc jaillit le droit. En effet, l'être rationnel ne peut se reconnaitre comme agissant, sans un corps qui le détermine; il ne peut s'attribuer un corps, sans se reconnaître soumis à l'influence d'une personne indépendante de lui, semblable à lui: cela posé, le droit devient possible et applicable; le droit consiste tout entier dans cette relation des êtres libres, rationnels et finis.

La doctrine du droit a pour premier principe que chaque être libre doit se faire une loi de limiter sa propre liberté par la reconnaissance de la liberté des autres personnes. Il n'y a pas de droit absolu en ce sens qu'on ne peut concevoir le droit que comme une relation, une borne. Transgressez les limites tracées par la nature même des individus semblables, il n'y a plus de droit; l'injustice (*Unrecht*) paraît. Cette contradiction du droit veut être redressée: de là sort la légitimité de la résistance et de la contrainte. Les droits réciproques des hommes entre eux dans le domaine des idées naturelles reposent sur une fidélité et une confiance mutuelles. L'homme doit apporter autant de soin à ne pas violer le droit d'autrui qu'à ne pas laisser violer le sien propre. De ce double devoir dérivent le droit de défense, et le principe rationnel des procédés énergiques et violents.

Tous ces droits individuels, juxtaposés les uns à côté des autres, ont besoin de se rallier et de se confondre dans une expression générale qui sache à la fois les coordonner et les défendre. De l'homme, le philosophe passe à l'État. Le droit politique ne se proposera pas autre chose que de trouver une volonté dans laquelle la volonté individuelle et la volonté générale seront synthétiquement réunies. *Einen Willen zu finden, in welchem Privatwille und gemeinsamer synthetisch vereinigt sey* (1). Ainsi Fichte, en partant du sentiment profond de l'individualité, aboutit aux mêmes résultats politiques que Rousseau, dont le génie et les maximes ont exercé sur lui une incontestable influence.

Mais, au moment où Fichte fait entrer l'homme dans la société, examinons un peu dans quel état cet homme est sorti des mains du philosophe. Un principe unique l'anime et le constitue, sa liberté propre. Il n'a qu'un précepte et un devoir, de la maintenir, de la défendre, de l'agrandir. L'homme de Fichte est un immense égoïsme qui rapporte tout à lui, qui n'a d'autre loi et d'autre jouissance que lui-même; et ici ce n'est pas une conséquence implicite que je déduis; le logicien l'a expressément tirée. « Si la morale, dit-il, veut que nous aimions le devoir pour lui-même, la politique veut que l'individu n'ait pas d'autre but que lui, la sûreté de sa personne et de sa propriété. L'État peut sans scrupule adopter cette maxime : *Aime-toi par-dessus toutes choses, et tes concitoyens pour toi-même* (2). » Mais Fichte ne remarque point qu'il n'a pas assez de ce principe de liberté pour pouvoir légitimement rendre l'homme social. Où donc est le reste de la nature humaine? où les besoins de l'intelligence? où les affections de l'âme? Le philosophe met une épée aux mains de l'homme qu'il veut faire social, et il le condamne vis-à-vis de ses semblables à une perpétuelle défense, à des agressions fréquentes.

Ce n'est pas tout. Si Fichte, à force de vouloir rendre l'homme indépendant et libre, mutile sa nature, voilà que, dans la même préoccupation, il arrivera au despotisme par la liberté. Effectivement, toutes les volontés individuelles seront poussées dans le gouffre de la volonté générale, sans

---

(1) *Naturrecht*, page 180, tome I. Iéna, 1796.
(2) *Ibidem*, tome II, pag. 114. Iéna, 1797.

restrictions, sans garanties. Si Hobbes aboutit au despotisme par la haine de l'homme et de la liberté, si Spinosa par la contemplation de Dieu et l'oubli de nous-mêmes, Fichte efface l'individualité à force d'avoir voulu l'insurger et l'exalter.

Nous possédons maintenant les raisons premières et les grands résultats de sa philosophie. Si nous allons aux idées et aux théories de détail qu'il a semées dans sa politique, nous y verrons le travail d'un esprit vigoureux, plein de ressources et d'audace, fertile en vues ingénieuses, mais se débattant souvent dans le vague, abstrait quand il faudrait être positif, chimérique et substituant à l'expérience de l'histoire les caprices du paradoxe. Ce devait être au surplus la destinée d'un idéalisme aussi solitaire et aussi subtil de rester sans yeux et sans oreilles devant le spectacle du monde et de l'histoire, de ne rien admettre au delà des abstractions de la conscience, et de remplacer l'intelligence des choses par une vertu stoïque et un peu bornée.

Dans l'État tel que Fichte l'a conçu, le pouvoir exécutif est omnipotent; il est investi de toute l'activité sociale; cependant il doit être responsable, et le philosophe imagine un pouvoir particulier, un *éphorat*, réminiscence de Lacédémone, dont les membres, sans être investis du pouvoir exécutif, surveilleront les gouvernants, et, s'il y a lieu, les mettront en accusation devant le peuple. La communauté politique aura le droit, dans des cas donnés, de se réunir en convention pour condamner ou pour absoudre. Fichte écrivait trois ans après le jugement de Louis XVI. Si nous passons aux rapports civils, le philosophe reconnaît la sainteté du mariage; mais comment sortira-t-il d'un embarras où l'ont jeté ses affirmations précédentes? Il a dit à l'homme d'être égoïste; il lui en a fait un devoir. Comment donc expliquer l'amour, cet irrécusable lien de l'homme et de la femme? Fichte en prend son parti; il déclare que dans la femme seule existe l'amour, le plus noble de tous les instincts et des attributs de notre nature. Par la femme seule l'amour vient en ce monde et parmi les hommes (1). Mais au moins le père aime son enfant? Fichte répond que le père n'aime pas directement ses enfants, qu'il ne les aime que par la tendresse qu'il a pour la femme; apparemment en vertu de lui-même il ne les aimerait pas! Rien n'est plus humiliant pour l'esprit humain que les dernières conséquences d'un principe faux.

Mais, si nous sortons de ces détails si étrangement sophistiques, nous devons reconnaître que le *droit naturel* de Fichte est déduit avec une dialectique pleine de verve et de vigueur, animé d'une chaleur secrète et continue, enchaînant les formules et les conséquences, marchant au but, toujours logique, quelquefois éloquent.

L'âme du philosophe d'Iéna fut ébranlée profondément par la révolution française. Il l'aima, la défendit et l'expliqua à ses compatriotes : comme il sentait la liberté philosophique par lui-même, la liberté politique dans les livres de Rousseau, il applaudit au mouvement d'un peuple qui voulait faire de la volonté générale la législation constituante de la société, et qui, se posant comme libre, défendait cette liberté avec une énergie aussi unanime que sa volonté. Le christianisme occupa toujours sa pensée. Si par sa philosophie il a créé Dieu; si à ses yeux la raison est absolue, indépendante et souveraine, il ne peut méconnaître que ce Dieu abstrait n'est pas à l'usage de l'humanité : il confesse la réalité de la religion, il la considère comme un fruit moral du cœur, une expansion du sentiment. La foi n'est pas obligatoire; l'homme doit agir comme s'il croyait; mais il n'est pas obligé de croire (2).

(1) *Naturrecht*, tome II, pag. 167.
2. Fichte, ayant pour collaborateurs Niethammer et Forberg, a traité les principales questions de la philosophie religieuse et morale dans un recueil intitulé *philosophisches Journal einer Gesellschaft deutscher Gelehrten*. Nous avons surtout remarqué deux morceaux, l'un sur le fondement de notre foi dans l'action de la Providence divine sur le monde,

Fichte avait commencé sa vie par une indépendance rationnelle sans bornes ; mais, vers la fin de ses jours, il se débattait dans une sorte de mysticisme, rétractation sourde de sa création de Dieu. Son premier ouvrage fut une *Critique des révélations*, dont il trouvait la première cause dans la nature religieuse de l'homme. Le christianisme fut toujours à ses yeux un évangile de liberté et d'égalité. Il est, à ce titre, un produit de la raison et de l'intelligence. Le fondateur du christianisme, le Christ, fut un génie pratique, plein du sentiment moral et religieux, et qui sut le donner aux hommes. Mais le philosophe n'en affirme pas moins que l'homme doit être sa règle à lui-même, son propre Christ, et trouver son Évangile dans l'exaltation de sa propre vertu : contradiction manifeste avec la morale qui a dicté l'*Imitation de Jésus-Christ*, livre où on appelle les faibles et les forts à l'imitation patiente et progressive, tout à fait humaine et possible, de la vie du Sauveur, livre intime et admirable qui se proportionne à tous, à l'enfance comme à la maturité, à la simplicité aussi bien qu'au génie.

La philosophie n'a pas de disciple et d'interprète dont elle puisse plus se glorifier que du généreux Fichte. Soit que dès son enfance il montre déjà, comme Caton d'Utique, l'éner-

---

l'autre sur l'esprit et la lettre dans la philosophie. Nous avons sous les yeux, dans cette analyse des principes de Fichte, son *Droit naturel*, son livre sur la *Destination de l'homme*, sa *Doctrine de la science*, la *Biographie du Philosophe*, que vient de publier son fils, *J.-G. Fichtes Leben und litterarischer Briefwechsel*, 1830. Nous avons aussi profité de l'article fort détaillé que M. de Raumer a écrit sur Fichte, dans son livre : *Ueber die geschichtliche Entwickelung der Begriffe von Recht, Staat, und Politik*. Le morceau qu'il a consacré à Fichte est le meilleur de tous. M. de Raumer, dans sa revue des publicistes, fait preuve d'exactitude, bien qu'il ne cite jamais les sources mêmes ; mais on sent qu'il manque d'un but philosophique, et que son esprit n'a pas non plus toutes les qualités nécessaires à l'abstraction. C'est dans les sciences historiques que cet estimable écrivain a su prendre sa place. On lui doit la savante **Histoire des Hohenstaufen**.

gie de sa volonté, soit que plus tard il sache triompher de l'indigence, soit qu'il professe et écrive tour à tour à Erlangen, à Iéna et à Berlin, soit qu'il exhale ses patriotiques colères dans des discours où la philosophie successivement religieuse et guerrière secoue les abstractions et les formules, pour trouver la puissance d'une persuasion contagieuse et populaire, Fichte n'a roulé dans sa tête, nourri dans son cœur, que la sainteté et la liberté de l'homme. Véritable prêtre de la philosophie, il lui croyait et savait lui donner en effet une autorité positive sur les actions et sur la vie. Il a électrisé son pays, il en a fortifié le patriotisme, et n'est allé trouver ce Dieu, dont il se regardait lui-même comme le divin réceptacle, qu'après une vie pure, héroïque et toujours fidèle à elle-même.

On comprend encore mieux sa pensée quand on la compare à celle de Spinosa. Dieu est tout, dit Spinosa. — L'homme est Dieu, répond Fichte. — Dieu est esprit et corps. — L'homme est le monde et Dieu. — Dieu absorbe tout en lui. — L'homme ne connaît rien dont il ne soit pas la cause. — Unité divine et panthéistique. — Unité rationnelle et humaine. — Spinosa installe sur le trône l'absolutisme de l'unité divine; Fichte détrône Dieu pour couronner l'homme. — Idéalisme divin. — Idéalisme humain. — Idéalisme qui met le sujet dans l'objet. — Idéalisme qui met l'objet dans le sujet. — Idéalisme au profit de la nature. — Idéalisme au profit de l'individualité. — Idéalisme où l'homme se noie dans l'océan de l'infini. — Idéalisme où l'homme s'abolit à force de s'exalter et de se hausser où il ne peut parvenir. — Les conséquences sont les mêmes; pourquoi? non parce qu'ils cherchaient l'unité, mais parce qu'ils la cherchaient où elle n'était pas. Spinosa la veut dans Dieu sans l'homme, Fichte dans l'homme sans Dieu. Ce n'est pas là la condamnation de l'idéalisme lui-même; mais une vive et frappante leçon donnée à la philosophie, pour qu'elle ne s'égare plus dans les voies d'une imitation sans gloire et sans résultats.

CHAPITRE IX.

SCHELLING. — HEGEL.

Fichte avait conduit la pensée allemande sur la pointe la plus subtile de l'idéalisme; mais, parvenu à cette hauteur, il se troubla. Sur ce sommet qu'avait gravi cette héroïque nature par un effort inouï de la pensée, il se vit avec effroi séparé de Dieu et du monde : cette solitude l'effraya, et il fit quelques tentatives pour se rapprocher du monde et de Dieu. C'est dans cette disposition, peut-être douloureuse, à se tourner vers le réalisme, que la mort vint le surprendre. Dans les derniers temps de sa vie, il avait vu parmi ses disciples un jeune homme qui avait embrassé sa doctrine avec enthousiasme, ou plutôt qui avait saisi avec ardeur le principe d'unité qui la dominait. Schelling commença par être l'adhérent de Fichte; mais il sentit bientôt le besoin de sortir de l'homme; il étouffait dans cet égoïsme stérile. Il changea cet idéalisme, qui faisait rentrer l'univers dans l'homme, pour un autre, qui plaçait l'unité non plus dans le moi, non plus dans la nature, mais dans une abstraction, création de l'esprit qui, s'élevant au-dessus de tout ce qui est, proclame l'absolu. Cette nouvelle unité ne ressemblera ni au Dieu de Spinosa, ni à l'égoïsme rationnel de Fichte. Mais, n'étant ni le monde, ni l'homme, que sera-t-elle donc? une idée. Elle sera le un; elle sera l'absolu.

Comment l'esprit arrivera-t-il à la conception de cette idée divine? Par une intuition pure, par une spontanéité, par un acte de l'intelligence supérieur au mécanisme de la volonté propre. L'homme voit l'absolu par une contemplation involontaire. Il le saisit par une sorte d'amour idéal et mystique, jouissance dernière et la plus pure qui puisse affecter et féconder la réceptivité de notre intellect.

Cet absolu, ce roi des rois dans l'empire des idées, se pose et se développe non pas dans l'homme seul, non pas seulement en tant qu'idéal, non pas non plus dans le monde uniquement, et en tant que réel; mais, à la fois réel et idéal, il enfante la nature, qui est son expression vivante. Or, cette nature est tout ensemble idéale et réelle; elle s'appuie nécessairement sur ces deux termes; soumise à l'absolu, elle respire dans cette indestructible dualité; ouvrage de Dieu, elle en a tous les attributs et toutes les puissances; elle subsiste par la vie organique et par la vie morale; elle soutient la matière par la pesanteur, répand la lumière par le mouvement, développe successivement le règne de la vérité par la science, la religion et l'art, triple irradiation d'un être qu'elle porte dans son sein, qui la réfléchit tout entière, qui en est l'habitant terrestre, et s'en proclame en même temps le roi, le prêtre et le purificateur.

C'est ainsi que Schelling arrive à l'homme. Il a détrôné ce créateur superbe, tel qu'il était sorti des mains de Fichte, pour le faire descendre au rang de créature; et c'est alors seulement, quand il l'a ramené à sa place, qu'il reconnaît sa grandeur. Schelling a constamment poursuivi cette idée de concilier le réalisme et l'idéalisme : dans un morceau sur la liberté humaine, qui est à coup sûr un des chefs-d'œuvre de la métaphysique moderne, il s'exprime ainsi : « La nouvelle
« philosophie européenne, depuis ses commencements à par-
« tir de Descartes, a eu ce défaut commun que la nature
« n'existe pas pour elle, et qu'elle manque d'un fondement
« vivant. Le réalisme de Spinosa est, par cette raison, aussi
« abstrait que l'idéalisme de Leibnitz; l'idéalisme est l'âme
« de la philosophie; le réalisme en est le corps, et c'est seu-
« lement en les réunissant tous les deux, qu'on peut former
« un tout qui ait de la vie (1). »

1) « Die ganze neu-europæische Philosophie seit ihrem Begin (durch Descartes) hat diesen gemeinschaftlichen Mangel, dass die Natur für sie nicht vorhanden ist, und dass es ihr am lebendingen Grunde fehlt. Spinosa's Realismus ist dadurch so abstrakt als der Idealismus des Leib-

Désormais nous n'avons plus à craindre de ne pouvoir expliquer le monde de l'histoire. Tout s'animera, prendra un corps et un esprit. La religion sera la langue de l'absolu, le verbe de Dieu par lequel il s'incarnera et se développera dans l'histoire, conduisant ainsi lui-même les peuples à travers les siècles à la civilisation et à la vérité. L'histoire sera-t-elle un enchaînement d'accidents capricieux et fantasques, une arbitraire série d'apparitions et de renaissances, de chutes et de succès? Non, elle sera l'émergement providentiel des desseins de Dieu et des destinées de l'homme ; identité de la nécessité et de la liberté, elle sera divine comme la nature. L'art ne sera plus pour l'homme une distraction enfantine, frivole, qu'il peut se donner ou se refuser à son gré ; il révélera Dieu même par l'imagination de l'homme ; il le chantera et le représentera par l'inépuisable variété de sa poésie et de ses symboles. A cet interprète du beau qui sait nous faire goûter Dieu et l'approprier à notre nature, s'associe la science, organe sévère du vrai, qui le cherche et le systématise. La science existera à deux conditions ; elle sera d'abord la science des sciences, car elle sera l'intuition même de l'absolu ; elle le concevra, elle le recevra dans une vision divine, acte mystérieux, dernier sanctuaire, *sanctum sanctorum* de la philosophie. Mais elle sort de cet abîme pour se développer et s'appliquer ; elle procède par la synthèse et l'analyse ; elle observe, elle enchaîne les systèmes et les découvertes. Sous cette forme, elle est encore une face et une preuve de Dieu, elle travaille pour lui : car le véritable procédé scientifique est de découler de l'absolu et d'y remonter, d'en descendre et d'y refluer.

Mais entre ces divers éléments de la nature des choses, quel sera le lien, le centre et la raison? L'homme. Tout se

---

« nitz. Idealismus ist die Seele der Philosophie, Realismus ihr Leib ; nur
« beyde zusammen machen ein lebendiges Ganzes aus. » (*Ueber das Wesen der menschlichen Freiheit*, s. 427.)

rapporte à lui, car il y rapporte lui-même toutes choses. Il y aura donc entre lui et les choses une relation nécessaire, un rapport analogique. La structure de l'esprit de l'homme se réfléchira dans ce monde, et celle du monde dans l'esprit humain. Et ne confondez pas cela avec les conditions cognitives de Kant, qui refuse à l'homme une affirmation possible sur la réalité des choses. Schelling pense que l'idéalisme naturel de l'homme lui fait connaître les lois du monde; ces lois n'en sont pas moins vraies parce que l'homme les interprète; leur vérité dérive au contraire des décrets mêmes et des formes de son intelligence. Il y a donc entre l'homme et la nature analogie, ou plutôt, tranchons le mot, il y a identité; au fond il n'y a qu'une chose, le un qui se manifeste par la nature, par l'homme, par des attributs et par des idées; mais toutes ces manifestations diverses sont les effets gradués et nuancés d'une même cause; donc ils sont la même chose; donc, quand nous parlons de la nature, c'est le miroir de l'homme; donc, quand nous parlons de l'homme, c'est le *criterium* de la nature; donc sous la forme d'une perpétuelle analogie subsiste une irrécusable et intelligible identité. Schelling sort entièrement des voies de Spinosa pour s'accorder avec Platon. Comme l'Athénien, il cherche l'unité hors de la terre; mais où a-t-il mis sa base? Dans quelle région, sur quel sol appuie-t-il son abstraction? Ce penseur y rêve encore en ce moment.

De même qu'il fut préoccupé de concilier le réalisme et l'idéalisme, de même il ne voulut sacrifier ni la liberté à la nature, ni la nature à la liberté. Dans ses traités destinés à éclaircir l'idéalisme de la doctrine de la science (1), il établit la nécessité de la vie dans la nature, qui est la manifestation de l'esprit lui-même dans la matière organisée et vivante. L'esprit n'existe que dans la continuité de ses re-

(1) Abhandlungen zur Erläuterung des Idealismus der Wissenschaftslehre.

présentations, et la vie dans la continuité de ses mouvements internes. Au sein de la nature, l'homme subsiste par la liberté. Tout chez lui porte ce divin caractère ; son existence est une lutte de tous les instants, un danger toujours renaissant, dans lequel il se jette et dont il ne sort que par une impulsion qui lui est propre.

Si l'esprit n'existe véritablement que par la matière, la liberté morale n'aura aussi son véritable développement que dans la société et dans l'État. Sans s'occuper spécialement, comme Hegel, de philosophie sociale, Schelling a tiré lui-même les principales applications politiques de son système, en examinant le droit naturel de Fichte, et surtout dans un brillant ouvrage (1), *Vorlesüngen über die Methode des academischen Studium* (1813), où il a su revêtir des plus riches couleurs les idées les plus élémentaires de sa doctrine, qui, dans ce petit chef-d'œuvre, est presque entièrement platonicienne. En effet, comme Platon, il est plus préoccupé de l'État que de l'homme ; il trouve la plus haute expression du droit dans un organisme vivant qui régularise et constitue la liberté sociale, et dont l'homme individuel n'est qu'une partie hiérarchique. La volonté abstraite devra disparaître devant l'État en politique, et devant l'Église en religion. Au delà de ces conséquences immédiates, le philosophe allemand n'est pas heureux en s'aventurant dans des applications positives. Ainsi, le droit civil n'est à ses yeux qu'une collection de cas particuliers, d'espèces judiciaires, où la philosophie ne saurait pénétrer.

(1) Nous avons surtout étudié cet ouvrage et le Traité *Ueber das Wesen der menslichen Freiheit*. Ces deux morceaux, également précieux pour le fond et pour la forme, mériteraient d'être traduits dans notre langue et feraient connaître l'esprit de cette métaphysique de poëte. On pourrait aussi y joindre des extraits des autres *philosophische Schriften*. Je n'ai pu me procurer l'ouvrage intitulé *Philosophie und Religion* ; il est entièrement épuisé.

Depuis le temps où nous rédigions cette Note, nous avons lu ce dernier ouvrage en Allemagne.

Mais, quand on considère l'influence générale qu'a exercée la pensée de Schelling, on voit cet idéalisme réaliste, qui glorifiait Dieu avec tant d'enthousiasme dans ses diverses manifestations, se faire le centre de la physique, de la médecine, de l'art, de la religion et de l'histoire des religions. La poésie elle-même réfléchit dans Goëthe ce panthéisme si varié. Poëte tout à fait réaliste, Goëthe, qui répugnait aux abstractions de Fichte, tout en estimant son caractère, s'entendit avec Schelling. Artiste complet, coloriste et penseur, il mêle l'intelligence et l'imagination dans une si juste mesure, que du même trait il sait toujours peindre et juger, et n'a jamais étouffé l'esprit sous la plastique. Quand il anime Faust et Berlichingen, il ne se fait pas seulement contemporain du moyen âge soit fantastique, soit réel, il est en même temps philosophe du dix-neuvième siècle, et il a trouvé les conditions du génie dans cette alliance de la raison et de l'art. Au surplus, la philosophie de Schelling n'est pas terminée. Ce penseur est en suspens entre son idéalisme et l'autorité religieuse. La nature de son génie, la tendresse de son âme, l'éclat de son imagination, le disputent tour à tour à la foi et à l'indépendance. Personne ne connaît sa pensée intime, et nul n'a droit d'y pénétrer que lui. Les *Quatre Époques*, dernier ouvrage de ce poëte philosophe auquel la France peut trouver de la ressemblance avec Malebranche et Fénélon, n'ont pas encore paru (1).

1. Dans les années qui précédèrent les révolutions de 1848, il y eut de l'autre côté du Rhin de remarquables débuts au sein des écoles philosophiques. On sait que Schelling s'était déterminé à quitter Munich pour la capitale de la Prusse. Quand il y arriva, il fut reçu comme il devait l'être, et ses adversaires eurent le bon goût et l'habileté de garder un silence profond. Il put annoncer, sans opposition aucune, qu'il venait sur un théâtre nouveau rendre à la philosophie de plus importants services qu'il n'avait fait jusqu'à présent. On prit note de cette grande promesse, et on écouta; mais on s'aperçut bientôt que les nouveautés promises ne venaient pas. Alors les attaques commencèrent. Un professeur de l'Université de Berlin, M. Michelet, hégélien érudit, ouvrit un cours sur les

Schelling nous fera mieux entendre Hegel, qui fut son camarade aux universités, et commença sa carrière par définir

derniers développements de la philosophie allemande. C'était pour faire l'histoire de la lutte entre Schelling et l'école de Hegel. Dans ce cours, qui devint un livre sous le titre : *Entwickelungsgeschichte der neuesten deutschen Philosophie*, M. Michelet demanda ses plus puissants moyens de réfutation aux premiers écrits de son illustre adversaire. Schelling, pour échapper au reproche d'avoir changé, avait prétendu que sa philosophie actuelle était un développement ultérieur de son système, qu'il avait débuté par une philosophie *négative* qui devait le conduire à une philosophie *positive*, et que l'erreur de Hegel était d'avoir pris pour un résultat définitif ce qui n'était qu'une préparation. M. Michelet s'est élevé avec chaleur contre de semblables prétentions. « Je défendrai, a-t-il dit, le système de Schelling contre lui-même : ce système ne saurait être considéré comme une capricieuse création de jeunesse ; il appartient à l'histoire de la philosophie, à la nation allemande ; il est la base du développement scientifique qui fait notre vie. » Le disciple de Hegel montrait avec amertume Schelling sorti des grandes directions de la philosophie, et ayant renoncé depuis longtemps à rien publier parce qu'il ne s'entend plus avec lui-même.

A Heidelberg, on vit reparaître dans l'arène ce rationalisme intraitable qui fit, il y a plus de trente ans, une si rude guerre à Creuzer et à Gœrres. A cette époque, c'était Henri Voss qui dénonçait à l'Allemagne le mysticisme de ceux qui écrivaient l'histoire des religions sous l'inspiration de la philosophie mise au monde par Schelling. Il y a quelques années, ce fut le vieil ami de Voss, le docteur Paulus, qui reprit les armes, et cette fois pour combattre Schelling lui-même. Dans un gros volume de huit cents pages, intitulé *die endlich offenbar gewordene positive Philosophie der Offenbarung*, Paulus suivit la pensée de Schelling depuis les premiers débuts du successeur de Fichte ; il apprécia le premier caractère de sa philosophie, les variations de son système ; il insista sur les magnifiques promesses par lesquelles Schelling avait ouvert son cours à Berlin, il exposa les idées actuelles du professeur, en le citant *in extenso*. La polémique de Paulus fut aussi virulente que diffuse, et elle alla presque jusqu'à l'injure. Le vieux rationaliste de Heidelberg s'était proposé de prouver l'impuissance de Schelling à doter la philosophie de résultats nouveaux et bons, et il ne craignit pas de s'écrier :

« Quid tanto dignum feret hic promissor hiatu ? »

Schelling n'a pas répondu. Non-seulement il a résolu de s'abstenir de toute polémique, mais il est fort probable que ses livres dogmatiques tant annoncés ne paraîtront qu'après sa mort. (*Note de la 3ᵉ édition.*)

la différence du système de Fichte et de son ami (1). Après ce premier pas, il s'engagea dans l'étude des lois de la pensée, et dans la dialectique la plus profonde et la plus subtile. Sa philosophie n'est, à vrai dire, qu'une logique hérissée de formules ; elle semble vouloir écarter l'approche des profanes, et mettre l'intelligence de ses propositions au prix des plus rudes épreuves. La phraséologie de Kant et de Fichte est un modèle de clarté auprès de la langue de Hegel ; mais ce philosophe a caché sous ces formes désespérantes une pensée assez puissante pour mériter qu'on s'opiniâtre sur elle.

Descartes avait dit : « Je pense : donc je suis. » La pensée est aussi le point sur lequel s'appuie le philosophe allemand pour créer ce qui est, la pensée dans ce qu'elle a de plus indéterminé, de plus abstrait, de plus solitaire et de plus nu, la pensée sans rien, sans relation, ni rapport, la pensée, l'idée (2). Cette idée posée, elle a en face d'elle quelque chose qui est autre qu'elle-même et qui la détruit en la distinguant. Effectivement, quand la pensée qui se pense elle-même se pose vis-à-vis du monde, elle se détruit dans cette forme de pensée en elle-même ; et c'est en se détruisant dans cette première forme qu'elle arrive à une seconde forme,

(1) *Differenz des Fichte'schen und Schelling'schen Systems der Philosophie.* Iena, 1801.

2) Nous n'ignorons pas que Hegel a la prétention de ne pas prendre le point de départ de sa philosophie dans le *cogito* de la raison individuelle, de s'affranchir aussi de la raison subjective de Kant, et de s'appuyer sur la raison universelle. Il estime que, si Fichte a fondé un idéalisme *subjectif*, Schelling un idéalisme *objectif*, il lui est réservé d'avoir établi un idéalisme *absolu*. D'abord, nous ne connaissons d'idéalisme possible qu'à la condition d'être *subjectif* (la démonstration de Kant est complète sur ce point), qu'à la condition pour l'homme d'aller lui, *sujet*, par l'instrument et la voie de sa raison *propre*, à la connaissance de l'*objet*, et de percevoir l'*universel* par ses facultés *individuelles*. Ensuite, y a-t-il entre son système et celui de Schelling une différence originale qui soit un progrès et une conquête ? Ce qu'il appelle *seyn* ne répond-il pas à l'absolu du philosophe de Munich, le *da seyn* à la nature, le *für sich seyn* à l'homme ?

c'est-à-dire à voir autre chose qu'elle-même, la nature ; en d'autres termes, la matière n'est que l'idée même dans son hétérogénéité. Quand ces deux actes se sont passés, la pensée, qui d'abord s'est détruite en elle-même, qui ensuite a existé en autre chose qu'elle-même, revient à elle-même, se constitue dans sa propre conscience ; et alors les trois termes sont posés : la trinité est créée.

La philosophie de Hegel est une trinité logique continuelle, une τριχοτομία qui se reproduit partout. Voici comment. Une idée se pose ; comment l'esprit en pose-t-il une seconde ? En détruisant, en contredisant la première. Quand vous avez contredit la première par la seconde, vous avez deux idées ; ces deux idées s'unissent, s'accouplent, et en produisent une troisième. En d'autres termes, une proposition se pose, se change et se développe en se détruisant ; redoublée, elle se complète et s'établit sur trois termes. Ainsi, quand l'homme s'est posé comme abstraction, et a constitué ainsi la logique, il arrive au monde, et constitue la philosophie de la nature. Par ce contre-coup il revient à lui-même, et constitue la philosophie de l'esprit humain. Ainsi abstraction pure, nature et conscience, voilà les trois moments de la dialectique, qui est la forme la plus haute et la dernière de tout ce qui est.

La logique, qui est la science de l'idée pure, de l'idée dans l'élément abstrait de la pensée, se partage en doctrine de l'être, doctrine de l'existence, doctrine de la conception. L'être lui-même a trois faces : la qualité, la quantité, la mesure. La première de ces faces, la qualité, est *seyn* ; est en elle-même, *da seyn* ; est pour elle-même, *für sich seyn*. La quantité est quantité pure, le combien et le degré. La mesure est l'union de la qualité et de la quantité, *das qualitative Quantum*. La doctrine de l'existence repose sur l'être comme fondement de l'existence, sur le phénomène et la réalité ; trois termes qui chacun en enfantent trois autres. La doctrine de la conception se partage en conception subjective, en objet, et en idée ; trois termes dont chacun également sert à en poser trois autres.

La philosophie de la nature, seconde division principale, se divise elle-même en mécanique, physique et organique. La mécanique considère 1° le temps et l'espace ; 2° la matière et le mouvement, ce qui constitue la mécanique finie ; 3° la matière dans sa liberté et son mouvement libre, ce qui constitue la mécanique absolue. Ces trois termes se développent chacun en divisions ternaires. La physique embrasse 1° l'individualité générale de la nature; 2° l'individualité spéciale; 3° l'individualité totale; trois termes qui posent encore chacun leur trinité logique. L'organique embrasse la géologie, la nature végétale, l'organisme animal ; sous chacune de ces divisions, nouvelles divisions ternaires.

La philosophie de l'esprit se partage en esprit subjectif, esprit objectif, et esprit absolu. L'esprit subjectif embrasse l'anthropologie, car il est immédiatement ; la phénoménologie, car il est ensuite pour soi; la psychologie, car il se détermine ensuite en soi : nouvelles divisions ternaires pour chacun de ces trois termes. L'esprit objectif se pose par le droit, par la moralité personnelle, par la moralité sociale : trois termes qui chacun en développent trois autres. L'esprit absolu qui est sorti de l'esprit se posant, se détruisant par le monde et revenant à lui, se développe par l'art, par la religion révélée, et par la philosophie.

Maintenant, dans le domaine qui nous appartient, dans le domaine de l'esprit, attachons-nous à l'homme de Hegel : il l'a d'abord créé abstrait et solitaire, et ne lui fait trouver la réalité que dans le second moment de son existence. Comme la nature n'a paru que par opposition, de même l'histoire dans la dialectique de la philosophie de l'esprit naît par l'opposition. Le monde moral est posé aux mêmes conditions que le théâtre physique. Quand l'esprit d'abord sujet s'est opposé à lui-même pour se réaliser, par le droit et la morale, il revient à lui-même absolu et consciencieux à la fois, et, comme nous venons de le dire, il éclate par l'art, la religion révélée et la philosophie (1).

Sortons de ce labyrinthe de déductions et de formules pour saisir l'esprit et les conséquences du système. Quel est le point de départ de Hegel? L'abstraction pure. Quel sera son apogée, et pour ainsi dire sa péroraison? L'abstraction pure. A ses yeux la philosophie et la religion sont la même chose, moins la forme et la manifestation. Le contenu est le même : *der Gehalt ist derselbe* (2). La religion est la vérité pour tous

---

(1) Dans *Au delà du Rhin*, tom. II, p. 141-43, j'ai parlé en ces termes de l'histoire des religions du rival de Schelling : « Hegel, après avoir établi la religion comme telle dans son idée propre, après avoir analysé la nature du culte, énumère les différentes phases de la religion de l'humanité. C'est d'abord la religion de la nature où le phénomène est adoré. Vient ensuite la religion de la magie, *der Zauberei*, premier effort de l'intelligence. On voit lui succéder la religion de l'imagination, *der Phantasie*, où l'idée se traduit par mille images. Cependant le progrès de la moralité humaine continue, et vient la religion du bien et de la lumière, *des Guten oder die Lichts Religion*, que représente le culte des anciens Perses, comme celui de Brahma représente la religion de l'imagination. Les problèmes deviennent de plus en plus profonds, et la religion du mystère paraît, *des Rathsels* : c'est l'énigme du monde présentée à l'adoration des temples par le génie de l'Égypte. Dans le sein de l'égyptianisme, déjà quelque chose de plus individuel se remue, et l'humanité passe au moment de la religion de l'individualité intellectuelle, *der geistigen Individualität*. Les Juifs, les Grecs et les Romains représentent cette époque du genre humain. Les Juifs ont la religion de l'élévation, *der Erhabenheit*, car Dieu est mis plus haut qu'auparavant. La religion de la beauté appartient aux Grecs, *der Schœnheit* : l'humanité se délecte dans l'amour de ce qui est beau. Les Romains ont la religion de la raison, de l'application et du but, *der Zweckmæssigkeit, oder des Verstandes*. Chez eux la religion a un dessein politique, et les dieux sont les instruments de la république. Enfin l'humanité conquiert la religion absolue, *die absolute Religion*, qui est le christianisme : l'unité essentielle de la nature divine et de la nature humaine s'est manifestée par l'incarnation; la trinité se compose des trois termes de la substance divine. Le dénoûment de l'histoire de Hegel est le christianisme constitué par la raison, et possédant la conscience de lui-même. » (*Note de la 3ᵉ édition.*)

(2) Préface de la nouvelle édition de l'*Encyclopédie*, 1830, p. 19.

les hommes qui la reçoivent par le sentiment et la foi. La philosophie est la vérité pour quelques-uns, qui la conçoivent par la pensée. La logique explique tout ; elle rend compte de tout, même de la trinité. L'être est en soi un contenu et un contenant éternel, habitant éternellement dans sa manifestation propre ; voilà le père. Il se sépare de lui-même comme être éternel, et par cette séparation il pose son fils. Quand le père et le fils sont posés, c'est-à-dire quand ces deux moments de la dialectique sont produits, ils en enfantent un troisième, qui est le saint-esprit (1). Quelle sera la première conséquence de tout cela, si ce n'est que la philosophie, qui n'est pour Hegel que la réflexion, l'idée se pensant elle-même, *die in sich denkende Idee*, sera l'expression la plus haute et dernière de tout ce qui est ? La philosophie accepte la religion, mais elle l'explique ; elle consent à la laisser à la majorité de l'espèce humaine, en réservant l'abstraction la plus pure pour les aristocrates de la dialectique, qui attendent paisiblement que le christianisme arrive à l'état de réflexion, c'est-à-dire de philosophie. C'est la pensée de Locke et de Kant sous le masque d'une logique à la fois ambitieuse et prudente. On peut trouver le symbole de la philosophie de Hegel dans un serpent qui mort sa queue. Le système est entièrement critique ; c'est une explication dialectique des faits déjà connus de la psychologie et de l'histoire universelle ; mais nous allons constater son impuissance et sa stérilité pour le présent et l'avenir de l'homme et des sociétés.

La même industrie qui a lié toutes les parties du système se reproduit dans le droit naturel. La science du droit est une partie de la philosophie ; la philosophie du droit a pour objet l'idée du droit, la conception du droit et sa réalisation. Le théâtre du droit est l'intelligence ; elle est le sol où il prend racine. Son point de départ est la volonté, qui est libre, qui se constitue et se détermine par la liberté. Le droit

(1) *Encyclopédie*, paragr. 566, p. 577, édit. 1830.

dans son ensemble est l'empire de la liberté qui se développe, le monde de l'esprit qui sort de lui-même ; il est comme le parallèle de la nature, ou plutôt c'est une seconde nature.

La volonté contient : 1° l'élément de l'indétermination pure, ou de la réflexion pure, du moi en soi ; 2° le passage du moi au déterminé, second moment où il s'oppose, se limite et se distingue ; enfin la volonté retourne à son point de départ avec la double conscience du monde et d'elle-même ; elle se pose par un troisième acte dans l'union et l'unité des deux premiers moments. C'est ainsi qu'elle arrive à former la substantialité de la liberté, qui est pour elle ce que la pesanteur est pour la substantialité des corps.

Les conséquences de cette éradiation dialectique de la volonté pure seront immédiatement tirées. Si la volonté est d'abord immédiate, il faudra établir avant tout la personnalité même de l'homme, le poser comme sujet, et déterminer ainsi la sphère du droit abstrait.

Si la volonté cesse d'être uniquement en elle-même, mais se met pour elle-même en rapport avec l'objectivité d'elle-même, dans cette identité du sujet et de l'objet la sphère de la moralité proprement dite succède à l'abstraction pure du droit.

Si la volonté, à la fois subjective et objective, à la fois en elle-même et pour elle-même, réalise l'idée conçue du bien dans sa réflexion propre et dans le monde extérieur, ce troisième acte déterminera la sphère non plus de la moralité purement personnelle à l'homme, mais de la moralité sociale, de la sociabilité.

Droit abstrait. Dans sa personnalité, l'homme, bien que borné et fini de tous les côtés, se sent infini, universel et libre. La personnalité contient la capacité du droit ; elle est le fondement abstrait du droit abstrait et formel par cette abstraction même ; de là le précepte juridique : Sois une personne, et respecte les autres comme des personnes. La personne doit, pour se réaliser, comme idée, se développer dans une sphère extérieure de liberté; alors elle se distingue de tout ce qui n'est pas elle; ce qui n'est pas elle, cet extérieur qu'elle rencontre, elle le voit sans liberté, sans personnalité, sans droit; c'est pour elle une *chose*. La personne a le droit de mettre sa volonté dans *chaque chose*, qui par là devient sienne; ce qui donne à la volonté une réalisation précise, c'est le droit absolu d'appropriation de l'homme sur les choses; de là possession et propriété : la raison de la possession est dans les besoins naturels qui nous poussent à l'appropriation; la raison de la propriété est dans la personnalité de la volonté qui sanctionne le fait par le droit. L'homme fait usage des choses dont il est le conquérant, le possesseur et le propriétaire. Il en use et il en abuse; il les façonne, les altère, les détruit et les transforme. Ce n'est pas tout; toujours poussé à développer le cercle de sa puissance, il échange ce qu'il possède; alors la volonté conquiert une autre sphère; de la propriété elle passe aux contrats; ce n'est plus la volonté en elle-même, et se contentant de sa propre chose, mais la volonté s'appliquant à une autre chose, et se mettant en rapport avec la volonté d'une autre personne. Dans cette relation la liberté se réalise tout à fait, *daseyn hat*. Cette médiation obligatoire qui soumet la propriété au consentement d'une autre volonté, et en dernier ressort à l'accord de deux volontés, constitue la sphère des contrats. On voit qu'à travers ces formules on arrive à des idées fort simples; les détours sont compliqués, mais le résultat est connu. Rien de nouveau non plus dans la théorie même des contrats : les donations, le dépôt, la vente, le louage, la caution, sont classés tour à tour. Mais c'est dans les transitions d'une idée principale à une autre que se retrouve l'inépuisable logique du philosophe allemand. Voici comment il passe du contrat au délit. Dans le contrat, la volonté des deux personnes, pouvant être identique, peut aussi être différente; pouvant être conforme à l'expression générale du droit, peut aussi lui mentir : alors, si dans le contrat le droit est violé, il est détruit par un **terme contraire**, par l'injustice, *Unrecht*. La sphère du délit s'ouvre donc ; le droit a disparu ; l'*in-droit* règne à son tour. Il se développera à des degrés différents par des négations plus ou moins fortes du droit même. Or le droit et l'*in-droit* posés devront produire un troisième terme, la peine. Autrement encore l'injustice ne peut-être contredite et détruite que par la pénalité qui rétablit le premier terme, le droit, le sanctionne, le raffermit, et le détermine plus que jamais. C'est en ce sens que, suivant l'école de Hegel, la punition est le droit du coupable, parce qu'elle le fait revenir à son état normal, qui est la justice, et restaure dans son cœur le principe du bien. Or, quand la volonté en elle-même, qui était contredite par le délit, revient à elle-même pour elle-même par la suppression de ce terme, elle se réalise dans la sphère proprement dite de la moralité ; elle se détermine par elle-même comme liberté subjective.

Or, le droit de la volonté morale a trois degrés. Sa première forme est le projet ; pénétrez plus avant, vous trouvez l'intention et le bien subjectif : enfin, au fond est le but absolu de la volonté, le bien en soi, qui est la plus haute expression de la volonté dans sa substantialité, sa généralité et sa vérité ; bien que l'homme sent et veut par la conscience, qui est la plus haute expression de la subjectivité : car elle est l'union et l'unité de l'élément subjectif, et de l'idée en soi pour elle-même, idée qu'elle réfléchit en la précisant, et qu'elle généralise en la déterminant. Voilà l'empire de la morale : le philosophe en fait une analyse subtile et profonde, où il sème des vues ingénieuses sur le probabilisme, l'intention et la haute ironie (1).

1) La partie morale du système de Hegel a été développée avec une exactitude rigoureuse et lucide par M. Michelet, professeur à Berlin, dans un ouvrage intitulé *d s System der philosophischen Moral*, Berlin, 1828. Dans ce livre, ce moraliste, s'appuyant sur Aristote et sur Hegel, a fait un véritable traité scientifique où toutes les questions sont classées

La moralité historique, sociale, consiste dans l'identité concrète du bien et de la volonté sujective ; elle est l'idée de la liberté ; idée qui se développe et s'objective, se fait et se réalise en trois moments et en trois mouvements. La première manifestation immédiate et naturelle est la famille. La seconde est la société civile, qui réunit les membres, en tant qu'individualité, dans une généralité formelle, par leurs besoins, par un lien juridique qui protége leurs personnes et leurs propriétés, et par un ordre extérieur qui veille à leurs intérêts communs et généraux. La troisième manifestation est la constitution intérieure de l'État qui est son organisme et sa vie. La famille a trois développements et trois faces : le mariage, qui en est la base et dont l'essence est la monogamie ; la propriété, qui est le patrimoine de la famille ; l'éducation des enfants, qui ont le droit d'être nourris et élevés, et qui amènent la dissolution de la famille par voie de succession. La famille passe naturellement, par le principe de la personnalité, à la pluralité et à la réunion des familles, qui s'agrégent les unes avec les autres, et forment ainsi la société civile proprement dite, qui à son tour aura trois développements. Chacun a des besoins à satisfaire par son propre travail, par le travail et la satisfaction des besoins d'autrui ; *système des besoins*. La liberté et la propriété de chacun auront besoin d'être protégées ; *règlement juridique*. Il faudra se prémunir contre l'arbitraire et élever l'intérêt particulier à la valeur d'un intérêt général ; *police et corporation*. Enfin nous arrivons à la plus haute et plus pure expression du droit, à l'État auquel conduit la corporation. L'État est la réalisation de la volonté substantielle qui s'élève à sa plus haute généralité, a conscience d'elle-même, étant rationnelle en elle-même et pour elle-même. L'idée de l'État a : 1° sa réalisation immédiate, dans laquelle l'État trouve son individua-

---

et examinées. La théorie de l'imputation, si nécessaire à la jurisprudence philosophique, y est surtout approfondie.

lité propre, sa constitution intérieure, et détermine ainsi le droit public interne ; 2° elle soutient un rapport de l'État particulier avec les autres États, et détermine ainsi le droit public externe ou le droit des gens ; 3° elle est l'idée générale qui lui assigne vis-à-vis des autres États son originalité, sa valeur et sa puissance ; elle est l'esprit même qui la fait telle et non pas autre, et l'investit d'une destinée spéciale dans l'histoire du monde. Dans le droit public interne, Hegel adopte la division en pouvoir législatif, pouvoir administratif et pouvoir royal, division qui constitue à ses yeux la monarchie constitutionnelle. A travers ces formules et ces détours, il arrive à faire de la monarchie la personnalité même de l'État, de telle sorte que sans monarque il n'y a pas de peuple, mais simplement une collection d'individus, une masse informe, mais pas de société. La constitution monarchique héréditaire par droit de primogéniture qui dérive historiquement de l'état patriarcal, est le dernier progrès de l'histoire, le dernier développement, la forme la plus normale de la société. Il admet la division des deux chambres ; c'est comme le dernier effort de ses abstractions politiques. Ce qu'il dit sur le droit des gens n'offre rien de remarquable.

C'est dans l'histoire du monde qu'il a tracé les généralités les plus heureuses. L'histoire du monde n'est pas le résultat d'une fatalité aveugle et sans intelligence, mais le développement de l'esprit universel. Les États, les peuples et les individus représentent, dans ce développement de l'esprit du monde, un principe déterminé qui les constitue, dont ils ont conscience et qui fait leur vie. Un peuple n'existe dans l'histoire du monde que pour y représenter une idée nécessaire. C'est son époque ; alors, pendant le temps où il est l'agent de l'esprit universel, les autres peuples sont contre lui sans force et sans droit ; leur époque est finie, et ils ne comptent plus dans l'histoire du monde.

J'ai montré ailleurs les grandes classifications que Hegel a introduites dans l'histoire, la manière puissante dont un célèbre jurisconsulte avait su les appliquer (1), comment il avait tiré de la métaphysique une philosophie du droit et de l'histoire, ingénieuse dans ses vues sur le passé.

Il est temps de caractériser cette dialectique sans bornes et sans rivages, qui dans sa vaste monotonie enserre Dieu, l'homme, le monde, les sociétés et l'histoire, qui part de l'abstraction pour aboutir à l'abstraction, d'un point dialectique pour revenir à un point dialectique, de l'*un* pour retourner à l'*un*, et trouve l'identité de la substance dans l'identité de l'abstraction et de la formule. Assurément, la tête du philosophe allemand est puissante : il y a de l'Aristote dans cet homme ; il déploie une rare industrie dans le mécanisme de la pensée. Mais où sont les découvertes positives pour la philosophie sociale? où est l'observation profonde et analytique des faits? où est cet esprit indépendant qui doit toujours animer le penseur? Et d'abord, comment aurait-il l'esprit libre, cet esclave de la logique? Comment observerait-il, emporté qu'il est dans cette tourmente dialectique, dans ces tourbillons de formules qui l'enveloppent et l'emprisonnent? Il marche de terme en terme, de trinité en trinité; ou plutôt il ne marche pas, il est irrésistiblement poussé. La logique a des règles de fer; une fois sous son joug, il faut traverser non-seulement l'abstrait, mais le vide, mais l'absurde. Phi-

---

1 *Introduction générale à l'Histoire du Droit*, chap. xviii, et à l'Appendice, *du Droit de succession et de ses développements dans l'histoire du monde*, par Édouard Gans; *das Erbrecht in weltgeschichtlicher Entwickelung*. — C'est en 1830 que le célèbre et brillant auteur de l'*Histoire du Droit de succession* a été ravi à la science avant d'avoir atteint sa quarantième année. Édouard Gans n'était pas moins orateur qu'écrivain ; il portait dans la conversation une fougue passionnée et une verve intarissable. L'étude de notre littérature avait singulièrement assoupli son style et perfectionné son talent ; aussi, dans les derniers volumes de son *Histoire du Droit de succession*, dans ses *Lettres* sur les cinquante dernières années, dans de nombreux morceaux de critique historique et philosophique, ses amis trouvaient avec plaisir un progrès qu'une mort imprévue est venue bien cruellement interrompre. (*Note de la 3ᵉ édition.*)

losophe, tu as abdiqué la vérité pour le syllogisme, le fond pour la forme, la raison pour le raisonnement.

Mais ce n'est pas tout. Quelle est la conséquence de cette identité idéaliste de la raison abstraite qui constitue Dieu, le monde et l'histoire? De même que Spinosa mettait partout la nécessité divine, Hegel met partout la raison; il revêt tous les faits de légitimité philosophique; il élève l'histoire au caractère sacré de manifestation pure de l'absolu, et il pose cet axiome : *Tout ce qui est rationnel est réel, et tout ce qui est réel est rationnel.* (*Was vernünftig ist, das ist wirklich; und was wirklich ist, das ist vernünftig.*) Alors, avec une telle philosophie, on a beau reconnaître logiquement le christianisme comme un progrès et comme la dernière expression de l'humanité, j'affirme qu'on n'en comprend pas l'esprit, qu'on ne sent pas ce spiritualisme inépuisable, si libre et si novateur, toujours prêt à secourir et à émanciper le genre humain, à lui faire faire à l'heure fatale un pas de plus. Avec une telle philosophie, on tend à absoudre constamment le pouvoir, à amnistier le despotisme; on prend patience sur les maux de l'homme, ses ignorances et ses douleurs; avec une telle philosophie, on ne comprend pas les révolutions les plus nécessaires, on trouve même des raisons métaphysiques pour les condamner, on blâme jusqu'aux efforts que fait un peuple dans le cercle de la loi pour réformer sa constitution.

Kant enrichit la philosophie du droit de la sainteté du devoir, Fichte de celle de la liberté; sortez Hegel de ses généralités originales sur l'histoire et des ressources ingénieuses de sa logique, qu'a-t-il fait? qu'a-t-il apporté de nouveau? quelle influence, si ce n'est un triste penchant qu'il a pu donner à quelques esprits de justifier l'absolutisme par la métaphysique? Cette réflexion ne saurait atteindre le caractère respectable d'un savant dont le vaste éclectisme sert si bien l'histoire même de la philosophie, la connaissance de l'antiquité, surtout l'étude d'Aristote, et l'érudition générale. Au surplus, l'Allemagne est indocile au système de Hegel, qui règne à Berlin, mais dont l'influence n'est à vrai dire que prussienne. La patrie de Hermann, de Luther, de Kant et de Fichte répugne à ce dogmatisme qui étouffe l'individualité dans un panthéisme scolastique. Comment parviendra-t-elle elle-même à produire une philosophie sociale ? Elle y parviendra par l'action. On disait, avant 1789, que les Français étaient trop légers pour connaître la vie politique. On dira peut-être aujourd'hui que les Allemands sont trop profonds; mais ni légèreté ni profondeur n'empêcheront les choses d'avoir leur cours. L'Allemagne arrivera aux institutions politiques par elle-même, de son propre mouvement. Ce n'est pas à une nation aussi originale et aussi grande de rien copier, pas même la France. Elle ne nous copiera pas; mais, en vertu d'elle-même, de sa propre pensée, de sa propre philosophie, nous pouvons l'attendre à des conséquences politiques.

Cette fois, l'originalité germanique à laquelle nous adressions un appel a fait défaut. Il est arrivé qu'entre les mains de quelques logiciens passionnés la philosophie de Hegel, après la mort du maître, est venue aboutir au plus complet matérialisme. C'était, en vérité, bien la peine de marcher au début presque de pair avec Aristote, pour descendre jusqu'à d'Holbach ! Qu'eût dit le noble émule de Schelling s'il eût assez vécu pour être le témoin de cette triste dégénérescence? Quand Louis Feuerbach dans ses ouvrages (1) ne poursuit qu'un but, n'a d'autre dessein que de montrer le christianisme comme une aberration funeste de la nature humaine, fait-il autre chose que de reproduire, sous les formes subtiles d'une laborieuse dialectique, les attaques et les inimitiés implacables du dix-huitième siècle? C'est Diderot, moins la verve de l'éloquence et du génie.

L'imitation de la France ne passa pas moins dans la politique. Quelques jours après la révolution du 24 février 1848,

1 Voyez entre autres : *das Wesen des Christenthums*; Leipzig.

Vienne et Berlin eurent leurs journées. Toutefois, ni les scènes de Vienne, ni les mouvements de Berlin, ne furent un fait révolutionnaire aussi considérable que la réunion instantanée d'une assemblée générale pour toute l'Allemagne. Dès les premiers jours de mars 1848, des publicistes, des écrivains, et quelques membres de l'opposition se réunirent à Heidelberg au nombre de cinquante et un, et résolurent de proposer la convocation d'une assemblée nationale. Six semaines après s'ouvrait une Constituante allemande qui changeait le principe de la Confédération germanique en une démocratique unité. Il semblait qu'en un seul jour l'Allemagne était devenue une comme la France, et que toutes les conditions de son organisation historique avaient disparu. Mais, à force de s'exagérer prématurément, l'idée d'unité avorta. Les différents États de l'Allemagne, ces forces vives, ces éléments réels, reprirent l'avantage et tout le terrain qui semblait perdu. L'esprit local, le régime et les habitudes constitutionnels réagirent avec une autorité plus réelle que la fantastique dictature de l'assemblée de Francfort. La démagogie unitaire, dont nous avons eu un moment le spectacle de l'autre côté du Rhin, n'était qu'une contrefaçon éphémère, incompatible avec les véritables mœurs de l'Allemagne.

Au milieu de l'ordre et du repos dont elle jouit aujourd'hui, l'Allemagne est plus avancée dans la conquête de la vraie liberté que lorsqu'elle se trouvait au sein des tourmentes révolutionnaires. « Quel lamentable dommage, disions-nous il y a plusieurs années (1), si la profonde Germanie ne continuait pas de vivre avec cette majestueuse patience qui la caractérise, et si le développement social qu'elle doit apporter au monde avortait ! » Aujourd'hui, nous espérons encore que les dures expériences des dernières années ne seront pas perdues. Déjà l'Allemagne a eu le temps de se recueillir; elle reviendra tout à fait à la conscience d'elle-même; elle

---

(1) *Au delà du Rhin*, t. I, pag. 258.

retrouvera l'originalité de son génie et de ses destinées.

CHAPITRE X.

JEAN-JACQUES ROUSSEAU.

Sous Louis XIV, un prêtre de génie fut tourmenté du besoin de réformer la religion et l'État. Pendant que Bossuet travaillait à cimenter l'union de la royauté et de l'Église, une âme ardente et pure, un esprit fin, délicat et grand, ambitieux et dévot, se dévouant à la gloire et à ce qu'il croyait la vérité, voulut retremper la religion aux sources du mysticisme des Pères, et ramener la monarchie à la conscience de ses devoirs. Mais Bossuet réfuta les *Maximes des Saints*; et le *Télémaque* parut à Louis XIV une personnalité. Pour ne pas ébranler l'Église, Fénélon s'humilia devant l'autorité qui siégeait au Vatican; comme il avait déplu au roi, il mourut dans l'exil; et le seul homme qui, dans son siècle, ait songé vaguement à des réformes, courba la tête sous le double anathème de Rome et de Versailles.

Il est un homme qui pleurait au nom de Fénélon, et, dans son enthousiasme, se fût à peine estimé digne d'être son valet. Rousseau sentait tout ce qu'il y avait eu de hardiesse sublime dans l'homme que Louis XIV appelait l'esprit le plus chimérique de son royaume, tout ce que cette âme si religieuse et si tendre dut nourrir d'amertume et de douleur; car le prêtre catholique pouvait s'écrier, comme le Genevois :

« Barbarus his ego sum, quia non intelligor illis. »

Au moment d'apprécier l'auteur du *Contrat social*, je dois au lecteur un aveu. Uniquement livré à l'étude de Montesquieu, de Vico, de Grotius, de l'école historique, sous le charme exclusif de cette vaste impartialité qui épuise toutes ses forces à juger le passé, et n'en a plus pour aller à l'avenir, quand je rencontrai un philosophe qui écrivait dans la patrie et la langue de Descartes : *L'homme qui pense est un animal dépravé;* qui disait encore : *Tout est bien sortant des mains de l'auteur des choses; tout dégénère entre les mains de l'homme;* qui mettait l'état normal du genre humain dans la vie sauvage, et le mal dans la sociabilité; je l'avouerai, ne comprenant pas comment Rousseau avait été amené à parler ainsi, comment et pourquoi il l'avait dit, j'eus le malheur de dédaigner et de méconnaître son génie. Cependant, il fallait bien qu'en m'acharnant à l'étude de cet homme je lui trouvasse un sens, une signification. Effectivement, j'ai pu dissiper l'erreur de ce premier jugement, arriver à comprendre le génie de Rousseau, son rôle dans son siècle, son influence sur ses contemporains (1).

Quand Montesquieu disparut, en 1755, il laissa son siècle entre les mains de Voltaire : l'esprit national devenait de plus en plus libre, orné, gracieux, juste et enjoué; mais les mœurs étaient molles, et les âmes sans consistance. Le sentiment religieux, confondu avec les superstitions qu'il fallait abolir, se perdait tous les jours. Si Voltaire régnait en maître sur le présent, si Montesquieu avait contemplé le passé, qui donc s'emparera de l'avenir? Quel homme, animé d'une inspiration à la fois vague et prophétique, s'opposera à son siècle comme Diogène à la foule? Qui donc revendiquera Dieu, la nature et la liberté? C'est Rousseau, que tourmente un démon intérieur dans l'intérêt de l'humanité. Ce n'est pas un académicien élégant et débile, qui veut mener à bien sa petite gloire et sa petite destinée. Non:

---

(1) Nous avons, en effet, éprouvé de la manière la plus vive, à la lecture de Jean-Jacques, ces deux dispositions d'esprit si différentes. Au tribunal de la science historique, Rousseau est inévitablement condamné. Au point de vue philosophique et novateur, c'est un génie puissant. Je me suis déterminé à ne rien changer à cette *Étude*, qui, à défaut de la vérité définitive, expose les *intentions* de l'esprit de Rousseau.

(*Note de la 3ᵉ édition.*)

Rousseau se débat douloureusement sous le génie qui l'oppresse; s'il débute par un éloquent paradoxe dans le monde de la pensée, ce n'est pour ainsi dire que malgré lui et poussé par une insurmontable fatalité. Pendant que Voltaire, seigneur de Ferney, fertilise ses terres, entend la messe dans sa chapelle, et correspond avec les rois de l'Europe, Rousseau, au cinquième étage, copie de la musique ; c'est l'homme du peuple : il en porte dans son cœur toutes les misères et tous les droits. Que de contradictions se pressèrent dans son âme pour la déchirer ! Il travaille pour les hommes, il les hait et les fuit ; il émancipe son siècle et il le maudit ; philosophe, il tonne contre la philosophie ; novateur audacieux, il condamne et combat la réforme qu'accomplissait Voltaire ; penseur indépendant, il se brouille avec Diderot, Hume et d'Alembert : toujours malheureux, toujours défiant, il a écrit quelque part qu'il étouffait dans la nature; il étouffait aussi dans la société, où il ne voyait autour de lui que trahisons, embûches et calomnies. « Non, je ne serai point accusé, écrit-il à M. de Saint-Germain, point arrêté, point jugé, point puni en apparence; mais on s'attachera, sans qu'il y paraisse, à me rendre la vie odieuse, insupportable, pire cent fois que la mort : on me fera garder à vue ; je ne ferai pas un pas sans être suivi ; on m'ôtera tout moyen de rien savoir, et de ce qui me regarde et de ce qui ne me regarde pas; les nouvelles publiques les plus indifférentes, les gazettes mêmes, me seront interdites : on ne laissera courir mes lettres et paquets que pour ceux qui me trahissent ; on coupera ma correspondance avec tout autre; la réponse universelle à toutes mes questions sera toujours : qu'on ne sait pas; tout se taira dans toute assemblée à mon arrivée, les femmes n'auront plus de langue, les barbiers seront discrets et silencieux ; je vivrai dans le sein de la nation la plus loquace comme chez un peuple de muets. Si je voyage, on préparera tout d'avance pour disposer de moi, partout où je veux aller, on me consignera aux passagers, aux co-

« chers, aux cabaretiers; à peine trouverai-je à manger avec
« quelqu'un dans les auberges; à peine trouverai-je un loge-
« ment qui ne soit pas isolé; enfin, on aura soin de répandre
« une telle horreur de moi sur ma route, qu'à chaque pas
« que je ferai, à chaque objet que je verrai, mon âme soit
« déchirée, ce qui n'empêchera pas que, traité comme San-
« cho, je ne reçoive partout cent courbettes moqueuses avec
« autant de compliments, de respect et d'admiration : ce
« sont de ces politesses de tigres qui semblent vous sourire
« au moment où ils vont vous déchirer. » Si Rousseau vivait
aujourd'hui, les mœurs publiques ne lui donneraient pas le
temps de s'occuper ainsi de lui-même; la société qui marche
n'a plus le loisir de s'arrêter au spectacle des susceptibilités,
des tourments et de l'égoïsme du génie.

Quand, en 1750, l'Académie de Dijon demanda si les lettres avaient eu une influence salutaire sur l'humanité, Rousseau répondit que non. Ni les conseils de Diderot, ni l'attrait du paradoxe et de la célébrité n'expliquent véritablement ce début. Son discours fut le premier cri de cette
opposition contre son siècle, à laquelle le vouait son génie.
Le morceau fit explosion; la hardiesse du style et des affirmations, la vigueur de la diction, cette liberté d'allure,
scandalisèrent le monde académique et littéraire, mais le
public applaudit. Nouvelle question de l'Académie dijonaise
sur l'inégalité des conditions, autre réponse de Jean-Jacques. Là, dans un sombre et pathétique tableau, il montre
l'homme dans son état primitif, dans l'état sauvage, libre
alors, et ne trouvant la dépendance que dans la société civile; en un mot, c'est Hobbes habillé d'une magnifique rhétorique. Nouveau scandale, nouveau succès. D'Alembert,
dans l'*Encyclopédie*, avait fait l'éloge de Genève, et avait
engagé cette petite république à se policer de plus en plus
par le commerce des lettres et des arts. Rousseau rejette
ces importations de l'esprit de Voltaire, il veut sauver la
simplicité démocratique de Genève, et, par sa lettre à d'A-

lembert, il se brouille avec toute la philosophie contemporaine. Que n'a-t-on pas dit de la fatale influence de la *Nouvelle Héloïse* sur la jeunesse et sur les femmes? On oublie sans doute qu'à cette époque les passions n'étaient graves qu'au théâtre; que l'amour, distraction de salon, fantaisie passagère, triomphait de tous les obstacles pour satisfaire ses caprices; et que, sur ce point, le mariage était de la meilleure intelligence du monde avec la galanterie. Dans cette société ainsi faite, il arrive qu'un homme jette un livre où deux jeunes gens, vivant dans une petite ville au pied des Alpes, inconnus du monde et le connaissant bien peu, ont pour unique affaire de s'aimer avec une exaltation sérieuse, où l'amour parle vertu et philosophie. Ce roman, qui nous parait aujourd'hui si imparfait et si peu divertissant, contenait des dissertations sur le duel, le suicide, les spectacles et la religion naturelle; sermon passionné, prédication ardente; livre moral qui pénétra souvent dans des lieux où on a pu s'étonner de sa présence.

L'*Émile*, roman plus grave encore, suivit la correspondance dont Jean-Jacques se disait l'éditeur. Ici le philosophe se déploie dans toute sa force; il attaque directement son siècle sans détours et sans fictions. A la mollesse des mœurs, à l'oubli de la dignité humaine, à la méconnaissance de Dieu, à l'indifférence des uns, à l'hypocrisie des autres, il oppose l'homme même, la conscience la plus vive de sa personnalité, le sentiment individuel de Dieu et de la religion, le retour au spectacle de la nature, aux splendides enseignements de la création. Il trouve, dans l'éducation, une puissance capable de changer l'homme de son siècle. Son enfant, son élève, aura l'esprit libre, l'âme naturelle, le corps vigoureux et dispos. Il le dépouillera de cette politesse menteuse qui étouffe l'indépendance. Il l'instruira à vivre de son travail, et lui apprendra un art mécanique. Il écartera les interventions humaines pour le mener à Dieu directement, par la conscience même. Comme les mœurs de son siècle sont légères et coupables, il mettra Émile aux prises avec la plus rude adversité que puisse éprouver un homme dans son union avec un autre être. Ainsi il l'arme contre tout, contre la société aussi bien que contre la nature; il a voulu faire un homme, toujours libre, toujours simple et toujours courageux. Cette fois la philosophie avait parlé trop haut pour que la religion pût garder le silence. Le discours sur l'inégalité des conditions avait passé sans encombre ; la *Nouvelle Héloïse* avait évité la censure ecclésiastique : l'*Émile* n'eut pas ce bonheur, et Christophe de Beaumont, métropolitain au siége de Paris, lança un mandement contre l'œuvre de Jean-Jacques. L'archevêque ignorait où le mènerait cette affaire. Jean-Jacques, citoyen de Genève, répond par la presse et devant le public à Christophe de Beaumont. Chose inouïe ! obscur étranger, il apostrophe un des premiers prélats du clergé de France, s'attache à lui, le poursuit de proposition en proposition, et l'Église catholique se trouve engagée dans une polémique acérée où le Genevois malmène sans pitié l'archevêque. De quelle ironie s'arme Rousseau, qui montre dans cette lutte non-seulement la vivacité d'un dissentiment philosophique, mais l'animosité d'un sectaire, et comme une trace enflammée de la haine de Calvin contre la religion catholique!

Les *Lettres écrites de la montagne* concernent à la fois la religion et la politique. Jean-Jacques y défend l'*Émile* et le *Contrat social*. Ces lettres, qui sont chronologiquement un de ses derniers ouvrages, peuvent servir, dans l'ordre des idées, de transition entre la partie morale et religieuse et la partie politique des œuvres du philosophe. Il y parle à la fois de la religion et de la liberté, de Dieu, du christianisme et de lui-même ; et il teint ces abstractions générales des couleurs de sa personnalité.

Ses trois ouvrages politiques sont ses *Lettres sur la législation de la Corse*, ses *Considérations sur le gouvernement de Pologne et sur sa réformation projetée en avril* 1772, le

Contrat social. Jean-Jacques méritait bien d'être considéré en Europe comme un maître dans la science politique ; et, vers 1764, quand la Corse voulut régulariser, sous la conduite de Paoli, une liberté qu'elle avait si généreusement conquise, on s'adressa à Rousseau. Ce n'était pas la première fois qu'un philosophe moderne était consulté, et sollicité de se faire législateur. Locke, en 1662, avait rédigé une constitution que lui avaient demandée les habitants des *Carolines*. La charte du philosophe n'est pas bonne (1). Rousseau ne fit pas de constitution, mais il donna quelques conseils. Dans sa seconde lettre à M. Butta-Foco, il demande des documents qui puissent servir à l'édifier. « Je suis charmé du « voyage que vous faites en Corse dans ces circonstances ; « il ne peut que nous être très-utile. Si, comme je n'en doute « pas, vous vous y occupez de notre objet, vous verrez « mieux ce qu'il faut me dire que je ne puis voir ce que je « dois vous demander. Mais permettez-moi une curiosité « que m'inspirent l'estime et l'admiration. Je voudrais savoir « tout ce qui regarde M. Paoli : quel âge a-t-il ? est-il marié ? « a-t-il des enfants ? où a-t-il appris l'art militaire ? comment « le bonheur de sa nation l'a-t-il mis à la tête des troupes ? « quelles fonctions exerce-t-il dans l'administration politi- « que et civile ? Ce grand homme se résoudrait-il à n'être que « citoyen dans sa patrie, après en avoir été le sauveur ? » Rousseau demande ensuite qu'on lui envoie une bonne carte de la Corse, qu'on lui fasse une description exacte de l'île ; il en veut connaître l'histoire naturelle, les productions, la culture, la division par districts, le nombre et le crédit du clergé ; il désire savoir s'il y a des maisons anciennes, des corps privilégiés et de la noblesse, si les villes ont des droits munici-

---

1) Nous en avons parcouru non pas le texte entier, mais un extrait. Locke, dans sa constitution, a imaginé les dispositions les plus arbitraires ; il y a créé une sorte d'aristocratie féodale, un gouvernement oligarchique entre les mains des propriétaires, qu'il partage en *landgraves*, *raciques* et *palatins*.

paux et en sont fort jalouses ; il interroge M. Butta-Foco sur les mœurs du peuple, ses goûts, ses occupations et ses amusements, sur l'histoire de la nation jusqu'à ce moment, les lois, les statuts, l'exercice de la justice, les revenus publics, l'ordre économique, la manière de poser et de lever les taxes. « En général, dit Rousseau, tout ce qui « fait mieux connaître le génie national ne saurait être trop « expliqué. Souvent un trait, un mot, une action, dit plus « que tout un livre. Mais il vaut mieux trop que pas assez. » Pour un théoricien, Jean-Jacques ne se montre pas mal désireux de connaître les faits. Au surplus, la Corse avait frappé son imagination par l'héroïque insurrection qui l'avait affranchie des Génois. « Il est encore en Europe un pays « capable de législation ; c'est l'île de Corse, écrit-il dans le « *Contrat social* (1). La valeur et la constance avec laquelle « ce brave peuple a su recouvrer et défendre sa liberté « mériteraient bien que quelque homme sage lui apprît à la « conserver. J'ai quelque pressentiment qu'un jour cette pe- « tite île étonnera l'Europe. »

En 1772, dans la même année où fut signé à Saint-Pétersbourg, le 25 juillet, en vieux style, le partage de la Pologne, Rousseau écrivait sur le gouvernement et la réformation de ce pays, qui mêle encore ses malheurs aux complications du dix-neuvième siècle. Pressé par le comte de Wielhorski d'indiquer les moyens et les institutions qui pouvaient donner aux Polonais les véritables mœurs de la liberté, il leur recommande de garder dans le cœur l'amour de l'indépendance et de leur république au milieu des plus accablantes disgrâces. « Vous ne sauriez empêcher que les Russes ne vous engloutis- « sent : faites au moins qu'ils ne puissent vous digérer... Si « vous faites en sorte qu'un Polonais ne puisse jamais deve- « nir un Russe, je vous réponds que la Russie ne subjuguera « pas la Pologne. » L'éducation, une éducation nationale, lui

---

(1) Liv. I, chap. x.

paraît le plus puissant moyen de développer chez les Polonais *ce levain qui n'est pas encore éventé par des maximes corrompues, par des institutions usées, par une philosophie égoïste qui prêche et qui tue.* Il indique ensuite comment on peut maintenir la constitution ; il voudrait que tous les membres du gouvernement fussent assujettis dans leur carrière à une marche graduelle. Après avoir montré les réformes à tenter, il s'exprime ainsi : « Ce n'est qu'en supposant que le succès reponde au courage des confédérés et à la justice de leur cause qu'on peut songer à l'entreprise dont il s'agit. Vous ne serez jamais libres tant qu'il restera un seul soldat russe en Pologne, et vous serez toujours menacés de cesser de l'être tant que la Russie se mêlera de vos affaires. »

C'est dans le *Contrat social* que Jean-Jacques devait condenser toute la substance de sa politique. Jamais morceau de philosophie ne fut plus artistement façonné, dans un cadre plus harmonique, où la force se limite elle-même, d'autant plus sensible qu'elle se modère, où le style tantôt éclate en mouvements de l'âme, tantôt se pose en formules et en déductions, mélange de passion et de dialectique. Machiavel, dans son *Prince*, n'a pas cette rigueur ; Hobbes et Spinosa ont revêtu un fonds original d'une forme classique et latine ; Kant et Fichte ont une langue à part ; Hegel, qui sacrifie tout à la logique, en est opprimé, et substitue pour ainsi dire aux mouvements de la vie des ressorts mécaniques ; mais Rousseau, logicien et poëte, penseur et tribun, a laissé, dans le *Contrat social*, un fragment d'art politique, qui, pour la forme, n'est pas indigne d'être mis à côté de la prose d'Aristote et de Platon.

Voilà énumérés les principaux ouvrages de notre philosophe, ceux qui nous importent. Je n'ai parlé ni des *Rêveries* ni des *Confessions*, miroir où se réfléchit l'homme même, confident des douleurs et des manies du génie. Je me surprends sur la tombe et sur les ouvrages de cet homme, sourd à ses tourments et à ses angoisses, curieux seulement de ses idées et des conquêtes de sa pensée. Grands hommes, ne perdez plus votre temps à vous plaindre ; les révolutions emportent vos cris ; souffrez en nous servant, et mourez en silence.

La liberté naturelle de l'homme, son indépendance sauvage au sein de la nature, la nature commune à tous, inspirèrent surtout Jean-Jacques. La société ne lui sembla pas naturelle, mais plutôt contraire à la nature ; la civilisation ne fut pour lui qu'une destruction de la liberté, au lieu d'en être le développement. Sous l'empire de cette idée, il écrit ces lignes : « Le premier qui, ayant enclos un terrain, s'a-
« visa de dire : *Ceci est à moi*, et trouva des gens assez sim-
« ples pour le croire, fut le vrai fondateur de la société ci-
« vile. Que de crimes, de guerres, de meurtres, que de
« misères et d'horreurs, n'eût point épargnés au genre hu-
« main celui qui, arrachant les pieux ou comblant le fossé,
« eût crié à ses semblables : Gardez-vous d'écouter cet im-
« posteur ; vous êtes perdus si vous oubliez que les fruits
« sont à tous, et que la terre n'est à personne. Mais il y a
« grande apparence qu'alors les choses en étaient déjà ve-
« nues au point de ne pouvoir plus durer comme elles
« étaient ; car cette idée de propriété, dépendant de beaucoup
« d'idées antérieures qui n'ont pu naître que successivement,
« ne se forma pas tout d'un coup dans l'esprit humain : il
« fallut faire bien des progrès, acquérir bien de l'industrie
« et des lumières, les transmettre et les augmenter d'âge en
« âge, avant que d'arriver à ce dernier terme de l'état de na-
« ture (1). » Mais, si la propriété n'a pas sa raison dans le développement immédiat de la nature même de l'homme, pourquoi, dans toutes les langues et à tous les degrés de la sociabilité, *le tien et le mien?* L'homme est libre, et Rousseau le sait mieux que personne ; car il crie à son siècle : *L'homme est libre, et partout il est dans les fers;* car il est arrivé au

---

(1) *Discours sur l'inégalité des conditions*. Seconde partie.

sentiment de la liberté, directement, sans détour et sans déduction, comme, après lui, a fait Fichte; car il écrit dans le *Contrat social :* « Renoncer à sa liberté, c'est renoncer à sa qualité d'homme, aux droits de l'humanité, même à ses devoirs. Il n'y a nul dédommagement possible pour quiconque renonce à tout. Une telle renonciation est incompatible avec la nature de l'homme, et c'est ôter toute moralité à ses actions que d'ôter toute liberté à sa volonté (1). » Mais, si la liberté de l'homme est naturelle, la propriété doit l'être aussi : si, au contraire, vous niez celle-ci, vous niez la liberté que vous avez accordée d'abord.

Mirabeau, qui s'était formé à l'école de Jean-Jacques, estimait aussi que la propriété n'existait pas par la loi de la nature, mais était une création sociale (2). Erreur. La propriété, dans son principe philosophique, est antérieure aux législations politiques. Et cette proposition est capitale; car il suit que, si les lois sociales peuvent et doivent modifier le droit de propriété, elles ne sauraient le détruire, par la raison qu'elles ne l'ont pas créé : il faut que le législateur reconnaisse toujours dans la propriété la liberté humaine elle-même; qu'à ce titre il l'aime et la cultive, la développe et la perfectionne (3).

L'idée de Dieu, c'est-à-dire l'idée la plus haute et la plus générale que l'homme puisse concevoir, fut hautement revendiquée par le spiritualisme de Rousseau. Il restaura, dans son siècle, la conscience et le sentiment religieux. Rompant avec les traditions connues de l'éducation, hardi novateur, il ne veut pas parler de Dieu au jeune homme avant qu'il puisse le comprendre; il le conduit, quand il a déjà passé par les orages du cœur, sur le haut d'une montagne, à la pointe du jour, les rayons du soleil colorant déjà la na-

(1) *Contrat social*, livre I, chap. IV.
(2) *Discours sur l'égalité des partages dans les successions en ligne directe.*
(3) Voyez livre II, chap. IV, *de la Propriété.*

ture et les Alpes, et là, par la bouche d'un prêtre tolérant et bon, il lui apprend qu'il est un Dieu. Assurément cette scène n'est pas une règle d'éducation. La connaissance de Dieu se proportionne à tous les moments de la vie; le petit enfant la reçoit de sa mère, qui la dépose tendrement dans son cœur; il la retrouve dans les fêtes et les pompes de la religion. Mais, quand Jean-Jacques écrivait l'*Émile*, il avait à sauver la conscience de Dieu des progrès mortels de l'athéisme, à la réveiller dans l'âme par des scènes solennelles et par de grandes apostrophes. Le christianisme fut pour lui la vraie religion de l'humanité; *non pas celui d'aujourd'hui*, dit-il, *mais celui de l'Évangile, qui est tout différent* (1).

Sur ce dernier point, il fut dans une grande perplexité : au fond, il eût voulu, comme Locke et comme Kant, accorder le christianisme avec la raison et la philosophie, mais il n'avait pas le bon sens paisible du premier, dont il avait lu le *Christianisme raisonnable;* il n'avait pas non plus la profondeur du second : aussi oppose-t-il la religion à la philosophie, il dégrade même celle-ci et invective contre elle.

« J'avoue que la sainteté de l'Évangile est un argument qui
« parle à mon cœur, et auquel j'aurais même regret de trouver
« quelque bonne réponse. Voyez les livres des philosophes
« avec toute leur pompe : qu'ils sont petits près de celui-là!
« Se peut-il qu'un livre à la fois si sublime et si simple soit
« l'ouvrage des hommes? se peut-il que celui dont il fait
« l'histoire ne soit qu'un homme lui-même... Quels préjugés,
« quel aveuglement, ou quelle mauvaise foi ne faut-il pas
« pour avoir osé comparer le fils de Sophronisque au fils de
« Marie? Quelle distance de l'un à l'autre! Socrate, mourant
« sans douleur, sans ignominie, soutient jusqu'au bout son
« personnage; et, si cette facile mort n'eût honoré sa vie,
« *on douterait si Socrate, avec tout son esprit, fut autre*
« *chose qu'un* SOPHISTE. Oui, si la vie et la mort de Socrate

(1) *Contrat social,* liv. IV, chap. VIII.

« sont d'un sage, la vie et la mort de Jésus sont d'un dieu... *Avec tout cela, ce même Évangile est plein de choses incroyables, de choses qui répugnent à la raison, et qu'il est impossible à tout homme sensé de concevoir ni d'admettre.* Que faire au milieu de toutes ces contradictions? Être toujours modeste et circonspect, mon enfant : respecter en silence ce qu'on ne saurait ni rejeter ni comprendre, et s'humilier devant le grand Être qui seul sait la vérité (1). » Lorsque Rousseau fait presque de Socrate un *sophiste*, lorsqu'il abaisse la philosophie pour élever la religion, et, lorsque d'un autre côté il oppose l'Évangile à la raison, il ne s'entend pas lui-même, et se constitue dans une infériorité véritable vis-à-vis les grands esprits qui ont su embrasser l'universalité des choses.

De la religion, je passe à la politique du philosophe. L'homme est primitivement dans l'état de nature; s'il en sort, c'est par son consentement, par un acte de sa volonté. Donc toute société est fondée sur un contrat, sur un pacte ; et l'homme est sociable parce qu'il veut l'être. Si la volonté est le fondement de la sociabilité individuelle, elle est aussi la base de l'État. Toutes les volontés individuelles consentant à la société formeront une volonté générale qui constituera la souveraineté : souveraineté une et indivisible dans son expression, incommunicable, et qui ne saurait se déléguer. Jean-Jacques a pris soin lui-même de résumer sa politique dans la sixième des *Lettres de la montagne* : « Qu'est-ce qui fait
« que l'État est un? C'est l'union de ses membres. Et d'où
« naît l'union de ses membres? De l'obligation qui les lie.
« Tout est d'accord jusqu'ici. Mais quel est le fondement de
« cette obligation? Voilà où les auteurs se divisent. Selon
« les uns, c'est la force; selon d'autres, l'autorité paternelle ;
« selon d'autres la volonté de Dieu. Chacun établit son prin-
« cipe et attaque celui des autres. Je n'ai pas moi-même fait

1. *Profession de foi du vicaire savoyard.*

« autrement; et, suivant la plus saine partie de ceux qui ont
« discuté ces matières, j'ai posé pour fondement du corps
« politique la convention de ses membres; j'ai réfuté les
« principes différents du mien... L'établissement du con-
« trat social est un pacte d'une espèce particulière, par le-
« quel chacun s'engage avec tous; d'où s'ensuit l'engage-
« ment réciproque de tous envers chacun, qui est l'objet
« immédiat de l'union. Je dis que cet engagement est d'une
« espèce particulière, en ce qu'étant absolu, sans condition,
« sans réserve, il ne peut toutefois être injuste, ni suscep-
« tible d'abus, puisqu'il n'est pas possible que le corps se
« veuille nuire à lui-même, tant que le tout ne veut que pour
« tous... La volonté de tous est donc l'ordre, la règle su-
« prême, et cette règle générale et personnifiée est ce que
« j'appelle le souverain. Il suit de là que la souveraineté est
« indivisible, inaliénable, et qu'elle réside essentiellement
« dans tous les membres du corps. Mais comment agit cet
« être abstrait et collectif? Il agit par des lois, et il ne sau-
« rait agir autrement. Et qu'est-ce qu'une loi? C'est une dé-
« claration publique et solennelle de la volonté générale sur
« un objet d'intérêt commun... Mais l'application de la loi
« tombe sur des objets particuliers et individuels. Le pou-
« voir législatif, qui est le souverain, a donc besoin d'un au-
« tre pouvoir qui exécute, c'est-à-dire qui réduise la loi en
« acte particulier... Ici vient l'institution du gouvernement.
« Qu'est-ce que le gouvernement? C'est un corps intermé-
« diaire, établi entre les sujets et le souverain pour leur
« mutuelle correspondance, chargé de l'exécution des lois
« et du maintien de la liberté, tant civile que politique. Le
« gouvernement, comme partie intégrante du corps politique,
« participe à la volonté générale qui le constitue; comme
« corps lui-même, il a sa volonté propre. Ces deux volontés
« quelquefois s'accordent, et quelquefois se combattent.
« C'est de l'effet combiné de ce concours et de ce conflit
« que résulte le jeu de toute la machine. Le principe qui

constitue les diverses formes du gouvernement consiste dans le nombre des membres qui le composent... Les diverses formes dont le gouvernement est susceptible se réduisent à trois principes. Après les avoir comparées par leurs avantages et par leurs inconvénients, je donne la préférence à celle qui est intermédiaire entre les deux extrêmes, et qui porte le nom d'aristocratie... Enfin, dans le dernier livre, j'examine par voie de comparaison avec le meilleur gouvernement qui ait existé, savoir celui de Rome, la police la plus favorable à la bonne constitution de l'État. Puis je termine ce livre et tout l'ouvrage par des recherches sur la manière dont la religion peut et doit entrer comme partie constitutive dans la composition du corps politique. Que pensiez-vous, monsieur, en lisant cette analyse courte et fidèle de mon livre ? Je le devine : vous disiez en vous-même : Voilà l'histoire du gouvernement de Genève. C'est ce qu'ont dit, à la lecture du même ouvrage, tous ceux qui connaissent votre constitution... J'ai donc pris votre constitution, que je trouvais belle, pour modèle des institutions politiques ; et, vous proposant en exemple à l'Europe, loin de chercher à vous détruire, j'exposai les moyens de vous conserver. Etc. »

Il a échappé à beaucoup d'admirateurs de Rousseau qu'il a considéré comme exemple et comme modèle la constitution aristocratique de Genève. Ainsi, Aristote avait derrière lui Alexandre ; Platon, l'Orient ; Spinosa, la république hébraïque ; Machiavel, l'Italie du quinzième siècle ; Locke, l'Angleterre de 1688 : tant la philosophie sociale, quelque hardie et indépendante qu'elle se puisse concevoir, doit toujours s'appuyer sur la réalité ! Mais, si Rousseau songeait à Genève en construisant ses théories, ses théories allèrent plus loin que cet idéal, et ce publiciste, qui se disait ou se croyait animé d'une pensée aristocratique, est devenu le législateur de la démocratie.

Quel est véritablement le début historique du pouvoir législatif? Les sociétés ne commencent pas par le contact et l'équation de volontés indépendantes et égales, mais par la soumission de la liberté humaine à ce qu'elles appellent l'empire de Dieu, à la théocratie. Le pacte, loin d'être leur commencement, est aujourd'hui leur dernier progrès. L'Angleterre et la France sont arrivées à asseoir leur constitution sur un contrat bilatéral entre le pouvoir législatif, auquel le peuple a délégué sa souveraineté, et le pouvoir exécutif, agent de la société, trouvant son titre et sa raison dans l'intérêt général. Et, pour le dire en passant, l'Assemblée constituante a rectifié l'erreur de Rousseau quand il veut que la souveraineté soit incommunicable, puisqu'elle a dit : « La « souveraineté appartient à la nation ; la nation, de qui « émanent tous les pouvoirs, ne peut les exercer que par dé- « légation ; la constitution française est représentative ; les « représentants sont le corps législatif et le roi. »

Ainsi donc historiquement la théorie du Contrat n'est pas exacte; elle n'est pas non plus philosophiquement nécessaire pour amener la liberté sociale, car je lis dans Rousseau lui-même : « Ce qui est bien et conforme à l'ordre, est tel par « la nature des choses, et indépendamment des conventions « humaines (1). » Donc, la raison même est indépendante de la volonté.

Mais, pour comprendre véritablement Rousseau, il faut considérer quelle était à ses yeux sa mission. Il voulait à la fois réveiller dans l'homme isolé le sentiment de son indépendance, et dans l'homme collectif, c'est-à-dire dans la société, la conscience de son droit de chercher le bien et le juste, de n'obéir qu'à l'expression même de sa volonté, et de remplacer une législation, qui n'avait plus de raison et de légitimité, par l'exercice énergique d'une nouvelle liberté politique, c'est-à-dire de la volonté générale. Comment le philosophe définit-il le but social ? « Trouver une forme d'as-

---

(1) *Contrat social*, liv. II, chap. VI, *de la Loi*.

...sociation qui défende et protége de toute la force commune la personne et les biens de chaque associé, et par laquelle chacun, s'unissant à tous, n'obéisse pourtant qu'à lui-même, et reste aussi libre qu'auparavant (1). » Jean-Jacques a vu les deux termes du problème social : l'association et l'individualité. Mais comment l'homme social serait-il aussi libre que l'homme sauvage? Il aura une autre liberté, une liberté plus grande, puisque ce qu'il ne pourra faire par lui-même, il le fera par d'autres; il aura la liberté véritablement humaine.

Rousseau a écrit : « La loi est l'expression de la volonté générale. » Dans la pensée même de la loi, que trouvons-nous d'abord, si ce n'est une idée de règle, antérieure à l'idée de vouloir? L'homme veut une chose, mais à une condition : qu'elle lui paraisse bonne. Il s'attache à la vue de son intelligence, s'y opiniâtre, et la veut. Si l'objet de sa volonté lui est contesté par d'autres, il veut plus fortement encore ; et cette loi qu'il aime, il l'appelle l'expression de sa volonté. Le peuple qui veut une chose ne distingue pas pourquoi il la veut. Il conçoit et veut dans un acte naturel et obscur dont il n'a pas la conscience réfléchie, et dans lequel la volonté est plus sensible pour lui que l'intelligence. Dire que la loi est l'expression de la volonté générale, c'est parler juste, mais incomplétement; c'est avoir un sentiment vif de la réalité, mais ne pas l'embrasser tout entière. Néanmoins, la définition de Jean-Jacques répondait tellement aux véritables besoins de son siècle, qu'elle s'incorpora avec nos mœurs et nos idées politiques.

Mais nous n'irons pas loin sans trouver les inconvénients philosophiques de cette vue incomplète. La justice sociale ne sera plus que l'effet d'un contrat, qui, une fois enfreint par une des parties, permettra à l'État de rendre guerre pour guerre au violateur du pacte. « Tout malfaiteur attaquant le

---

(1) *Contrat social*, liv. I, chap. vi, *du Pacte social*.

« droit social devient par ses forfaits rebelle et traître à la
« patrie; il cesse d'en être membre en violant ses lois, et
« même il lui fait la guerre. Alors, la conservation de l'État
« est incompatible avec la sienne. Il faut qu'un des deux pé-
« risse; et, quand on fait mourir le coupable, c'est moins
« comme citoyen que comme ennemi (1). » Non, la loi n'est
pas un contrat, mais une règle que la société présente au
coupable; elle y compare ses actions; elle les y mesure avec
une justice miséricordieuse et sans colère; elle punit avec
douleur; elle absout avec joie, dans la personne du magistrat,
qui est un pontife et non pas un gladiateur.

Nouveaux inconvénients. Si la volonté seule est toute la
loi, la loi pourra être mobile comme la volonté; et Rousseau
arrivera à cette proposition : « D'ailleurs, en tout état de
« cause, un peuple est toujours le maître de changer ses lois,
« même les meilleures; car, s'il lui plaît de se faire mal à lui-
« même, qui est-ce qui a le droit de l'en empêcher (2) ? » Et cependant le même Rousseau dit ailleurs : « Il n'y a pas de dan-
« ger qu'un peuple se fasse mal à lui-même. » L'absence
de la raison générale se fait assez sentir dans la définition de
la loi.

Il était naturel que le gouvernement monarchique parût au
philosophe inférieur tant à l'aristocratique qu'au démocratique. Il en a tracé un portrait amèrement injurieux. « Un dé-
« faut essentiel et inévitable qui mettra toujours le gouverne-
« ment monarchique au-dessous du républicain est que dans
« celui-ci la voix publique n'élève presque jamais aux pre-
« mières places que des hommes éclairés et capables qui les
« remplissent avec honneur; au lieu que ceux qui parvien-
« nent dans les monarchies ne sont le plus souvent que de
« petits brouillons, de petits fripons, de petits intrigants, à
« qui les petits talents, qui font dans les cours parvenir aux

---

(1) *Contrat social*, liv. II, chap. v.
(2) *Ibidem*, liv. II, chap. xii.

grandes places, ne servent qu'à montrer au public leur ineptie aussitôt qu'ils y sont parvenus. Le peuple se trompe bien moins sur ce choix que le prince, et un homme d'un vrai mérite est presque aussi rare dans le ministère qu'un sot à la tête d'un gouvernement républicain. Aussi, quand, par quelque heureux hasard, un de ces hommes nés pour gouverner prend le timon des affaires dans une monarchie presque abîmée par ces tas de jolis régisseurs, on est tout surpris des ressources qu'il trouve; et cela fait époque dans un pays (1). » C'était pour la première fois que la monarchie entendait un langage aussi dur et aussi violent; mais c'était aussi la monarchie de Louis XV.

L'Angleterre ne paraissait pas un pays libre à la logique de Jean-Jacques. La souveraineté étant fondée sur la volonté, on ne peut pas plus la déléguer que cette dernière; donc on ne peut charger un homme de représenter sa volonté; donc le gouvernement représentatif n'est pas un gouvernement libre. « La souveraineté ne peut être représentée par la même raison qu'elle ne peut être aliénée. Elle consiste essentiellement dans la volonté générale, et la volonté ne se représente pas; elle est la même ou elle est autre; il n'y a pas de milieu... Le peuple anglais pense être libre; il se trompe fort: il ne l'est que durant l'élection des membres du parlement. Sitôt qu'ils sont élus, il est esclave, il n'est rien; dans les courts moments de sa liberté, l'usage qu'il en fait mérite bien qu'il la perde (2). » Voilà le côté faible et insuffisant de notre philosophe; c'est l'oubli ou l'ignorance de l'histoire, c'est la méconnaissance de la sociabilité européenne et des raisons du gouvernement représentatif. Prononcer en vertu du principe de la volonté générale qu'aujourd'hui ni l'Angleterre ni la France ne jouissent de la liberté politique sous le gouvernement représentatif, ce serait

---

(1) *Contrat social*, liv. III, chap. vi.
(2) *Ibidem*, liv. III, chap. xv.

à l'école du *Contrat social*, nier la réalité. Vingt-cinq millions d'hommes ne peuvent tous délibérer ensemble sur leurs affaires : ils nomment des représentants. Ces délégués représentent-ils la volonté de chaque homme? Impossible. Représentent-ils davantage la volonté générale séparée de toute règle? Non plus. Ils représentent, ils doivent représenter ce concours et ce mélange de vues et de passions, d'idées et de volontés, qui constituent un peuple comme ils constituent un homme. Ces délégués représentent l'individualité sociale, qui n'est pas une sorte de squelette que la logique peut monter et démonter à son plaisir, mais qui, douée de la vie, conçoit, veut et marche dans sa force. Le gouvernement représentatif donne la liberté, à la condition d'être véritablement représentatif. Les modernes ne peuvent s'entasser sur la place publique d'Athènes ou de Rome. L'intérêt de la liberté n'est pas de nier la représentation, mais de l'étendre, et de la mesurer sur la civilisation même.

Rousseau finit le *Contrat social* en épousant, comme déjà nous l'avons indiqué (1), tous les préjugés de Machiavel contre la religion chrétienne. Il faut dire aussi que, considérant surtout la religion comme un sentiment individuel et libre du cœur, il était conduit à l'oubli de son rôle social, et à une complète injustice à l'égard du catholicisme.

Jean-Jacques mourut en 1778, onze ans avant l'ouverture des états généraux. Il n'y avait pas au côté gauche de la Constituante un homme qui ne fût à vrai dire son disciple; et jamais philosophie n'obtint une application si rapide de ses maximes. Cette haute influence est incontestable. Otez Jean-Jacques du dix-huitième siècle, n'y laissez que Montesquieu et Voltaire, vous ne pourrez plus expliquer l'insurrection des esprits, leur ardeur à conquérir la liberté, leur enthousiasme, leur foi, les caractères, les puissances et les grandeurs de notre révolution, Condorcet, madame Rolland

---

(1) Chap. vi, *Machiavel*.

et la Gironde, la tribune de la Convention. Jean-Jacques a commencé à écrire en 1750. Pendant vingt-huit ans il a parlé aux Français un langage éloquent et nouveau. Il leur a parlé de la nature, de la liberté et de la démocratie. Si la souveraineté nationale est devenue la base de notre constitution, à qui le devons-nous, si ce n'est à Rousseau? Qu'il n'ait pas été métaphysicien, ni psychologue profond, qu'il ait peu compris et peu connu l'histoire, que parfois aussi quelques-unes de ses maximes aient été follement entendues et commentées, nous ne le nierons pas; mais nous dirons qu'il en est de la philosophie comme de la liberté, *et que, quel que doive être le prix de cette noble liberté, il faut bien le payer aux dieux* (1).

CHAPITRE XI.

CONDORCET. — DE MAISTRE. — SAINT-SIMON. — BENJAMIN CONSTANT.

Un jour, pendant la première année de la Constituante, Condorcet développait à ses amis les conséquences sociales de la révolution avec cet enthousiasme qui l'a suivi jusqu'à son dernier soupir. « Mais vous allez plus loin que Rousseau, lui dit quelqu'un. — Sans doute, répondit-il avec audace; Rousseau a fait la philosophie du dix-huitième siècle, je fais celle du dix-neuvième. » Ç'a été la position de Condorcet de se trouver sur la dernière limite de son siècle en pressentant celui qui allait s'ouvrir; et sa pensée fut véritablement la lettre initiale de la philosophie du dix-neuvième siècle.

Disciple de Voltaire et de Rousseau, il a senti la double et contraire influence de ces deux hommes, et, presque seul de leurs contemporains, il savait compléter l'un par l'autre; il passa la première partie de sa vie avec la vieillesse de

(1) *Dialogue de Sylla et d'Eucrate.*

d'Alembert, la seconde avec la révolution française ; géomètre, secrétaire perpétuel de l'Académie des sciences, il trouva le temps d'appliquer à la politique de grandes facultés. Je néglige quelques mélanges épars pour apprécier uniquement l'*Esquisse d'un tableau historique des progrès de l'esprit humain.*

Rousseau avait été, dans l'histoire même, insuffisant et léger. La philosophie des faits, l'intelligence de la réalité, cette force de l'abstraction qui s'imprime et s'impose à cette masse concrète, à ce bloc dont l'art seul peut tirer la statue de l'histoire, avait entièrement échappé à Jean-Jacques. Condorcet comprit, le dernier de tous les philosophes français du dix-huitième siècle, et le premier du dix-neuvième, la portée de l'histoire. Il reconnut en elle l'enseignement de l'humanité, et, dans l'exploration des routes déjà parcourues, la raison des progrès et des découvertes à faire. Cette vue, qui est pour ainsi dire le principe dirigeant de notre siècle, inspira Condorcet. Dans l'exécution, sa main a pu faiblir ; il a pu ne tracer qu'une esquisse ; mais dans quel moment écrivait-il ? Au plus fort et au plus vif de la tragédie révolutionnaire. Si donc il manque de calme et d'impartialité, s'il méconnaît l'autorité nécessaire du sacerdoce dans les premiers temps de la civilisation ; si, dans l'intervalle entre sa proscription et sa mort, seul, sans livres, il ne représente pas les faits avec une érudition toujours exacte, il y aurait toutefois injustice à nier son génie ou à s'imaginer l'avoir caractérisé par quelques paroles dédaigneuses.

Le progrès de l'esprit humain, dit en commençant Condorcet, *est soumis aux mêmes lois générales qui s'observent dans le développement individuel de nos facultés, puisqu'il est le résultat de ce développement, considéré en même temps dans un grand nombre d'individus réunis en société.* Aux yeux du philosophe, l'histoire est en relation intime avec la nature humaine ; mais il n'en conclut pas que l'histoire est toujours légitime, parce qu'elle est la production de cette nature. Il en conclut au contraire que, la nature humaine étant progressive et mobile, l'histoire doit reproduire ce progrès et cette mobilité. Le principe dont certains métaphysiciens voudraient tirer l'immobilité du monde, Condorcet s'en empare à son tour dans les intérêts de l'avenir. Le changement est capital; c'est aller de l'esprit humain à l'histoire, faire des idées la condition des faits, subordonner ce qui s'est accompli à l'insatiable activité de la nature humaine. Où nous mène en effet ce principe? A la conviction de la perfectibilité indéfinie. On a dit que la nature était donnée dans ses points fondamentaux, une fois pour toutes ; et, dans cette maxime, on a trouvé la condamnation de la perfectibilité indéfinie de Condorcet. Sans doute, la nature humaine est donnée, mais elle n'est pas connue ; elle est là, mais elle n'est pas pénétrée dans son esprit, dans ses lois et dans ses détails ; livre toujours ouvert, mais encore obscur. Donc, si vous n'avez pas défini la science, vous ne sauriez davantage définir la perfectibilité ; donc cet *indéfini* qui vous gêne et vous tourmente se trouve exact. Je vois des systèmes et des bibliothèques ; mais les sociétés n'en cherchent pas moins aujourd'hui leur point d'appui. La philosophie n'est donc pas faite; elle est à l'état d'*indéfini* ; la proposition de Condorcet est en soi plus juste que les raisonnements mêmes dont il a pu l'étayer, et que les exemples que lui a fournis son imagination. Il a vu instinctivement la mobilité de la science et de la civilisation, l'esprit de l'homme sortant de son repos et de son passé pour s'engager dans des spéculations et des destinées nouvelles, la pente de son siècle, cette attraction vers l'avenir, l'avénement d'idées nouvelles qui passent pour chimériques tant qu'elles n'ont pu parvenir à se définir elles-mêmes, à se faire reconnaître et obéir. Mais il n'a pas senti assez clairement comment l'homme exerce véritablement sa puissance; il n'a pas reconnu qu'il ne crée pas de nouveaux éléments dans sa pensée, dans sa constitution physique et dans ses rapports avec le monde ;

que ses conquêtes ne peuvent être qu'une connaissance plus profonde, une révélation plus vive de sa nature, qui est posée par Dieu même comme un problème à résoudre dans le cours des siècles.

Le philosophe envisageait dans l'état à venir de l'espèce humaine trois points importants : la destruction de l'inégalité entre les nations, les progrès de l'égalité dans un même peuple, enfin le perfectionnement réel de l'homme. La révolution française, dont il fait pour ainsi dire le corollaire de la philosophie de Descartes dans sa *neuvième époque*, lui paraît le signal de la rénovation européenne. « La maladresse « du gouvernement français, dit-il, a précipité cette révolu« tion ; la philosophie en a dirigé les principes ; la force po« pulaire a détruit les obstacles qui en pouvaient arrêter les « mouvements ; elle a été plus entière que celle de l'Améri« que, et, par conséquent, moins paisible dans l'intérieur, « parce que les Américains n'avaient à détruire ni tyrannies « féodales, ni distinctions héréditaires, ni corporations pri« vilégiées, ni un système d'intolérance religieuse. En France, « par la raison contraire, la révolution devait embrasser l'é« conomie tout entière de la société, changer toutes les re« lations sociales et pénétrer jusqu'aux derniers anneaux de « la chaîne politique (1). »

Dans la *dixième époque*, il cherche à pressentir les progrès futurs de l'esprit humain. Sans croire que l'homme devienne immortel, il demande si la différence entre le moment où il commence à vivre et l'époque commune où naturellement, sans maladie, sans accident, il éprouve la difficulté d'être, ne peut s'accroître sans cesse. Quand il désirait pour la nature humaine une viabilité presque indéfinie, il avait l'échafaud devant les yeux ; mais il ne s'en écrie pas moins : « Combien ce tableau de l'espèce humaine affranchie « de toutes les chaînes, soustraite à l'empire du hasard

---

(1) *Neuvième époque*, Condorcet.

« comme à celui des ennemis de ses progrès, présente au
« philosophe un spectacle qui le console des erreurs, des
« crimes, des injustices dont la terre est encore souillée, et
« dont il est souvent la victime! C'est dans la contemplation
« de ce tableau qu'il reçoit le prix de ses efforts pour la dé-
« fense de la liberté. Il ose alors les lier à la chaîne éter-
« nelle des destinées humaines; c'est là qu'il trouve la vraie
« récompense de sa vertu, le plaisir d'avoir fait un bien du-
« rable que la fatalité ne détruira pas, par une compensation
« funeste, en ramenant les préjugés et l'esclavage. Cette
« contemplation est pour lui l'asile où le souvenir de ses
« persécuteurs ne peut le poursuivre; où, vivant par la pen-
« sée avec l'homme rétabli dans les droits comme dans la
« dignité de la nature, il oublie celui que l'avidité, la crainte
« et l'envie, tourmentent et corrompent; c'est là qu'il existe
« véritablement avec ses semblables dans un Élysée que sa
« raison a su se créer, et que son amour pour l'humanité
« embellit des plus pures jouissances. » Voilà, on en conviendra, un langage qui rachète bien des erreurs et bien des
fautes. Victime de la *terreur*, Condorcet n'a pas pour elle
une parole de récrimination et d'amertume. Sa pensée ne
retombe pas sur son sort; elle contemple l'avenir du genre
humain. Il n'imite pas le découragement et la défection de
Brutus; il ne doute pas de la liberté, comme le Romain de
la vertu; il ne l'accuse ni ne la maudit; il se console au contraire par la foi en son invincible immortalité. Condorcet a
reçu de Price, de Priestley et de Turgot l'idée de la perfectibilité de l'espèce humaine; mais il a eu le mérite de l'appliquer à l'histoire avec une conviction énergique; il y a,
par ce courage, attaché son nom.

Pendant que la révolution poursuivait ses phases et ses
destinées, le passé trouvait un interprète, un vengeur, qui,
plus sa cause semblait détruite et désespérée, luttait avec
plus d'emportement et de hardiesse contre la victoire de l'esprit novateur. De Maistre est par excellence le soutien de la

tradition ; il ne s'occupe qu'à faire rentrer l'humanité dans la révélation mosaïque et chrétienne ; puis il incarne le christianisme dans le pape, et il fonde ainsi son unité. Au lieu de partir de l'esprit humain pour descendre aux faits positifs et aux établissements de l'histoire, il érige ce qui s'est fait et ce qui s'est dit en loi ; il élève la tradition à la certitude.

Dans ce travail il est admirable ; quand il commente des membres de la Bible, de Plutarque ou de Platon, pour reconstruire avec eux la vérité primitive, quand il cherche dans les textes la preuve du gouvernement temporel de la Providence, la justification de la douleur qui déchire l'homme, par le crime originel dont il est souillé, la puissance de la prière qui peut adoucir et abréger l'expiation, le dogme de la réversibilité, de cette solidarité touchante qui déverserait sur les têtes coupables les bonnes œuvres des justes ; quand enfin il se livre à l'interprétation des symboles et des croyances pour leur réconcilier la foi du genre humain, il n'a peut-être pas d'égal dans cette puissance d'inonder le passé de lumière. Mais aussi quel ennemi de l'indépendance de la raison ! prenant le contrepied de Descartes, il la nie souvent et la dégrade toujours. La religion et la politique n'existent pas dans la société par la pensée de l'homme, mais par le fait de Dieu. La religion a un représentant qui ne saurait mourir, le pape, qui constitue le christianisme social, dépositaire de la loi, de la vérité, de la souveraineté et de l'infaillibilité. Au-dessous de lui règnent les rois, papes inférieurs pour ainsi dire de l'ordre politique, convergeant vers le principe dont ils sont les conséquences et les vassaux ; enfin les peuples, soumis à l'unité théocratique et à l'unité politique, vivent sous la bénédiction continuelle du divin vieillard que l'esprit de Dieu même a su choisir au Vatican. Assurément, ce système est grand, il idéalise un spectacle qui a brillé quelques jours dans l'histoire ; mais conclure du passé à l'éternité et à la vérité, prophétiser dans des formes périssables l'avenir

de la sociabilité humaine, c'est renoncer tout à fait au génie philosophique. Si de Maistre a raison, l'esprit humain a tort depuis le treizième siècle, où Rome commence à être sourdement attaquée ; le quinzième et le seizième ne se seront agités que dans de folles imaginations ; Luther, l'Angleterre, la révolution française, auront également tort. Voulez-vous une nouvelle conséquence de cette politique ? Toute constitution écrite est un non-sens, et tout peuple qui revendique une charte, un insensé. « 1° Aucune constitution ne résulte
« d'une délibération ; les droits des peuples ne sont jamais
« écrits, ou du moins les actes constitutifs ou les lois fonda-
« mentales écrites ne sont jamais que des titres déclaratoires
« de droits antérieurs dont on ne peut dire autre chose sinon
« qu'ils existent, parce qu'ils existent. 2° Dieu, n'ayant pas
« jugé à propos d'employer dans ce genre des moyens sur-
« naturels, circonscrit au moins l'action humaine, au point
« que, dans la formation des constitutions, les circonstances
« font tout, et que les hommes ne sont que des circonstances.
« 3° Les droits des peuples proprement dits partent assez
« souvent de la concession des souverains, et dans ce cas il
« peut en conster historiquement ; mais les droits du souve-
« rain et de l'aristocratie, du moins les droits essentiels,
« constitutifs et *radicaux*, s'il est permis de s'exprimer ainsi,
« n'ont ni date, ni auteur... 6° Plus on écrit, plus l'institu-
« tion est faible ; la raison en est claire ; les lois ne sont que
« des déclarations de droits, et les droits ne sont déclarés
« que lorsqu'ils sont attaqués, en sorte que la multiplicité
« des lois constitutionnelles écrites ne prouve que la multi-
« plicité des chocs, et le danger d'une destruction. 7° Nulle
« nation ne peut se donner la liberté, si elle ne l'a pas ; lors-
« qu'elle commence à réfléchir sur elle-même, ses lois sont
« faites... 10° La liberté dans un sens fut toujours un don
« des rois, car toutes les nations libres furent constituées
« par des rois ; c'est la règle générale, et les exceptions
« qu'on pourrait indiquer rentreraient dans la règle si elles

« étaient discutées... 12° Une assemblée quelconque d'hom-
« mes ne peut constituer une nation, et même cette entreprise
« excède en folie ce que tous les *Bedlams* de l'univers peu-
« vent enfanter de plus absurde et de plus extravagant (1). »

Afin de mieux nous entendre avec de Maistre, c'est-à-dire afin de savoir sur quoi nous contestons, précisons le principe même de la souveraineté. Rousseau avait profondément senti que la loi dans la société devait être l'expression de la volonté générale, et il a vu un côté nécessaire de la souveraineté. Il n'en a pas vu le caractère général et divin. Se figure-t-on une assemblée politique décrétant que deux et deux font cinq? Elle ne pourrait ni le penser ni le vouloir ; donc, et nous l'avons déjà dit, la loi n'est pas la volonté. Quand le pouvoir législatif a son origine dans une unité que les hommes appellent divine, et sa première forme dans l'initiative d'un homme, alors pas ou peu de constitutions écrites. Lycurgue ne veut, suivant la tradition, que la parole pour gardienne de ses lois ; Moïse renferme les siennes dans le style le plus court et le plus plein, et la souveraineté s'exerce par l'intelligence de quelques-uns obéis par la volonté de tous les autres. Mais, dès que la liberté commence à frémir et veut se lever, on écrit les *Douze Tables* ; car l'écriture, c'est l'émancipation, c'est l'indépendance, c'est la résistance constatée et victorieuse, ce sont les garanties arrachées et conquises. Alors, la théocratie n'étouffe plus la liberté humaine, les constitutions écrites paraissent, l'aristocratie succède au sacerdoce dans le métier de législateur. Ainsi, en 1215, les barons anglais font écrire quelque chose à Jean-sans-Terre. Mais, si dans le premier moment le prêtre a porté la loi, le noble dans la seconde époque, dans la troisième vient le peuple. Néanmoins, ni les prêtres, ni les nobles, ni le peuple, n'ont fait la loi ; ils l'ont reconnue et voulue, et, sans avoir le pouvoir de la créer, ils ont seulement la parole pour la lire.

(1) *Considérations sur la France*, chap. vi.

Or, il arrive dans l'explosion de la démocratie tout le contraire que dans le règne du sacerdoce. Au début du monde, l'intelligence absorbait la volonté ; dans la première crise de l'insurrection populaire, la volonté envahit l'intelligence; mais disons à Jean-Jacques et à de Maistre, en constituant la souveraineté avec ses deux membres nécessaires, que la loi est la raison générale reconnue, adoptée et voulue par la majorité des raisons individuelles. Que dire donc de cette théorie extrême qui expulse la volonté humaine, qui nous crie : *Per me reges regnant*, au moment où les rois éprouvent une si grande difficulté de régner? Dirons-nous donc que toutes les constitutions écrites sont en principe des absurdités? n'y aurait-il de vérité que chez les dépositaires des traditions antiques? Non; la vérité ne se dérobe jamais entièrement aux efforts des générations vivantes. Elle se répand, elle se partage entre les hommes, à mesure qu'ils arrivent sur la terre. Suivant les époques, elle se communique à des degrés différents; mais elle est aussi nécessaire à la vie morale des peuples que la chaleur au corps humain.

Mais de Maistre ne voit la vie et la vérité que dans les premières traditions du monde, dans les symboles qui épouvantent les nations; c'est l'homme de l'Ancien Testament, de la vieille loi, et il se chargerait volontiers de faire passer les peuples infidèles au fil de l'épée du Seigneur. Pour lui, la guerre est divine; dans le soin qui le travaille de ne rien attribuer à l'homme, il l'impute même à Dieu. Plein d'un enthousiasme qui est un délire, la colère dans les yeux, le fiel dans le cœur, il célèbre le triomphe du mal et de la guerre dans la nature et dans l'histoire, et il en glorifie Jéhovah. Il a donc oublié cette parole : *Paix à la terre et gloire aux cieux!* Non; la guerre n'est pas divine, elle est humaine. Elle est nécessaire à l'homme terrestre; elle est un droit, un instrument de la liberté sociale, mais non pas une glorification du bien absolu et de la parole divine.

Je veux prendre de Maistre sur une pensée plus significative encore : « Il n'y a point d'*homme* dans le monde ; j'ai « vu dans ma vie des Français, des Italiens, des Russes ; je « sais même, grâce à Montesquieu, qu'on peut être Persan ; « mais, quant à l'*homme*, je déclare ne l'avoir rencontré de « ma vie ; s'il existe, c'est bien à mon insu. » Qu'est-ce que l'homme? Il le demande ; il ne l'explique pas ; il ne le sent pas dans son cœur. Qu'est-ce que l'homme? Mais, c'est le chrétien. De Maistre ne s'est pas aperçu qu'en niant l'humanité il offensait le christianisme, qui a pour fondement le divin mystère de l'homme-Dieu. Il a oublié la voix de Paul et de Jean criant que l'amour est la loi de l'homme, amour qui lie les hommes entre eux et les envoie tous ensemble aux pieds de la divinité.

De Maistre a besoin de tout son génie d'écrivain pour qu'on lui pardonne son insolence et son aveuglement, ses explications sur le mérite de l'inquisition, l'acharnement avec lequel il poursuit tout ce qui, dans l'humanité, fut novateur et progressif. Quelles invectives contre Locke ! quelle caricature implacable des traits de Voltaire ! Il y a des moments où, dans son indignation contre son siècle, il semble excommunier le monde. Fougueux orateur, il monte à la tribune de Saint-Pierre, il y tonne ; il voudrait ressaisir les nations, les reconquérir ; il s'écrie comme un autre Isaïe : *Redite prævaricatores, ad cor. Recordamini prioris sæculi* (1).

(1) On voit comment, au milieu de mon opposition aux principes de de Maistre, j'admirais son génie. Une publication récente est venue accroître encore ce sentiment, et justifier des louanges que plusieurs trouvèrent excessives lorsque parut la première édition de la *Philosophie du Droit*. Je veux parler des *Lettres et opuscules inédits* du comte Joseph de Maistre, qu'a publiés, en 1851, son fils, le comte Rodolphe. Peu de publications posthumes auront été aussi utiles à la gloire d'un écrivain. Dans ses *Lettres et opuscules*, les vues profondes, les traits sublimes abondent. Qu'on lise la lettre que le comte de Maistre écrivait en 1802, de Saint-Pétersbourg, à la baronne de P..., et qu'on dise si la divination politique peut être poussée plus loin. C'est encore de Saint-Pétersbourg, en 1811, qu'il écrivait cette phrase, si souvent citée depuis un an : *Toute nation a le gouvernement qu'elle mérite*. Et il ajoutait : « De longues ré-

À l'époque où de Maistre s'agitait dans les transports de sa foi et de son éloquence, un homme considérait paisiblement la chute et les ruines des établissements du passé; il ne mettait pas la main à l'œuvre pour détruire, mais, sur les décombres du vieil édifice, il songeait à la nécessité d'en élever un nouveau. Sans se laisser emporter à l'entraînement de tous, seul, il médita d'organiser la science, puis l'industrie, plus tard encore la religion. Quand pour la première fois j'ai considéré les travaux de Saint-Simon, je me suis livré tout entier au spectacle, à la jouissance de son originalité, et j'en ai consigné l'expression dans une étude à laquelle je renverrai le lecteur (1). Rien de plus attrayant, pour celui qui se plaît véritablement aux théories philosophiques, que la première vue d'un système nouveau. N'y mettez pas de roideur; abandonnez-vous à l'intuition simple et pure des spéculations qui sont sous vos yeux; accordez tout pour tout comprendre, et vous vous donnerez ainsi le plus vif plaisir de l'intelligence, je veux dire la compréhension complète d'une pensée forte. Mais, quand les transports de cet amour philosophique ont expiré, la réflexion paraît, elle juge ce qui vient d'être compris, et c'est ainsi que se trouvent consommés l'acte et le procédé de la véritable critique. Je crois être aujourd'hui, en ce qui concerne Saint-Simon, à ce second moment de l'intelligence de son système, et je pourrai peut-être l'apprécier en peu de mots, après l'avoir saisi tout entier.

Saint-Simon se trouva dès les premiers pas sur les traces

---

flexions et une longue expérience, payée bien cher, m'ont convaincu de cette vérité comme d'une proposition de mathématiques. »

En 1819, deux ans avant de mourir, de Maistre traçait ces lignes: « On peut dire que tous les princes sont détrônés dans un sens, puisqu'il n'y en a pas un qui règne autant que son père et son aïeul, et le caractère sacré de la souveraineté s'effaçant tous les jours à mesure que le principe irréligieux se répand, personne ne peut prévoir encore l'excès des malheurs qui s'avancent sur l'Europe. »   (*Note de la 3ᵉ édition.*)

(1) Voyez *De la vie et des ouvrages de Saint-Simon*.

de Condorcet; il en pénétra tout à fait la philosophie de l'histoire, il s'enthousiasma pour les efforts de ce penseur à pousser l'humanité vers un nouvel avenir positif. De Condorcet, il sut remonter, à travers Locke et Newton, à Descartes lui-même. Nul mieux que lui n'en a caractérisé le génie. Il estima que le temps était venu d'imiter, de renouveler son œuvre et de rendre l'initiative à l'école française. Il a défini avec une exactitude sagace et subtile les deux procédés de l'esprit humain, la synthèse et l'analyse ; il a démontré qu'elles sont les deux modes nécessaires de son activité ; qu'il fallait alternativement généraliser et particulariser, et que l'école, en décrétant que les savants devaient suivre exclusivement la route que Locke et Newton avaient prise, a posé un principe de circonstance en croyant poser un principe général. C'est encore dans les voies de Condorcet que Saint-Simon a pressenti les développements infinis qui attendent la civilisation moderne, et qu'il a formulé cet adage : « L'âge d'or du genre « humain n'est pas derrière nous : il est au-devant ; il est « dans la perfection de l'ordre social. Nos pères ne l'ont pas « vu : nos enfants y arriveront un jour : c'est à nous à leur « en frayer la route. »

Du besoin de réorganiser la science, le philosophe passa à la réorganisation de la société. Après avoir critiqué le régime parlementaire et constitutionnel, il fonda sa politique sur le travail ; et, donnant à l'économie politique une portée qu'elle n'avait pas eue jusqu'à lui, il fit de la science de la production la science de la sociabilité même. C'est ainsi qu'exclusivement économiste, pas assez législateur et pas assez philosophe, il n'a vu dans la société qu'une association de travailleurs, et a confondu l'individualité avec l'individualisme. Justement choqué de cette pente de l'égoïsme moderne à isoler les individus, à les parquer dans les petits soins de leur petite personne, à les écarter du foyer des sympathies communes et des intérêts populaires, il a qualifié ces mœurs mesquines et stériles du nom d'individualisme. Mais uniquement occupé de l'agrégation des hommes, il n'a pas assez reconnu l'homme même, sa nature propre, son droit personnel, son individualité. Autrement, il n'eût pas voulu supplanter l'idée de propriété par l'idée de production, la législation et le droit par l'économie politique, la politique même par l'industrie. Toutefois, il est juste de dire que Saint-Simon lui-même n'a jamais professé dans ses écrits l'abolition de l'héritage en ligne directe, et que sa vaste intelligence l'a sauvé d'une telle logique.

La religion ne fut encore pour lui, comme déjà nous l'avons indiqué (1), que la sociabilité même. Il ne poursuivit qu'une réforme politique, la cause de l'amélioration morale, intellectuelle et physique de la classe la plus nombreuse et la plus pauvre. Certes l'entreprise est belle et digne qu'on s'y dévoue. Mais pourquoi lui sacrifier les autres éléments de la religion? pourquoi donc en retrancher les cieux dont le christianisme dispose? Il faut conclure que Saint-Simon est incontestablement un des représentants les plus originaux de la philosophie française. Il se rattache à Descartes, comme tout homme qui est dans la tradition de la philosophie moderne; il continue Condorcet; il s'engage sur ses pas dans les premiers sentiers de l'avenir : d'une raison forte, il appelle l'esprit humain à l'indépendance; curieux surtout des idées, il est mort sans avoir voulu enfermer sa pensée dans des formes prématurées. Étudiez ses livres, vous y trouverez en germe un idéalisme qui n'a pas conscience de lui-même, et qui ne sait pas remplir toutes les conditions de la nature humaine; mais à coup sûr vous n'y trouverez pas une doctrine consommée et qui veut s'imposer à la raison par manière de théocratie.

Voici venir, pour clore cette revue de grands hommes, un publiciste célèbre, qui fut surtout frappé de cette face de l'homme et de la société, que Saint-Simon avait laissée dans

(1) Liv. IV, chap. IV, le *Christianisme*.

l'ombre. Benjamin Constant, né à Lausanne, en 1767, élevé à l'école du protestantisme et de la science allemande, commença sa vie politique quand la révolution, au sortir de la terreur, cherchait une assiette et un gouvernement. La liberté, la liberté individuelle, les garanties du citoyen et de la vie privée, l'indépendance de l'homme et de la pensée, voilà ce que Constant a poursuivi sous tous les régimes; voilà les droits qu'il s'indignait de voir opprimer par l'empire, qu'il réclama sous la restauration, qu'il demanda à Napoléon revenant en 1815, qu'il ne se lassa jamais de défendre. Grand écrivain, romancier délicat, critique ingénieux et novateur, historien et philosophe, publiciste, orateur, esprit charmant, doué de la même grâce et de la même mobilité que Voltaire, laissant voir dans son âme, quand il sortait de son ironie, les mêmes ardeurs que Rousseau, il a écrit de belles pages, d'admirables fragments; mais son esprit fut supérieur à ses écrits, et il n'a pas donné toute la mesure et toute l'expression de lui-même.

Il avait cependant médité d'élever un monument digne de lui. Il avait réservé pour des temps de calme et de repos le soin d'écrire l'histoire des religions, d'y résumer toute la force de sa pensée, et d'employer la dernière époque d'une vie qui, jusqu'alors, n'avait été qu'un combat, à tracer le testament de son passage. Mais il ne put se reposer, car il ne vit jamais la liberté tranquille, et il mourut sans avoir goûté cette satisfaction du génie de se recueillir quelques jours avant de s'évanouir et de disparaître d'ici-bas.

La religion lui apparut sous les mêmes traits qu'à Rousseau, comme un sentiment qui s'élève dans le cœur de l'homme, et cherche à nouer avec Dieu un rapport individuel. Mais ce point commun aux deux philosophes s'agrandit dans l'application que Constant en fait à l'histoire. Il y trouve la source de la religion et du culte chez tous les peuples, et il contredit ainsi l'assertion erronée du dix-huitième siècle

qui ne considérait l'institution religieuse que comme une fourberie systématique. Cette vue est un véritable progrès; elle a l'avantage de séparer nettement le fond même de la forme des choses, et d'établir cette proposition essentielle :
« Mais toute forme positive, quelque satisfaisante qu'elle
« soit pour le présent, contient un germe d'opposition aux
« progrès de l'avenir. Elle contracte, par l'effet même de sa
« durée, un caractère dogmatique et stationnaire qui refuse
« de suivre l'intelligence dans ses découvertes, et l'âme
« dans ses émotions, que chaque jour rend plus épurées et
« plus délicates. Forcée, pour faire plus d'impression sur
« ses sectateurs, d'emprunter des images presque matériel-
« les, la forme religieuse n'offre bientôt plus à l'homme fa-
« tigué de ce monde qu'un monde à peu près semblable. Les
« idées qu'elle suggère deviennent de plus en plus étroites,
« comme les idées terrestres dont elles ne sont qu'une co-
« pie, et l'époque arrive où elles ne présentent plus à l'es-
« prit que des assertions qu'il ne peut admettre, à l'âme que
« des pratiques qui ne la satisfont pas ; le sentiment reli-
« gieux se sépare alors de cette forme pour ainsi dire pé-
« trifiée. Il en réclame une autre qui ne le blesse pas, et il
« s'agite jusqu'à ce qu'il l'ait trouvée (1). » Cet aperçu explique les altérations, les changements, les métamorphoses et les chutes des formes et des institutions religieuses et sociales. La politique et la religion se développent et se définissent par des formes ; mais elles en changent : voilà ce qu'il faut comprendre sans colère et sans désespoir. Apparemment le génie de l'humanité n'est progressif qu'à la condition d'être mobile, et sa nature même le voue à de continuels changements.

Mais la religion n'est pas exclusivement le sentiment, pas plus que la philosophie n'est uniquement la réflexion. La religion est et fait tout ; elle explique l'univers, elle pose les

1) *De la Religion*, tom. I, chap. II.

fondements des sociétés, elle définit et promulgue la loi, elle gouverne les hommes, les instruit, les punit et les récompense. Ce ministère, nécessaire dans les premiers temps de l'histoire, déborde les limites du sentiment individuel ; aussi Benjamin Constant épuise inutilement son talent à encadrer les cosmogonies et le sacerdoce dans cette unité qui, n'étant pas la véritable, ne prête pas une base assez large à un édifice imparfait, dont on étudiera longtemps les détails et l'ingénieuse élégance.

Qu'était la sociabilité pour notre publiciste ? Une défense et une garantie. Dans un petit chef-d'œuvre, aussi plein, dans la matière qu'il traite, que l'*Éducation du genre humain* de Lessing, dans un discours *sur la liberté des anciens comparée à celle des modernes*, il a déposé le principe fondamental de sa politique, que déjà il avait développé dans l'*Esprit de conquête et d'usurpation*. Dans ce dernier ouvrage, il se place à côté de Montesquieu. Jamais il n'a trouvé d'aperçus plus fins, plus justes et plus complets. La passion y rend la raison éloquente ; l'écrivain avait recueilli toutes ses forces pour s'élever contre Napoléon. Le conquérant, de retour en 1815, lui fit écrire par un chambellan de service de se rendre aux Tuileries. L'empereur et l'écrivain causèrent ensemble, et Benjamin Constant sortit de cet entretien pour se rallier franchement à l'homme qu'il avait toujours combattu, et qui alors, en face de l'Europe armée, était la fortune de la France.

Mais revenons à la sociabilité. L'indépendance individuelle est le premier besoin des modernes, et pour eux elle constitue la liberté : proposition incomplète que Benjamin Constant appuie d'excursions historiques dont il faut apprécier la portée. Après avoir répété que le but des anciens était le partage du pouvoir social entre tous les citoyens d'une même patrie, et que c'était là ce qu'ils nommaient liberté ; qu'au contraire le but des modernes est la sécurité dans les jouissances privées, et qu'ils nomment liberté les garanties ac-

cordées à leurs jouissances, l'habile publiciste continue ainsi :
« J'ai dit en commençant que, faute d'avoir aperçu ces diffé-
« rences, des hommes, bien intentionnés d'ailleurs, avaient
« causé des maux infinis durant notre longue et orageuse ré-
« volution. A Dieu ne plaise que je leur adresse des reproches
« trop sévères, leur erreur même était excusable... Ces hom-
« mes avaient puisé plusieurs de leurs théories dans les ou-
« vrages de deux philosophes qui ne s'étaient pas doutés eux-
« mêmes des modifications apportées par deux mille ans aux
« dispositions du genre humain. J'examinerai peut-être une
« fois le système du plus illustre de ces philosophes, de
« Jean-Jacques Rousseau ; et je montrerai qu'en transpor-
« tant dans nos temps modernes une étendue de pouvoir so-
« cial, de souveraineté collective qui appartenait à d'autres
« siècles, ce génie sublime, qu'animait l'amour le plus pur
« de la liberté, a fourni néanmoins de funestes prétextes à
« plus d'un genre de tyrannies..... L'abbé de Mably, comme
« Rousseau et comme beaucoup d'autres, avait, d'après les
« anciens, pris l'autorité du corps social pour la liberté, et
« tous les moyens lui paraissaient bons pour étendre l'ac-
« tion de cette autorité sur cette partie récalcitrante de l'es-
« pèce humaine dont il déplorait l'indépendance. Le regret
« qu'il exprime partout dans ses ouvrages, c'est que la loi
« ne puisse atteindre que les actions. Il aurait voulu qu'elle
« atteignit les pensées, les impressions les plus passagères,
« qu'elle poursuivît l'homme sans relâche, et sans lui lais-
« ser un asile où il pût échapper à son pouvoir ; à peine
« apercevait-il, n'importe chez quel peuple, une mesure vexa-
« toire, qu'il pensait avoir fait une découverte, et qu'il la
« proposait pour modèle : il détestait la liberté individuelle,
« comme on déteste un ennemi personnel ; et, dès qu'il ren-
« contrait dans l'histoire une nation qui en était bien com-
« plétement privée, n'eût-elle point de liberté politique, il
« ne pouvait s'empêcher de l'admirer. Il s'extasiait sur les
« Égyptiens, parce que, disait-il, tous chez eux était réglé

« par la loi, jusqu'aux délassements, jusqu'aux besoins.
« Tout pliait sous l'empire du législateur ; tous les moments
« de la journée étaient remplis par quelques devoirs ; l'a-
« mour même était sujet à cette intervention respectée, et
« c'était la loi qui tour à tour ouvrait et fermait la couche
« nuptiale, etc., etc. »

Nous avons assez témoigné que pour nous la liberté moderne n'est pas uniquement dans les franchises individuelles, et qu'elle est autre chose qu'une quêteuse de sauf-conduits et de garanties. Benjamin Constant a trop contribué à propager cette idée, que la liberté n'est qu'une résistance. Le despotisme de la démocratie et de la Convention, l'orgueil de la dictature impériale, avaient toujours, à ses yeux, fait un devoir de la lutte et de la réaction en faveur de la dignité individuelle. Les circonstances lui masquèrent ainsi ce que les principes de la révolution française avaient de positif, et lui cachèrent qu'après avoir détruit ils tendaient à édifier. Mais, le premier, il a le mérite d'avoir corrigé la définition incomplète que Jean-Jacques avait faite de la loi et de la souveraineté. Le premier, dès 1814, il a rétabli la raison comme principe du pouvoir législatif, posant ainsi la base des théories politiques de ces quinze dernières années (1).

Où en sont aujourd'hui les sciences morales ? La philosophie de la restauration a remis dans la conscience nationale certains éléments de l'histoire et du passé : mais elle a eu deux grandes faiblesses : d'abord elle s'est enfermée dans la Charte de 1814, et s'est prise à la considérer comme les colonnes d'Hercule de l'esprit humain ; puis elle a eu le tort de se mettre pour la métaphysique sous la loi et dans les liens de l'Allemagne, sans faire suffisamment ses réserves

---

(1) On trouvera, dans nos *Études d'Histoire et de philosophie* (tom. I, pag. 40), un examen approfondi d'un ouvrage posthume de Benjamin Constant, DU POLYTHÉISME ROMAIN, *considéré dans ses rapports avec la philosophie grecque et la religion chrétienne*. C'est la suite et le complément de son livre *De la Religion*. (*Note de la 3ᵉ édition.*)

de liberté, et sans ébaucher elle-même quelque chose d'indigène. Sans doute, il était nécessaire, et il l'est encore, de connaître les travaux philosophiques de nos voisins, et d'en comparer les résultats avec nos propres efforts. Mais qui sommes-nous en ce pays? Descendants de Descartes et de Rousseau, pouvons-nous accepter l'importation littérale des spéculations et de la phraséologie de Kant et de Hegel? Tout mouvement philosophique légitime ne doit-il pas sortir de la conscience nationale? Les systèmes anciens ne nous sont pas utiles, parce que dans l'un il y a un fragment de vérité, parce qu'un second et un troisième nous en offrent d'autres lambeaux ; inventaire scientifique dont on voudrait tirer la solution de tous les problèmes. Jamais il ne sortira rien de vivant et de fécond de cet éclectisme de bibliothèque. Pourquoi donc ai-je déroulé la suite de tant de systèmes et de grands hommes? Est-ce pour demander à ces morts le flambeau de mon siècle? A Dieu ne plaise! Mais j'ai cru qu'il était bon de considérer la poésie de Platon, la raison d'Aristote, la noble attitude du stoïcisme, l'esprit de l'Évangile, Machiavel et son Italie, l'Angleterre entrant efficacement la première dans la philosophie politique, Spinosa constituant le panthéisme, Luther émancipant la conscience dont Kant et Fichte cherchent les lois, Rousseau venant, après les spéculations de Montesquieu, renouveler les principes de l'éducation et de la politique ; Condorcet s'enthousiasmant de l'avenir, et pressentant dans l'histoire une logique et une géométrie dont il lègue l'application aux générations futures; de Maistre vengeant avec puissance la tradition catholique et l'antique monarchie, Saint-Simon poursuivant l'idée d'une organisation sociale, Benjamin Constant s'attachant à relever la nature humaine dans ses espérances et dans ses droits, et servant la liberté par un spiritualisme généreux : j'ai voulu, par ce tableau, non pas exhumer la vérité, mais montrer que chaque siècle vit par sa propre pensée et non pas d'emprunts, que tout grand peuple développe les phases d'une philosophie originale avec une spontanéité féconde, d'un seul jet; j'ai voulu prouver que l'histoire même des systèmes passés témoigne que le présent d'un peuple comme d'un homme a besoin de porter et de produire lui-même ses idées ; et j'ai voulu surtout définir l'époque où doit se produire une philosophie nationale. Dans la science de la sociabilité, la France n'a de leçons à recevoir de qui que ce soit ; elle pense profondément, car elle agit d'une manière décisive ; elle peut, sur quelques points, emprunter de l'érudition ; mais elle s'appartient à elle-même, aussi bien par sa philosophie que par sa constitution.

CHAPITRE XII.

RÉVOLUTION DE 1848. — CARACTÈRES ET VICES GÉNÉRAUX DU SOCIALISME.

Pour juger les révolutions, il y a nécessairement plusieurs points de vue. D'abord, leur explosion est toujours un malheur, et, sur ce point, on peut croire le témoignage d'un illustre politique. « Une révolution, a dit Napoléon, est un des « plus grands maux dont le ciel puisse affliger la terre. C'est « le fléau de la génération qui l'exécute ; tous les avantages « qu'elle procure ne sauraient égaler le trouble dont elle « remplit la vie de ses auteurs. Elle enrichit les pauvres, qui « ne sont pas satisfaits ; elle appauvrit les riches, qui ne sau« raient l'oublier ; elle bouleverse tout ; dans les premiers « moments, *elle fait le malheur de tous, le bonheur de per*« *sonne* (1). » A quelle révolution peut-on mieux appliquer ces derniers mots qu'à celle de 1848 ?

Cependant, ce premier jugement porté sur les révolutions ne dispense pas d'étudier les causes de ces bouleversements politiques, où de détestables doctrines et des illusions géné-

---

(1) *Mémorial de Sainte-Hélène*, t. VI, pag. 168, édit. 1824.

reuses, quelques dévouements sublimes et d'ignobles convoitises, se trouvent confondus.

La partie dramatique des révolutions, leur mise en scène, appartiennent à l'histoire. C'est elle qui juge sévèrement ces ambitions aveugles qui déchaînent des forces dont plus tard elles ne pourront être maîtresses. C'est elle encore qui nous introduit au sein des masses, dont la trop fréquente imprévoyance appelle des changements, et qui ne tardent pas à entraîner les chefs auxquels d'abord elles paraissaient obéir. Mais, à côté des passions populaires, il y a des théories, des systèmes, des utopies, qui viennent s'offrir comme le but et le dénoûment des révolutions. Voilà qui est du domaine de la philosophie du droit, qui confronte ces présomptueuses doctrines avec la nature des choses.

Sans nous arrêter à suivre en détail les progrès de ces doctrines pendant les dix-huit années qui séparent les deux révolutions de 1830 et de 1848 (1), nous irons droit aux systèmes, à leur esprit, à leurs déductions principales. Il y a une prétention commune à tous ces systèmes, c'est d'imposer aux hommes le bonheur par voie d'autorité despotique. Réminiscence, imitation non équivoque de la civilisation païenne. C'était, comme nous l'avons dit ailleurs, un étrange progrès que ce retour au despotisme de la cité antique, après

---

(1) Ce que nous ne saurions faire ici pourrait être l'objet d'un curieux travail. Ce serait vraiment de la statistique politique que de constater, pièces en main, les développements du socialisme, tant en France qu'en Europe, depuis plus de vingt ans. Les débats judiciaires fourniraient, pour cette enquête, de précieux matériaux. Dans ces derniers temps, un fonctionnaire prussien, appelé en témoignage devant la Cour d'assises de Cologne, a déclaré que les pièces qu'il avait dû saisir, en raison de son ministère, prouvaient que bien avant l'année 1848 le réseau d'une conspiration d'ouvriers s'étendait sur toute l'Europe. La direction partait de Londres, et il y avait les relations les plus intimes entre les révolutionnaires de la France et de l'Allemagne. Les statuts d'une association communiste, datés de Londres le 8 décembre 1847, disent expressément que l'association a été fondée en 1840.

dix-huit cents ans de christianisme, pendant lesquels le principe de la liberté individuelle s'était développé dans la conscience humaine (1).

Nous n'avons plus à insister sur un point dont nous croyons avoir épuisé la démonstration, et nous entrons dans le fond des choses.

Le bonheur peut-il être emporté d'assaut? Voilà toute la question du socialisme. En effet, la tendance de la raison humaine, qui, dans le dix-huitième siècle, la portait à la recherche philosophique des conditions du bonheur, est devenue de nos jours un mouvement impétueux, une fièvre. Il y a environ cent ans qu'un Anglais, qui ne montra pas moins d'originalité dans les sciences physiques que dans la morale et la théologie, Priestley, déclarait que le plus grand bonheur du plus grand nombre était le seul but raisonnable d'un bon gouvernement. C'est ce que Bentham appela plus tard le principe de la *maximisation* du bonheur, en avouant l'influence souveraine qu'exerça sur son esprit le docteur Priestley. Mais ce qu'au dernier siècle les philosophes cherchaient dans les voies de la pensée spéculative, les sectes socialistes veulent le ravir avec une impétueuse impatience qui n'admet ni trêve, ni halte, ni composition.

Quelque jugement que nous ayons à porter sur cette précipitation et les funestes effets qu'elle traîne après elle, nous n'hésitons pas à reconnaître la légitimité du but poursuivi. L'homme a le droit d'être heureux. Sa loi est de développer toutes les facultés de son être et de chercher le bonheur dans cette expansion. Je reconnais donc dans la poursuite du bonheur deux conditions principales : il faut satisfaire toute la nature humaine, et il faut respecter les limites qui lui sont invinciblement assignées.

Plus un homme est richement organisé, plus il lui est dif-

---

(1) *Histoire des législateurs et des constitutions de la Grèce antique*, t. 1, préface, pag. 43 et suiv. Voir aussi l'épilogue.

ficile d'être heureux. L'énergie et la multiplicité des puissances dont il est le centre orageux rendent sa nature exigeante, insatiable, et, dans des directions qui se contrarient, mille désirs l'agitent et l'embrasent. Souvent une grande âme reste dévastée, comme ces prairies immenses du nouveau monde que les flammes enveloppent et consument. Toutefois, il est des tempéraments supérieurs où tout finit par une suprême harmonie, car les passions ne les asservissent pas, mais ils les mènent et les dominent en les satisfaisant. Ces natures maîtresses ont pour toute chose des forces et des moments : elles passent des plus fougueux plaisirs aux plus sévères méditations de la pensée. La volupté ne les énerve pas ; elle leur inspire au contraire un magnanime dédain de ses propres jouissances encore plus courtes que vives. Alors s'élève dans l'âme l'immortelle tristesse qui fait notre grandeur et notre tourment. Nous nous contemplons dans notre néant ; nous analysons amèrement la contradiction douloureuse qui nous constitue. La tendance au bonheur absolu et la souffrance marchent côte à côte. Nous aspirons à l'omniscience : le doute et l'ignorance nous attendent au dernier terme qu'avec de grands efforts l'intelligence a touché. Ainsi recule incessamment devant nous l'idéale félicité ; elle se dérobe, elle s'évanouit.

> Ter frustra comprensa manus effugit imago,
> Par levibus ventis, volucrique simillima somno.

Pour les sociétés, la recherche du bonheur n'est pas une tâche plus aisée. Ici encore, la difficulté croît en raison de la puissance. Plus une société a vécu, plus elle s'est enracinée dans le sol de l'histoire par une civilisation complexe et déjà vieille ; moins elle a de souplesse pour se plier aux plans de réforme et de régénération qui lui sont proposés, moins elle peut entrer dans ces cadres artificiels. Les siècles ont accumulé, ont superposé les uns sur les autres les éléments, les droits, les intérêts les plus divers ; de complications en changements, ils ont tout transformé et tout agrandi. Pour le corps social, ainsi travaillé par le temps, le bonheur n'est pas un fait simple qu'une révolution ou un système peut produire tout d'une pièce. Ni le nombre des obstacles à vaincre, ni la diversité des besoins à satisfaire, ne permettent d'improviser une solution. Est-ce à dire qu'il faille abandonner le problème? Non; mais ceux qui l'abordent doivent en reconnaitre l'immensité.

Chercher le bonheur est légitime; le chercher mal est toujours dangereux et parfois criminel. Quand le socialisme, s'apitoyant sur les misères humaines, affirme que les hommes ont le droit d'être heureux, il a raison; mais, au moment où il propose le bonheur à nos efforts, il le mutile, et ne nous en offre qu'une indigne image. Il excite notre attente, irrite nos désirs, et n'a pour les contenter que des résultats mesquins, faux, marqués à l'effigie d'un étroit matérialisme.

Un des points de départ du socialisme n'a pas peu contribué à circonscrire ainsi le champ de ses théories. Né au sein de nos convulsions et des mouvements d'une ardente démocratie, le socialisme s'est surtout inspiré des passions et des besoins du peuple, et souvent il n'a fait que traduire ce qu'il eut dû transformer. Pour rester des tribuns applaudis, les théoriciens du socialisme se sont condamnés eux-mêmes à la stérilité.

Nous nous trouvons alors, non pas dans les conditions d'une pacifique recherche de la vérité, mais dans la mêlée d'une bataille. L'état de guerre est décrété; et, afin de résoudre le problème du bonheur, le socialisme n'imagine rien de mieux que la dépossession violente de ceux qu'il tient pour heureux, et qu'à ce titre il déclare coupables. C'est une invasion, et non pas l'apparition bienfaisante de la vérité.

Ainsi, dès le début, le socialisme tombe dans deux graves méprises : il défigure le bonheur, et il ne songe à mettre en possession d'une félicité ainsi appauvrie qu'une partie de l'humanité, à laquelle il sacrifie toutes les autres. Il est superficiel, négatif et cruellement partial.

Toutes les sectes dont il se compose se sont accordées à proclamer la même idée, le même fait, l'association. De là le nom de socialisme exprimant la préoccupation exclusive de ceux qui, dans notre époque, se sont offerts comme les législateurs de l'humanité. Ils obéissent à la tendance, ou plutôt aux vagues instincts de notre siècle, qui aspire à l'harmonie, à l'organisation, et qui se débattra longtemps encore dans les anxiétés du doute. Il léguera ses mécomptes et ses douleurs à son héritier. Nous sommes au plus faible crépuscule du plus lointain avenir.

L'idée d'association tombant dans la tête de quelques hommes voués par leurs études ou leurs occupations à l'industrie, non-seulement s'est emparée souverainement de leur esprit, mais a subi elle-même l'empreinte des circonstances au milieu desquelles elle apparaissait. Les conséquences de cette origine industrielle du socialisme ne se firent pas attendre. L'humanité fut envisagée comme une association de travailleurs, comme une immense manufacture. On ne niait pas les divers emplois de l'activité humaine; on accordait que l'intelligence et la pensée avaient aussi leurs labeurs : néanmoins, on revenait sans cesse à mettre la raison et la règle de toute chose dans le travail manufacturier.

A force de s'occuper du producteur, on oublia l'homme. Nos organisateurs crurent n'avoir entre leurs mains que des quantités dont ils pouvaient disposer à leur fantaisie. L'individualité humaine, cette forme et ce résultat de notre liberté, de nos passions et de notre intelligence, fut immolée. Nous eûmes des plans de république idéale, où plusieurs des facultés et des puissances de l'homme devenaient non-seulement inutiles, mais suspectes.

Le droit, qui est tout ensemble la racine et l'expression

de la vie, fut méconnu (1). Dans nos sociétés modernes, tout réformateur se trouve inévitablement en face de l'idée du droit, en face du caractère naturel et des développements historiques de ce principe. Il se condamne lui-même à l'impuissance s'il ne tient pas compte de ces éléments sacrés. De nos jours, l'homme ne se laissera pas dépouiller de sa liberté pour recevoir à la place un prétendu bonheur qu'on lui apporte tout fait, sans qu'on ait consulté ses sentiments et ses goûts ; il lui faudra toujours un champ d'action, une sphère de mouvement et de vie. Pas davantage les sociétés ne consentiront à la ruine universelle et soudaine d'institutions que la raison générale n'aura pas condamnées, pour accepter en échange un système nouveau inspiré par la haine et le mépris de leurs croyances et de leurs mœurs.

Voilà donc le socialisme nécessairement conduit au despotisme, à la terreur. Il y est conduit par ses oublis, par ses aberrations sur le fond de la nature humaine, et aussi par les résistances qu'il soulève. Tels sont les funestes effets d'une fausse recherche du bonheur. Elle débute par une lutte

(1) « Le droit, considéré d'une manière abstraite, est le mirage qui, depuis 1789, tient le peuple abusé. Le droit est la protection métaphysique et morte qui a remplacé, pour le peuple, la protection vivante qu'on lui devait. Le droit, pompeusement et stérilement proclamé dans les chartes, n'a servi qu'à masquer ce que l'inauguration d'un régime d'individualisme avait d'injuste et ce que l'abandon du pauvre avait de barbare. C'est parce qu'on a défini la liberté par le mot *droit* qu'on en est venu à appeler hommes libres des hommes esclaves de la faim, esclaves du froid, esclaves de l'ignorance, esclaves du hasard. Disons-le donc une fois pour toutes : la liberté consiste, non pas seulement dans le *droit* accordé, mais dans le *pouvoir* donné à l'homme d'exercer, de développer ses facultés, sous l'empire de la justice et sous la sauvegarde de la loi. » (*Organisation du travail*, par M. Louis Blanc. Introduction.) — Qu'on rapproche de ce passage la déclaration des *droits* qu'a promulguée la Constituante, et que nous avons citée, on sera bien convaincu que la révolution de 89 et celle de 1848 ne représentent pas la même cause et les mêmes principes.

contre une partie de l'humanité, et aboutit à la nécessité d'une impitoyable oppression.

Cette nécessité résulte de l'extravagance même des doctrines. Comment, sans la plus violente des tyrannies, substituer à la propriété individuelle le communisme, ce tombeau de la liberté et de tous les droits? Mais, avant de caractériser le communisme, il faut en marquer la filiation. Le communisme est sorti du saint-simonisme.

Quand nous parlons du saint-simonisme, nous n'entendons pas le système philosophique qui appartient à Saint-Simon, mais la doctrine de ceux qui se donnèrent pour ses disciples, pour ses successeurs. Si les théories de Saint-Simon sont sur bien des points incomplètes et fausses, les commentaires et les imaginations de ses disciples ont étrangement agrandi l'espace qui sépare ces théories de la vérité. Nous avons reconnu dans Saint-Simon une intuition scientifique étendue, un esprit généralisateur : nous l'avons montré, au terme de sa vie, demandant à la morale de l'Évangile la puissance d'une réforme économique et sociale : c'est ce qu'il appelait la partie religieuse de ses travaux. Plusieurs de ses disciples ne se contentèrent pas de si peu, ils imaginèrent de fonder une religion.

Nous avons eu le spectacle de cette entreprise, qui fut menée vivement. A une religion nouvelle, il fallait un Dieu ; les disciples de Saint-Simon mirent leur maître dans le ciel, à côté de Jésus-Christ. Ils fabriquèrent une trinité, avec l'amour, l'intelligence et la force, et firent un dogme de l'identité de Dieu avec le monde.

Sans parler de l'indignation profonde qu'inspirait aux chrétiens sincères une semblable parodie, lorsque des hommes de bon sens voulaient présenter quelques objections à cette théodicée, les nouveaux révélateurs les traitaient de juifs : ils leur reprochaient de s'attacher à la lettre qui tue, et non à l'esprit qui vivifie ; d'imiter les Juifs au cœur dur, qui, il y a dix-huit cents ans, avaient repoussé le Christ ;

enfin, de ne pas comprendre que le Dieu de Saint-Simon est le Dieu de Jésus, comme le Dieu de Jésus est celui de Moïse. Les nouveaux révélateurs proclamaient qu'ils venaient faire cesser la lutte de l'esprit et de la matière; qu'ils venaient réhabiliter, ressusciter la chair, et la faire vivre heureuse, selon l'amour de Dieu et des hommes. Aussi, le culte nouveau donnait à la femme une place dans le temple, à côté du prêtre, dont elle marchait l'égale. L'homme n'était plus seul à l'autel, et l'église de Saint-Simon s'écriait dans son enthousiasme : « Couple saint, divin symbole d'union de la sagesse « et de la beauté, amoureuse Androgyne, tu donneras la vie « à l'esprit et à la matière, aux travaux de la science et à « ceux de l'industrie. Par toi, plus de guerre dans le monde, « car tu l'embrasses tout entier dans ton amour : tu ne com- « mandes pas plus que tu n'obéis, tu es aimé et tu aimes : « couple saint, tu as cueilli le fruit de l'arbre de vie... » Mais il faut s'arrêter : c'est assez de cet échantillon de dithyrambe pour apprécier la poésie religieuse du saint-simonisme.

Si l'on ajoute à ces dogmes une hiérarchie au sommet de laquelle était placé un père suprême, dans lequel l'humanité devait se reconnaître, se résumer, et qui n'attendait plus qu'une femme supérieure et révélatrice pour constituer le couple divin ; enfin un clergé habillé en jaquettes et obéissant à toutes les volontés du père suprême, on aura les principaux traits d'une des plus graves bouffonneries qui aient jamais égayé les fastes de la raison humaine.

Cependant, le saint-simonisme ne manquait pas de talents remarquables, et à ces manies de révélation des idées utiles étaient mêlées. Dans le champ de l'économie politique, cette science de la production, de la distribution et de la consommation des richesses, les saint-simoniens demandèrent la baisse des fermages, des loyers, de l'intérêt ; la hausse des salaires, la mobilisation de la propriété foncière, l'organisation du crédit par les banques. Ils voulaient imprimer à celles-ci un caractère social qui permît aux gérants de signaler et de satisfaire tous les besoins réels de l'industrie.

Les saint-simoniens plaçaient au sommet une banque centrale d'où devaient dépendre des banques de second ordre, qui, la mettant en rapport avec les principaux points du pays, lui en feraient connaître les nécessités et la puissance productrice. Ils affirmaient que cette organisation réunirait tous les avantages des corporations, des jurandes et des maîtrises, par lesquelles les gouvernements s'étaient proposé jusqu'alors de réglementer l'industrie. Ils montraient les directeurs de la banque centrale répartissant les capitaux, meubles ou immeubles, aux hommes les plus capables de les mettre en œuvre, et, pour mieux assurer cette répartition selon la capacité, ils abolissaient ce qu'ils appelaient le dernier privilége de la naissance, l'hérédité. Voilà donc des économistes qu'une théorie des banques conduisait à la négation d'un des faits les plus indestructibles de l'ordre naturel et humain, et qui, pour être plus sûrs que les capitaux appartiendraient toujours aux capacités, détruisaient l'héritage. C'était sauter dans le gouffre de l'absurde avec une rare intrépidité.

L'erreur est contagieuse. Il y a même dans les paradoxes les plus accentués, je ne sais quelle effronterie qui séduit certains esprits et les embauche. La négative de l'héritage fixa plus l'attention sur le saint-simonisme que n'avaient fait ses travaux raisonnables en économie politique : puis, dans l'ordre logique des idées, elle enfanta le communisme, ou du moins lui apporta des forces et une sorte d'autorité.

Puisque les saint-simoniens, dirent quelques communistes, demandent l'abolition de la propriété individuelle et condamnent l'hérédité comme le dernier privilége de la naissance, leur système n'est au fond qu'un vaste communisme. Et ils seraient dignes d'être des nôtres s'ils ne rêvaient pas une religion et une théocratie nouvelles. C'est ainsi qu'entre les mains des communistes la partie la plus erronée et la plus anarchique du saint-simonisme devint une arme dangereuse.

Rien de plus simple que le communisme, et sa doctrine peut se résumer en peu de mots. Tous les hommes ont les mêmes droits naturels, et l'égalité sociale et politique doit être la confirmation et le perfectionnement de l'égalité naturelle. Or, l'organisation actuelle de la société, qui ne réalise pas cette égalité, est radicalement mauvaise : elle est surtout entachée de trois vices capitaux : l'inégalité de fortune et de pouvoir, la propriété individuelle et la monnaie. Voilà les trois grandes causes de tous les vices et de tous les malheurs. Il faut donc les supprimer et les remplacer par l'égalité en tout, et par la communauté. La solution du problème est dans le système communiste, qui rend la vertu facile et le crime impossible, en habituant l'homme, par l'éducation, à la fraternité, tandis que, par l'égalité d'aisance et de bonheur, il ne lui laisse aucun intérêt à nuire à ses frères.

Pour peu qu'on ait réfléchi sur la nature de l'homme et les conditions de la société, on aperçoit vite le néant de semblables théories ; mais, quand la simplicité de ces idées fausses se produit devant des esprits ignorants, et tend à s'insinuer dans des âmes vides d'enseignements salutaires, elle peut les envahir et les subjuguer. Si encore à ces imaginations vierges de toute science on offre des tableaux mensongers de l'histoire ; si enfin, pour se couvrir de la plus vénérable des autorités, on affirme sans expliquer le fait que le christianisme primitif et le communisme sont même chose (1).

---

(1) C'est par cette proposition que M. Cabet, à la fin de son *Icarie*, pag. 567, termine l'exposition de sa doctrine :

« La communauté, c'est le christianisme !

« *Jésus-Christ* lui-même a non-seulement proclamé, prêché, commandé la communauté comme conséquence de la fraternité, mais il l'a pratiquée avec ses apôtres.

« Ses apôtres l'ont ensuite pratiquée entre eux, puis avec les premiers chrétiens.

n'est-ce pas tendre des piéges coupables à de naïves intelligences?

Il importe d'éclairer ces analogies du communisme avec le christianisme à son origine, et d'en donner les raisons.

A toutes les époques de l'histoire, dans toutes les fortes civilisations, il y a eu de petites agrégations d'hommes, de faibles minorités dont les tendances et les pensées dépassaient la mesure commune, et qui cherchaient la vérité avec une ardeur, avec une exaltation extraordinaire. En dehors des institutions publiques et du culte reconnu de tous, ces minorités formaient une société plus ou moins secrète, où elles vivaient suivant les pratiques que l'enthousiasme leur inspirait. Dès que l'homme s'élève au désir d'une spiritualité, d'une science supérieure, il perd, sans effort, le souci des choses d'ici-bas. Les préoccupations qui tourmentent si fort les autres hommes, le sentiment du tien et du mien, s'effacent d'une âme tout entière à l'amour des choses divines et de l'humanité. Ayez toutes choses en commun, car l'amitié est une égalité de biens comme de sentiments, tel est le précepte qu'au témoignage de Timée, Pythagore inculquait à ses disciples, et ceux-ci se dépouillaient de leurs propriétés, en composaient

« Et pendant longtemps les premiers chrétiens l'ont pratiquée à l'exemple de Jésus-Christ et des apôtres.

« Si les communautés religieuses avaient été mieux organisées, si elles avaient réuni des familles, et si chacune avait compris un grand nombre de membres, elles auraient probablement établi la communauté sur la terre ; mais ces communautés ne comprenant que des hommes seulement ou que des femmes seulement, et en petit nombre, c'était toujours une espèce d'*individualisme*, et le *communisme* s'est arrêté, au mépris du commandement de Jésus-Christ.

« Cependant le patriarche de Constantinople, *saint Jean-Chrysostôme*, *Pélage* et ses nombreux partisans, les *Bagaudes*, en Gaule, les *Vaudois* et les *Albigeois*, en France, une foule de sectes protestantes en Allemagne, en Angleterre, en Amérique, et une foule de philosophes, ont pratiqué ou prêché la communauté depuis Jésus-Christ jusqu'aujourd'hui.

« Les communistes actuels sont donc les *Disciples*, les *Imitateurs* et les *Continuateurs* de Jésus-Christ. »

un trésor général dans lequel chacun puisait également. Chez les premiers chrétiens, les mêmes sentiments déterminèrent les mêmes actions. Ils partageaient leurs biens, ils les abandonnaient à leurs frères, non-seulement sans peine, mais avec la joie de celui qui peut donner quelque chose à l'objet aimé. Or, ils ne s'aimaient pas moins entr'eux qu'ils n'aimaient la vérité, pour laquelle ils étaient toujours prêts à mourir. Le cœur de ces enthousiastes était changé; il goûtait de saintes voluptés inconnues à la foule, et, dans son avidité d'une autre vie, oubliait tous les terrestres intérêts.

Mais, pour le gros du genre humain, une telle disposition de l'âme n'est ni ordinaire ni possible. Les hommes, et c'est l'immense majorité, que l'inspiration religieuse n'a pas emportés hors d'eux-mêmes, s'attachent fortement aux réalités de la vie, en poursuivant toutes les conséquences du principe et du sentiment du droit. Ils donnent aux choses qui les environnent, l'empreinte de leur personnalité; ils se les approprient pour les laisser à leurs enfants, pour les échanger, les vendre, ou en gratifier qui leur plaît. Nous voilà sur le théâtre du droit et de la liberté, sur le terrain solide des sociétés humaines. L'histoire nous apparaît alors comme une longue transaction, souvent interrompue, souvent déchirée par la violence, la haine, la cupidité, l'erreur, mais toujours rétablie dans ses termes nécessaires par le retour victorieux du bon sens.

Tirons une conséquence devant laquelle doivent disparaître les malentendus irréfléchis ou volontaires. A tous les moments de la vie de l'humanité, la communauté et la propriété coexistent, mais le développement en est bien inégal. Des minorités animées de passions exceptionnelles pratiquent l'abnégation et le communisme, tandis qu'au sein de l'immense majorité du genre humain la propriété (1) pousse des

---

(1) « Le temps, la raison, ont appris à tout le monde que la terre, ainsi que tous les capitaux, doit être une propriété privée, qu'à ce prix

racines profondes et traverse les âges, se transforme, s'affermit et se perpétue en se communiquant davantage.

Ils ne savent pas lire dans le livre de l'histoire, ceux qui érigent la présence du communisme aux différentes époques du passé, en justification de leurs théories, car cette existence, telle que nous venons de la caractériser avec exactitude, rehausse encore l'indestructible et triomphante antithèse de la propriété. Le communisme existe à côté de la propriété comme l'exception à côté de la règle, comme une solitaire et parfois sublime manie dont les grandes sociétés ne s'accommodent pas.

Et, quant aux utopies, constatons qu'au milieu de tous les jeux et de tous les rêves de l'imagination, au milieu de toutes les inventions et de tous les systèmes par lesquels l'esprit humain, en exerçant sa force, s'abuse souvent lui-même, il est deux faits primordiaux qui persistent immuablement.

Ces deux faits sont :

L'individualité,

La famille.

L'individualité, c'est-à-dire l'homme même, sa vie, son droit d'être tel et non pas autre, de poursuivre le bonheur et la vérité suivant les impulsions de sa propre nature, et de n'obéir qu'aux idées et aux principes qui auront porté dans son âme la conviction et la lumière.

La famille, berceau et consolation de l'humanité, asile intime et doux où l'homme se prépare à la vie, où il s'élève, où il revient quand il veut retremper ses forces, où les caresses et les conseils d'une mère apaisent les cœurs les plus aigris, où, par de bons exemples, le père aguerrit ses enfants

elle se couvre sans cesse de nouvelles améliorations, que, vendable, achetable, louable à volonté, comme toutes les choses de ce monde, elle se vend, s'achète, se loue à son prix vrai, vrai comme est le prix du blé, du fer, du vêtement, puisqu'il est le résultat d'un libre balancement des intérêts entre ceux qui produisent et ceux qui consomment. » (*De la propriété*, par M. Thiers, liv. I, chap. xiv.)

aux coups de la destinée. Contre ces deux grands faits viendront toujours se briser l'audace des théories et la mugissante écume des révolutions.

CHAPITRE XIII.

POÉSIE DE L'INDUSTRIALISME. — THÉORIE DE FOURIER.

Quand on se donne le spectacle des efforts de l'homme pour découvrir la vérité, on ne sait s'il faut plus l'admirer que le plaindre. De nobles élans sont suivis par des déviations étranges, et de magnifiques tentatives se terminent par de burlesques avortements. Et ce n'est pas seulement dans le champ de l'action que le sublime et le ridicule sont voisins, mais aussi dans les spéculations de la pensée. Il y a, dans l'histoire des théories et des systèmes enfantés par l'esprit humain, un comique profond qui n'est pas accessible à tous, mais que l'observateur attentif finit par dégager et par goûter.

En vérité, on pourrait dire que l'homme n'est le maître de rien. Il n'a choisi ni le théâtre ni l'époque où il est appelé à vivre et à se déployer. Tout ce qui l'environne le domine. D'où lui viennent ses sentiments, ses goûts, ses talents, ses idées? Assurément, il ne se les donne pas lui-même : il les reçoit. Les influences extérieures l'emportent, le mènent, décident de ses qualités et de son sort.

Cependant, si l'individualité est forte, elle ne laisse pas de lutter contre le courant qui l'entraîne. Tout pénétré qu'il est par les influences extérieures, le fond de l'homme réagit, et alors il s'engage un combat d'où sortent les effets les plus imprévus et les plus bizarres contradictions. Cette résultante constitue à vrai dire l'originalité. Parmi les utopistes de notre époque, nous trouvons un remarquable exemple de ce conflit d'éléments divers. C'est une assez curieuse histoire.

Dans les premières années du siècle vivait à Lyon un commis marchand franc-comtois, que des idées extraordinaires préoccupaient. Au milieu des courses qu'il faisait comme voyageur de commerce, il songeait aux plus grandes choses, à l'humanité, au monde, aux astres, aux passions de l'homme, et il élaborait un système dont il fit imprimer la première ébauche sous le titre de : *Théorie des quatre mouvements*. Notre courtier marron s'établit, dès les premières pages, comme le continuateur de Newton et de Leibnitz; il affirme qu'il y a analogie et unité de mouvement pour le monde matériel et pour le monde spirituel; puis il invente une théorie mathématique des passions. Du haut de sa théorie, il lance contre la civilisation les plus injurieux anathèmes. Il dénonce à l'humanité qu'elle a épuisé pendant vingt-trois siècles scientifiques la carrière des misères, des inepties et des crimes, et cela pour s'être confiée à la direction des philosophes. Qu'est-ce que représente la philosophie? L'ensemble des sciences incertaines, comme la politique, la morale, la psychologie. Or, il faut désormais régler par des méthodes fixes et mathématiques nos connaissances ainsi que nos destinées, et abroger tout ce que, jusqu'à présent, a fait et pensé le genre humain.

Et pourquoi cette immense révolution? Pour réaliser le meilleur plan de fondation industrielle, pour organiser le mieux possible une association agricole. Dans sa pratique commerciale, notre commis marchand avait observé les fraudes et les misères de l'industrie, et, pour en affranchir sans retour les sociétés, il voulait créer un monde nouveau, qui serait gouverné mathématiquement.

Un génie audacieux et étendu, une éducation subalterne et des circonstances déprimantes, ont tour à tour grandi et rabaissé Fourier. Il y avait du Pythagore dans cet homme; seulement, c'était Pythagore en boutique.

Mais, diront quelques phalanstériens enthousiastes, n'est-il pas admirable, au contraire, qu'un grand esprit se soit révélé du milieu des plus infimes occupations? D'ailleurs, l'industrie n'est-elle pas la raison première des progrès de l'humanité? Non, et voilà encore l'éternelle erreur du socialisme. Sans doute, il a fallu que l'humanité cherchât par le travail la satisfaction de ses besoins matériels, pour que ses sentiments moraux, son imagination, ses idées, prissent l'essor. Mais, une fois développée, la partie intellectuelle de l'homme s'est saisie de l'empire des sociétés et l'a gardé. Voilà pourquoi nous trouvons toujours les causes des grandes révolutions, soit dans l'ordre politique, soit dans l'ordre religieux. Voilà pourquoi encore le socialisme s'abuse étrangement lorsqu'il élève la convenance d'une réforme économique à la nécessité d'une réorganisation universelle.

C'est le désir de réglementer l'industrie d'une manière nouvelle et désormais immuable qui a suggéré à Fourier sa théorie de l'identité du monde physique et du monde moral par la loi de l'attraction. Nous dirions volontiers qu'à côté de la mécanique céleste il a voulu mettre une mécanique humaine qui lui répondît de tous les mouvements de nos passions.

Voilà le but marqué. Pour y atteindre, Fourier entassera plus d'hypothèses que pas un de ces philosophes qu'il a si souvent maudits. On avait cru jusqu'à présent que, lorsque l'homme s'élevait à la contemplation de Dieu, c'était pour lui une laborieuse entreprise. Erreur. Fourier déclara que l'étude de Dieu était la plus facile de toutes, qu'il déterminerait les caractères essentiels du Créateur, ses attributions, ses vues et ses méthodes sur l'harmonie de l'univers. Plein du désir d'arriver à l'identité des lois physiques et morales, il imagina de charger Dieu de tout ce qui était nécessaire à l'accomplissement de son système. Dieu aura donc la direction intégrale du mouvement; il sera dans ses desseins d'en économiser les ressorts, il exercera une justice éminemment distributive; sa pensée, sa providence, seront universelles, et il se réalisera par l'unité de système. Ce système s'appelle l'attraction passionnelle, qui est l'expression la plus haute de la volonté de Dieu.

THÉORIE DE FOURIER.

Entre les mains de Fourier, Dieu est un artiste, un ordonnateur qui règle tout avec les moyens les plus simples, car les mêmes lois servent à l'ordre moral et à l'ordre physique. Ce que Newton avait trouvé pour le monde matériel, Fourier l'applique au monde moral ; de là l'unité de l'homme avec toutes les harmonies de l'univers.

L'homme a donc dans ses passions un moyen infaillible de bonheur. Il n'a qu'à suivre l'impulsion qui lui est donnée par la nature antérieurement à la réflexion, et qui persiste, malgré l'opposition de la raison, du devoir et du préjugé. Telle est la définition que donne Fourier de l'attraction passionnelle qui se décompose en douze passions principales : cinq sensitives, quatre affectives, et trois distributives. Les cinq premières nous mènent aux plaisirs des sens, les quatre affectives forment les groupes d'amitié, d'ambition, d'amour et de famille ; sur les trois distributives repose le mécanisme des caractères, et il faut en dire un mot.

N'y a-t-il pas chez l'homme un besoin constant de variété, de contrastes et de changements dans lesquels il puisse trouver des distractions, du repos, du plaisir? Ce désir d'impressions nouvelles est pour Fourier une passion principale qui tient le plus haut rang parmi les douze, qui est un agent de transition universelle, et qu'il a baptisée du nom d'*alternante* ou de *papillone*. En voici venir une autre, c'est la *cabaliste*. Ici nous sommes dans le monde des partis et des intrigues, intrigues politiques et amoureuses. Il y a du talent dans la *cabaliste*, et sa fougue est réfléchie. Il est au contraire une autre passion où l'enthousiasme domine, c'est la *composite*, assemblage de deux plaisirs, un des sens, un de l'âme, source des plus profondes émotions. Enfin, le résultat suprême est l'unitéisme, ou l'amour de l'ordre général, de l'harmonie universelle.

Maintenant, nous en savons assez pour saisir le vice fondamental de l'attraction passionnelle. Cette théorie subordonne de la manière la plus éclatante l'intelligence au sentiment, et, faisant des passions l'essence même de l'humanité, elle veut néanmoins que celle-ci ait dans ses mouvements l'harmonie et la régularité des astres. D'un côté elle provoque, elle déchaîne dans l'homme ce qu'il y a de plus tumultueux et de plus désordonné, puis elle lui trace une orbite qu'il doit parcourir avec une docile constance. De cette façon, l'homme devient un mélange du règne animal et du système planétaire.

Ni si bas, ni si haut. Quelque nécessaires que soient les passions dans l'homme, il ne faut pas leur reconnaître la puissance de ces indomptables instincts de la bête, qui seuls en déterminent les mouvements et les appétits. Au milieu de nos penchants et de nos affections, l'intelligence intervient, sinon pour les dominer toujours, du moins pour travailler à les modérer, à les ennoblir. D'un autre côté, ni l'homme ni l'humanité n'ont dans leurs développements l'immuable régularité des astres. Leurs élans et leurs défaillances ne l'attestent que trop. C'est précisément ce mélange d'inconstance et de fermeté, d'impuissance et d'énergie, cette alternative de chutes et de triomphes dans la poursuite des objets désirés, qui constituent le fond de la nature et de la destinée humaine. Fourier s'abuse et nous trompe quand il affirme que les attractions sont proportionnelles aux destinées. Je le voudrais, car alors nous serions tous des dieux. N'aspirons-nous pas tous au bonheur, à la vérité? Mais, si l'infini nous appelle, nous ne pouvons en jouir.

L'auteur de la *Théorie des quatre mouvements*, et du *Traité de l'association domestique agricole*, publié en 1822, a exagéré au delà de toute mesure deux idées justes, la puissance de la volonté humaine et le parti que l'homme peut tirer de ses passions pour faire de grandes choses. Fourier disait qu'il se ralliait à la vérité expérimentale et à la nature; qu'il ne croyait pas celle-ci bornée aux moyens connus, qu'il fallait sans cesse aller, par analogie, du connu à l'inconnu, et procéder par voie d'analyse et de synthèse. A ces vues, à cette méthode, il n'y a rien à objecter; mais pourquoi n'y pas être fidèle après les avoir tracées? Il y avait chez Fourier un singulier mélange de témérité et de bon sens. Quoi de plus judicieux que ces lignes sur les passions?

« C'est rarement une impulsion généreuse que celle qui excite à déserter son poste : c'est plutôt une extrême faiblesse voilée d'illusions sentimentales, et ce n'est pas là le cachet des grands caractères. Ils savent développer de front et par conséquent tenir en balance toutes leurs dominantes. Antoine, sacrifiant le trône du monde à Cléopâtre, n'est qu'un *solitone*, exclusivement dominé par l'amour. César aima Cléopâtre, mais il ne donna pas tout à l'amour, et sut mener de front l'ambition et toutes les autres passions. Voilà les grands caractères. Quant aux petits, en vain s'excusent-ils sur leur essor véhément. Cette véhémence prouve que les autres passions n'ont pas d'influence, et que l'individu n'a que très-peu de dominantes. Car un grand caractère ne se livre à l'essor véhément qu'autant que cet essor se concilie avec les autres dominantes. » Malheureusement, Fourier ne se contente pas de faire appel à notre sensibilité dans les *dominantes*, pour parler son langage, qui poussent l'homme à la grandeur d'action et de pensée, comme le désir de la gloire, l'amitié, l'amour du beau. Il s'est étrangement fourvoyé par sa prétention de tout utiliser dans le domaine des passions.

Je me garderai bien d'insister sur ce point. Je pourrais multiplier les citations, et produire, comme d'autres l'ont déjà fait, d'extravagants détails. Ce qui importe, ce n'est pas tant de s'appesantir sur des conséquences condamnables que de caractériser les causes. En voulant transporter dans le monde moral les lois du monde physique, Fourier ne s'est pas aperçu qu'il prenait pour moyen et pour loi d'attraction ce qu'il y avait de plus inégal, de plus inconstant. Elles ne sont pas altérables par le caprice et la fantaisie, les lois qui régissent l'univers, tandis que les passions qui animent l'homme ont les saillies les plus imprévues et les plus étranges écarts. Fourier a imaginé de créer un monde où ces saillies et ces écarts seraient élevés à l'état normal. Il serait inique de lui prêter d'immorales intentions; mais l'esprit de système, avec ses exigences les plus impérieuses, emporta une imagination, qui, dans la voie de l'erreur, se trouva trop hardie et trop féconde.

Fourier ne se dissimulait pas que, pour le triomphe de sa doctrine, il avait besoin d'une transformation de l'humanité. Aussi, imagina-t-il un système d'éducation où les enfants devaient être, comme il le disait, la cheville ouvrière de l'harmonie sociétaire et de l'attraction universelle. Dès que l'enfant saura marcher, on le préparera à être un travailleur, un fonctionnaire utile de la phalange. L'enfant aime à fureter, le bruit lui plaît. Il a la manie imitative et se laisse facilement guider par un plus fort que lui. Tous les goûts de l'enfant seront observés, excités, et de cette manière on discernera les vocations. N'y a-t-il pas des enfants qui bravent volontiers l'intempérie des saisons, et, par leur humeur vagabonde, leur malpropreté, font le désespoir de leurs parents? Fourier les enrôle sous le nom de petites hordes, et les charge de tous les travaux répugnants de l'association, qui, pour les récompenser, leur donne le pas sur toutes les autres corporations dans les cérémonies. D'un autre côté, il y a des enfants chez lesquels est inné le goût de l'élégance et de la parure; ceux-là formeront de petites bandes chargées d'entretenir le luxe collectif de la phalange; ils sont comme les ministres du beau, et s'occupent de faire régner partout le charme social. Cependant, les arts, et surtout la musique, seront appelés au secours de cette éducation. Pour former l'enfant à l'unité mesurée et au régime harmonieux, il y aura un opéra où figureront tour à tour presque tous les membres de l'association (1). L'opéra ne sera donc plus un

---

(1) Cette coopération obligatoire de presque tous les membres du pha-

amusement d'oisif, mais il est destiné à exciter au travail, à la production, les petits spectateurs dont il charmera l'oreille. Tous ces enfants, qui bientôt deviendront des hommes, ne sont pour Fourier que des producteurs dont il importe de stimuler par tous moyens le zèle et l'énergie. L'industrie est le but, l'affaire unique. Tous les autres développements de l'activité humaine lui sont subordonnés. Nous retrouvons l'exclusive préoccupation du socialisme.

Mais voici un contraste imprévu. Le même théoricien qui bornait l'éducation au choix et au développement d'une vocation industrielle dépasse par la pensée les limites de notre globe, et il nous représente Dieu s'exerçant à créer des hommes et des passions dans des milliards de mondes. Ici, Fourier prodigue la vie avec une magnificence que rien n'arrête. D'abord, l'homme, sur ce globe, renaîtra, mais plus sage et meilleur; c'est ce que Fourier appelle la métempsycose en composé et non en simple. Puisque nous devons, selon la loi des attractions proportionnelles aux destinées, conserver dans l'autre vie l'usage intégral de nos passions, la métempsycose, ou le retour de l'homme sur ce globe, devient une nécessité. Fourier a établi des calculs d'après lesquels nos âmes, à la fin de la carrière planétaire, auront alterné environ huit cent dix fois de l'un à l'autre monde : sur ces huit cents existences, il doit y en avoir sept cent vingt très-heureuses, quarante-cinq favorables et quarante-cinq fâcheuses en moyen terme. Ce n'est pas assez.

lustère à l'exécution de la musique d'opéra s'explique par leur éducation. « Dès le berceau, a écrit Fourier, on habituera l'enfant à la justesse d'oreille en faisant chanter des trios et des quatuors dans les salles des nourrissons, en promenant les poupons d'un an au bruit d'une petite fanfare à toutes parties. On aura de même des méthodes pour joindre le raffinement auditif au raffinement musical, pour donner aux enfants la finesse d'ouïe qui distingue le sauvage et pour exercer de même les autres sens. » Fourier veut aussi qu'on prenne des précautions pour former l'enfant de bonne heure à la dextérité, pour prévenir l'emploi exclusif d'une main et d'un bras, qui condamne l'autre bras à une maladresse perpétuelle.

Lorsque notre planète mourra, toutes nos petites âmes se confondront et s'identifieront avec sa grande âme, et le souvenir des métempsycoses antérieures disparaîtra. Enfin, il y aura des âmes privilégiées, car l'égalité n'existera pas plus dans l'autre monde que dans celui-ci ; il y aura des âmes d'élite qui, après avoir parcouru les planètes lunigères, résideront dans le soleil et les lactéennes, d'où elles passeront dans d'autres soleils, puis dans d'autres univers, où elles varieront à l'infini leurs jouissances pendant l'éternité.

Dans le siècle dernier, un visionnaire célèbre décrivait en détail toutes les magnificences de la Jérusalem céleste, les palais de marbre brillants d'or et de pierreries, les jardins enchantés ; il racontait avoir assisté dans les cieux à une grande conférence, et avoir vu dans le monde spirituel Pythagore, Socrate, Luther, Calvin, Xénophon, Sixte-Quint, Louis XIV et Newton. C'était Swedenborg, qui disait s'entretenir avec les anges. Entre l'utopiste et le visionnaire, entre Fourier et Swedenborg, il y a des traits de ressemblance : même intrépidité dans les affirmations, même richesse dans l'invention des détails.

Une grande imagination, peu de goût et beaucoup d'ignorance, expliquent les rêves auxquels s'est livré Fourier. Son ambition était de ne ressembler à personne. Napoléon avait son analogue dans César ; Fourier ne s'en reconnaissait aucun, ou plutôt il mettait sa gloire à en avoir deux, Jésus-Christ et Newton, à la condition de les résumer et de les agrandir en sa personne. « Comment, disait-il, pourrais-je outrager mes deux guides? » Fourier soutenait qu'à une doctrine de sagesse négative Jésus joignait une sagesse positive qui admettait l'amour des richesses et des biens de ce monde, et qui préparait le monde de l'industrie attrayante, où devaient régner l'abondance et les passions. En tenant un pareil langage, Fourier croyait dire des choses très-nouvelles. On l'aurait beaucoup étonné si on l'eût averti que, dès le second siècle du christianisme, Papias expliquait les doctrines et les promesses du Christ par l'annonce d'un redoublement de jouissances et de félicités terrestres (1).

Il y avait dans Fourier un véritable poëte que signalent surtout ses premières hypothèses. Plus tard, il s'égara dans d'inexplicables divagations, devant lesquelles on se demande si c'est un fou qui parle ou bien un mystificateur : quelle que soit la réponse, elle est triste pour sa mémoire. Aberration ou tromperie, d'épais nuages ont passé sur l'intelligence de l'utopiste.

Toutefois, sous le rapport pratique, Fourier croyait sincèrement à l'efficacité de son système, et son désir le plus vif était d'obtenir qu'on en fît l'épreuve. Il ambitionnait par-dessus tout de réaliser un des degrés de son échelle d'association. Il eût consenti qu'au lieu d'associer dix-huit cents personnes, on n'en réunît que douze cents, ou six cents de tous les âges. Même dans les dernières années de sa vie, il eût voulu fonder un phalanstère avec trois ou quatre cents enfants, qu'il eût choisis depuis l'âge de trois ans jusqu'à quatorze, tant il avait foi dans la puissance de l'attraction passionnelle pour utiliser les petits travailleurs. Il avait tracé lui-même le plan du phalanstère, qui devait con-

(1) Évêque d'Hiéropolis, en Phrygie, Papias prêchait l'établissement d'une Jérusalem céleste sur la terre, où les félicités matérielles seraient prodiguées aux croyants. Nous trouvons la preuve de ces espérances dans ce passage d'Irénée : « Il viendra un temps où naîtront des vignes dont chacune aura dix mille sarments, qui auront chacun dix mille grosses branches, lesquelles en pousseront chacune dix mille petites, qui donneront chacune dix mille grappes, dont chacune aura dix mille grains ; et, lorsqu'un des saints saisira une de ces grappes, celle d'à côté s'écriera : *Je suis une meilleure grappe ; prends-moi, bénis par moi le Seigneur.* De même, chaque grain de froment produira dix mille épis, et chaque épi contiendra dix mille grains, et chaque grain dix livres d'excellentes fleurs de farine. Même abondance pour les autres fruits. Les animaux qui se nourriront de ces produits seront doux et se soumettront aux hommes avec la plus grande docilité. Enfin, dans la nouvelle Jérusalem, on connaîtra tous les plaisirs des sens. »

tenir des salles publiques pour l'exercice de chaque industrie, avec des appartements particuliers pour les colons. Mais Fourier ne devait jamais voir s'élever de phalanstère. En vain affirmait-il qu'il suffisait d'un seul essai démonstratif pour répandre partout l'art de l'association aussi promptement que se répandit la boussole, tout lui fit défaut : le secours de la presse, les capitaux des particuliers, la protection de l'État. Un moment néanmoins il se crut à la veille de réussir. Quand le cabinet du prince de Polignac se forma, en 1829, il fut créé un ministère des travaux publics, et Fourier prit le parti de s'adresser à l'administrateur auquel on l'avait confié. Le ministre n'eût pas mieux demandé que de signaler sa présence au département des travaux publics par quelque nouveauté brillante. « Soyez persuadé, écrivait-il, le 24 juillet 1830, à Fourier, que cette affaire sera examinée avec toute l'attention qu'elle mérite. Mais le ministère étant surchargé d'affaires, il faut différer quelques jours cet examen. » Ce n'était rien moins que les fameuses ordonnances méditées par M. de Polignac, et, quelques jours après, une révolution, qui venaient renverser toutes les espérances du théoricien.

Fourier ne se découragea pas. Il tenta plusieurs fois de faire mettre ses idées et ses plans sous les yeux du roi Louis-Philippe. En imprimant une brochure, en juillet 1836, après l'attentat d'Alibaud, il écrivait à un de ses amis : « J'ai, à ce sujet, placé en tête de mon livre un article de dix pages qui, j'espère, sera communiqué ou commenté au roi. Je lui prouve que, s'il veut en finir des conspirations, il n'a que mon entreprise pour ressource. Je ferai des démarches pour qu'on lui en parle. » Quelques jours après, il disait dans une autre lettre : « L'attentat d'Alibaud me donne beaucoup de prise pour réclamer l'examen de ma théorie et faire des efforts pour que l'affaire parvienne aux oreilles du roi, qui en a bon besoin. J'en écrirai demain à son fils aîné avant son départ pour Compiègne, avec invitation de communiquer ma lettre à son père. On est plus sûr, il est plus facile de faire parvenir une lettre au fils qu'au père... » De la meilleure foi du monde, Fourier voyait dans le phalanstère une recette infaillible contre les conspirations et les mouvements révolutionnaires. Il y avait du moins un sincère amour de l'ordre au fond de cette idée fixe.

Quelquefois même, dans son désir de se concilier les esprits pour mieux trouver des moyens pratiques, il consentait à réduire ses idées à la forme la plus sommaire, et même, comme il le déclarait, à manquer de franchise, ajoutant qu'il ne croyait pas se déshonorer en avouant cette dissimulation, puisqu'elle était forcée. « Les Parisiens, disait-il à ce propos, sont *bêtes d'habitude*, et, s'ils ne sont pas poussés par leurs journaux, rien ne peut les stimuler. » Dans le petit *sommaire* qu'il rédigea, Fourier sacrifia en vain les développements et les idées : il en vendit trois exemplaires.

On eût dit que la civilisation se vengeait de toutes les attaques qu'il dirigeait contre elle. L'humanité, s'il fallait en croire Fourier, avait, pendant vingt-trois siècles scientifiques, épuisé la carrière des misères, des inepties et des crimes. Si elle avait fait de temps à autre quelques découvertes utiles, elle les devait non pas aux sciences politiques et morales, mais au hasard. Les sciences politiques et morales, le libéralisme, les constitutions, étaient l'objet de tous les dédains de Fourier. Il pensait que le libéralisme n'opérait aucun bien positif, et restait stérile sur tous les grands problèmes d'amélioration sociale. Quant aux constitutions, il avait pour elles très-peu de respect : elles n'étaient à ses yeux que d'impuissantes formules. Quand la critique de Fourier descendait de ces généralités dans les détails, quand elle fustigeait les vices de l'industrie, les ruses du commerce, les travers de la société, elle déployait une verve vraiment originale et arrivait à des effets comiques. Alors, dans l'utopiste, il y avait du Rabelais.

Le saint-simonisme trouva chez Fourier un rival redoutable, un juge sévère, qui tantôt signalait la vanité de ses solutions, tantôt se plaignait de ses plagiats. « Les saint-simoniens sont des théocrates, disait Fourier, et, par suite, des cloaques de vices et d'hypocrisie... Si le régime saint-simonien s'organisait, on n'est point du tout sûr que l'amélioration du sort de la classe laborieuse en fût le résultat. Le seul effet certain serait de concentrer, au bout d'un demi-siècle, toutes les propriétés, capitaux, domaines, usines, fabriques, entre les mains des nouveaux prêtres. » En prêchant leur religion nouvelle, les saint-simoniens avaient attaqué Fourier, et lui avaient reproché d'avoir perdu le sentiment de l'humanité. Cette accusation exaspérait Fourier. « Que je battrais bien ces histrions, si j'avais un journal ! » s'écriait-il. Il demandait qu'on ne le confondît pas avec les prêtres saint-simoniens, qui voulaient se faire juges des capacités et déterminer le placement de l'individu. Il déclarait n'avoir qu'une ambition : c'était d'enseigner le mécanisme qui devait faire éclore tous les penchants industriels et leur fournir un emploi lucratif. Il ajoutait que dans cet ordre, où tout travail serait accessible à chacun, l'individu saurait se placer lui-même selon ses penchants, sans que ni lui, ni aucun directeur y intervînt. Il y avait entre l'école de Saint-Simon et Fourier des points de contact et des causes de répulsion. On poursuivait le même but, l'art d'associer ; mais chacun l'entendait à sa manière, et on se faisait une guerre d'autant plus vive qu'on servait la même cause.

Cependant, il y eut entre les chefs des deux écoles, entre Saint-Simon et Fourier, cette ressemblance que tous deux étaient ennemis des doctrines et des passions révolutionnaires. Saint-Simon aurait voulu mettre le roi de France à la tête d'un mouvement industriel : Fourier invoquait l'intervention du ministère de M. de Polignac, et, plus tard, l'appui du gouvernement du roi Louis-Philippe, pour obtenir un premier essai de ses plans d'association. L'antipathie des deux utopistes pour tout ce qui pouvait déchaîner les révolutions est naturelle ; ils sentaient qu'au milieu des effervescences populaires ils seraient encore moins écoutés. D'ailleurs, pour des théoriciens qui voulaient tout à fait subordonner la politique à l'industrie, les révolutions avaient quelque chose de monstrueux et d'incompréhensible qui les glaçait d'effroi.

Au milieu des plus grandes innovations de Fourier, nous trouvons des éléments conservateurs. Il appelait le capital à son aide, et cet appel impliquait le respect de la propriété. A côté du travail, il reconnaissait les droits du talent. Dans l'association dont il s'était fait le législateur et où il substituait à la famille, comme centre de production et de consommation, trois ou quatre cents familles formant des groupes et des séries, Fourier répartissait les bénéfices proportionnellement au concours de chacun en travail, en talent et en capital. Il était loin de sacrifier à la chimère d'une égalité absolue, et, s'il vivait aujourd'hui, il serait assurément, par beaucoup de socialistes, accusé d'aristocratie.

Que restera-t-il de toutes les combinaisons et de toutes les rêveries accumulées par Fourier? Avant tout, une idée féconde, celle du *travail attrayant*. Les économistes avaient fait jusqu'alors de la division du travail un puissant levier de production, et ils se préoccupaient surtout de la multiplication et de la qualité du produit. Fourier porta sa sollicitude sur le producteur, et il voulut que l'homme, en travaillant, trouvât le bonheur. Il voulait, par des séances courtes et variées, par l'emploi des mobiles passionnels, causer aux sens et à l'âme un double plaisir, qui devait sans cesse accompagner le labeur de l'industrie. Enfin, les résultats matériels d'un pareil mécanisme étaient immenses, et Fourier les récapitulait tous sous le nom de quadruple produit, qui, loin d'être obtenu aux dépens du producteur, devient sa récompense. La répartition a lieu suivant les trois modes de concours : travail, talent et capital. De cette manière, il y aura fusion des classes pauvre, moyenne et riche. Enfin, le prolétariat se trouverait aboli, puisque, par le seul fait de l'association, chaque sociétaire serait nanti d'un *minimum* en toute chose.

Avec Fourier, l'idée du bonheur est sortie des généralités pour prendre un corps. Elle s'est pour ainsi dire logée dans un système qu'il s'est toujours efforcé de rendre de plus en plus praticable, mais dont il n'a pu voir l'essai. Nous attendons encore l'ouverture du premier phalanstère. Quoi qu'il en soit, l'idée *du travail attrayant* prendra sa place dans la science sociale, et elle fera vivre le nom de celui qui l'a conçue.

Si, du maître, nous passons aux disciples, où en est l'école de Fourier? Le maître, il faut l'avouer, imposait à ceux qui acceptaient le rôle de disciples un lourd fardeau. La doctrine et les idées qu'il fallait répandre offraient un chaos immense où tout se heurtait : vues pratiques, rêves étranges, détails industriels, imaginations cosmogoniques, où l'analyse des passions dégénérait parfois en érotiques hallucinations. A quel parti s'arrêter? Devait-on tout prêcher, tout défendre? Un moment on se jeta dans cette héroïque extrémité. Il y eut alors des réunions solennelles, où, devant les profanes qu'on voulait convertir, on proclamait Fourier l'antagoniste du Christ; c'était un nouveau Prométhée, non plus enchaîné, mais vainqueur, qui avait ravi le feu du ciel, ou plutôt qui éclairait l'homme au flambeau de ses passions.

Ce genre de prédication fit scandale; on y renonça, et, par un revirement imprévu, on imagina de se mettre sous l'aile du christianisme, qu'on avait commencé par traiter avec tant de dédain. A ce nouveau point de vue, Fourier devenait un autre rédempteur ; il n'était plus l'antagoniste, mais le continuateur du Christ. Lui aussi, était venu sur la terre pour relever l'humanité de sa chute et pour lui ouvrir des destinées nouvelles. Mais où? Sur ce globe, ou dans un monde aujourd'hui invisible à nos sens ? Par la douleur ou par la volupté?

Par le sacrifice ou par la jouissance ? Nous ne nous arrêterons pas à discuter une pareille confusion, qui ne peut être que volontaire de la part des gens qui n'ont pas craint de se la permettre. Mais, en vérité, nous préférons entendre le fouriérisme prêcher hardiment la félicité terrestre, provoquer l'essor des passions, et transporter sur ce globe le paradis de Mahomet, que de le voir se glisser comme un voleur dans le royaume de l'Évangile, et se couvrir du masque du christianisme.

Rien n'offense plus la raison et la droiture du jugement que ce mélange adultère d'idées si dissemblables entre elles, à ce point que leur essence est de se contredire et de se combattre. Jamais non plus aucune secte n'a augmenté sa puissance morale, en essayant ces accouplements monstrueux par lesquels elle se donne à elle-même un complet démenti.

C'est avec plus de sincérité que l'école de Fourier s'est laissé emporter par le mouvement révolutionnaire. Les tempêtes politiques répandent autour d'elles une atmosphère embrasée qui allume facilement les imaginations, surtout si elles sont jeunes ou déjà échauffées par quelque système. Seulement, les fouriéristes ne se sont pas aperçus qu'en se jetant dans les rangs de l'extrême démocratie, ils se mettaient en contradiction ouverte avec les doctrines du maître. Qu'eût dit Fourier s'il avait été le témoin des déviations de ses disciples et de leurs aventures politiques, lui qui blâmait déjà comme excessives les exigences des libéraux, et qui, en 1828, appelait non pas une révolution, mais un capitaliste ?

Le véritable fouriériste n'est ni révolutionnaire, ni chrétien : il est l'homme du phalanstère. Il concentre ses désirs et sa pensée sur le succès à venir d'une association agricole et industrielle plus ou moins étendue, qui réponde victorieusement à tous les doutes, à toutes les objections. Il attachera plus de prix même à un essai sur une petite échelle du plan sociétaire qu'au triomphe des théories et des sentiments révolutionnaires.

Cependant, la majeure partie des disciples de Fourier se confond aujourd'hui dans les rangs épais de la démocratie. Ils s'y sont fait accueillir en subordonnant l'élément industriel aux principes révolutionnaires, en s'effaçant comme phalanstériens. Le jour où ils voudraient revenir aux véritables doctrines du maître, à l'application des droits du capital et du talent, ils verraient quelles clameurs et quelles colères soulèverait une pareille prétention. Aussi, le fouriérisme a vraiment abdiqué dès qu'il s'est mêlé aux agitations politiques. Il a replié son drapeau pour s'encadrer dans l'armée populaire. En somme, de tout le mouvement que Fourier suscitait il y a quinze ans, j'aperçois une grande idée qui surnage, l'idée du travail attrayant, puis une école dissoute, et quelques talents déroutés au milieu des passions et des masses démocratiques.

CHAPITRE XIV.

LE LOGICIEN DU SOCIALISME. — M. PROUDHON.

Nous avons vu jusqu'à présent le socialisme affecter le caractère d'une religion, revêtir même un moment l'appareil d'un culte et prétendre tout au moins au dogmatisme encyclopédique d'un système embrassant l'univers. Ces allures de révélateur, ces accents de hiérophante, ne laissent pas de communiquer à l'esprit l'impression d'une monotonie fatigante, qui parfois traîne à sa suite l'ennui. Mais nous y échapperons en nous occupant des ouvrages et des idées de M. Proudhon, qui nous offre un véritable réactif contre la béatitude des faiseurs d'utopies et de religions.

Mettre en avant des propositions énormes, les soutenir et les rendre spécieuses par des démonstrations de la plus ingénieuse subtilité, malmener le lecteur, l'étourdir, l'étonner jusqu'à la stupéfaction, puis reconquérir sa confiance par de vigoureux élans de raison et de bon sens, l'effrayer de nouveau, le ramener encore, le soumettre ainsi aux sensations les plus contraires pour le dominer toujours, tels sont, à la première vue, les procédés de M. Proudhon. Il pratique l'art des contrastes avec une réflexion savante ; au moment même où il semble s'échauffer le plus, il reste froid ; en portant des coups furieux, presque toujours il les mesure. C'est un calculateur éloquent.

Si nous pénétrons plus avant dans les habitudes d'esprit de M. Proudhon, nous trouvons un mélange assez original de métaphysique et de comptabilité. M. Proudhon a nourri, fortifié sa raison avec ces deux sciences dont l'association n'est pas commune. « La comptabilité commerciale, a écrit M. Proudhon, est une des plus belles et des plus heureuses applications de la métaphysique ; une science, qui, pour la précision et l'exactitude, ne le cède point à l'arithmétique et à l'algèbre.... Le comptable est le véritable économiste à qui une coterie de faux littérateurs a volé son nom sans qu'il en sût rien, et sans qu'eux-mêmes se soient jamais doutés que ce dont ils faisaient tant de bruit sous le nom d'économie politique, n'est qu'un plat verbiage sur la tenue des livres. » M. Proudhon n'hésite pas à déclarer que la comptabilité commerciale doit embrasser le monde entier, et que le grand livre de la société doit avoir autant de comptes particuliers qu'il existe d'individus. L'existence de ce grand livre universel mettra au néant toutes les discussions et toutes les formes politiques. Nous commençons à tenir notre homme. M. Proudhon n'a pas plus échappé que Fourier aux victorieuses influences du milieu dans lequel il a vécu. Les occupations commerciales qui ont rempli une partie de sa vie lui ont inspiré un tel enthousiasme pour la comptabilité qu'il en a fait la science par excellence, destinée à supplanter toutes les autres.

Voici maintenant la part de la métaphysique dans l'éducation intellectuelle de M. Proudhon. Tout en explorant l'économie politique, il s'initia aux théories de la philosophie allemande. Déjà familier avec Kant, il faisait connaissance avec Hegel, quand un Allemand, de passage à Paris, acheva de lui expliquer le système du nouvel Aristote. Sans aller en Allemagne, M. Proudhon ne devint pas moins expert dans la doctrine hégélienne qu'un étudiant de Berlin.

Il faut, sur-le-champ, mettre la main sur la clef du système. Veuillez suivre ceci. Une idée se pose : comment l'esprit en pose-t-il une seconde ? En détruisant, en contredisant la première. Voilà la thèse et l'antithèse ; mais ce dualisme doit disparaître dans un troisième terme destiné à absorber les deux autres : c'est le triomphe de la synthèse. Au fond, la philosophie de Hegel est, comme nous l'avons vu, une trinité logique ; par la forme, elle est une perpétuelle antinomie. M. Proudhon a la prétention d'y ajouter quelque chose, une loi de progression, de classification et de série qui associe les idées par groupes naturels.

Cette théorie des séries devrait, s'il fallait en croire M. Proudhon, le mettre au nombre des trois ou quatre grands législateurs de la raison humaine. Le syllogisme est la propriété d'Aristote ; l'induction celle de Bacon. L'antinomie a été décrétée par Kant et mise en œuvre par Hegel. La série a pour père M. Proudhon, qui se trouve ainsi avoir complété la logique humaine, et atteint les colonnes d'Hercule de la dialectique. Telle est la gloire dont il se couronne de ses propres mains.

Cette gigantesque ambition n'a pas été heureuse. De l'autre côté du Rhin, on n'a vu dans la théorie des séries qu'une puérile superfétation au système de Hegel, et, parmi nous, personne ne s'en est occupé. Nous ne saurions gourmander cette indifférence, car elle est un arrêt du bon sens. M. Proudhon est le plus ingénieux arrangeur de formules qu'en France nous ayons encore connu, mais cette habileté ne lui confère pas la puissance de faire croire que, par de nouvelles combinaisons de mots, il change la nature des choses.

Veut-on savoir pourquoi jusqu'à M. Proudhon la propriété n'a été comprise, ni par ceux qui l'ont défendue, ni par ceux qui l'ont attaquée? C'est parce que la série hors de laquelle elle reste inconcevable n'avait pas été trouvée et construite. C'est le défaut de cette connaissance qui a égaré, tant le gros du genre humain, que les jurisconsultes et les économistes. Avec beaucoup d'aplomb et d'industrie sophistique, une pareille proposition peut se soutenir; seulement, elle n'a de prise ni sur l'instinct des masses, ni sur la raison de ceux qui observent la réalité.

M. Proudhon a produit plus d'effet par la manière dont il a fait jouer les antinomies. Un fait économique étant donné, il le décompose en thèse et en antithèse. La division du travail se trouve être à la fois la cause première de la multiplication et de l'habileté des travailleurs, puis aussi la cause première de la décadence de l'esprit et de la misère civilisée. Les machines ont imprimé au bien-être une impulsion puissante, et elles sont aussi une cause incessante de paupérisme. La concurrence produit les plus funestes effets; elle enlève le pain à toute une classe de travailleurs, augmente les frais réels de la production en multipliant sans nécessité les capitaux engagés, et entretient partout la terreur et la méfiance. Mais, d'un autre côté, la concurrence ne peut être abolie, car autant vaudrait supprimer la personnalité, la liberté, la responsabilité individuelle. Le crédit a été l'un des plus actifs agents de l'émancipation du travail, de l'accroissement de la richesse collective et du bien-être de chacun. Maintenant, voici le revers de la médaille : le crédit est une mystification : c'est l'exploitation du travail par le capital et la royauté de l'argent.

Un fait plus considérable encore que tous ceux que je viens de signaler, le fait primordial de la propriété, a été mis également, par M. Proudhon, au régime de l'antinomie. Ici, pour être exact et équitable, il faut distinguer, dans les idées de M. Proudhon sur la propriété, deux époques distinctes. Pour beaucoup de personnes, toute la théorie de M. Proudhon est renfermée dans ces mots : *La propriété, c'est le vol.* Il est juste de dire sur-le-champ que la théorie de M. Proudhon est plus complexe et moins violente. Toutefois, il ne doit accuser que lui-même, si le préjugé populaire associe son nom aux idées les plus anarchiques. Sans doute, il est permis à un écrivain de chercher à attirer les regards ; c'est son droit, surtout quand il débute, de faire à l'opinion un audacieux appel. Mais M. Proudhon, en lançant dès les premières lignes du mémoire, adressé à l'académie de Besançon (1), ces mots flamboyants : *La propriété, c'est le vol,* dépassa le succès, même le scandale, et parvint d'un coup à une notoriété ineffaçable et peut-être douloureuse. Il y a de ces célébrités qui, après avoir réjoui l'homme dans son orgueil, lui deviennent un lourd et pesant fardeau qu'il ne peut ni secouer, ni déposer. C'est le destin.

Tantôt M. Proudhon se montre fier de sa définition, tantôt il en paraît embarrassé. Un jour il s'écriera : « Il ne se dit pas en mille ans deux mots comme celui-là. Je n'ai d'autre bien sur la terre que cette définition de la propriété ; mais je la tiens plus précieuse que les millions de Rothschild. » Une autre fois, tout cet enthousiasme s'est évaporé. « Je ne viens point, nous dira-t-il, avec une sotte et lâche impertinence, commenter la formule trop connue et trop peu comprise : *La propriété, c'est le vol.* Cela se dit

---

(1) « Si j'avais à répondre à la question suivante : *Qu'est-ce que l'esclavage ?* et que d'un seul mot je répondisse : *C'est l'assassinat,* ma pensée serait d'abord comprise. Je n'aurais pas besoin d'un long discours pour montrer que le pouvoir d'ôter à l'homme la pensée, la volonté, la personnalité, est un pouvoir de vie et de mort, et que faire un homme esclave, c'est l'assassiner. Pourquoi donc à cette autre demande : *Qu'est-ce que la propriété ?* ne puis-je répondre de même : *C'est le vol,* sans avoir la certitude de n'être pas entendu, bien que cette seconde proposition ne soit que la première transformée ? » *Qu'est-ce que la propriété ?* premier mémoire, chap. I.

une fois, cela ne se répète pas. Laissons cette machine de guerre, bonne pour l'insurrection, mais qui ne peut plus servir aujourd'hui qu'à contrister les pauvres gens. » Ainsi, l'inestimable trésor n'est plus qu'une machine de guerre désormais inutile, et, d'une exaltation poussée jusqu'au plus violent paroxysme, nous passons à une sorte de regret et de rétractation.

Quant au fond même de la théorie, la vraie pensée de M. Proudhon est de démontrer que la propriété est un fait antinomique comme la division du travail, la concurrence et le crédit. A ses yeux, elle est à la fois le droit d'occupation et le droit d'exclusion, le prix du travail et la négation du travail, le produit spontané de la société et la dissolution de la société, une institution de justice et le vol. Elle est donc un mélange de bien et de mal. Mais, si la propriété a des abus, ne pourrait-on les corriger sans détruire le principe? A cette idée, que suggère inévitablement le bon sens, M. Proudhon répond que vouloir supprimer les abus de la propriété, c'est la détruire elle-même, de même que supprimer un article au débit d'un compte, c'est le détruire au crédit. Il soutient que dans la propriété le mal ou l'abus est inséparable du bien, comme dans la comptabilité en partie double le *doit* est inséparable de l'*avoir*. Aussi, notre teneur de livres demande la liquidation de l'ancienne société, en protestant que pour l'avenir il se propose non pas l'anéantissement, mais la transformation de la propriété. M. Proudhon est anti-communiste, et, s'il veut détruire la propriété actuelle, c'est pour que tous les hommes deviennent propriétaires.

Prenons acte d'un point essentiel. M. Proudhon ne condamne pas la propriété en elle-même. Il ne le pourrait sans la plus monstrueuse inconséquence, car il proclame son respect pour la liberté. Il ne peut donc refuser à l'individualité humaine le droit d'appropriation avec ses légitimes effets. Seulement il réprouve la propriété actuelle à cause de son caractère antinomique, et, pour faire disparaître l'antinomie sur ce point comme sur d'autres, il apporte une solution.

Jusqu'ici, nous sommes dans le champ des idées pures. Bientôt nous apprécierons la tactique révolutionnaire de l'auteur du *Système des contradictions économiques*, mais il faut auparavant connaître la solution théorique qui doit résoudre toutes les difficultés soulevées et décrites avec une impitoyable insistance. M. Proudhon n'a pu se dissimuler combien étaient lourds les engagements pris avec ses lecteurs : aussi, vers la fin de son livre, en dépit de la décision de son allure, il hésite à conclure, il diffère, il se jette dans des digressions ; c'est chose qui lui coûte, de nous donner son dernier mot.

Mais enfin, il faut aboutir à une conclusion et couronner l'œuvre. M. Proudhon se détermine à nous apprendre que l'équation générale de toutes nos contradictions est dans une loi d'échange, dans une théorie de mutualité, dans un système de garanties qui résolve les formes anciennes de nos sociétés civiles et commerciales, et satisfasse à toutes les conditions d'efficacité, de progrès et de justice. Or, la justice, c'est l'égalité. Pour arriver à cette égalité, il faut établir la proportionnalité des valeurs, qui n'est, sous une autre forme, que la théorie même de l'égalité. Tout dépend donc de la fixation de la valeur qui doit être, non plus changeante, mais absolue.

Voilà ce qu'après avoir tout détruit, M. Proudhon nous donne comme compensation. Elle est mince. Les faits et la pratique commune attestent, depuis que les sociétés transigent et négocient, que la valeur ne saurait être constituée à *priori*. Depuis longtemps les économistes ont comparé la prétention de mesurer la valeur, d'en trouver l'étalon, à l'entreprise de ceux qui cherchent le mouvement perpétuel et la quadrature du cercle. Or, au moment même où sur ce point M. Proudhon se bat à outrance contre les économistes, il laisse échapper un aveu qui est sa condamnation. Selon lui, l'école de J.-B. Say, en réfléchissant que la variabilité dans la valeur procède non des choses, mais de l'esprit, aurait dû se dire que, comme la liberté de l'homme a sa loi, la valeur doit avoir la sienne. Eh! c'est précisément parce que la variabilité de la valeur procède de l'esprit de l'homme qu'elle est indestructible. Autrement, ce serait sur les ruines de la liberté qu'on arriverait à une mesure immobile et universelle de la valeur, et, par cette voie, à un despotisme inconnu jusqu'à présent dans les sociétés humaines.

Cette conclusion dogmatique n'est donc qu'un laborieux avortement. L'originalité de M. Proudhon n'est pas là : elle est dans les détails, dans les sinuosités qui l'y ont conduit, dans la situation qu'il a prise entre les économistes et les socialistes, et qui lui permet de les combattre, de les contredire tour à tour. S'il accuse l'économie politique de stérilité et d'impuissance, s'il lui impute de n'être que l'organisation du paupérisme, il dira du socialisme que ce qu'il lui reproche n'est pas d'être venu sans motif, mais de rester si longtemps et si obstinément bête. Il ajoutera que le socialisme est plus ignorant mille fois que l'économie politique; il le répudiera comme vide d'idées, comme immoral, comme propre seulement à faire des dupes et des escrocs. Les économistes, qui représentent la tradition, sont presque moins maltraités que les socialistes, qui représentent l'utopie.

Il y a des arguments et des plaidoyers dans M. Proudhon pour toutes les idées, pour toutes les causes et tous les intérêts. On trouve dans ses pages l'éloge de la propriété et de l'argent; celui du capital, qui n'est que le travail accumulé. Le luxe a son apologie, et les avantages de la liberté du commerce sont mis en lumière.

On dira que, chez ce grand démolisseur, c'est l'effet d'une impartialité naturelle. Soit. Mais apparemment certaines inconséquences, dans lesquelles tombe M. Proudhon, ne sont pas volontaires. L'auteur du *Système des Contradictions économiques* proteste qu'il croit à un progrès indéfini; puis, quelques pages après, il déclare que la perversion de la société n'est autre que celle de l'homme, et que l'opposition des principes et des intérêts met en relief la noirceur de notre égoïsme et la rareté des vertus dont notre espèce peut s'honorer. Mais alors, où le progrès indéfini trouvera-t-il sa racine et sa cause? Si l'individu n'est pas perfectible, comment l'espèce progressera-t-elle?

Je n'oublie pas que M. Proudhon déclare les hommes égaux par la puissance indéfinie de leurs facultés. A l'exemple d'Helvétius, il soutient que l'intelligence ne diffère dans les individus que par la détermination *qualitative*, qui constitue la spécialité de chacun, et qu'elle est chez tous les hommes *quantitativement* égale dans ce qu'elle a d'essentiel, le jugement. Où est la preuve de cette affirmation? N'est-elle pas démentie par l'expérience, par les faits, qui prouvent combien l'esprit dans son essence est inégalement réparti parmi les hommes? Mais M. Proudhon nie intrépidement tout ce qui démontre le néant de son rêve, l'égalité absolue. Aussi n'a-t-il pas assez d'anathèmes contre le génie de l'artiste. « De toutes les propriétés, à l'entendre, la plus détestable est celle qui a pour prétexte le talent. » Après avoir ainsi excommunié la propriété intellectuelle, M. Proudhon veut l'atteindre et la frapper dans sa cause même, c'est-à-dire dans le talent dont il nous donne en ces termes la définition : « Le talent est d'ordinaire l'attribut d'une nature disgraciée, en qui l'inharmonie des aptitudes produit une spécialité extraordinaire, monstrueuse. Un homme n'ayant pas de mains écrit avec son ventre : voilà l'image du talent. » Enfin, arrivant à l'artiste lui-même, M. Proudhon le représente dépravé dans sa raison, dissolu dans ses mœurs, vénal et sans dignité, et il en fait l'image impure de l'égoïsme. Comprenons bien les motifs de ce bizarre acharnement contre l'art, ses ministres et ses œuvres. L'égalité absolue est le but auquel, suivant M. Proudhon, doivent parvenir les sociétés; et, comme il nous annonce que la route qui doit nous y conduire est l'égalité des intelligences, il s'irrite contre l'art, et aussi, dans maints endroits, contre la science, qui prouvent jusqu'à l'évidence combien l'esprit, la raison, tous les dons naturels, sont répartis inégalement. Si le talent n'est qu'une difformité, pourquoi ne pas dénoncer comme des types de monstruosité l'Apollon et la Vénus antiques? Qu'on nous laisse au moins l'aristocratie de la grandeur et de la beauté morale.

Mais, non; M. Proudhon ne veut pas que rien s'élève au-dessus du niveau commun, et, pour mieux tout égaliser, il déclare que « le cœur du prolétaire est, comme celui du riche, un égout de sensualité bouillonnante, un foyer de crapule et d'imposture. » Cependant, M. Proudhon s'était d'abord écrié : Non, par la flamme de Némésis! quand le peuple n'a plus de vengeance, il n'y a plus de Providence! » Démocrate, vous n'y songez pas. Pourquoi désormais armer le pauvre contre le riche, s'ils ne valent pas mieux l'un que l'autre, s'ils sont égaux dans la corruption et dans la perversité?

Il y a dans M. Proudhon un fond d'amère misanthropie qui déborde sur toute chose, même sur ce qu'il semblerait devoir épargner. On peut, sans lui faire tort, relever sa misanthropie, puisqu'il nous dit quelque part que Dieu est misanthrope, et qu'il n'a pour l'homme ni amour ni estime. Je soupçonnerais presque M. Proudhon d'avoir songé à lui-même quand il nous représente Dieu répondant à nos disputes et à nos plaintes par un éclat de rire.

Au fond, la pensée de M. Proudhon se rapproche beaucoup de celle de Hobbes, et il n'a guère fait que traduire le philosophe de Malmesbury, quand il a écrit que la vie de l'homme était une guerre permanente avec la nature, ses semblables et lui-même. Seulement, il a varié ce thème de Hobbes avec la phraséologie métaphysique de Hegel.

Quelle est la résultante pour l'esprit du lecteur? Le scepticisme. L'auteur du *Système des Contradictions économiques* est assurément, dans ce siècle douteur, un de ceux qui auront le plus appris à leurs contemporains à ne rien croire. Il serait aussi faux que vulgaire de traiter M. Proudhon d'athée dans le sens ordinaire : l'athéisme n'est pour lui qu'une hypothèse, une formule de démonstration. Non, c'est un sceptique qui nous ballotte dans le perpétuel antagonisme de la fatalité et du progrès, et qui, après avoir donné toutes les raisons de l'une et de l'autre, aime à nous laisser avec un doute plus complet sur toutes choses. Il ne lui déplaît pas de mystifier le lecteur et de bafouer le genre humain.

Au dix-huitième siècle, les philosophes qui poursuivaient des réformes sociales aimaient sincèrement l'humanité. Si les théories n'étaient pas toujours solides, les sentiments étaient vifs et bons. Je ne sais quelle flamme circulait alors qui échauffait les esprits et les cœurs. M. Proudhon, que la filiation des idées rattache au dix-huitième siècle, s'en sépare par la causticité de son scepticisme. Il n'a pas d'enthousiasme : il ricane.

Au fond de la métaphysique de Hegel, il y a une conscience profonde de la grandeur humaine. Comment cette grandeur ne serait-elle pas reconnue et célébrée par ceux qui croient à l'identité de l'idée et de l'absolu dans l'homme même? Voilà la théorie philosophique de l'incarnation, qui est l'unité de la nature humaine et de la nature divine. Ce n'est que par un acte de foi qu'on peut s'élever à cet idéalisme, parce qu'il repose sur une affirmation qui échappe aux démonstrations du raisonnement. Logicien exclusif, M. Proudhon rejette cette affirmation et s'en moque. A ses yeux, l'*humanisme*, c'est-à-dire l'explication métaphysique de l'incarnation, n'est qu'un dernier écho des terreurs religieuses, une réhabilitation du mysticisme. M. Proudhon repousse cette solution et lui préfère l'hypothèse d'un être infini, non absolu, fatal, antiprogressif, éternel antagoniste de l'homme, qui lutte contre lui comme Israël contre Jéhovah.

Comprend-on maintenant pourquoi cet inflexible logicien, retranchant ainsi sans pitié tout ce qui n'entre pas dans les cadres de ses antinomies, reste sur les esprits sans autorité véritable? Il glace ceux qu'il avait d'abord émerveillés, parce qu'à travers un long travail de destruction, il n'a su aboutir à rien de positif. *Destruam et œdificabo.* M. Proudhon n'a rempli que la moitié de cette ambitieuse épigraphe. Or, l'affirmation seule se fait croire et obéir.

Il nous reste maintenant à assister à la métamorphose du sceptique en révolutionnaire. Avant les journées de février, M. Proudhon avait eu des mots fort durs pour la politique avec laquelle la science sociale devait, selon lui, répudier toute alliance. Il déclarait le suffrage universel le plus niais des charlatanismes, tant que les conditions économiques de la société ne seraient pas changées. Il parlait avec assez d'irrévérence du peuple, qui a toujours besoin d'idoles, et *qui, n'acceptera son salut des mains d'un commis, à moins qu'il ne l'habille en général.* Soudain la révolution éclate : les passions politiques dont M. Proudhon avait parlé avec tant de dédain triomphent. C'était plus tôt que ne l'avait cru et souhaité M. Proudhon.

Au premier moment, la victoire du peuple le remplit plus d'inquiétude que d'allégresse, et, tout en s'associant au mouvement révolutionnaire, il laissait, au mois de mai 1848, échapper cet aveu : « C'est encore une question, aujourd'hui qu'il n'y a plus à en revenir, de savoir s'il n'eût pas mieux valu, pour le salut de tous, faire en trente ans ce que nous avons fait en trois jours, et allonger une date glorieuse, plutôt que de s'exposer aux chances d'une solution embarrassée. » Sur ce point, nous ne contredisons pas M. Proudhon.

Mais enfin il n'était plus possible de reculer, surtout à ceux qui avaient donné un si rude assaut à l'ordre social, et M. Proudhon se fit révolutionnaire. Dans ce nouveau rôle, il porta le même génie de contradiction que dans la théorie. Ce fut le plus indiscipliné des révolutionnaires ; il voulut l'être à sa guise et marcher seul. Toutes les fautes qu'il remarquait dans la conduite des démocrates aux affaires, il les signalait sans pitié, et depuis, dans les *Confessions d'un révolutionnaire*, loin de rétracter ses censures, il les a aggravées. « La postérité refuserait de croire, a-t-il écrit, aux actes du gouvernement de février, si l'histoire n'avait pris soin d'en enregistrer les pièces. A part quelques mesures d'économie publique et d'utilité générale dont le temps avait révélé l'urgence et que la circonstance commandait, tout le reste ne fut que farce, parade, contre-sens et contre bon sens. » Il n'épargna pas davantage les théories de M. Louis Blanc sur l'organisation du travail, théories qu'il appela, sans détour, une forme de communisme.

Cependant, M. Proudhon, ne se bornant plus au rôle de censeur, voulut entrer résolûment dans la pratique. Il tenta, par l'exposition de ses vues économiques, d'agir directement non pas sur l'atelier et le travail, mais sur la circulation et les rapports d'échange, de manière à atteindre indirectement le travail et l'atelier. Il imagina la banque d'échange, qu'il appela plus tard la banque du peuple; et il la définit ainsi : « La banque d'échange est une institution essentiellement républicaine ; elle est le type du gouvernement du peuple par le peuple. C'est une protestation vivante contre tout rétablissement du principe hiérarchique et féodal. C'est l'abrogation de fait de toute inégalité civile et politique. Le privilège de l'or aboli, tout privilège disparaît. L'égalité dans l'échange, résultat nécessaire de la mutualité dans l'échange, devient à son tour la base de l'égalité dans le travail, de la solidarité réelle, de la responsabilité personnelle, de la liberté absolue. La banque d'échange, enfin, est le principe, l'instrument d'une richesse indéfinie, d'une paix générale et perpétuelle. » La substitution du papier à la monnaie, l'échange remplaçant la vente, la gratuité du crédit, tels étaient les moyens par lesquels M. Proudhon prétendait renouveler la face de la société.

Il importe de constater que le bon sens du peuple se laissa peu prendre à ces belles annonces. M. Proudhon eut autant de contradicteurs dans les rangs populaires que parmi les capitalistes. Ainsi un ouvrier cordonnier a remarqué, dans un petit écrit, que trois causes principales rendaient impossible l'échange immédiat entre le producteur et le consommateur : la diversité des produits des différents pays du monde, la disproportion de la valeur des objets, la contradiction qui existe entre les professions et les besoins domestiques. M. Gaudon, c'est le nom de cet homme de bon sens, ne croit pas plus à la gratuité du crédit et au mutuel échange : il répond à M. Proudhon que jamais une société, quelle qu'elle soit, ne pourra forcer personne à prêter son capital ou ses instruments de travail pour rien. La gratuité du crédit ne saurait donc être qu'un fait purement moral, et non jamais un fait légal.

Toutefois, en dépit de l'avortement de la banque du peuple, M. Proudhon ne se tint pas pour battu : il déclara qu'il ne renonçait pas à ses projets ; il affirma que les trois mois de janvier, février et mars 1849, pendant lesquels le principe du crédit gratuit avait été jeté dans la conscience du public par la banque du peuple, étaient le plus beau temps de sa vie. C'est le caractère de M. Proudhon de puiser des forces nouvelles dans les contradictions, dans la défaite, et, en cela, ce grand pourfendeur des sectes religieuses et socialistes, a quelque chose du sectaire.

N'en montra-t-il pas l'imperturbable fanatisme dans la séance de l'Assemblée constituante, où il dut répondre, non-seulement au remarquable rapport de M. Thiers, mais encore à la réprobation universelle qui éclatait contre lui ? Les montagnards n'étaient pas les moins ardents à le désavouer. Cependant il a parlé avec orgueil de cette journée où, dit-il, il a égorgé le capital. « Toute ma crainte, a-t-il ajouté, avait été que l'ordre du jour motivé ne passât point. L'absurde blâme infligé à ma proposition était l'acte d'abdication de la routine baucocratique (1). » Ainsi, l'ordre du jour du 31

(1) *Les Confessions d'un révolutionnaire*, pag. 165.

juillet 1848 est aux yeux de M. Proudhon un de ses plus glorieux titres qu'il réunit aux lauriers de la banque du peuple.

Peut-être M. Proudhon serait-il moins fier d'une proposition qui consistait surtout à supprimer l'intérêt des capitaux représentés, tant par les créances des particuliers que par la dette de l'État, s'il savait que cette idée n'est pas aussi nouvelle qu'il le pense, et que déjà elle a été mise en pratique par quelques démagogues de l'antiquité. « Les Mégariens, raconte Plutarque, dans ses *Questions grecques*, après avoir chassé leur tyran Théagène, ne conservèrent pas longtemps un gouvernement sage et modéré. Les démagogues, en leur faisant boire avec excès la liberté toute pure, comme dit Platon, les eurent bientôt corrompus. Les pauvres se portaient contre les riches aux derniers excès; ils entraient dans leurs maisons; ils demandaient qu'on les régalât magnifiquement, et, s'ils rencontraient des refus, ils commettaient d'insignes violences. Ils en vinrent jusqu'à forcer les banquiers, par un décret public, de leur rendre les intérêts des sommes qu'ils avaient empruntées d'eux. Ils donnèrent à cette extorsion le nom de *palintokia*, c'est-à-dire répétition des intérêts (1). » La guerre au capital n'est donc pas une création. Elle est renouvelée des Grecs. Misérables modernes, auxquels est même déniée l'originalité dans l'erreur et dans le mal!

On sent parfois dans l'esprit si calculateur de M. Proudhon une sorte d'impétuosité aveugle par laquelle il se trouve lancé au delà du but qu'il veut atteindre. Ainsi, il a poussé jusqu'à l'impossible et l'absurde deux idées fécondes, l'abaissement de l'intérêt et l'extension du papier-monnaie. Pourquoi M. Proudhon a-t-il oublié les principes si raisonnables de Turgot? « Si l'argent prêté ne rapportait point

---

(1) *Histoire des législateurs et des constitutions de la Grèce antique*, t. I, ch. IX. Les Tyrannies.

d'intérêt, a dit Turgot, on ne le prêterait point : l'argent resterait oisif dans les coffres du propriétaire qui n'en a pas besoin, et serait comme anéanti pour celui qui en aurait un besoin urgent..... Le taux de l'argent doit être, comme le prix de toutes les choses commerçables, fixé par le débat entre les deux contractants, et par le rapport de l'offre à la demande. » Quelle est la conséquence à tirer de ces incontestables données, sinon que le rôle d'un gouvernement n'est pas de fixer arbitrairement le taux de l'intérêt ou de l'abolir, mais d'en amener par la prospérité commune l'abaissement successif? Le papier-monnaie est un instrument nécessaire d'échange et de circulation ; mais faut-il, dans la pensée de l'améliorer, le briser ou l'avilir, en sortant des conditions reconnues indispensables par la science économique et la pratique des gouvernements? Que M. Proudhon consente, en matière de banques et de combinaisons financières, à se mettre à l'école de l'expérience britannique.

N'est-il pas étrange qu'après avoir fait le tour de tant de théories et de systèmes, M. Proudhon n'aboutisse par cet immense circuit qu'aux conclusions du vieux libéralisme, la négation et la haine de tout pouvoir? Il n'est plus que le disciple docile de J.-B. Say, qui considérait comme mauvaise en principe toute intervention, même utile, du gouvernement. Il n'est plus que l'écho de Pierre Verri, qui écrivait à la fin du dernier siècle que chaque mouvement du législateur pour restreindre la liberté des actions des hommes emporte toujours une portion de l'activité du corps politique. La liberté, une liberté négative, éternelle ennemie du pouvoir, même quand le pouvoir est élu par le peuple, voilà pour M. Proudhon le premier et le dernier mot de la philosophie sociale. C'est un protestant, un tribun, jetant à la face de tous, des théoriciens et des hommes de gouvernement, sa colère et son *veto*.

Cependant il a des desseins positifs : il travaille à changer l'état économique de la société, il veut établir la gratuité du crédit, anéantir l'intérêt de l'argent, et supprimer la monnaie, à laquelle se substituerait le produit. Croit-il qu'il obtiendra tous ces résultats par le seul jeu de la liberté individuelle? Le socialisme, que M. Proudhon a souvent accablé de ses railleries, est plus conséquent; il attend le triomphe de ses théories de l'avénement d'un pouvoir qui maîtrisera la société.

M. Proudhon se fait le champion de la liberté, et en même temps il demande des changements que les seules violences d'un despotisme exceptionnel pourraient effectuer. Voilà une contradiction, une antinomie dont nous attendons la solution.

Nous n'avons pas parcimonieusement mesuré l'éloge en parlant des qualités littéraires de M. Proudhon. Ces qualités suffisent pour justifier sa renommée : dans la polémique, il est supérieur. En lisant les deux mémoires ayant pour titres : *Qu'est-ce que la Propriété?* et le *Système des Contradictions économiques*, on éprouve un vrai plaisir à voir se développer une discussion savante, animée, agressive, où sont habilement mises en œuvre toutes les ressources, toutes les délicatesses et toutes les cruautés de l'ironie. Il y a dans cette prose vigoureuse une séve qui flatte le goût. On dirait un vin généreux.

Aussi, quand il se fit journaliste, M. Proudhon étonna tout le monde et charma même ceux qui réprouvaient le fond de ses idées par la richesse et la nouveauté de la forme. Nul n'avait poussé si loin le génie de l'invective; nul n'avait rendu si divertissante l'injure prodiguée à ses adversaires. Au milieu des tribulations et des anxiétés de cette époque révolutionnaire, on avait la comédie.

Malheureusement, M. Proudhon ne put garder longtemps la mesure, le sang-froid, si nécessaires à l'écrivain. Obligé de parler, d'improviser tous les jours, il grossit sa voix; les touches de sa polémique devinrent plus pesantes, ses couleurs plus grossières. Il échangea cette énergie savante que nous avons louée contre une aveugle furie, et, à force d'attaquer les autres, il perdit le gouvernement de lui-même.

Mais le temps a emporté jusqu'au souvenir de ces agressions si vives contre tous les principes conservateurs et les hommes politiques qui les défendaient. Ce qui d'ailleurs nous intéresse surtout dans la polémique de M. Proudhon, c'est sa guerre contre le socialisme, que déjà nous avons indiquée.

Plus d'une fois, après quelque trêve, quelque suspension d'armes, les hostilités ont été reprises avec une vivacité, une passion nouvelle. Dans les dernières pages de ses *Confessions*, M. Proudhon recommença ses attaques : « Le socialisme paraît : il évoque les fables de l'antiquité, les légendes des peuples barbares, toutes les rêveries des philosophes et des révélateurs. Il se fait trinitaire, panthéiste, métamorphique, épicurien. Il parle du corps de Dieu, des générations planétaires, de la communauté des enfants, du régime gastrosophique, des harmonies industrielles, des analogies des animaux et des plantes. Il étonne, il épouvante le monde... » Cette tirade provoqua des réponses. Deux champions descendirent dans l'arène, M. Louis Blanc, M. Pierre Leroux. Au premier, M. Proudhon répliqua qu'il était un autre Robespierre : il appela le second *théologastre*, *théoglosse* et *théomane*. Cependant, le chœur des socialistes éclata en plaintes et en reproches contre M. Proudhon; on l'accusa de s'être donné pour mission de faire obstacle à l'avènement du socialisme. Son influence démocratique courut de véritables dangers : il fut accablé de récriminations, et peu s'en fallut qu'on ne l'excommuniât.

Au milieu de cette tempête, M. Proudhon parut un peu ébranlé. Il se contredit; il se troubla. Il ne faut pas oublier qu'en dépit de ses véhémences contre le socialisme, M. Proudhon veut qu'on le tienne pour socialiste. Quand Pierre Leroux, l'attaquant à son tour, lui refusa le titre de républicain, il descendit presque à la prière pour le désarmer. Si M. Proudhon n'est ni socialiste, ni républicain, qu'est-il donc politiquement? Nous dirions volontiers que c'est un révolutionnaire au point de vue de l'art, promenant partout la critique et la sape au gré de sa fantaisie.

C'est un artiste. Lorsque, à l'exemple de Fourier, M. Proudhon, dans une crise de vanité, se compare à Newton, il s'abuse étrangement sur la nature de son esprit et de son talent. Il n'a rien de commun avec ce grand homme, qui, au-dessus de la sphère purement logique, a su découvrir, par l'intuition du génie, le principe qui régit la nature. Mais il peut être fier avec justice de sa puissance de discussion, de la pénétration subtile avec laquelle il retourne toutes les questions et sonde les misères de l'humanité. Il doit à la finesse de ses observations les plus saillantes peintures. Quelle énergique satire dans ce portrait du commerçant! « Le trait caractéristique du commerçant est de se faire de toute chose, soit un objet, soit un instrument de trafic. Désassocié d'avec ses semblables, insolidaire envers tous, il est pour et contre tous les faits, toutes les opinions, tous les partis... Le commerçant est convaincu que la logique est l'art de prouver à volonté le vrai et le faux : c'est lui qui a inventé la vénalité politique, le trafic des consciences, la prostitution des talents, la corruption de la presse. Il sait trouver des arguments et des avocats pour tous les mensonges, toutes les iniquités. Lui seul ne s'est jamais fait illusion sur la valeur des partis politiques: il les juge tous également exploitables, c'est-à-dire également absurdes. » On pourrait croire ici l'écrivain à bout de couleurs; mais le peintre ajoute de nouveau traits avec l'impitoyable rancune d'un homme que le modèle a souvent ennuyé en posant trop longtemps devant lui. « Sans respect pour ses opinions avouées, qu'il quitte et reprend tour à tour, poursuivant aigrement chez les autres les infidélités dont il se rend coupable, le commerçant ment dans ses réclamations, il ment dans ses renseignements, il ment dans ses inventaires : il exagère, il atténue, il surfait; il se regarde comme le centre du monde, et tout hors de lui n'a qu'une existence, une valeur, une vérité relatives. Subtil et retors dans ses transactions, il stipule, il réserve, tremblant toujours de dire trop et de ne pas dire assez; abusant des mots avec les simples, généralisant pour ne pas se compromettre, spécifiant afin de ne rien accorder, il tourne trois fois sur lui-même, et pense sept fois sous son menton avant de dire son dernier mot. Enfin, a-t-il conclu? il se relit, il s'interprète, se commente; il se donne la torture pour trouver dans chaque particule de son acte un sens profond, et dans les phrases les plus claires l'opposé de ce qu'elles disent. » Quelle intarissable verve! Ne sent-on pas dans les replis de cette prose une véritable *vis comica*?

Ce passage est loin d'être le seul qui conduit à demander: Pourquoi M. Proudhon ne ferait-il pas des comédies? Il peut, quand il le voudra, distinguer le comique de la satire: cette distinction doit être facile à l'impartialité de son esprit. Les hommes, M. Proudhon l'a déclaré formellement à ses lecteurs, ne seront jamais ni meilleurs ni pires que nous les voyons et qu'ils furent toujours. Ce n'est pas là le cri d'un réformateur enthousiaste, non, c'est le point de vue d'un peintre de mœurs, d'un auteur comique (1).

Nous voilà bien loin du but auquel, jusqu'à présent, a tendu M. Proudhon. Nous lui proposons de divertir la société au lieu de chercher à la bouleverser. Mais qui se connaît jamais

(1) « Ironie, vraie liberté! c'est toi qui me délivres de l'ambition du pouvoir, de la servitude des partis, du respect de la routine, du pédantisme de la science, de l'admiration des grands personnages, des mystifications de la politique, du fanatisme des réformateurs, de la superstition de ce grand univers, et de l'adoration de moi-même... Douce ironie! toi seule es pure, chaste et discrète... Tu apaises, par ton sourire, les dissensions et les guerres civiles; tu fais la paix entre les frères, tu procures la guérison au fanatique et au sectaire. Tu es maîtresse de vérité, tu sers de providence au génie, et la vertu, ô déesse! c'est encore toi. » (*Confessions d'un Révolutionnaire*, dernière page.) — N'y a-t-il pas une véritable prédisposition au comique chez l'homme qui a écrit ces lignes?

bien soi-même? M. Proudhon prétend avoir enfanté un système qui résout toutes les antinomies et toutes les difficultés : nous avons constaté combien était chimérique une pareille ambition. Après le choc de la thèse et de l'antithèse, du pour et du contre, nous avons cherché en vain un troisième terme fécond ; nous n'avons trouvé que le néant. M. Proudhon ne se méprend pas moins sur lui-même quand il se croit la vocation d'un homme de parti : il a pour cela l'esprit trop indépendant, trop querelleur et trop altier. Qui donc, si ce n'est lui, a le plus maltraité les divers représentants du parti démocratique, a le plus accablé de ses dédains les théoriciens du socialisme? Mais, si M. Proudhon, avec l'ambition du dogmatisme, n'a su aboutir qu'à un dissolvant scepticisme, si, en se proclamant révolutionnaire, il a porté la confusion dans les rangs de ceux qu'il se vantait de servir, et s'il s'en est fait désavouer, que lui reste-t-il? Il lui reste d'être lui-même, c'est-à-dire le contradicteur universel. Il lui reste d'avoir mis l'économie politique à un assaisonnement tout à fait nouveau, et d'avoir opéré, au milieu des élucubrations du socialisme, une diversion imprévue et féconde en curieux incidents. Enfin le talent de l'écrivain demeure considérable.

Pour conclure sur le socialisme, les théories qu'il a mises au jour dans ces trente dernières années n'ont pu soutenir l'épreuve de l'analyse et de la discussion. Elles ont été convaincues d'ignorance de la nature humaine, d'un mépris plus ou moins déclaré du droit et de la liberté, tantôt d'une confiance folle dans la puissance de l'homme, tantôt d'un matérialisme abject dans l'arrangement de sa destinée. Quand des systèmes sont entachés de pareils vices, des détails ingénieux, des parties éclatantes, ne les sauvent pas de la stérilité, du néant.

Est-ce à dire que le socialisme ait disparu? Non. Avant d'être tel ou tel système, le socialisme est une tendance profonde et complexe qui travaille et agite l'Europe, non pas depuis trente ans, mais depuis quelques siècles, depuis le moment où la civilisation catholique du moyen âge s'est sentie ébranlée. Qu'on passe en revue les hérésies, les doctrines, les opinions, depuis les conciles du quinzième siècle jusqu'à nos jours, on leur trouvera pour principe et pour mobile cette recherche du bonheur que nous avons signalée et qui n'a que trop souvent dégénéré en une poursuite aveugle et furieuse. Or cette tendance, si étrangement qu'elle se soit égarée, et si mérités qu'aient été ses échecs, est inhérente à notre nature même, et partant, indestructible. Elle n'a pas épuisé ses tentatives et ses combinaisons.

D'autres systèmes viendront à leur tour essayer de résoudre le problème, et la raison humaine qui les aura produits, ne manquera pas non plus au devoir de les juger, d'en relever les faiblesses, et d'en combattre les erreurs. Travail éternel qui ne témoigne pas moins de la grandeur de l'homme que de son impuissance.

Je comparerais volontiers le socialisme à un bloc immense d'où quelques statues ont été tirées par un art plus hardi qu'heureusement fécond. Déjà les statues ne sont plus sur leur piédestal, et gisent à terre. Mais la matière inépuisable attend les efforts d'autres artistes, qui, peut-être, avec autant d'audace, auront plus de génie.

LIVRE CINQUIÈME.

LA LÉGISLATION.

CHAPITRE PREMIER.

DU DROIT. — DE LA LÉGISLATION. — DE SES RAPPORTS AVEC LA SCIENCE DU DROIT PROPREMENT DITE.

Je ne connais pas, pour l'homme, d'acte plus grave que le choix de la science à laquelle il vouera ce qu'il peut avoir de force pour penser et pour vivre. Le hasard décide pour plusieurs du sillon où ils enseveliront leurs efforts : c'est la volonté qui attache à une science les esprits moins ordinaires.

Il y a deux mondes : celui de la nature et celui de la pensée. Sans doute, soit que l'homme explore l'un, ou se développe dans l'autre, c'est toujours lui qui pense et qui constitue ainsi l'unité de la science humaine. Mais une différence fondamentale sépare la connaissance du monde physique de celle du monde moral : dans les sciences naturelles la pensée de l'homme opère sur un fond extérieur et sensible ; dans les sciences morales, elle n'opère que sur elle-même, et se trouve à la fois sujet et objet. Or, dans la philosophie spéculative, l'homme se voit pensant, et cherche les lois de sa pensée. Dans la philosophie sociale, l'homme se voit agissant, et cherche les lois de ses actions ; et, comme dans sa pensée et dans ses actions, il est toujours sa preuve à lui-même et ne peut se comparer qu'à lui, il lui arrive de se tromper souvent, de se tromper plus que dans l'étude du monde physique. Il lui arrive aussi de chercher un point d'appui hors de lui-même, et de se tourner vers Dieu. Voilà pourquoi il demande à une révélation surnaturelle ce qui lui manque dans sa pensée, heureux d'obtenir, par cette sublime entremise qu'on appelle la religion, que la paix et l'espoir reviennent habiter son cœur.

Où se sauver des découragements de la spéculation ? Dans la conscience même du genre humain, et dans le sentiment profond de la philosophie sociale (1). L'abstraction vous dessèche, le scepticisme vous mine ; regardez les sociétés qui marchent, rafraîchissez-vous au grand air de la liberté. Individus et peuples, sachez faire rentrer la vie dans votre cœur par la conscience de vos droits, par la contemplation intelligente des efforts de ceux que vous remplacez aujourd'hui. Le droit est la réalité même ; il est la charpente de l'histoire ; il enveloppe dans son cercle la religion, l'industrie, l'art, la philosophie : car c'est par sa liberté nécessaire que l'humanité peut vaquer à ses idées et à ses désirs. *In eo vivimus, movemur et sumus.* Le droit, c'est la vie.

Du droit sort la législation ; elle en est la langue, elle en est le verbe. La législation, une fois sortie, comme Pallas, de la pensée humaine, se met à écrire les lois religieuses et politiques dans des textes dont la connaissance est le premier objet de l'éducation des peuples.

Les textes ! quelle puissance n'ont-ils pas, de tout temps, exercée sur le monde ! c'est dans ces formules de la religion et du droit que la parole de l'homme est vraiment vivante

---

(1) Ce n'est pas pour la première fois que je signale l'étude de la philosophie sociale comme le meilleur remède contre le scepticisme. Voyez *Introduction générale à l'Histoire du Droit*, chap. 1.

et durable ; là plus qu'ailleurs il sait graver sa pensée. Sa parole semble s'y durcir et s'immobiliser ; et l'on dirait que rien ne peut abolir ce style monumental, que les générations des peuples se transmettent comme un testament impérissable. Eh! qui n'a pas, en méditant les livres religieux consacrés par le respect du genre humain, tremblé d'admiration devant ces grands textes de l'Écriture, qui, à travers les révolutions des sociétés et des âges, sont toujours restés puissants et populaires, qui vont à toutes les intelligences, et qui enchantent tour à tour le philosophe, le poëte, le savant, le simple, l'ignorant et le malheureux? Là on sent la vertu du style, l'autorité de la parole inspirée, l'identité de la parole et de la pensée, de la forme et du fond, de l'art et de la nature, et qu'ici-bas l'artiste est aussi nécessaire qu'il est sublime.

Partout où les mœurs sont fortes, les principes certains et les lois inflexibles, les textes ont une précision qui saisit et une majesté qui subjugue. Les Douze Tables à Rome, les axiomes de notre droit coutumier dans la vieille France, ont ce caractère de force et d'affirmation qui seules savent se concilier la popularité et la puissance.

Dès que la législation a écrit les textes, la science commence. Il faut bien saisir l'esprit renfermé dans la lettre, le commenter et l'appliquer. La jurisprudence est fille de la législation : elle embrasse les mêmes objets ; mais il y a entre elles deux la même différence que de la cause à l'effet.

La science du droit positif, qui s'exprime surtout par les textes, tout en se distinguant de la législation même, est pour elle un support nécessaire. D'abord elle l'applique, puis elle lui donne les moyens de se corriger et de se perfectionner sans recourir trop souvent au législateur lui-même. Une jurisprudence forte et savante n'est pas seulement une distraction d'érudit, mais un élément nécessaire à la vie d'un peuple. Il importe également aux législateurs et aux publicistes de connaître le mécanisme et l'anatomie de la science même du droit. Si Montesquieu eût étudié davantage le droit civil de Rome, il eût pénétré plus avant encore dans l'esprit de sa constitution politique. Jean-Jacques n'aperçut dans la jurisprudence et dans le livre de Grotius qu'une superfétation arbitraire. L'art de rédiger les lois a été aussi trop souvent méconnu par les assemblées délibérantes; et c'est un grand inconvénient que d'écrire les prescriptions sociales dans un style prolixe et sans dignité.

L'unité de la jurisprudence européenne depuis le douzième siècle nous semble incontestable. Reflet harmonique du génie occidental, elle est une induction puissante aux progrès à venir dans l'action comme dans la pensée; elle doit être pour le publiciste et l'historien des législations le véritable point de départ.

Mais, au-dessus de la science du droit proprement dite, s'élève, dans l'ordre des idées, la législation même; elle a deux faces, deux attributions: elle considère et écrit l'histoire; elle considère et veut réformer le présent.

La même unité qui soutient la jurisprudence européenne anime l'histoire des législations. En effet, comme la jurisprudence théorique ne se borne pas à un pays, à un peuple, mais s'alimente des travaux et des efforts de tout ce qui pense chez toute nation; qu'ainsi la science du droit depuis le douzième siècle s'est formée et enrichie des élaborations les plus diverses, les plus disparates, et venant des points les plus opposés; qu'à la fois, les gloses des premiers interprètes, les travaux philologiques et les restitutions *cujaciennes* du seizième siècle, puis des essais de méthode et de dogmatique, la jurisprudence des parlements, les études historiques de l'Allemagne et de la Hollande, les réformes législatives de l'Hôpital, Lamoignon, d'Aguesseau, et des rédacteurs de nos codes modernes, les théories politiques de Bodin, Montesquieu, de Filangieri et de Bentham, enfin les spéculations métaphysiques de Leibnitz, de Vico et de

Kant, ont ensemble concouru pour former le grand fleuve de la jurisprudence européenne : de même la pratique de l'humanité, je veux dire l'histoire générale des législations, se compose de tous les actes et de tous les labeurs de la race humaine cherchant les conditions et la puissance d'une société forte.]Tous les peuples y comparaissent avec leur caractère, apportant leur tribut; le divin Orient avec ses codes religieux et déjà scientifiques; la Grèce, dont l'inépuisable variété associe les contrastes les plus vifs, Athènes et les sévères Doriens; Rome, sachant à fond deux choses, la guerre et le droit; mais voici venir une race nouvelle et un culte nouveau, le christianisme et les Germains; ils enfanteront une législation européenne que développeront surtout l'Allemagne, l'Angleterre et la France. Ainsi [l'humanité, soit qu'elle pense ou qu'elle agisse, est une et solidaire.]

L'histoire générale et comparée du droit et des législations est donc aujourd'hui nécessaire. Si les sciences naturelles ont dû leurs rapides progrès à la méthode d'observation qui inspecte, compare, généralise, cherchant partout les rapports, les différences et les analogies, comment la même méthode appliquée aux phénomènes du monde moral et juridique ne serait-elle pas effective et féconde?

Cette histoire n'est pas seulement un tableau, elle est encore une école de vérité et un enseignement qui mènent à des réformes pour l'avenir. Effectivement,[l'histoire, c'est nous, nous dans le passé, nous cherchant à ressaisir la conscience de ce que nous avons été avant de paraître dans notre siècle, cherchant à nous rappeler les premiers chants de la vaste épopée dont nous sommes aujourd'hui les héros.] La législation est la première muse de l'humanité; elle est sacrée; elle a l'inspiration sur le front; elle a commencé par s'asseoir sous la tente des patriarches; elle a replié ces tentes pour s'enfermer aux sanctuaires de l'Inde et de l'Égypte : sacerdotale, elle enseigne les peuples. Mais la trompette sonne, le clairon retentit, elle monte à cheval. Guerrière, elle tient sous le joug une multitude qui commence à frémir. Puis, elle change encore de costume : elle devient tribun ; elle s'appelle la liberté ; elle se fait peuple. Il est profondément utile d'étudier cette mobilité. Il y a autre chose que la curiosité d'une vaine érudition dans cette inspection du passé. Ce qui vivifie cette étude, c'est qu'elle est l'affaire même du présent. Nous nous y retrouvons avec les idées et les soucis de notre siècle, nos élans de liberté, nos enthousiasmes. En vérité, cette cendre des morts est brûlante ; et nous n'aurons garde, en la remuant, de laisser se glacer nos esprits et nos âmes. Les révolutions n'agitaient pas le siècle où Montesquieu écrivit l'histoire des lois avec une plume magique. Rien ne troubla sa contemplation. Dans son livre, le passé se suffit à lui-même. Vous sortez de sa lecture avec une parfaite intelligence des institutions anciennes, mais sans souci du présent et de l'avenir ; disposition qu'aujourd'hui nous ne saurions partager. Sans doute, nous plaçons nos études avec un respect profond sous l'inspiration de Montesquieu ; mais il nous est donné, dans notre siècle, de rallier la science et la poésie de l'histoire à la cause et aux intérêts de cette liberté que travaille à fonder la civilisation moderne.

L'histoire ainsi considérée est le meilleur chemin à la législation dogmatique, c'est-à-dire à des réformes, à la conception philosophique du siècle même où l'on vit, de son esprit et de son but. Aujourd'hui, dans le mécanisme des sociétés modernes, le publiciste remplace le législateur ; il n'y a plus de Moïse ni de Lycurgue qui civilisent les nations ; mais, dans leur sein, la science et le génie élaborent les principes et les idées qui, plus tard, deviendront des lois. De quel peuple Jérémie Bentham est-il législateur ? D'aucun. Mais il peut être, sur des points importants, le conseiller de tous. L'empereur Alexandre, les États-Unis d'Amérique, les cortès d'Espagne et de Portugal, ont reçu ses avis. Novateur énergique, il a embrassé toutes les parties de la législation, les lois civiles, le droit pénal, la procédure, l'organisation judiciaire, la constitution politique des États. Pendant que de Maistre refuse toute raison aux constitutions écrites, Bentham, au contraire, s'élevant contre l'histoire, dont l'allure progressive lui échappe entièrement, tourne le dos au passé, où il n'a vu que déceptions et misères, et veut renouveler les sociétés par une législation uniforme, la même pour tous, dont il croit pouvoir adapter les abstractions au génie différent de chaque peuple. Mais la liberté doit être partout indigène ; elle ne s'importe pas : partout elle doit sortir du sol et s'enfanter elle-même.

La législation philosophique dont aujourd'hui Jérémie Bentham, malgré ses erreurs, est un puissant organe (1), est véritablement artiste et poëte ; elle façonne, en préceptes et en lois, les progrès de la race humaine ; tantôt elle provoque les révolutions sociales, tantôt elle les résume : c'est, je ne crains pas de le dire, le plus noble exercice, le plus saint ministère des facultés humaines. Platon voit l'apogée de ses théories dans leur application sociale, et, s'il est philosophe, c'est surtout pour se faire législateur de sa république. Aristote ramène constamment sa morale à la sociabilité et à la politique. Rousseau écrit le *Contrat social*, bien que, dit-il, il ne soit *ni prince ni législateur*. Non ; mais il est homme, et il exerce les droits de la souveraineté du peuple et du génie.

CHAPITRE II.

DE LA LÉGISLATION DANS SES RAPPORTS AVEC LA RELIGION, LA PHILOSOPHIE ET L'ÉCONOMIE POLITIQUE.

Un jour nous apercevons, comme par éclair, l'absolue vérité et la beauté parfaite : nous ne les avons entrevues que pour les perdre ; elles brillent, puis elles nous laissent dans

---

(1) Voyez *Introduction générale à l'Histoire du Droit*, chap. XIX.

une obscurité triste et un vide désespérant. Ce que je voyais si clairement hier, je ne le comprends plus aujourd'hui ; l'inspiration s'est évanouie : d'où viennent donc ces éclipses de la pensée, ces éclipses de la lumière? Pourquoi ces idées éternelles défaillent-elles dans moi? Je les conçois et je ne puis les maîtriser. C'est que le beau, le bon et le vrai, ne dépendent pas de nous ; ils nous affectent et nous éclairent ; ils nous guérissent et nous consolent : mais leur origine et leur patrie n'est pas sur la terre, et ces idées célestes n'apparaissent ici-bas un moment que pour s'envoler dans les cieux.

Cette absence sur la terre de la raison universelle est pour l'homme un tourment ; il la cherche pour se compléter lui-même ; il veut se la représenter : de là les grands fondateurs de religion.

La république hébraïque nous montre la religion dans son enfance, car elle la confond encore, comme les autres théocraties orientales, avec la politique. Mais quel est le progrès? c'est leur séparation. Quelques sectaires (1) s'agitent beaucoup aujourd'hui pour ramener la religion à l'identité avec la politique et à une contrefaçon du mosaïsme. Ils oublient donc que l'œuvre du christianisme a été de spiritualiser et de constituer la religion, en ne la faisant plus dépendre nécessairement de la politique, et en lui donnant la sanction positive d'une autre vie.

Si la religion et la politique étaient identiques, il suivrait que la théocratie serait la seule institution sociale légitime. Or, quand le Christ dit : *Mon père;* à qui le dit-il, si ce n'est à Dieu? Et que disait le disciple du Christ aux hommes? *Mes frères;* et la fraternité, cette émancipation de la nature humaine, ce progrès sur la paternité patriarcale, s'établit irrévocablement sur les ruines de la politique orientale. La papauté romaine n'a pas plus ressemblé aux théo-

1) Les saint-simoniens. (*Note de la 3ᵉ édition.*)

craties de l'Inde et de l'Égypte que la démocratie américaine à la démocratie de la ville de Cécrops. Elle était elle-même un témoignage éclatant de la scission de la politique et de la religion. Elle fut le triomphe de la pensée : car, lorsque le moyen âge disait au pape : *Mon père*, il s'inclinait devant sa supériorité morale, jusqu'au moment où elle fut contestée par le protestantisme. Or, quand des enfants protestent, que devient le souveraineté paternelle?

Si la religion et la politique étaient identiques, pourquoi ces tristesses et ces désirs de l'homme? pourquoi sa pensée ne consent-elle pas à se loger, pour n'en plus sortir, dans les calculs du bien-être social? Oui, livrez-lui le séjour le mieux façonné et le plus commode; figurez-vous, par l'imagination, la terre partout connue et partout cultivée, la vapeur centuplant nos forces, et, pour ainsi dire, supprimant les distances, le globe travaillé, transformé en tous sens, versant sur d'innombrables habitants d'inépuisables richesses; eh bien! l'homme aura-t-il assez de ce spectacle, de ces merveilles de l'industrie, de cette apothéose des boutiques? Non, mille fois non; il sera inquiet, il ne sera pas heureux dans cette prison magnifique, il cherchera à la franchir, semblable à ces âmes, dont parle Platon (1), qui tournent autour du réceptacle des idées éternelles, et s'efforcent de plonger leur regard dans les régions supérieures du ciel où sont les essences divines.

La religion n'est donc pas la politique, et la législation, qui, dans les premiers âges du monde, se confondit avec elle, s'en distingue aujourd'hui. La loi civile, régulatrice et maîtresse dans la société, doit laisser à la loi religieuse toute son indépendance dans les choses spirituelles, mais la ramener toujours à l'obéissance en ce qui concerne les intérêts et les influences politiques. Sur ce point, la justice du législateur consistera dans la distinction exacte de la

---

(1) *Phèdre*, ou *de la Beauté*.

liberté légitime du sanctuaire et de l'autorité de la cité.

La législation ne se confond pas non plus avec la philosophie, mais il est entre elles deux des rapports nécessaires. Dans le premier âge des sociétés, les philosophes étaient législateurs ; aujourd'hui le législateur, qu'il représente le peuple sur le trône ou dans les comices, et le publiciste, doivent être philosophes. La science de l'homme peut seule mettre en état de le rendre heureux et libre. De la philosophie d'un siècle dépendent ses réformes en législation ; les idées que se fait le publiciste sur la nature humaine déterminent la direction de sa politique. Si Montesquieu eût été métaphysicien, s'il eût mieux connu l'homme (1), il n'eût pas tracé ses divisions arbitraires entre les lois divines, humaines, naturelles et civiles ; il n'eût pas écrit ces lignes : « La loi naturelle ordonne aux parents de nourrir leurs en- « fants, mais elle n'oblige pas de les faire héritiers. Le par- « tage des biens, les lois sur ce partage, les successions « après la mort de celui qui a eu ce partage, tout cela ne « peut avoir été réglé que par la société, et, par conséquent, « par des lois politiques ou civiles. Il est vrai que l'ordre « politique ou civil demande souvent que les enfants succè- « dent aux pères, mais il ne l'exige pas toujours (2). » Mais comment la société eût-elle constamment établi que les enfants hériteraient de leurs pères, si elle n'avait cru reconnaître dans cette succession un fait naturel et raisonnable ? La distinction entre les lois naturelles et les lois civiles est entièrement fausse si on veut contrarier les unes par les autres, puisque la marche et les progrès des lois consistent à exprimer de plus en plus les lois naturelles.

La société ne saurait être autre dans ses principes fondamentaux que l'homme même. La sociabilité est la nature

---

(1) Nous lui avons déjà fait ce reproche dans l'*Introduction générale à l'Histoire du Droit*, chap. xiv.

(2) *Esprit des Lois*, liv. XXVI, chap. vi.

même ; l'art de la politique ne consiste pas à créer un fantôme pour l'opposer à la nature, mais à élaborer la nature connue, à en suivre les lois et les besoins. Or, si la nature ordonne aux parents de nourrir leurs enfants, elle l'ordonne aussi aux animaux. Mais d'où vient que la nourriture, chez l'homme, est autre chose que la nourriture chez la brute ; qu'elle concerne l'âme comme le corps ; que la sollicitude paternelle et maternelle dans l'espèce humaine ne se borne pas à la sustentation physique, mais qu'elle s'attache à la destinée morale de l'enfant, au développement de son imagination et de son cœur ? Ce fait incontestable est aussi naturel, ce me semble. Il s'est trouvé naturellement encore que, dans les sociétés normales et constituées, la nourriture intellectuelle et physique de l'enfant avait pour conséquence l'héritage ; l'héritage est donc un fait aussi naturel que la nourriture, et, comme la nourriture, il deviendra l'objet d'une prescription civile. Je le demanderai à Montesquieu : si la législation sur les successions n'avait pas sa raison dans la nature, d'où viendrait son ubiquité dans les institutions sociales de tous les peuples historiques ? Comment expliquer cette unanimité sur une disposition arbitraire qui pouvait être comme n'être pas ? Il est donc nécessaire au publiciste de prendre position dans la nature même de l'homme, de l'étudier directement, au vif, en écartant l'autorité et les textes, les divisions arbitraires, en convergeant le plus possible vers la vérité par l'indépendance de sa pensée et la simplicité de sa méthode.

Un métaphysicien célèbre, M. Destutt de Tracy, après avoir fait sortir de la faculté de vouloir les idées de personnalité et de propriété, en fait sortir nos *besoins* et nos *moyens*; et c'est de nos besoins et de nos moyens que naissent les idées de richesse et de dénûment ; troisième filiation qui le conduit à considérer la société sous le rapport économique, parce que le philosophe veut traiter des *actions* de l'homme avant de s'occuper de ses *sentiments*. Il y a, dans cette déduction qui donne le pas aux idées de personnalité et de propriété sur nos besoins et nos moyens, un sentiment juste de la nature des choses, et la raison de la différence qui sépare la législation proprement dite de l'économie politique.

En effet, l'économie politique se rapporte aux besoins physiques de l'homme, parce qu'elle en découle ; elle se rapporte et à son bien-être et à ses intérêts matériels ; à ce titre, elle est une partie essentielle de la science sociale, elle exerce une influence nécessaire sur les prescriptions des lois. Ainsi, quand Bentham démontre que l'usure ne blesse la liberté et les intérêts de personne, et qu'il est aussi licite de vendre l'argent que toute autre marchandise, l'usure doit cesser d'être un délit social. L'économie politique, qui a aujourd'hui dans le haut enseignement un vénérable et célèbre représentant (1), modifie donc la législation, mais elle ne saurait ni l'absorber ni la constituer.

Puisque l'économie politique cherche les moyens de procurer aux sociétés la plus grande somme possible de bien-être, il est évident qu'elle partage avec la législation et la philosophie le soin de travailler au bonheur de l'homme. *Mais l'homme ne vit pas seulement de pain.* Son bonheur n'est pas un élément simple, mais le résultat complexe des principes satisfaits qui le constituent, de ses idées, de ses sentiments et de ses besoins. Sans doute, la satisfaction des besoins matériels et physiques est pour l'homme, comme pour la société, la condition de la vie ; et voilà pourquoi la science économique est la base même de la science sociale, exerce sur elle une influence nécessaire, et doit par ses progrès améliorer la condition matérielle des sociétés modernes. Mais ni les besoins physiques ni l'économie politique ne sauraient s'attribuer la direction de la société. Quand le fondateur du christianisme annonça l'égalité parmi

1) M. J.-B. Say, professeur au Collège de France.

les hommes, pourquoi l'humanité se réjouit-elle? assurément elle ne fut pas soulagée sur-le-champ dans ses misères matérielles, mais l'homme tressaillit à cette reconnaissance de sa nature et de sa dignité; et il en fut heureux, parce qu'il s'en trouva plus grand et plus libre. L'égalité devant la loi doit-elle être réputée une chimère parce qu'elle n'est pas une réalité palpable et physique? Eh! c'est précisément l'excellence de l'homme de concevoir le *droit*, sans y rattacher immédiatement la *jouissance*; ainsi le peuple français est idolâtre de l'égalité, sans entacher son caractère des bassesses de l'envie qui déchire l'âme et qui la corrompt (1).

La prétention qu'affiche en ce moment même l'économie politique à envahir la morale peut s'expliquer. Si l'industrie déploie aujourd'hui ses richesses, son orgueil, et se proclame reine absolue de la civilisation, dont elle ne doit être qu'un des premiers ministres, son émancipation encore toute récente s'était fait attendre longtemps, et jusqu'au moment de l'obtenir elle avait vécu dans une triste condition. Dans l'ancienne monarchie elle gémissait sous le poids des dédains et de l'inconsidération que lui prodiguaient la robe et l'épée, et se trouvait maintenue, pour ainsi dire, dans un état d'ignominie légale. Elle a passé d'une oppression inique et lourde à une émancipation brusque, et elle s'est couronnée de ses propres mains. Serait-ce donc parce qu'on lui a refusé longtemps d'être homme, qu'aujourd'hui elle se fait dieu?

Au moment où l'économie politique commençait à se proclamer la science sociale par excellence, elle déployait une grande originalité. L'école du *Producteur*, fondée par Saint-Simon, émettait, comme nous l'avons dit, des vues nouvelles sur la condition des travailleurs, sur les fermages, les loyers, intérêts et salaires, sur l'institution des banques, vues fé-

---

(1) Pourquoi cet éloge, que je faisais avec tant de joie de mon pays, n'a-t-il pas toujours été mérité? (*Note de la 3ᵉ édition.*)

condes qui devaient améliorer sur certains points la législation industrielle et civile. Nous avons montré comment les conclusions de l'école vinrent bientôt déborder les prémisses, et comment elle voulut faire sortir une révolution morale, une refonte de la nature humaine, d'une réforme économique. Ici commença l'erreur. Au surplus, cette insurrection de l'économie politique surprendra moins si l'on considère que, depuis quarante ans en France, ni la législation ni l'administration n'ont pas su tenir compte de ses progrès et de ses besoins; les idées industrielles ont d'autant plus réagi qu'elles étaient plus injustement méconnues; sachez les satisfaire et les appliquer avec discernement et justesse, l'équilibre se rétablira.

CHAPITRE III.

DE LA CODIFICATION.

« Le législateur est à tous égards un homme extraordi-
« naire dans l'État. S'il doit l'être par son génie, il ne l'est
« pas moins par son emploi. Ce n'est point magistrature, ce
« n'est pas souveraineté. Cet emploi, qui constitue la répu-
« blique, n'entre pas dans sa constitution; c'est une fonction
« particulière et supérieure qui n'a rien de commun avec
« l'empire humain; car, si celui qui commande aux hommes
« ne doit pas commander aux lois, celui qui commande aux
« lois ne doit pas non plus commander aux hommes; autre-
« ment ses lois, ministres de ses passions, ne feraient sou-
« vent que perpétuer ses injustices; jamais il ne pourrait
« éviter que des vues particulières n'altérassent la sainteté de
« son ouvrage.

« Quand Lycurgue donna des lois à sa patrie, il commença
« par abdiquer la royauté. C'était la coutume de la plupart
« des villes grecques de confier à des étrangers l'établisse-
« ment des leurs. Les républiques modernes de l'Italie imi-

« tèrent souvent cet usage ; celle de Genève en fit autant, et
« s'en trouva bien. Rome, dans son plus bel âge, vit re-
« naître en son sein tous les crimes de la tyrannie, et se vit
« prête à périr pour avoir réuni sur les mêmes têtes l'auto-
« rité législative et le pouvoir souverain (1). »

Rousseau a parfaitement décrit dans ces lignes le législateur de l'antiquité. Les sociétés, dans leur enfance, n'ont pu
être dirigées que par *des hommes extraordinaires, dont la
fonction particulière et supérieure semblait n'avoir rien de
commun avec l'empire humain*. C'est pourquoi ils se disaient
en commerce avec les dieux ; ils disaient en recevoir la loi
qu'ils transmettaient aux hommes, sans discussion, avec une
accablante autorité. Mais Rousseau n'a pas observé que le
caractère et l'office du législateur avaient changé dans les
temps modernes, non qu'il y ait eu moins d'hommes extraordinaires, car il n'est pas vrai que la marche du temps soit
de niveler le génie ; non que la puissance de l'homme ait diminué, mais les hommes extraordinaires et puissants, placés
dans une autre époque du monde, agissent différemment.
Charlemagne est législateur, mais il opère sur d'autres
hommes, sur une autre nature que celle des Hébreux et des
Grecs, dans un âge plus avancé de l'humanité. Aussi, il résume et corrige à la fois les mœurs de son siècle, il rédige
et récapitule au moins autant qu'il édifie, parce que la société qu'il dirige est chrétienne, douée d'une vie, d'une indépendance morales que ne pouvait connaître le peuple de Lycurgue et de Numa. Quand Napoléon se fait législateur de la
France, il n'a pas moins de génie que Mahomet ; mais, au
lieu de promulguer le Coran, il décrète, au sein du conseil
d'État, des codes qui expriment et améliorent la vie domestique du peuple français.

Le législateur, dans l'antiquité, était poëte et roi ; dans les
temps modernes, il est philosophe et peuple.

---

(1) Rousseau, *Contrat social*, liv. II, chap. vii.

Les mœurs, chez les modernes, ont acquis une autorité qui change la position du législateur, et, sans la faire déroger, la rend plus difficile ; elles se sont formé un empire qui ne doit pas être indépendant de la loi, mais où la loi n'a plus des enfants à mener, mais des hommes à diriger. Ouvrez un code moderne ; vous y trouverez pour base des coutumes, des mœurs, des habitudes, des opinions, que le législateur n'a pas faites, qu'il devra réformer, améliorer, en les exprimant, qu'il devra d'époque en époque réviser et perfectionner, mais dont il est obligé de reconnaître l'antériorité et les influences. Depuis le christianisme, le législateur s'est plus rapproché du peuple, en ce sens qu'il a modifié sa souveraineté en raison des progrès de la liberté humaine.

Mais l'art de la législation n'en est devenu que plus délicat, plus profond et plus subtil. Placée au milieu de la société, entre les idées générales, les théories philosophiques, les mœurs, les coutumes historiques, les maximes et les arcanes de la jurisprudence, la législation doit écrire les prescriptions sociales d'un style populaire, savant et durable.

Un code est à la fois un système et une histoire. Si le Tasse, du haut d'une colline, en montrant les campagnes italiques, s'est écrié : « Voilà mon poëme ! » le législateur doit réfléchir dans son ouvrage les traits et la vie de sa nation en les rendant plus purs et plus beaux.

Il est conforme aux lois de l'esprit, à la structure de la raison, à la simplicité rigoureuse du bon sens, de rédiger et de distribuer les lois dans des codes méthodiques. Cela convient au génie prompt et juste de tout homme et de tout peuple. Ce sera une supériorité pour une nation sur les autres d'avoir su porter dans ses lois une économie philosophique, car ce sera la preuve d'une raison plus alerte et plus positive.

Chez un peuple qui a des codes, les lois sont mieux connues, plus claires, mieux obéies ; la vie sociale plus facile, les opinions générales mieux exprimées.

Vouloir, comme l'école historique allemande (1), abandonner perpétuellement la légalité d'un pays aux instincts, aux habitudes des mœurs et aux élucubrations de la jurisprudence, c'est méconnaître l'office même de la science sociale ; c'est donner le pas à la jurisprudence sur la législation, aux procédés techniques sur la vie même, à l'érudition sur la philosophie, au passé sur le présent, aux anciens us et coutumes sur l'esprit nouveau ; c'est abdiquer l'initiative de la raison ; c'est, pour échapper à l'écueil de violenter les mœurs, tomber dans la servitude de la routine.

Il est vrai qu'un peuple n'est pas préparé, à toutes les époques de son histoire, aux procédés philosophiques d'une *codification*, pas plus qu'un homme n'est mûr avant le temps pour le développement systématique de sa raison. Bentham a eu tort d'opposer si fort la coutume à la raison qu'il en fait comme deux puissances hostiles et irréconciliables (2). Sans doute il est un moment où la coutume, devenue caduque, veut être entièrement effacée par l'esprit philosophique ; c'est alors qu'il est juste de dire avec Bacon que la coutume est stérile et que la raison est féconde ; mais, quand la coutume fleurit chez un peuple, quand la loi non écrite sait se concilier une adhésion intelligente, tenez pour certain qu'au fond la raison n'est pas blessée ; seulement, après les instincts et les croyances viendra l'âge de la réflexion philosophique.

La sagesse du législateur est de reconnaître l'âge et la maturité de son peuple, de discerner quand et comment il doit rédiger la *coutume*, et la réformer ; la *codification* n'est pas une fantaisie de théoricien, mais un développement naturel dans chaque société.

Bentham est chimérique quand il veut qu'une nation charge

---

(1) Voyez *Introduction générale à l'Histoire du Droit*, chap. xvii.
(2) *Second essai sur les délais en jurisprudence*, à l'occasion des procédures faites à Cadix.

un étranger de lui rédiger son code; ou plutôt il prend une réminiscence de l'antiquité pour une utile innovation (1). Le caractère de chaque peuple ne saurait être familier qu'à un indigène, qui seul peut trouver le secret d'adapter aux habitudes nationales les idées humaines et cosmopolites. L'acte du parlement britannique du 22 juin 1825, pour modifier et réunir les lois relatives aux jurés et aux jurys, commence en ces termes : « Considérant qu'il est nécessaire de revoir et de « modifier les lois très-nombreuses et très-compliquées rela- « tives à la *qualification*, à l'appel des jurés et à la forma- « tion des jurys en Angleterre et dans le pays de Galles, « d'augmenter le nombre des personnes aptes à être jurés, « de changer la manière de former les jurys spéciaux, et aussi « de modifier ces lois à quelques autres égards, etc., etc. » Comment un étranger eût-il pu se reconnaître dans toutes ces particularités de la légalité anglaise qu'il fallait ramener à un esprit plus général?

Maintenant il sera bon de confier à un seul homme la création ou la révision d'un code. Le système doit sortir d'abord d'une seule tête; il s'enrichira ensuite des conseils et des lumières d'un certain nombre d'hommes; enfin, il pourra se produire à la discussion d'une grande assemblée. Mais la tribune des peuples libres n'est-elle pas un écueil pour le législateur? Quand chacun peut y monter pour l'interroger, discuter son œuvre, la contredire, en percer les intentions, en relever les faiblesses, n'y a-t-il pas péril que la loi, déconsidérée avant d'être faite, ne présente plus qu'une lettre sans art, sans autorité, sans prestiges? Le danger est réel, mais qu'y faire? Vaincre la difficulté à force de raison et de génie. Tout aujourd'hui veut être démontré; les sociétés raisonneuses ont l'oreille dure aux promesses et aux assertions de ceux qui les mènent. Eh bien! que ces derniers sachent

---

(1) *De l'Organisation judiciaire et de la Codification*, section VII, page 393.

les persuader et les convaincre ; le pouvoir n'est plus qu'à ce prix ; qu'ils aient raison, mais d'une manière irréfragable. C'est aujourd'hui le droit et le progrès de la race humaine de ne se rendre qu'à l'évidence, et de pouvoir la contester d'abord pour contribuer elle-même à la mieux établir et à la mieux reconnaître. J'avoue que cette condition rend lourde la charge du pouvoir sur les épaules des insuffisants et des médiocres. Les esprits courts et les cœurs petits pourront perdre patience, prendre dégoût, déclarer que les nations ne sont plus gouvernables, et ne méritent pas les sacrifices que l'on fait pour elles. Mais peut-être le génie serait plus indulgent pour les hommes ; comme il les connaîtra mieux, il ne se dépitera pas contre eux ; oui, livrez la tribune au véritable législateur, il saura défendre son ouvrage, il parlera ; les illuminations de la pensée, les effusions du cœur, voilà quels seront ses foudres et ses éclairs ; malheur, malheur à lui, s'il est sans puissance et sans autorité quand il a la parole ! Mais non, il expose, il démontre, il convainc, il entraîne ; la loi soutient une épreuve morale au feu des raisonnements et des contradictions ; elle s'y retrempe et s'y épure ; elle sort du combat plus forte, car elle a vaincu les résistances ; alors elle est loi véritablement sociale, véritablement humaine : car, faite pour tous, elle est à la fois l'ouvrage d'un seul et de tous.

L'esprit de la civilisation européenne est de résumer dans des codes les lois de chaque nation qui, sur ce point, suivra l'exemple donné par la France. Aux époques décisives de l'histoire du monde ou d'un peuple, vous trouvez des codes. Justinien résume l'antiquité, en l'altérant, pour l'amalgamer avec les principes nouveaux du christianisme. Charlemagne, saint Louis s'attachent déjà à régulariser la variété de la légalité moderne. Pierre le Grand, qui fonda Saint-Pétersbourg et l'empire russe, et cette Catherine, cette femme à la fois raffinée et barbare, qui semblait avoir besoin de se fatiguer d'émotions et de voluptés pour donner le branle à son génie, tentèrent de rassembler, en les réformant, les coutumes moscovites. Frédéric, celui des modernes qui a le moins permis à la royauté d'effacer l'originalité de son caractère, chez lequel l'héroïsme le plus vrai s'alliait à la plus mordante ironie, et qui sut réunir l'enthousiasme et le cynisme, comprit que le disciple de Voltaire devait être législateur : et il se donna beaucoup de peine, à deux fois, pour laisser un *Code général pour les États prussiens*. L'Allemagne amène peu à peu sa langue et ses mœurs à rendre possible une législation générale et uniforme; le moment viendra pour elle de profiter de la science et de l'érudition de ses jurisconsultes. L'école historique est, sans le savoir, l'habile ouvrière qui prépare et facilite l'œuvre des législateurs à venir. Quand l'Angleterre aura retiré sa liberté des mains de l'aristocratie, on entendra l'école de Bentham dans la chambre des communes (1).

La France, qui a donné le signal des révolutions législatives, exercera encore une influence salutaire en révisant ses lois civiles, commerciales et criminelles. Elle devra porter dans cette réforme le même esprit que dans leur création primitive, c'est-à-dire l'esprit de système et d'unité philosophique : en un mot, la révision de chaque ordre de lois devra être synthétique et embrasser toutes les parties d'un code. Je n'ignore pas que quelques excellents esprits préfèrent la révision partielle et successive de chaque matière importante; ils trouvent dans cette méthode la garantie que les détails essentiels seront approfondis, que chaque sujet spécial attirera sur lui seul toute l'attention du législateur. Je réponds que ce souci est légitime, qu'il faut accorder à chaque loi particulière le temps et l'étude nécessaires pour la faire aussi bonne que possible; mais j'ajoute qu'il faut subordonner ce soin important à une pensée plus haute, à la double convenance de l'art législatif et du génie national.

---

(1) C'est ce qui est arrivé par le bill de réforme.
(Note de la 3ᵉ édition.)

Quand on préfère les amendements partiels à une révision générale, est-on bien certain de ne pas prendre l'exemple donné jusqu'à présent par l'Angleterre pour une vue de raison? Mais, si jusqu'ici l'Angleterre a cherché à réparer, à rajuster, à corriger pièce à pièce l'édifice de sa législation, ce n'a pas été par choix, mais par nécessité ; elle a suivi le cours de son histoire, elle a surmonté les difficultés de la position par l'industrie de ses jurisconsultes et l'habileté de ses hommes d'État; enfin elle a obéi à son génie. Obéissons au nôtre. Or, l'esprit français excelle à embrasser l'étendue d'un sujet, à en saisir l'unité, à en tracer l'économie, à abstraire les principes dirigeants, à déduire les conséquences, à les subordonner, à parcourir avec une rapidité nette toute la gamme d'un système. Je dirais volontiers qu'il est plus poëte dans la philosophie et la politique que dans l'art même: voyez Montesquieu et Malebranche, Bossuet, Napoléon et Mirabeau. Il y a plus, nous ne concevons véritablement les détails qu'en les voyant découler d'un principe, qu'en les y ramenant; et, quand nous ne voyons pas tout, nous ne voyons rien.

Ces qualités philosophiques sont les plus nécessaires à la rédaction des lois ; elles répondent au sujet même, à l'unité et aux rapports qui animent et constituent la législation d'un peuple. Conçoit-on la possibilité de réformer un titre du Code civil sans réviser le Code même? Conçoit-on davantage la réforme du Code civil sans la réforme du Code de commerce ? Comment concilier sans ce concert les principes de la législation et ceux de l'économie politique, qui doivent entrer dans la légalité?

On ne donnerait à la France que des lois sans génie et sans puissance si, au lieu de les refondre, on voulait les lui raccommoder. Prenez du temps ; laissez les idées et les doctrines se produire, s'aventurer; mais, dès qu'une fois les hommes politiques auront résolu d'agir, plus de tâtonnements, de petits essais : les lois d'un grand peuple sont comme les armes d'Achille, il faut savoir les manier.

Le gouvernement français vient de proposer une loi qui remédie aux lésions les plus injurieuses que le Code pénal faisait à la dignité humaine : cette mesure est excellente, non parce qu'elle rend inutile la révision du Code, mais parce qu'elle permet de l'ajourner.

CHAPITRE IV.

DU PROBLÈME DE L'ORGANISATION JUDICIAIRE.

Détruire les parlements, créer une magistrature nouvelle destituée de toute influence politique, telle était la tâche de l'Assemblée constituante. Elle l'accomplit en ce sens, que les tribunaux et les légistes qu'elle répartit sur le territoire, d'après le système administratif qu'elle avait adopté, ne furent qu'un ministère et des officiers de justice, et c'était pour la nation et le temps l'affaire essentielle. Il ne s'agissait pas alors de trouver le meilleur système possible, mais d'abolir entièrement celui qui avait régné. D'ailleurs, résoudre du premier coup le problème de l'organisation judiciaire ne se pouvait, tant à cause de la difficulté absolue de l'entreprise que des circonstances au milieu desquelles elle se tentait. La suppression des parlements ne faisait pas disparaître les éléments, les habitudes, et, pour ainsi dire, les mœurs de notre ancienne organisation judiciaire; ce vieux monde, qu'on voit se créer peu à peu dans l'histoire de la monarchie, subsistait encore tout entier avec ses préjugés, ses coutumes et ses us, même au milieu des nouveautés les plus tranchées, et des désirs les plus ardents d'innovation. De plus, il fallait respecter le sort et ménager l'influence de tous ceux qui jusqu'alors avaient vécu du régime de la justice, de tant de magistrats, de légistes et d'avocats. Beaucoup d'entre eux travaillaient à la révolution, siégeaient à la Constituante, et délibéraient eux-mêmes sur leurs affaires. Aussi ne faut-il guère s'étonner si l'Assemblée constituante est inférieure à elle-même dans ses discussions et ses lois sur l'organisation judiciaire; il y avait dans les esprits même les plus intelligents, et à leur insu, trop de préjugés et de préoccupations, et il fallut toute l'indépendance et la clarté d'esprit du profond Duport pour conserver seul la puissance de créer un système.

En revanche, la Convention et Napoléon songèrent aux institutions judiciaires avec des préméditations arrêtées. La Convention poursuivait l'œuvre d'une démocratie souveraine, Napoléon d'un despotisme vaste et compliqué. Avoir de bons juges les occupait moins que de se procurer des instruments; et, comme dans leur position tout se soumettait à l'unité formidable et nécessaire de leurs desseins, le blâme qu'on serait tenté de jeter sur les détails doit faire place à l'intelligence du tout. Il est temps de dépouiller contre ces deux colosses les colères d'avocat et de les juger, comme ils ont agi, en grand.

La restauration se mit à réchauffer tous les souvenirs de l'ancienne magistrature, et à vouloir s'appuyer sur les cours souveraines en guise de parlements. Comme la Convention et l'Empire, elle chercha aussi des instruments, et ne se trouva que trop entraînée à confondre la politique et la justice. Il n'y eut pas si mince tribunal auquel on ne s'efforçât de persuader qu'il était le soutien de la légitimité; tout, jusqu'aux huissiers, devait être monarchique; et, pendant quelques années, les emplois de la judicature furent au concours de la complaisance et du zèle politique.

Cette expérience successive doit enseigner au pouvoir à ne plus chercher dans la magistrature que des juges rendant des décisions civiles et criminelles sur des affaires particulières. Plus de tuteurs de la monarchie, plus de censeurs de la société, mais simplement des juges. Il est temps de poser le problème de l'organisation judiciaire d'une manière simple et philosophique : *Quelles sont les meilleures institutions judiciaires séparées de toute puissance politique?*

Dans l'enfance des sociétés, les établissements judiciaires sont toujours abandonnés à l'instinct des mœurs. D'abord ils se confondent avec le pouvoir législatif, plus tard avec l'administration. Il n'y a pas d'institution où l'habitude et la coutume exercent plus d'empire, où la réforme soit plus délicate et plus difficile. Quand une nation s'est accoutumée à identifier les garanties mêmes d'une saine justice avec les formes d'une organisation défectueuse, elle résiste longtemps aux améliorations.

Il est impossible au publiciste, sans une enquête générale (1) sur l'ordre judiciaire d'un pays, de définir nettement les réformes nécessaires et praticables. Mais, il est utile dès aujourd'hui de préciser la question et de signaler certains points (2).

La justice sociale a deux faces; elle est en même temps la source et la conséquence de la loi, elle est le pouvoir législatif et le pouvoir judiciaire.

Le même principe doit constituer ces deux pouvoirs. Dans l'ancienne monarchie française, le roi était justicier souverain, parce qu'il était législateur. Aujourd'hui, que la loi

(1) Le gouvernement français vient d'entrer dans une route nouvelle par le compte rendu de l'administration de la justice civile. Cette publicité, qui deviendra successivement plus complète, doit être aussi efficace pour amener une réforme judiciaire que l'a été en finances la notoriété commencée par M. Necker. « La connaissance de cette statistique, dit le « rapport (voyez le *Moniteur* du 7 novembre 1831), livrera aux publicis- « tes, en même temps qu'aux magistrats, un riche sujet de méditation... « C'est en continuant à réunir de pareils documents que l'on pourra poser « à l'avenir les bases des changements qui pourraient être jugés nécessai- « res dans l'organisation des tribunaux. »

(2) Dès 1818, M. Charles Comte, en publiant la traduction du livre de sir Richard Philips sur le jury, indiquait quelques réformes dans d'excellentes observations sur nos institutions judiciaires. Il a, en 1828, publié de nouveau l'ouvrage anglais et développé avec plus d'étendue ses considérations remarquables.

émane de la volonté générale, son application, c'est-à-dire la justice, doit sortir également de la raison nationale.

La distribution d'une bonne justice a deux conditions : la conscience et la logique.

La conscience, dans nos sociétés modernes, a été particulièrement satisfaite par l'institution du jury, dont l'origine est germanique. La démonstration de ce point historique, que semblaient avoir épuisée quelques écrivains allemands et anglais, a été récemment résumée et ramenée à une solution philosophique par un jurisconsulte contemporain d'une façon très-remarquable (1). Voici la série de ses déductions. La distinction du fait et du droit est juste, mais elle n'explique pas assez profondément la nécessité du jury. La procédure criminelle doit être la conséquence naturelle de la pénalité même. Or, la peine a pour objet de faire disparaître le crime dans la conscience du coupable; en ce sens, le criminel a droit à la peine. Dès lors, il a le droit de coopérer lui-même à la distribution de cette peine. Or, le jury fait pour lui et avec lui, pour ainsi dire, l'aveu qu'il ne ferait pas seul; non-seulement il prononce, mais il avoue pour le coupable; il est, pour ainsi dire, sa conscience réalisée et mise en dehors; en même temps, il est juge, et donne satisfaction aux principes mêmes du droit. C'est dans ce mélange de juridiction et d'aveu pour l'accusé que réside l'esprit du jury, et voilà pourquoi le jugement et la preuve ne sont pas séparés. Mais, c'est seulement depuis le christianisme que les coupables ont pu trouver des délégués, pour ainsi dire, et des *tenants* dans leurs juges. La juridiction des Grecs et des Romains n'a pas le moindre rapport avec le jury. Comment le jury eût-il existé chez les Grecs, qui ne connaissaient pas l'individualité de la conscience propre? Le δικαστής chez eux n'était pas un homme privé. Le *judex*, chez les Romains,

---

(1) M. Gans. Voyez *Beiträge zur Revision der preussischen Gesetzgebung*; Berlin, 1830; Band. I, art. 6, *die Richter als Geschworne*.

servait seulement à séparer dans le jugement le particulier du général. Le jury ne pouvait être dans l'esprit des démocraties antiques, et il n'a commencé qu'avec les institutions germaniques. Il est parfaitement constitué en Angleterre; dans les autres pays, le droit romain et le droit canonique ont empêché longtemps le développement de cette institution, qui admettait les membres de la société à partager avec l'État la distribution de la justice; et encore on peut trouver dans la torture même le besoin que sentait le législateur d'obtenir l'aveu de l'accusé pour confirmer l'équité de la sentence judiciaire.

A cette subtile et ingénieuse explication, nous ajouterons que l'institution du jury doit s'agrandir avec la conscience des droits et de la nature de l'homme. Le jury, c'est la liberté (1). Si nous pouvions en douter, on s'en convaincrait entièrement par la répugnance que cette institution a toujours inspirée aux partisans de l'ancien système judiciaire, qui se sont efforcés de la faire condamner au tribunal même de la raison. M. de Bonald demande quelque part où sont les pairs d'un assassin? Je lui répondrai que le juré est l'homme même, que la conscience est égale à la conscience, et que même le crime n'abolit pas cette fraternité.

L'école saint-simonienne, qui s'est avisée de condamner le jury, n'avait donc pas le mérite de la nouveauté quand elle a écrit ces lignes : « Le jury n'est-il pas une conséquence

---

(1) Je parle ici de la liberté modérée telle qu'elle se comporte dans une monarchie constitutionnelle. Meyer, dans l'*Esprit des Institutions judiciaires*, a remarqué avec raison que l'institution du jury, sous le rapport politique, n'est point dans les idées républicaines, mais qu'elle appartient à la monarchie limitée. « Tout jugement par jurés, ajoute-t-il, suppose une division de pouvoirs : dans une démocratie, le juge est l'homme du peuple comme les jurés; dans le despotisme, les jurés sont serviteurs aveugles du prince comme le juge; la séparation des pouvoirs n'existe pas. Dans une aristocratie, on ne peut admettre le peuple à une partie de l'autorité: ce n'est que dans une monarchie que le souverain peut reconnaître des droits à la nation. » (*Note de la 3ᵉ édition.*)

« de la *défiance* inspirée soit par l'immoralité présumée de
« la loi, soit par la crainte de la corruption, ou du moins de
« l'ignorance dans la magistrature? *On a voulu être jugé*
« *par ses pairs, aussitôt qu'en morale, comme en politique,*
« *on n'a plus reconnu de supérieurs* (1). » Ces paroles sont
sophistiques. L'égalité humaine ne supprime pas la supériorité
morale, et la supériorité n'a pas de meilleur juge que le bon
sens. Demandez à l'écrivain le plus ingénieux s'il répudie le
verdict que douze de ses concitoyens auront prononcé dans
leur conscience. Les délits politiques, qui touchent à tous
les intérêts de la sociabilité, ne peuvent être réellement appréciés que par le jury. Les délits criminels sont encore plus
sensibles et plus palpables au sens de tous (2).

Le progrès de l'institution sera de s'appliquer à un plus
grand nombre de choses différentes, en allant toujours des
matières les plus générales à celles qui le sont moins; ainsi
la juridiction correctionnelle pourrait un jour être remise
aux mains des jurés; l'analogie des droits et des intérêts dans
les deux degrés de la justice criminelle doit amener ce résultat.

Le moyen qui facilitera l'application du jury aux autres
matières sera la spécialité. Or, on ne remarque pas assez que
nos tribunaux de commerce sont un véritable jury spécial;

---

(1) *Doctrine de Saint-Simon*, première année, 1829, page 229.

(2) Non-seulement le jury ne peut vraiment exister qu'avec la liberté modérée, mais il ne saurait servir les grands intérêts de la société qu'avec des mœurs publiques fortes et courageuses. Sans ces mœurs, l'institution, loin d'être l'expression d'une liberté sage, arrivera inévitablement à la trahir. Que le jury obéisse aux injonctions d'un pouvoir tyrannique ou qu'il cède à la violence des passions populaires, le résultat est le même, il n'y a plus de justice.

A l'appréciation du jury en lui-même, j'aurais dû ajouter la condition nécessaire d'une moralité sociale, énergique et persévérante. Théoriquement, l'institution a des raisons solides, mais il reste toujours cette question pratique si grave : Tel peuple est-il, par son caractère, au niveau de l'institution ? (*Note de la 3ᵉ édition.*)

car la juridiction consulaire s'attache surtout à définir et à spécialiser l'espèce sur laquelle elle statue; elle donne à chaque fait particulier une solution particulière. Pour arriver plus sûrement à ce but, elle renvoie à un juge du fait, à un arbitre spécial, à un architecte, à un maçon, à un orfévre, le soin d'apprécier les difficultés que présente chaque cas industriel, spécialisant ainsi encore une fois une juridiction déjà spéciale. Elle n'applique la loi que selon l'équité. Qui empêcherait de renvoyer à un juge de droit l'application du principe juridique, et d'ériger tout à fait les tribunaux de commerce en jurys spéciaux? Pourquoi encore ne renverrait-on pas à des jurys les litiges relatifs aux brevets d'invention?

C'est ainsi qu'on pénétrerait par ces dégagements successifs jusqu'à l'arche sainte, c'est-à-dire à la justice civile proprement dite. Quand les affaires politiques, criminelles, correctionnelles, commerciales, industrielles, seraient soumises au jury, il faudrait que les raisons qui excepteraient de cette juridiction les procès civils fussent irréfragables. Or, il n'y en a qu'une sérieuse : la spécialité du sujet. Mais, si un charpentier est apte à préciser l'espèce dans un procès qui intervient sur la construction d'une maison entre l'entrepreneur et l'acquéreur, pourquoi un avocat ne serait-il pas un excellent juré spécial dans l'interprétation d'un contrat de vente, d'un bail, d'une donation, d'un testament? Les avocats seraient alternativement juges et plaideurs, et leurs connaissances spéciales deviendraient ainsi utiles à l'administration générale de la justice.

La logique, cette seconde condition d'une saine justice, a besoin de partir d'un point déterminé pour fournir sa course : livrez-lui un fait bien défini, elle en déduira des conséquences non-seulement rigoureuses, mais inévitablement justes. La jurisprudence est une chose de la raison, une science, un système, une géométrie, une logique. Ses conditions dérivent de sa nature. Voit-on des géomètres se cotiser pour la solution d'un problème? L'unité est partout la loi de l'exercice de la raison.

Le juge du point de droit devra être unique. A cette condition, il est scientifiquement possible.

Bentham s'est chargé de démontrer les avantages de l'unité du juge (1). Le juge unique est presque placé dans l'impossibilité de manquer à l'honneur et à la probité. Seul, en présence du public, il n'a d'autre appui, d'autre défense, que l'estime générale ; il est vraiment responsable. Au contraire, les compagnies nombreuses, fortes de leur position sociale, au lieu d'être soumises à l'opinion publique, dans le sens où elles doivent l'être, se sentent jusqu'à un certain point en état de lui faire la loi. L'histoire des corps nombreux prouve deux choses : leur indépendance de l'opinion et leur ascendant sur une partie plus ou moins grande du public. Le juge unique est attaché à la responsabilité de son jugement, d'une manière indissoluble. Dans les compagnies, les juges peuvent se renvoyer de l'un à l'autre la honte d'un décret injuste, en sorte qu'il est le fait de tous et n'est celui de personne. Le juge unique doit donner un suffrage entier ou n'en donner aucun. Dans les compagnies, on peut prévariquer à demi sans se compromettre, et cela par la simple absence, dont il résulte qu'en paraissant ne donner aucun suffrage, on donne réellement la valeur d'un demi-suffrage à une mauvaise cause ; car soustraire son vote au parti juste, c'est produire la moitié de l'effet qu'on eût produit en le donnant au parti injuste. Dans les compagnies, un des membres du corps, sous le nom de chef et de président, expédie à lui seul en réalité la majeure partie des causes dans le train des affaires communes. « Une série de juges, cinq, dix,
« quinze, ne présente qu'une seule figure efficiente, avec
« quatre, neuf ou quatorze zéros ; et, dans ce cas, les zéros
« diminuent la valeur de la figure; car le faux air de con-

---

(1) *De l'Organisation judiciaire et de la Codification.*

« cours et d'unanimité donne au personnage principal plus
« de confiance et de négligence que s'il eût été seul. » Le
juge unique, seul devant le public, isolé, responsable, éclairé
par les plaidoieries qu'il sera obligé d'écouter avec conscience, apportera au moins autant de capacité et plus d'attention qu'une compagnie de juges ; car les hommes s'affaiblissent sous le rapport de l'application en comptant les
uns sur les autres. En un mot, publicité, unité, voilà les
deux principes de l'organisation judiciaire.

Jamais démonstration ne fut plus lucide et plus satisfaisante. Cette théorie du juge unique, qui a pour elle la sanction de l'histoire dans l'ancienne Rome et en Angleterre, se
justifie encore par l'examen des faits les plus simples qui se
passent sous nos yeux. Aux termes des articles 806 et 807
de notre Code de procédure civile, le justiciable, dans tous
les cas d'urgence, ou lorsqu'il s'agit de statuer provisoirement sur les difficultés relatives à l'exécution d'un titre exécutoire ou d'un jugement, porte sa demande à une audience
tenue à cet effet par le président du tribunal de première
instance, ou par le juge qui le remplace, aux jour et heure
indiqués par le tribunal. On ne saurait avoir passé quelques
mois dans une *étude d'avoué* sans connaître la fréquence et
l'importance de ces causes de *référé*. Elles exigent de la
part du magistrat devant lequel elles sont portées une compréhension vive et rapide, la connaissance fort nette, tant
de tous les principes que de toute la jurisprudence, une
mémoire toujours présente, un esprit prompt qui lui suggère
sur-le-champ une solution juste et une rédaction courte et
claire. La juridiction des *référés* est pour un juge une
épreuve décisive. Seul, entouré de tous les praticiens du palais, obligé de rendre et de motiver sur-le-champ ses ordonnances, il donne la mesure de son aptitude, et il est jugé
lui-même au moment où il juge. Le juge de paix n'est-il pas
encore un juge unique, sur la tête duquel la responsabilité
réside tout entière ? Seulement sa compétence doctrinale

n'est pas toujours en harmonie avec sa compétence légale : les causes qui lui sont soumises, telles que les questions de pétitoire et de possessoire, réclameraient des jurisconsultes consommés.

La suppression des cours d'appel serait la conséquence naturelle de la juridiction du juge unique prononçant sur des faits définis par les jurés. Peut-être l'opinion qui considère l'appel comme la garantie nécessaire d'une véritable justice s'affaiblit. Je lis dans le compte rendu de la justice civile que j'ai déjà cité : « .... Dans les cours royales, l'ex-
« pédition des affaires est moins prompte que dans les tri-
« bunaux de première instance. On y remarque proportion-
« nellement plus d'affaires restant à juger et un arriéré
« plus considérable. Les décisions rendues sur défaut et les
« radiations, quoique dans une proportion moindre qu'en
« première instance, sont cependant tellement nombreuses
« encore, qu'il demeure manifeste que beaucoup d'appels
« sont formés dans l'unique but d'entraîner des lenteurs, et
« de se soustraire, pendant quelque temps, à l'exécution des
« condamnations prononcées en première instance (1). »
L'appel ne serait donc plus qu'un répit, une menée dilatoire, au lieu d'être dans l'esprit des citoyens le redresseur d'une justice inférieure?

Bentham, dans la tête duquel la pratique de la légalité anglaise a déposé certaines répugnances irréfléchies, s'est déclaré contre le jury en matière civile, et se trouve ainsi contraint d'admettre l'appel. C'est pourquoi il prend toutes les précautions pour réduire les inconvénients d'une seconde juridiction. La maxime fondamentale de l'institution des cours d'appel sera celle-ci : *Le tribunal d'appel ne pourra recevoir comme base de sa décision, d'autres documents que ceux qui auront été soumis au tribunal dont on appelle.* De cette maxime sortiront plusieurs avantages. 1° On peut pla-

(1) *Moniteur* du 7 novembre 1831.

cer la cour d'appel dans le lieu le plus convenable, sans égard à la distance, puisqu'il n'y aura plus de voyages de témoins, mais seulement un déplacement de pièces et de papiers ; 2° grande économie de temps et d'argent, point de frais, pas de délais pour une nouvelle audition de témoins ; 3° on ne pourra appeler que d'un décret définitif, ce qui fait tomber tous les appels fondés sur des arrêts interlocutoires. Ces motifs nous paraissent assez considérables pour arrêter l'attention du législateur qui, sans adopter encore le jury dans les matières civiles, voudrait réformer les tribunaux d'appel.

En France nous comptons trop de légistes et pas assez de jurisconsultes. La multiplicité des tribunaux est la cause de cet inconvénient, dommageable non-seulement à l'éclat de la science, mais aux intérêts des citoyens. Moins nombreux, nos juges seront meilleurs ; mais un juge ne sera excellent que lorsqu'il siégera seul sur son tribunal.

CHAPITRE V.

CONCLUSION.

Je ne saurais abandonner ce fragment imparfait sans renouveler mon acte de foi dans la puissance de la science et de l'homme. J'ai entendu murmurer les mots de bas-empire, de corruption, de décadence, de siècle qui s'en va, de race humaine décrépite. On dirait que plusieurs, comme au dixième siècle, attendent à toute heure le moment de la chute du ciel et du détraquement du monde.

Bizarrerie de l'homme de douter de sa force au moment où elle éclate le plus ! Il ébranle les empires, il les pousse : et, quand ils tombent, il s'effraye de leur fracas et de leur poussière. Mais ces ruines attestent son génie, mais ces formes, ces institutions qui se dégradent et qui s'écroulent, proclament la puissance de son *esprit* ; il les a créées, il les ensevelit, il en évoquera d'autres. Homme, ne méconnais pas la force de ton *esprit*, qui n'est autre que celui de Dieu même : *Ubi autem spiritus Domini, ibi libertas* (1).

La jeunesse de l'humanité est passée : son imagination n'a pas tari, mais elle se fortifie des convictions sévères d'un âge plus mûr. On ne persuadera plus aux sociétés qu'elles meurent, parce que dans leur sein quelques tentes se replient, et que quelques dieux dont le temps est venu tombent sur leurs autels. L'homme social n'est plus idolâtre, et il s'est affranchi du culte des images; il cherche, pour l'adorer, l'*esprit* des choses.

En vain quelques-uns maudiront l'aurore de cette époque philosophique du monde, elle illumine de la rougeur de ses feux les décombres et les ruines. En vain aussi quelques autres, dont l'impatience domine la raison, se découragent : attendez donc,

Et quel temps fut jamais si fertile en miracles ?

Attendez, non pas que quelque *Deus ex machina* descende pour accomplir vos désirs; mais attendez tout de vos propres efforts; il n'y a pas d'autre médiateur que l'esprit humain.

Si la science était inféconde et si la liberté devait mourir, il faudrait condamner Dieu.

Or, on peut prophétiser le triomphe de l'intelligence; il y aura un nouveau développement de la religion pour ceux qui le chercheront, comme il y a eu un nouveau monde pour Christophe Colomb, qui naviguait à sa poursuite ; et, comme l'a dit un poëte : « La nature a contracté avec le génie une « éternelle alliance; ce que le génie promet, la nature le tient « toujours. »

La liberté est dans l'ordre politique ce qu'est la science

---

(1) *Epistola secunda Pauli ad Corinthios*, cap. III.

dans l'ordre moral, c'est l'esprit humain en son propre nom. Il lui sera donné de fonder son empire et ses lois.

Esprit universel des choses, toi que l'homme ne connaît que par le sien, tu l'animes, tu l'inspires, tu le soutiens, tu l'as créé ton ministre et ton interprète; il n'est rien sans toi, mais tu ne parais sur cette terre que dans lui et par lui; tu vivifies les sociétés, mais tu emportes dans ta course l'image impuissante et la lettre corrompue; tu renouvelles ta face à des époques fatales, ou plutôt l'homme, sur lequel tu as mis ton souffle, te découvre et te voit davantage à mesure qu'il gravit le temps et qu'il se hâte vers l'éternité; tu es notre essence et notre fin, notre intelligence et notre force; ta volonté est la nôtre; tu nous fais travailler à l'accomplissement de tes desseins et des nôtres, et tu nous attends à la fin des siècles comme un grand roi qui, après avoir envoyé ses enfants s'illustrer dans la guerre, les reçoit dans son palais, glorieux et fatigués.

C'est ainsi qu'après 1830, éclataient mon enthousiasme et ma foi dans l'avenir de la liberté. Que de radieuses espérances, que d'enivrantes illusions, faisaient battre alors les cœurs de la génération qui entrait dans la science et dans la vie! Je ne regrette rien de ces nobles émotions, et je n'ai pas voulu dans ce livre en effacer la trace.

Mais le temps a coulé. En face de nos espérances, la réalité sévère et triste s'est levée, et elle en a beaucoup détruit impitoyablement. Néanmoins, tout n'est pas tombé. De grandes convictions nous animent encore, mais épurées, mais dégagées, pour ainsi dire, de ces nuages enflammés que répand entre l'esprit et la vérité l'atmosphère des révolutions.

Je crois toujours à la puissance de la raison humaine; mais je ne me représente plus cette raison comme vouée à une insurrection éternelle. Elle n'est forte, au contraire, que dans son ordre, dans sa hiérarchie, dans sa soumission à Dieu. C'est seulement dans cette voie qu'elle peut remonter les degrés qui la séparent du principe divin, et s'approcher le plus possible de sa lumière.

Je crois toujours à l'avenir de la liberté, mais non plus à sa solidarité avec la révolution; car celle-ci a failli l'étouffer dans son étreinte.

Enfin, je crois toujours à l'avenir de l'humanité. Seulement, moins que jamais, je me contente de ces progrès qui transforment la matière, en tirent des ressources nouvelles, mais laissent l'homme dans la même impuissance sur lui-même. En vérité, les merveilles de l'industrie jettent une trop vive lueur sur notre faiblesse morale. Combien faudra-t-il de siècles pour établir l'équilibre entre la puissance de la matière et la force de l'âme humaine?

Nous vivons dans un temps difficile et douloureux, temps de luttes sans cesse renaissantes, où ceux qui les soutiennent se proposent toujours un triomphe violent et exclusif. C'est se méprendre étrangement; c'est se tromper d'heure dans l'histoire de l'humanité. Le fond des sociétés et de l'homme a été remué profondément. Pour remettre l'ordre dans ce chaos, il faut embrasser et satisfaire toutes les facultés, toutes les idées, toutes les aptitudes humaines. C'est seulement de cette universalité dans les pensées et dans les actes qu'une vie harmonique et féconde sortira. L'œuvre est immense, et voilà pourquoi, jusqu'à présent, il y a eu tant d'efforts sans durables résultats. Mais aussi l'œuvre est nécessaire, et c'est pourquoi chacun doit continuer son labeur.

FIN DE LA PHILOSOPHIE DU DROIT.

ÉTUDES.

AVERTISSEMENT.

Les études jointes à la *Philosophie du droit* sont :

1° Un fragment sur la vie et les ouvrages de Saint-Simon. Quand il a paru pour la première fois, quelques mois après la révolution de 1830, plusieurs personnes ont estimé que je plaçais trop haut ce philosophe ; mais je persiste à le considérer comme un penseur éminent, de l'originalité la moins incontestable.

2° Une analyse critique de la *Monographie* de M. OTFRIED MULLER *sur les Étrusques*. J'attachais une grande importance, en étudiant le droit romain, à constater le degré d'influence de la civilisation étrusque sur la civilisation romaine.

3° Une analyse critique de l'ensemble et de quelques points de la belle *Histoire romaine* de M. Niebuhr. Cet ouvrage est capital pour la connaissance de Rome, et ne saurait être analysé avec trop de détails et de soins. Que ne gagne-t-on pas dans le commerce de tels livres, en assistant pour ainsi dire à la formation des idées de l'auteur, en les prenant à leur origine, en les suivant dans leurs développements, leurs détours, leurs variations, leurs nuances, leurs transitions, en les décomposant, en les démontant, en interrogeant avec lui les sources qu'il a explorées, en les comparant avec ses inductions ! De cette manière, l'admiration que votre auteur vous inspire est instructive ; les dissentiments que vous exposez seront profitables, et cette contemplation intime est une bonne école où l'esprit exerce ses forces sans compromettre son originalité s'il est destiné à en avoir.

DE LA VIE ET DES OUVRAGES DE SAINT-SIMON.

Il y a cinq ans, un philosophe meurt dans la pauvreté, l'abandon et l'oubli : durant une vie pleine de travaux et d'amertume, traversée d'orages et vouée tout entière à la passion du vrai, au culte de l'humanité, à la recherche de ses lois morales et progressives et de son avenir positif, cet homme n'a recueilli que dérision et ingratitude ; ses contemporains ont passé à côté de lui, soit le sourire moqueur à la bouche, soit en détournant la tête : pas un encouragement, pas un suffrage. Le philosophe a même comparu devant la justice de son pays pour avoir flétri d'une réprobation sévère l'oisiveté dans les cours, et a toujours ainsi marché d'épreuve en épreuve, jamais abattu, ne désespérant jamais jusqu'au dernier soupir, qu'ont reçu un disciple fidèle et deux ou trois amis. Et cependant voilà qu'aujourd'hui, au milieu même des partis, des factions, des trônes qui tombent ou qui craquent, éclate une école nombreuse et puissante qui n'agit, ne parle que pour répandre le nom, la doctrine, la parole de Saint-Simon, les glorifier, et trouve dans son enseignement assez de force et d'autorité pour tourner sur elle les yeux de tous, et devenir l'objet d'une attente universelle. Certes, un fait aussi frappant veut être regardé. Quel est donc cet homme qui revit après sa mort, qui, privé de la célébrité et de l'apothéose de coterie, entre dans la véritable gloire cinq ans après avoir disparu, et dont la doctrine, répandue et développée par un vaste prosélytisme, menace d'une révolution la religion et la politique? Quelle est cette école active, infatigable, pleine d'une conviction ardente, qui tous les jours se recrute et se fortifie, écrit, prêche, enseigne, sait braver le martyre du ridicule, renvoie aux salons dédains pour dédains, et marche ouvertement à la conquête de la société?

Je parlerai d'abord de Saint-Simon; j'arriverai ensuite à son école.

Claude-Henri, comte de Saint-Simon, naquit à Paris en 1760, et fut ainsi, pendant son enfance, contemporain de Voltaire, de Rousseau et de tout l'éclat du dix-huitième siècle. Il appartenait à ces Saint-Simon que Louis XIII combla de faveurs, qui eurent, sous Louis XIV et le régent, un représentant illustre qu'une immense publication vient de nous révéler comme un des plus grands écrivains de notre langue, qui descendaient des comtes de Vermandois, et, par eux, du sang de Charlemagne. Henri de Saint-Simon était fier de son origine et la rappelait souvent. Ainsi, dans l'avant-propos de son *Introduction aux travaux scientifiques du dix-huitième siècle*, après avoir dit que, tout à fait étranger aux prétentions littéraires des écrivains de profession, il n'écrit que parce qu'il a des choses neuves à dire, il ajoute : « J'écris comme un gentilhomme, comme un descendant des comtes de Vermandois, comme un héritier de « la plume du duc de Saint-Simon. » Et ailleurs : « Ce qu'il « y a eu de plus grand de fait, de plus grand de dit, a été « fait, a été dit par des gentilshommes. Notre ancêtre Charlemagne, Pierre le Grand, le grand Frédéric et l'empereur « Napoléon étaient nés gentilshommes, et les penseurs du « premier ordre, tels que Galilée, Bacon, Descartes et Newton étaient aussi gentilshommes. » Étrange rencontre du sort! ce hardi novateur était du même sang que ce duc de

Saint-Simon, champion si zélé de la noblesse héréditaire et de l'étiquette monarchique : on dirait que de ces deux gentilshommes l'un était destiné à montrer ce que les préjugés historiques peuvent avoir de plus entêté et de plus industrieux, l'autre ce que l'esprit de l'homme peut avoir de plus général, de plus libre et de plus investigateur.

On n'a pas de détails sur l'enfance de Saint-Simon : dans une de ses lettres, où il raconte l'histoire de sa vie, et que nous avons sous les yeux, il ne remonte qu'à l'époque de son entrée au service, en 1777 ; deux ans après, en 1779, il partit pour l'Amérique ; il y servit sous les ordres de M. de Bouillé et sous ceux de Washington. Pour un jeune homme plein d'enthousiasme, d'avenir, et qui, à dix-sept ans, se faisait éveiller chaque matin avec ces paroles : *Levez-vous, monsieur le comte ; vous avez de grandes choses à faire ;* c'était un beau spectacle qu'une révolution et un monde nouveau. Là il causa avec Franklin, assista à l'émancipation armée d'un grand peuple, étudia surtout les mœurs, la civilisation industrielle, et demeura convaincu dès ce moment que la révolution d'Amérique signalait le commencement d'une nouvelle ère politique, et amènerait bientôt de grands changements dans l'ordre social européen.

Saint-Simon resta cinq ans en Amérique. A la paix, il présenta au vice-roi du Mexique le projet d'établir entre les deux mers une communication qui était possible en rendant navigable la rivière *in Partido*, dont une bouche verse dans notre Océan, tandis que l'autre se décharge dans la mer du Sud. Le projet fut froidement accueilli : il l'abandonna. De retour en France, il fut fait colonel ; il n'avait pas encore vingt-trois ans. Le désœuvrement dans lequel il se trouva ne tarda pas à lui déplaire : il partit pour la Hollande en 1785. De retour à Paris, un an après, il fit un voyage en Espagne en 1787. Le gouvernement espagnol avait entrepris un canal qui devait faire communiquer Madrid à la mer ; mais il manquait d'ouvriers et d'argent. De concert avec le comte de

Cabarus, Saint-Simon présenta un vaste projet dont un événement vint empêcher l'exécution : c'était la révolution française.

Les révolutions entraînent tout dans leur orbite, et les hommes même les plus forts n'en sont que les glorieux satellites. Pour résister à cette pente universelle, il faut une force inouïe, que Saint-Simon posséda. Il ne siégea pas à la Constituante, bien que l'héritier du duc de Saint-Simon eût pu trouver original d'assister à l'holocauste nocturne des droits de la noblesse. Non ; pendant que l'œuvre de destruction s'élaborait au milieu des tempêtes, ce génie organisateur restait calme, et songeait, je cite ses expressions, *à fonder un grand établissement d'industrie, et une école scientifique de perfectionnement.* Saint-Simon, qui devait mourir dans le dénûment et la pauvreté, rechercha et voulut la fortune comme Voltaire. Ce devait être, dans ses mains, un noble instrument. Dans ce but il s'associa un Prussien, le comte de Redern, qui annonçait des vues libérales et approuvait ses projets. Ses spéculations réussirent ; et, en 1797, il était en mesure de commencer *l'établissement d'industrie*. Mais son associé, qu'aucune vue théorique n'animait, refusa de poursuivre ; et ils se séparèrent après une liquidation qui ne laissa dans les mains de Saint-Simon que cent quarante-quatre mille livres.

Forcé de renoncer à son établissement d'industrie, Saint-Simon se retourna vers la science. Alors il conçut la nécessité d'une nouvelle philosophie générale, et le projet, suivant son admirable expression, de *rendre l'initiative à l'école française.* Pour mener à bien cette vaste entreprise, il voulut commencer par constater la situation de la connaissance humaine. Dans ce but il prit domicile en face de l'École polytechnique, se lia intimement avec plusieurs professeurs de l'école, entre autres avec Monge. Après avoir mis trois ans à reconnaître les connaissances acquises sur la physique des corps bruts, il s'alla loger près de l'École de médecine,

entra en rapport avec les physiologistes et constata leurs idées générales sur la physique des corps organisés. Cela fait, il partit à la paix d'Amiens pour l'Angleterre, d'où il revint avec la certitude qu'*elle n'avait sur le chantier aucune idée capitale neuve*. Puis il alla à Genève, parcourut une partie de l'Allemagne ; et voici ce qu'il dit de ce savant pays :
« J'ai rapporté de ce voyage la certitude que la science géné-
« rale était encore dans l'enfance dans ce pays, puisqu'elle
« y est encore fondée sur des principes mystiques ; mais j'ai
« conçu de l'espérance pour les progrès de cette science en
« voyant toute cette grande nation passionnée dans cette di-
« rection scientifique. »

L'année 1808 trouva Saint-Simon maître de ses idées et prêt à écrire : alors il publia l'*Introduction aux travaux scientifiques du dix-neuvième siècle*; œuvre vigoureuse et inconnue (le livre n'a été tiré qu'à cent exemplaires, pour être distribué aux savants), début d'originalité et de génie. Mais, avant d'en parler avec quelque détail, je veux énumérer la suite des travaux de Saint-Simon, et le conduire jusqu'à sa mort. A la fin de 1808, il adressa au bureau des longitudes et à la première classe de l'Institut des lettres où il développait les idées qu'il avait adoptées sur le système astronomique dans son *Introduction* et qu'il abandonna plus tard. A côté de ces hypothèses jaillissait une foule d'idées neuves, de généralités fécondes. Quelque temps après, il composa différents Mémoires sur l'idée d'une encyclopédie et sur la science de l'homme. En 1810, il publia un aperçu des Mémoires relatifs à l'encyclopédie, sous le titre de *Prospectus d'une nouvelle Encyclopédie;* on y lit une épître dédicatoire à son neveu Victor de Saint-Simon, où éclate une sorte d'enthousiasme inconnue même à Diderot. Ses autres Mémoires inédits furent écrits dans le cours de 1813.

Jusqu'ici, Saint-Simon n'est pas entré dans la politique; il avait commencé à y tourner dans ses Mémoires sur l'homme, mais il l'aborda ouvertement, en 1814, après la chute de l'empire, par une brochure intitulée *de la Réorganisation de la Société européenne*, à laquelle travailla M. Augustin Thierry. Là, nous voyons le philosophe concevoir déjà le plan d'une association européenne, mais vouloir l'établir sur les formes du gouvernement parlementaire; car alors, il regardait encore la constitution anglaise comme le meilleur mode d'organisation sociale. Des points de vue historiques hardis et neufs distinguent cette brochure de cent et quelques pages, qui se termine par cette phrase citée si souvent par l'école : « L'âge d'or du genre humain n'est pas derrière « nous; il est au-devant; il est dans la perfection de l'ordre « social : nos pères ne l'ont pas vu, nos enfants y arriveront « un jour; c'est à nous à leur en frayer la route. » L'année suivante, en 1815, pendant la courte apparition du météore impérial, Saint-Simon publia, toujours de concert avec M. Augustin Thierry, une *Opinion sur les mesures à prendre contre la coalition de* 1815. Il y reproduisit sa thèse favorite d'une alliance nécessaire avec l'Angleterre; il y établit que le peuple anglais, par la conformité de nos institutions avec les siennes, par ce rapport de principes, cette communauté d'intérêts entre les hommes, était désormais notre allié naturel. Quelques semaines avant Waterloo, cette prévision philosophique qui semble vouloir se réaliser aujourd'hui ne pouvait être populaire. Il est remarquable que dans cette nouvelle brochure, Saint-Simon demandait que l'acte additionnel fût considéré comme provisoire, et que le peuple français donnât à la Chambre des représentants le pouvoir de se déclarer Assemblée constituante dès qu'elle le jugerait nécessaire.

Que le trône fût occupé par l'ancien élève de l'école de Brienne ou par un des frères de Louis XVI, peu importait à Saint-Simon : sourd aux révolutions passagères, indifférent aux luttes constitutionnelles, il arriva, dans son nouvel ouvrage, *l'Industrie*, qu'il fit paraître, en 1817, encore avec M. Thierry, à caractériser le régime parlementaire et représentatif, et à ne plus le considérer que comme un passage, un gouvernement de transition entre la société féodale et un nouvel ordre de choses que devait amener l'industrie. Dans les lettres contenues au second volume, qu'il adresse à un Américain, quelle appréciation vive et perçante des institutions et des choses! Et, dans la dernière partie, quelle profondeur dans la comparaison de la propriété foncière et de la mobilière, dans l'appréciation de l'organisation judiciaire et de l'influence des légistes! Là, Saint-Simon, sur le terrain même de Bentham, le laisse bien loin derrière lui. Cette critique fondamentale, qu'il adressait au constitutionnalisme, le conduisit, deux ans après, à présenter dogmatiquement ses idées sur la réorganisation sociale. L'*Organisateur* (1819) présenta à la fois le tableau historique du passé depuis le onzième siècle, et des inductions systématiques sur l'avenir. Le passé, sur lequel Saint-Simon promenait avec fermeté ses regards, lui démontrait que l'espèce humaine a toujours tendu de plus en plus à s'organiser pour travailler à sa prospérité par son action sur la nature, et que les savants, les artistes et les industriels, se sont toujours proposé de saisir la direction morale de la société. Donc, la société est fondée sur le travail, et doit être dirigée par la capacité scientifique et industrielle. Quel sera le mode d'exécution? quel sera le lien de transition de l'ancien ordre de choses au nouveau? Sur ces deux points Saint-Simon est loin d'être aussi dogmatique que sur le principe; et, s'il émet quelques vues, il déclare que le temps et les circonstances pourront fort bien les modifier. C'est dans l'*Organisateur* que se trouve la parabole célèbre qui le conduisit devant le jury : il fut acquitté.

Le *Politique*, pour la rédaction duquel il s'adjoignit plusieurs personnes, et une brochure sur les élections, en 1820, occupèrent, après l'*Organisateur*, son infatigable activité. Le *Système industriel* vint, l'année suivante, reproduire avec des développements plus riches encore l'idée fondamentale de sa théorie politique; nous y avons trouvé de belles pages sur l'individualisme et la liberté, et des aperceptions lumineuses sur l'histoire, toujours tournées en inductions de l'avenir. En 1822, il publia une brochure, *des Bourbons et des Stuarts*, où il avertissait la race de Charles X de ne pas s'appuyer sur les courtisans, les nobles, et de se lier intimement à la cause de tous les non privilégiés, sous peine d'une irréparable chute. Le *Catéchisme des industriels*, qui parut en 1823 et 1824, mit de plus en plus en saillie le système industriel et politique.

Cependant, Saint-Simon n'était pas même écouté de son siècle : le bruit des discussions constitutionnelles couvrait sa voix, qui se perdait à travers les luttes de partis. Le dédain, la moquerie, l'oubli et la pauvreté, étaient le prix de ses travaux. Il aimait ardemment la gloire et l'humanité : l'humanité lui était sourde, la gloire tardait à venir et ne devait briller que sur sa tombe ! Oh ! quel sourire affreux doit agiter les lèvres de l'homme de génie quand il porte dans son cœur l'ingratitude de son siècle ! Le combat dut être terrible dans l'âme de Saint-Simon, car il y succomba, et, rejetant la vie avec un invincible dégoût, résolut de se donner la mort. Le coup mortel l'atteignit sans l'anéantir, et comme l'ange de Milton, il se releva

Foudroyé, mais vivant.

Puisque la mort lui échappait, Saint-Simon comprit qu'il avait encore quelque chose à faire, voulut vivre, et à travers le suicide arriva à la religion.

Le *Nouveau Christianisme* parut. Trois mois auparavant, la publication des *Opinions littéraires, philosophiques et industrielles* avait mis en vive lumière les plus importants problèmes de l'organisation sociale; mais le *Nouveau Christianisme* apportait une idée nouvelle. Que s'est-il donc passé dans l'âme de cet homme qui a débuté par l'athéisme? C'est que, arrivé aux dernières angoisses du désespoir et du néant, il s'est réfugié tout à coup dans Dieu, et là seulement s'est trouvé à l'aise et à sa place. Quelle sentence accablante il prononce sur le catholicisme en se tournant vers le passé! Le protestantisme reçoit aussi sa leçon, et son incapacité pour l'organisation et le culte lui est démontrée. Je ne crains pas de considérer le *Nouveau Christianisme* comme laissant bien loin derrière lui la *Profession de foi du vicaire savoyard*, élan pathétique d'un déisme qui se cherche et ne sait où s'appuyer, destitué qu'il est de la connaissance profonde de l'homme et de l'histoire.

L'année même où il écrivit le *Nouveau Christianisme*, le 19 mai 1825, Saint-Simon mourut laissant imparfait un autre ouvrage. Depuis qu'il était entré si profondément dans la conception de Dieu et de la religion, il avait contracté un calme inaltérable, et se montrait plein de sécurité sur l'avenir de sa gloire, de ses idées et de la société. Une heure avant sa mort, maîtrisant la souffrance, ayant auprès de son lit le disciple fidèle qui lui ferma les yeux et deux ou trois amis nouveaux, car les anciens l'avaient abandonné, il les enseignait et les exhortait encore : « Ayez courage, leur di-
« sait-il : la poire est mûre, vous la cueillerez. La dernière
« partie de nos travaux, la partie religieuse, sera méconnue
« quelque temps, parce que le catholicisme s'est montré con-
« traire à la science; on croira d'abord qu'il en doit toujours
« être ainsi de toute religion. Mais allez toujours, et rap-
« pelez-vous qu'il faut de la passion pour faire de grandes
« choses. La poire est mûre; vous la cueillerez. »

Nous avons conduit Saint-Simon jusqu'à la fin de sa vie; le voilà mort. Il ne reste plus rien de cette individualité si vive, si puissante, si passionnée, si fougueuse, si singulière et si générale, de ce gentilhomme novateur, de ce génie original, qui a donné à l'industrie sa véritable place, en l'associant à la science et en l'appelant hiérarchiquement au gouvernement; de ce poëte, car il fut inventeur, car il voulut associer les hommes au nom d'une idée générale, c'est-à-dire de Dieu, et cependant fut calomnié, méconnu, et battu des verges de l'opinion. Je me trompe, il en reste quelque chose : ses idées; et les idées d'un homme, voilà son testament véritable, voilà son légitime héritage. Débiles et fausses, elles s'éteignent sur son tombeau ; fécondes et vraies, elles envahissent le monde.

Quand on étudie avec attention les ouvrages de Saint-Simon, on reconnaît clairement qu'ils se partagent en travaux scientifiques, travaux industriels et politiques, et conception religieuse. Nous voulons maintenant, sous ces trois chefs, résumer la progression de ses idées générales.

Travaux scientifiques. Tout homme de génie veut ce qu'il doit faire : Voltaire voulut détruire, Saint-Simon organiser. Frappé, comme nous l'avons déjà dit, de la nécessité de rendre l'initiative à l'école française, il constate l'état actuel de la science. Aussi cette première partie de ses travaux est-elle plutôt critique qu'organique, bien que déjà parsemée d'idées puissantes et positives qui se développèrent plus tard.

Dans son *Introduction aux travaux scientifiques du dix-neuvième siècle*, qui est écrite, ainsi que ses autres ouvrages, du style le plus vigoureux, le plus neuf, le moins académique, et qui rappelle la vigueur de Descartes dans le discours de la *Méthode*, on trouve (et c'est en 1808, bien avant l'éclectisme) :

Une admirable et longue application du génie de Descartes, que Saint-Simon replace au-dessus de Newton;

Une critique compétente des beaux travaux de Newton;

Un jugement excellent sur la philosophie de Locke;

Condorcet loué et blâmé avec une impartialité supérieure.

A la fin du jugement critique je trouve ces mots : « Les « circonstances générales dans lesquelles Condorcet s'est « trouvé, les circonstances particulières dans lesquelles il « s'est placé, lui ont échauffé la tête: elles ne lui ont pas

« laissé le loisir de poser tranquillement les faits, d'observer
« leur enchaînement, et de déduire méthodiquement les con-
« séquences des principes qu'il a posés. Il n'a pas examiné
« pendant le cours de son travail la meilleure opinion à ad-
« opter ; il a employé toutes ses forces à soutenir celle qu'il
« avait émise; et sa belle conception, *récapituler la marche
« de l'esprit humain, et terminer cette récapitulation par
« l'exposé de conjectures formées sur la marche qu'il suivra*,
« s'est réduite, dans l'exécution, à une diatribe contre les
« rois et contre les prêtres. »

Nous signalerons surtout dans l'*Introduction* une magnifique observation sur la synthèse et l'analyse, qui a été reproduite dans ces derniers temps, mais qui a été écrite pour la première fois dans la philosophie française par Saint-Simon. Il y est démontré que la synthèse et l'analyse sont deux modes d'activité de l'esprit humain aussi nécessaires l'une que l'autre; qu'il faut alternativement généraliser et particulariser; et que l'école, en décrétant que les savants devaient suivre exclusivement la route que Locke et Newton avaient prise, a posé un principe de circonstance en croyant poser un principe général.

L'*Introduction* est toujours dominée par cette pensée, qu'il faut revenir à l'œuvre de Descartes, à *monarchiser la science*, puisque Newton l'a *anarchisée*; à la synthèse, puisqu'on a épuisé l'analyse, et parvenir à une idée générale, nouvelle et génératrice. Ensuite, que de vues fortement rationnelles! quelle justice rendue au clergé quand il était plein de science et d'autorité, à *ce corps de professeurs de théisme*, comme l'appelle Saint-Simon.

Déjà aussi il entrevoyait le principe sur lequel il devait baser sa politique : le travail. *L'homme doit travailler*, dit-il; *le rentier, le propriétaire qui n'a pas d'état, qui ne dirige pas personnellement les travaux nécessaires pour rendre sa propriété productive, est un être à charge à la société..... Le moraliste doit pousser l'opinion publique à punir le propriétaire oisif en le privant de toute considération.*

L'idée d'une encyclopédie dès 1810, qui devait, au rebours de celle du dernier siècle, édifier et non détruire, n'est pas sans doute une pensée médiocre.

Dans les *Mémoires sur la Science de l'homme*, la marche des sciences est lumineusement indiquée, ainsi que le besoin d'une philosophie et d'une science générales positives; d'où doit découler une réorganisation sociale qui ne peut jamais être que l'application du système des idées : car Saint-Simon pensait, avec Platon et Spinosa, que les faits reçoivent leur loi de la pensée de l'homme.

Travaux industriels et politiques. Du besoin de réorganiser la science, le philosophe passe à la réorganisation de la société et arrive aux résultats suivants :

Le régime parlementaire et constitutionnel, que plusieurs publicistes ont considéré comme la dernière merveille de l'esprit humain, n'est qu'un régime transitoire entre la féodalité, sur les débris et dans les liens de laquelle nous vivons encore, et un ordre de choses nouveau.

Le fondement de la politique sociale est le travail.

Or, les travailleurs industriels sont les descendants directs des esclaves, des serfs et des affranchis; à mesure que la civilisation a marché, ils ont avancé avec elle, et l'importance de l'organisation militaire a décru en proportion.

Les travailleurs sont donc appelés à s'emparer de la direction matérielle de la société.

La propriété foncière doit alors se régler et se transformer sur le monde de la propriété mobilière.

L'idée de la production et du respect de la production remplacera l'idée de la propriété foncière et du respect qu'on a pour elle.

La direction de la société appartiendra donc à la capacité scientifique, artiste et industrielle, qui perfectionnera incessamment, et dans une égale mesure, la théorie et la pratique. Saint-Simon ne reconnaissait pas encore la capacité religieuse.

Conception religieuse.

Le monde vit et repose sur la foi en Dieu.

Le christianisme est fondé sur ce principe sublime : « *Les hommes doivent se conduire en frères à l'égard les uns des autres.* »

Donc, suivant le christianisme, les hommes doivent se proposer, pour but de tous leurs travaux et leurs actions, d'améliorer le plus promptement et le plus complétement possible l'existence morale, intellectuelle et physique de la classe la plus nombreuse et la plus pauvre.

Donc le catholicisme, qui a abandonné la cause de l'amélioration morale, intellectuelle et physique de la classe la plus nombreuse et la plus pauvre, pour se ranger depuis le quinzième siècle du côté des rois et de l'aristocratie, est hérétique.

Donc le protestantisme, qui a voulu ramener l'Église aux imperfections de sa naissance, qui lui a enlevé son caractère d'unité, et demeure impuissant pour gouverner, organiser, et se développer en gouvernement et en culte, est hérétique.

Donc il y a nécessité d'une nouvelle organisation sociale, qui déduira les institutions temporelles et les institutions spirituelles du principe que tous les hommes sont frères, et les dirigera vers le but du perfectionnement moral, intellectuel et physique de la classe la plus nombreuse et la plus pauvre.

Donc il y a nécessité d'une transformation du christianisme, d'un christianisme nouveau, d'une religion nouvelle.

Telle fut la progression biographique des idées de Saint-Simon, science, industrie, religion. Son école a dit après lui, dans un ordre synthétique, religion, science, industrie, amour, intelligence et force.

Mais c'est assez pour aujourd'hui : nous avons dit quel fut Saint-Simon, sa vie et ses idées, et nous avons reconnu clairement en lui un génie de premier ordre. Voilà le résultat de cet article.

Die Etrusker, Von Karl Otfried Muller, etc. — Les *Étrusques*, par Ch. Otfried Muller. Ouvrage couronné par l'Académie des Sciences de Berlin. 2 vol. in-8 Breslau, 1828.

La philologie devient de jour en jour plus nécessaire et plus utile à l'histoire ; elle restaure surtout l'antiquité, dévoile les temps primitifs, et seule peut nous donner l'intelligence de ce que le cours des siècles emporte si loin de nous. Sans elle et ses opiniâtres recherches, il ne faut pas espérer de connaître véritablement ce que firent et pensèrent les peuples et les hommes de l'antiquité, le sens de leurs pratiques, la tournure de leurs idées, l'esprit de leur religion et de leur droit. Et les études philologiques ont cet avantage, qu'elles se prêtent facilement aux différentes dispositions de ceux qui s'y livrent. Les esprits qui aiment surtout l'examen des détails, qui se plaisent uniquement à l'investigation curieuse de ce que les particularités, les fragments et les mots d'une langue ont de plus subtil et de plus délié, méritent réellement de la science historique, en déposant dans de simples monographies leurs recherches et leurs conjectures avec cette naïveté qui est le caractère de la véritable érudition. Mais si, à la sagacité qui devine, retrouve et restaure les mots, le philologue réunit cette étendue d'esprit qui comprend les choses, alors il se servira lui-même des matériaux et des richesses qu'il aura recueillis, et se fera historien. Ainsi les Niebuhr, les Creuzer et les Otfried Müller, offrent de nos jours l'heureuse union de la philologie et de l'histoire.

M. Niebuhr a véritablement restauré l'histoire de l'Italie primitive : il a retrouvé ces peuplades, dont les destinées viennent se mêler à la fortune de Rome. Les origines et les migrations de ces peuples, leur caractère, leur génie, leurs prospérités, leurs éclipses, leurs luttes avec Rome, leurs défaites, leur ruine, tout cela revit dans de savantes conjectures, où la sagacité historique est poussée si loin, qu'elle ressemble à une imagination puissante, et s'élève parfois à des créations de poëte. Les Ænotres et les Pélasges, les Opiques, les Sabelli, les Étrusques, les Ombriens, passent devant vos yeux, et vous intéressent tant par eux-mêmes que comme précurseurs des Romains; car ici la vérité historique concourt heureusement avec l'art. Si M. Niebuhr a passé de laborieux moments pour nous faire connaître les légendes, les mythes et les traditions de ces peuples en les soumettant à la plus ingénieuse critique, que le célèbre historien en soit récompensé par la curiosité pleine d'émotion qu'il inspire au lecteur ; on aime ces races retirées de la nuit des temps, et puis on attend les Romains, peuple historique s'il en fut, destiné à envelopper dans son sein, les unes après les autres, toutes les peuplades italiques, en attendant qu'il envahisse le monde. On sent qu'avant d'élever l'édifice, M. Niebuhr a voulu construire comme les propylées de l'histoire romaine (1).

De tous les peuples de l'ancienne Italie, les Étrusques, sans contredit, sont le plus important et le plus curieux. Nation forte, douée d'un caractère et d'une langue originale, pères en grande partie de la civilisation romaine, les Étrus-

(1) Il serait injuste de ne pas reconnaître que M. Micali, dans son *Histoire de l'Italie avant la domination des Romains*, a éclairci quelques points importants de l'histoire de l'Italie primitive et des peuples qui ne succombèrent sous les armes romaines qu'après une longue résistance. Mais on doit regretter qu'à force de patriotisme il ait souvent compromis sa critique. M. Niebuhr, si sévère pour l'ouvrage même, signale le mérite et le prix de l'atlas. Première et deuxième édition, page 136.

ques semblent destinés dans l'histoire à former le lien entre l'Orient et l'Occident. Par leur sacerdoce on les dirait tout à la théocratie; là, comme en Orient, la connaissance du ciel est nécessaire aux affaires (1), et les hommes se mènent par l'interprétation des signes, des phénomènes et des astres. Mais, par le patriciat, l'activité du citoyen commence, et l'indépendance des droits politiques s'annonce. La Toscane antique fut donc le théâtre d'une des époques les plus instructives de l'histoire.

M. Niebuhr caractérise à grands traits les Étrusques dans son livre. Il les montre connus des Grecs comme maîtres de la mer Tyrrhénienne, au temps de la guerre des Perses ; habitant l'Étrurie proprement dite et les pays voisins du Pô à l'époque de leur grandeur ; jouant un rôle important dans l'histoire romaine depuis les rois jusqu'à la prise de Rome par les Gaulois ; au plus haut point de splendeur à la fin du troisième siècle ; perdant la Campanie dans le quatrième, ainsi que tout le pays depuis les Apennins, Veïes et Capenne ; s'épuisant pendant le cinquième dans de molles résistances contre Rome. « Enfin, au temps de Sylla, l'antique nation « étrusque périt avec ses sciences et sa littérature ; les no- « bles, qu'y avait conduits la lutte, tombèrent sous le glaive. « Dans les cités les plus considérables, on établit des « colonies militaires, et la langue latine régna seule. La plus « grande partie de la nation perdit toute propriété foncière, « et languit dans la pauvreté sous des maîtres étrangers, qui « s'appliquaient dans leur tyrannie à effacer la trace des « souvenirs nationaux et à tout rendre romain (2). » Mais les ruines des villes étrusques, l'originalité de leurs arts et de leurs monuments, le charme qui s'attache au mystère de leur langue, demeurée une énigme pour nous, tout cela a tourné

(1) Creuser, *Religions de l'antiquité*, traduction de M. Guigniaut, tome II, première partie, pages 479, 480 et *passim*.
(2) Niebuhr, deuxième édition, tom. I, pag. 11 et 12.

vers les Étrusques l'intérêt et la curiosité des modernes; et, selon la spirituelle remarque de M. Niebuhr, ils sont sans comparaison plus célèbres aujourd'hui et en meilleur renom qu'au temps de Tite-Live. L'historien de Rome ne les quitte pas sans parler de leur religion et de leurs arts.

Un autre philologue, professeur à l'Université de Goettingue, célèbre par d'ingénieux travaux sur l'antiquité grecque, entre autres sur les Doriens (1), a entrepris, touchant les Étrusques, le même travail que pour la race dorique. C'est la même pensée historique, à peu près les mêmes divisions. M. Otfried Müller a voulu, pour ainsi dire, écrire la biographie des Étrusques dans l'histoire, comme il avait tracé celle des Doriens. Dans une introduction, il recueille ce que l'on peut savoir de l'histoire extérieure des Étrusques; puis il divise sa vaste monographie en quatre livres : dans le premier, il traite de l'agriculture, de l'industrie et du commerce; dans le second, de la vie sociale et domestique; dans le troisième, de leur religion et de leur divination; dans le quatrième, enfin, de l'art et de la science chez les Étrusques. C'est ainsi que, venant après Dempster (2) et Lanzi (3), M. Otfried Müller traite spécialement un sujet qui n'est qu'un épisode pour M. Creuzer dans sa *Symbolique*, ainsi que pour M. Niebuhr dans son *Histoire de Rome*.

Quel fut précisément l'état politique des Étrusques, voilà, il faut en convenir, ce qui nous a préoccupé, surtout dans nos études de législation historique, et ce que nous avons principalement cherché dans l'ouvrage de M. Otfried Müller. Ainsi, les rapports de la religion avec le droit, la nature et l'originalité de cette aristocratie sacerdotale, la condition politique de la nation, voilà ce que nous nous attacherons à re-

---

1. *Die Dorier*. 2 vol. Breslau, 1824.
(2) *Etruria regalis*, 1723, Florence.
(3) *Saggio di lingua etrusca, et di altre antiche Italia, per servire alla storia de' popoli, delle lingue et delle arti*. Rome, 1789.

cueillir du livre et de l'érudition du célèbre professeur de Goettingue.

Les sources de l'histoire des Étrusques sont nationales, romaines ou grecques. Quant aux livres même de cette antique nation, soit ceux qui contenaient les mystères et les doctrines de la divination, *etrusca disciplina*, soit les annales historiques proprement dites dont parle Varron, qui doivent avoir été composées dans le sixième siècle de l'ère romaine (1), et n'étaient peut-être pas restées pures de tout mélange de traditions grecques, tous sont perdus pour nous. L'empereur Claude, dans son histoire en vingt livres des Tyrrhéniens qu'il avait écrite en grec, les avait pris pour base de son récit, ainsi que le prouve le premier fragment de son discours sur le droit de cité des Gaulois (2). Les Grecs commencèrent à connaître l'Étrurie quand leur poésie épique brillait encore, et leur principale affaire fut d'envelopper les Étrusques dans le cercle de leurs traditions et de leurs mythes ; ce qui nous reste de toutes les sources grecques se trouve surtout dans Diodore, Strabon, Denys d'Halicarnasse, Athénée et Pollux le lexicographe. Pour les Romains, en ce qui regarde l'histoire primitive des peuples, ils sont presque toujours sous le charme de l'influence des traditions grecques : comme ils les avaient adoptées pour eux-mêmes, ils firent de même pour leurs voisins, spécialement pour les Étrusques. Aucun de leurs vieux historiens

(1) M. Niebuhr fait remonter au quatrième siècle cette composition des histoires.

(2) Gruter, *Inscript.*, p. 502. M. Niebuhr, dans son *Histoire romaine*, argumente aussi de ce passage en le citant en partie. Tome I, p. 393, deuxième édition. « Servius Tullius, si nostros sequimur, captiva natus « Ocresia ; si Tuscos, Cœli quondam Vivennæ sodalis fidelissimus, omnisque « ejus casus comes ; postquam varia fortuna exactus cum omnibus reli- « quiis Cœliani exercitus Etruria excessit, montem Cœlium occupavit ; et « a duce suo Cœlio ita appellitatus (scr. appellitavit) mutatoque nomine, « nam tusco Masterna ei nomen erat, ita appellatus est ut dixi, et reg- « num summa cum reipublicæ utilitate obtinuit. »

n'échappa à cette tournure des esprits à Rome, pas même Caton, si savant dans les origines italiques. Toutefois, on ne saurait méconnaître que les écrivains comme Caton, Cincius et Varron, durent consulter les monuments de l'Étrurie, soit directement, soit par des intermédiaires ; car Varron lui-même n'entendait pas l'étrusque.

C'est une curiosité bien naturelle qui nous pousse, en abordant l'histoire d'un peuple, à nous informer de ses origines, de sa souche, de la place qu'il occupe dans la grande famille des races et des nations humaines. Mais ici il est malaisé de satisfaire ce désir. Les fables et l'érudition se sont si souvent disputé le berceau des Étrusques par les traditions et les hypothèses les plus contraires, qu'il est presque impossible d'assigner avec quelque certitude le point d'où est parti ce peuple original. Tour à tour les Chananéens, les Phéniciens, les Celtes, les Pélasges et les Grecs ont été présentés par les savants italiens et français comme les auteurs des Étrusques (1). Nous n'exposerons pas sur ce point les excursions de M. de Otfried Müller, qui d'ailleurs s'attache à constater surtout l'originalité de la langue et des mœurs des Étrusques : aussi commence-t-il par des études de linguistique sur l'idiome des peuples italiques, en particulier sur celui des Σικελοί, qui, suivant une tradition fort accréditée dans l'antiquité, vinrent d'Italie dans l'île à laquelle ils donnent leur nom, sur le latin, sur l'osque, sur la langue ombrique, et finit par conclure, avec Denys d'Halicarnasse, que les Étrusques ne ressemblent à aucun autre peuple d'Italie pour leur langue, leurs mœurs et leurs institutions.

Le véritable nom de ce peuple est Ῥασεναί. Les Latins et les Ombriens l'appelaient *Tusci;* les Grecs ne le connaissaient que sous le nom de Tyrrhéniens. M. Otfried Müller examine

---

(1) Voyez aussi M. Creuzer, traduit par M. Guigniaut, tome II, première partie, page 296.

comment ils étendirent leur domination sur l'Étrurie, leurs rapports et leurs guerres avec les peuples voisins, comment ils détruisirent trois cents villes aux Ombriens, leurs luttes avec les Liguriens, leurs avantages sur Rome, qu'ils eurent un moment en leur puissance (1), et enfin leurs victoires successives et le triomphe définitif des Romains, qui, par l'établissement des colonies militaires, ruinèrent les villes et les habitants, si bien que Properce eut raison d'écrire à la louange d'Auguste :

« Eversosque focos antiquæ gentis etruscæ (2). »

On ne sait rien de bien clair et de certain sur leur domination dans la haute Italie. Ils y jetèrent un éclat vif, mais court (3). Ils envoyèrent aussi des colonies dans la Campanie et dans les îles. Hors de l'Italie, nous ignorons si, parmi les peuples qui les touchèrent en quelque chose, ils eurent affaire aux Phéniciens; au reste, dans leur civilisation, on ne saisit aucune trace de ce peuple oriental. Mais les Carthaginois furent un temps leurs ennemis; les deux peuples combattirent pour la possession de la Sardaigne, puis se réunirent contre un ennemi commun, les Phocéens, et paraissent depuis avoir vécu en bonne intelligence; de façon que, par une sorte de convention tacite, la Sardaigne resta à Carthage, et la Corse aux Étrusques. L'opulente et puissante Corinthe fut aussi bien connue des Toscans, et dut avoir avec Tarquinii des rapports de commerce; la tradition sur Démarate en est la preuve.

La nature et la fertilité du territoire de Toscane, ses produits, le parti qu'on en tirait pour l'usage de la vie, le né-

---

(1) Voyez Niebuhr, tome I, deuxième édition. *La guerre de Porsenna*, page 565.

(2) Livre II, élégie I.

(3) Voyez *Histoire des Gaulois*, par M. Amédée Thierry, tome I, page 51, etc.

goce et le commerce des Étrusques, leur monnaie, leur richesse pécuniaire, occupent le premier livre de la monographie de M. Otfried Müller. Nous arrivons au second livre, où il traite de la vie politique et domestique.

Il est difficile de connaître nettement l'intérieur de l'état et de la famille dans l'antique Étrurie. Les livres religieux et rituels de la nation (*rituales Etruscorum libri*) sont perdus; ils contenaient, suivant Festus (1), les rites et les usages suivant lesquels on fondait les villes, on consacrait les autels et les temples, ce qui faisait la sainteté des murs, la solennité de la porte; comment se divisaient les tribus, les curies, les centuries; comment se formaient et s'organisaient les armées, et les autres choses de ce genre, qui touchaient à la paix et à la guerre. Nous n'avons que quelques renseignements fournis par les Grecs et les Romains, qui ne s'arrêtent souvent qu'aux rapports les plus extérieurs. Les Romains, dans les récits qu'ils font de leurs guerres, parlent souvent de la fédération générale des douze villes étrusques. M. Otfried Müller, après une discussion qu'il faut comparer avec celle de M. Niebuhr (2), au lieu des douze villes dont on parle partout, croit pouvoir en compter dix-sept, savoir : Cortone, Péruse, Arretium, Volsinii, Tarquinii, Clusium, Volaterre, Ruselle, Vetulonium, Pise, Fesule, Veies, Cere, Falere, Aurinia ou Celetra, Volci et Salpinum. Quoi qu'il en soit, dans cette confédération, qui n'est pas sans analogie avec celles des villes grecques, surtout dans l'Asie Mineure, les différents états gardaient leur indépendance; Tarquinii

---

(1) Nous avons sous les yeux l'édition Dacier. Voyez page 450. « Rituales nominantur Etruscorum libri in quibus perscriptum est, quo ritu condantur urbes, aræ, ædes sacrentur, qua sanctitate muri, quo jure portæ, quo modo tribus, curiæ, centuriæ, distribuantur, exercitus constituantur, ordinentur, cæteraque ejusmodi ad bellum, ad pacem pertinentia. »

(2) Tome I, pages 119-124. — Dempster et Cluvier, cités par M. Otfried Müller, ne comptent aussi que douze villes, comme M. Niebuhr, mais les noms sont différents.

a pu dominer un instant dans le second siècle de Rome ; mais Volsinii et Clusium secouèrent vivement la suprématie de cette ville rivale, qu'ils finirent par renverser. Le lien politique qui unissait ces différentes cités était fort léger ; la grande affaire, c'étaient les solennités religieuses. Le peuple toscan se rassemblait tous les ans au printemps, auprès du temple de Voltumna ; les villes élisaient un grand prêtre pour toute la fédération ; les sacrifices se terminaient par des jeux : comme en Grèce et en Orient, il y avait des marchés pendant ces fêtes nationales. Les réunions étaient annuelles ; cependant, dans les circonstances urgentes, quelques villes prenaient l'initiative pour convoquer sur-le-champ une assemblée générale. Les réunions solennelles se composaient incontestablement du peuple entier ; mais l'aristocratie seule y délibérait sur les affaires ; aussi ces assemblées sont-elles souvent nommées, par Tite-Live, *principum concilia*. Ici, M. Otfried Müller se trouve, sans le dire, en dissentiment complet avec M. Niebuhr, car ce dernier ne peut consentir à reconnaître chez les Étrusques des assemblées nationales ; il pense que c'étaient les *principes* seuls qui non-seulement délibéraient sur les affaires, mais même se réunissaient, et que les conférences d'une aristocratie sacerdotale et guerrière n'ont aucune analogie avec les assemblées des Latins et des Samnites (1). Nous inclinons à cette dernière opinion, qui nous semble plus conforme à l'esprit des institutions étrusques. Les formes de la fédération semblent avoir survécu quelque temps à la prospérité nationale ; et, sous la domination romaine, on en rencontre encore quelques traces toujours sous les auspices de la religion.

C'est grand dommage, pour la connaissance intime de l'histoire de Rome, que nous sachions si peu de choses sur les rapports politiques et civils des peuples de l'Italie, surtout des Étrusques. L'Étrurie dut avoir, comme Rome, des colo-

(1) Tome I, page 124.

nies et des municipes, qui se rattachaient aux cités souveraines de la fédération. Toute ville qui s'administrait elle-même avait à sa tête une aristocratie, que les Romains désignaient ordinairement par le nom de *principes*. C'étaient eux qui seuls avaient la conduite des affaires; ils formaient une noblesse de race dont chaque membre s'appelait *lucumo*. Les Romains firent à tort de *lucumo* un nom propre; Denys d'Halicarnasse tomba dans la même erreur. *Lucumo* était la désignation générale des nobles étrusques. Ainsi, le savant Varron nous dit que Romulus demanda secours aux Lucumons, c'est-à-dire aux Étrusques.

Les familles nobles pouvaient seules prétendre aux grandes dignités, surtout à la dignité royale, qui probablement n'était pas héréditaire, et dont l'exercice devait se trouver fort restreint par la surveillance jalouse de l'aristocratie dont en réalité les rois étrusques n'étaient que les chefs (1). Néanmoins, cette dignité royale, restreinte par les *sublimes viri* et par le sénat, était en honneur en Étrurie; les écrivains romains en parlent souvent. Denys d'Halicarnasse pense que les insignes des magistrats romains furent empruntés des rois étrusques; on sait que le *lars Porsenna* est appelé par les historiens roi de Clusium, quelquefois aussi roi de l'Étrurie entière; on peut présumer qu'il commandait l'armée générale de la fédération.

L'aristocratie étrusque aimait la pompe et la magnificence dans les insignes et le costume; différente en cela des Grecs, et surtout des rois de Lacédémone. Rome l'a imitée. Les licteurs, les *apparitores*, la chaire curule d'ivoire, la toge prétexte, la pompe du triomphe, le diadème d'or (*etrusca corona*), et d'autres insignes furent empruntés à l'Étrurie

---

(1) Il y a donc peu de vérité dans ces vers de Voltaire :

> Esclaves de leurs rois, et même de leurs prêtres,
> Les Toscans semblent nés pour servir sous des maîtres,
> Et, de leur chaîne antique adorateurs heureux,
> Voudraient que l'univers fût esclave comme eux.
>
> (Brutus.)

par les Romains, qui portaient dans l'imitation une persévérance originale. Mais dans la pensée des peuples italiques, cette magnificence extérieure avait quelque chose de symbolique et rapprochait les hommes des dieux : ainsi, ils revêtaient le général victorieux du costume de *Jupiter optimus maximus;* c'est dans le même esprit que le triomphateur se frottait le visage et le corps de minium ; de cette façon, il ressemblait à l'image de Jupiter, qu'on adorait au Capitole (1). Il est sensible que l'aristocratie étrusque se liait intimement au sacerdoce ; les magistrats durent avoir l'*imperium* que nous trouvons chez les Romains, et qui resta étranger à la plupart des magistratures grecques. Le sénat était composé de lucumons. Qu'il y eût un peuple libre, bien que soumis à cette aristocratie, mais sans servitude personnelle, nul doute; mais nous ignorons la nature et le nombre de ses droits. On peut conjecturer que les habitants de l'Étrurie se partageaient en plusieurs classes, comme cela se vit en Grèce et dans les établissements grecs de l'Italie ; ainsi, à Rome, le peuple romain se divisait, comme l'a nettement établi M. Niebuhr, en patriciens, clients et plébéiens. A Rome encore, le client et le patron infidèles à leurs engagements réciproques étaient voués aux dieux infernaux ; cette idée religieuse et politique dut être empruntée de l'Étrurie. Denys raconte que, dans l'année 274 de Rome, l'aristocratie étrusque, pour soutenir la guerre de Veïes, rassembla les habitants comme ses serfs, πενέστας, et en forma une armée considérable. On peut se représenter les nobles comme de grands propriétaires fonciers qui armaient leurs paysans. A coup sûr il y eut contre cette aristocratie des émotions populaires, car les factions des villes grecques ne restèrent pas étrangères à l'Italie.

1) Pline, cité par M. Otfried Müller : « Enumerat auctores Verrius
" quibus credere sit necesse Jovis ipsius simulacri faciem diebus festis
" minio illini solitum, triumphantumque corpora. Sic Camillum trium-
" phasse, etc. »

Ici, M. Otfried Müller voudrait tirer de l'antique constitution romaine quelques inductions pour les institutions de l'Étrurie. Il ne doute pas qu'il n'y eût chez le peuple étrusque une division parallèle aux trois tribus primitives des Romains, *Ramnenses, Titienses, Luceres*, ou la même organisation de curies, et croit pouvoir établir que Rome dès son berceau l'avait empruntée à l'Étrurie. Les innovations successivement tentées dans la constitution romaine, notamment par Servius Tullius, paraissent aussi à M. Otfried Müller avoir dû se reproduire chez les Étrusques.

Nous ignorons entièrement quels étaient les rapports civils, le droit privé et l'administration de la justice de ce peuple (1). Ici encore, M. Otfried Müller pense que le droit romain peut fournir des analogies exactes. Seulement, il est constant que la femme jouissait dans la famille d'une considération véritable; le nom de la mère se trouve aussi souvent que celui du père dans les inscriptions sépulcrales : ajoutez que les femmes nobles étaient admises à la connaissance de la divination; on sait les prophéties de Tanaquil. L'aîné de la famille avait probablement des priviléges; il en était le prince, et la représentait dans le sénat : on peut croire que le nom de *lar* ou *lars* lui était affecté, et que le mot *aruns* désignait au contraire les fils plus jeunes des familles patriciennes.

La religion domine la civilisation étrusque : elle y était une science et un art, et se liait intimement à la pratique des affaires publiques et privées. Entre les mains d'une aristocratie sacerdotale, où se perpétuaient des traditions à la fois

(1) M. Micali (chap. XXI, *du Gouvernement et des Lois civiles des anciens Italiens*) reconnaît que, par la perte des livres d'Aristote et de Théophraste, il est impossible de savoir quelque chose de positif sur le gouvernement civil des Toscans. Il cite, comme M. Otfried Müller, ce passage d'Héraclide de Pont : ὅταν δέ τις ὀφείλων χρέος μὴ ἀποδιδῷ, παρακολουθοῦσιν οἱ παῖδες ἔχοντες κενὸν θυλάκιον εἰς δυσωπίαν. Quand un débiteur n'acquittait pas sa dette, il était suivi d'une foule d'enfants qui agitaient une bourse vide pour lui faire honte.

théologiques et scientifiques (1), la divination prit chez les Étrusques un empire et un essor qui ne se retrouvent dans l'histoire d'aucun peuple. Rome leur emprunta toute la discipline de sa religion, et il y eut entre elle et l'Étrurie un véritable commerce de pratiques et de recettes religieuses. Nous ne suivrons pas M. Otfried Müller dans son exposition de la divination et de la religion des Étrusques, qu'il est curieux de comparer avec M. Creuzer.

Nous signalerons seulement ce fait important pour le droit romain, c'est que la discipline augurale de Rome se distinguait en plusieurs points de celle de l'Étrurie. Romulus, qui le premier prit les auspices, avait été élevé à Gabie suivant la tradition ; et, dans la pensée des Romains, les auspices, qui jouent un si grand rôle dans le droit public et privé, avaient une origine latine et non pas étrusque. Toutefois, M. Otfried Müller remarque que Gabie, où la tradition veut que Romulus ait passé sa jeunesse, n'était pas étranger à la civilisation étrusque ; et, sans nier les intermédiaires et les différences, il considère toujours l'Étrurie comme l'école des superstitions savantes de Rome.

Résumons rapidement les traits principaux de la civilisation politique des Étrusques.

Une confédération de douze ou dix-sept villes indépendantes ayant sous leur domination des villes inférieures ;

Une constitution aristocratique ;

Un sénat ;

Une aristocratie sacerdotale, que l'opinion des peuples croit en commerce avec les Dieux, dont elle les rapproche beaucoup ;

Un amas de superstitions et de disciplines religieuses, qui se confond avec le droit public et presque toujours le constitue ;

Un peuple soumis, libre de sa personne, mais vivant dans les liens d'une sorte de hiérarchie féodale.

(1) Voyez M. Creuzer, tome II, première partie, page 404.

Nous ne savons rien de positif sur le droit civil, sur l'administration de la justice.

Quelle que soit l'origine des Étrusques, l'originalité de leur civilisation est incontestable; mais, comme ils n'avaient pas l'esprit exclusif de l'Égypte, ils reçurent de plusieurs peuples, notamment des Grecs, de sensibles influences. L'histoire de l'art le prouve suffisamment.

Eux-mêmes exercèrent sur les Romains un grand empire par leurs institutions. La religion et le patriciat de Rome sont inexplicables sans l'Étrurie.

Toutefois, nous ne pouvons nous empêcher de faire une remarque. M. Niebuhr, dans son chapitre sur les Étrusques, en réfutant une opinion de Denys d'Halicarnasse, demande si l'historien romain, qui suivait dans son récit l'écrivain grec, n'a pas reporté sur les institutions de l'Étrurie les idées que lui suggéraient la curie et la commune romaines. On pourrait demander aussi à M. Otfried Müller si parfois il n'est pas tombé dans le même inconvénient, et n'a pas conclu des Romains aux Étrusques. Lui-même avoue d'ailleurs que tel a été en plusieurs endroits son procédé. Mais n'y a-t-il pas une sorte de pétition de principes à chercher dans les institutions romaines le reflet et la preuve de celles de l'Étrurie, puisque précisément il s'agit de savoir jusqu'à quel point ces deux peuples se ressemblent, et de constater où est l'imitation, où est l'originalité? Au reste, c'était l'inévitable écueil du sujet; car la perte des histoires originales, l'ignorance où l'on est de la langue étrusque, condamnent l'historien et le philologue à ne connaître l'Étrurie qu'à travers la littérature grecque et romaine. Il n'est donc pas étonnant si la monographie de M. Otfried Müller sur les Étrusques est loin d'être aussi féconde en résultats que ses recherches sur les Doriens, dont l'étude est si utile pour la connaissance véritable de tout ce qui en Grèce n'est pas athénien, et particulièrement de la constitution de Lacédémone.

NIEBUHR.

I

Machiavel, à la fin du quinzième siècle, en commentant en politique et en homme d'État les *Décades* de Tite-Live, commença pour l'Europe l'étude sérieuse de l'antiquité romaine. Au seizième siècle, Paul Manuce et Sigonius la continuèrent en profonds érudits. Ce dernier surtout, par ses trois ouvrages, *de antiquo Jure Italiæ, de antiquo Jure provinciarum, de Judiciis,* fut d'un puissant secours aux historiens et aux jurisconsultes. Gravina, à la fin du dix-septième siècle et au commencement du dix-huitième, résuma les recherches de Paul Manuce et de Sigonius avec éclat. Puis vint Vico, qui se fit comme le prophète de l'histoire conjecturale. L'Italie continua pendant le dix-huitième siècle l'exploration de l'antiquité romaine ; nous citerons entre autres Duni (*Origine e progressi del cittadino e del governo civile di Roma,* 1763-1764), qu'un Allemand, M. Eisendecher, vient tout récemment (1829) de remettre en lumière.

En France, où avaient brillé au seizième siècle Cujas et Brisson, Saint-Évremond fit du bel esprit sur les Romains; Bossuet et Montesquieu en parlèrent admirablement. Ce dernier surtout, au milieu de plusieurs erreurs que la critique peut signaler aujourd'hui, prodigua ces aperçus vifs et prompts qui lui sont familiers et jettent la lumière sur la face des choses. Cependant l'Académie des inscriptions, M. de Pouilly, Fréret, Salier, traitèrent des points spéciaux dans de savantes monographies. L'ingénieux Beaufort, après avoir satisfait son scepticisme sur les premiers siècles de Rome, fit, dans sa *République romaine, ou Plan général de l'ancien gouvernement de Rome,* un ouvrage qui sera toujours nécessaire à l'étude des institutions romaines. Le savant président de Brosses, par son audacieuse restitution de l'*Histoire de la république romaine dans le cours du septième siècle, par Salluste*, fit briller l'érudition française dans le champ de l'histoire conjecturale. Au commencement de ce siècle, Levesque, membre de l'Institut, renouvela, dans son *Histoire critique de la république romaine*, le scepticisme de Pouilly et de Beaufort; mais sa critique est trop arbitraire, et, malgré quelques aperçus qui ne sont pas sans valeur, il est inférieur à ses devanciers.

L'Angleterre a sur l'histoire romaine deux auteurs capitaux, Fergusson et Gibbon. Fergusson, dans son *Histoire des progrès et de la chute de la république romaine*, offre une narration du plus grand intérêt, surtout pour le dernier siècle de la république. Gibbon commença son grand ouvrage où Fergusson avait fini le sien. Après un coup d'œil sur la monarchie d'Auguste et ses successeurs immédiats, il expose, à partir du siècle des Antonins, les tristes progrès de la décadence de l'empire romain. On a tout dit sur les mérites et les défauts de ce grand monument; les censures les plus vives ne sauraient compromettre la gloire de Gibbon, car il est de la destinée des choses véritablement grandes et fortes de durer et de survivre aux critiques qui en ont signalé les faiblesses et les misères.

Cependant, en Allemagne, le grand Heyne avait ranimé le goût et la connaissance de l'antiquité, et avait lui-même beaucoup écrit sur les antiquités romaines. Plus tard, Voss, qui encouragea la jeunesse de M. Niebuhr, rendit général dans la littérature allemande, par ses traductions d'Homère et de Virgile, le sentiment profond des anciens. Il faut voir, dans la belle préface de M. Niebuhr, comment la philologie prit alors un vaste essor, et se fit le plus puissant soutien de l'histoire.

Jusqu'à M. Niebuhr, l'érudition allemande, tout en cultivant l'antiquité romaine, n'avait rien promis de véritablement original. En 1811, par la première édition de son *Histoire romaine*, l'illustre philologue commença une ère nouvelle. Dans cet ouvrage, qui n'est plus aux yeux de l'auteur qu'un essai de jeunesse, et dont il a conservé à peine dans sa seconde et dans sa troisième édition quelques morceaux isolés, l'Allemagne reconnut unanimement une science profonde et originale, des résultats nouveaux, des conjectures puissantes, une voie nouvelle ouverte, et déjà fortement sillonnée. Néanmoins, il s'éleva des contradictions. M. Guillaume de Schlegel fit, en 1816, dans le cinquante-troisième numéro des *Jahrbücher* de Heidelberg, une critique longue et savante de plusieurs points capitaux. M. Wachsmuth, professeur à l'université de Halle, publia, en 1819, un ouvrage intitulé *die altere Geschichte des rœmischen Staates*, où il s'attacha à combattre M. Niebuhr en s'en référant assez souvent aux anciennes opinions et à l'autorité de Tite-Live. M. Niebuhr, sans répondre à ses critiques, continua, perfectionna ses travaux; et, en 1827, il donna une seconde édition de son livre, mais du premier volume seulement, seconde édition qui fut suivie immédiatement d'une troisième, l'auteur ayant jugé nécessaire d'éclaircir et de préciser plusieurs points de vue par des additions et des notes.

Dans les siècles précédents, les savants et les historiens avaient presque toujours déserté l'exploration des origines et des premiers temps de Rome. Ainsi, au dix-septième siècle, Sigonius, dans le premier chapitre de son traité *de Jure antiquo civili romano*, annonce qu'il ne cherchera pas à débrouiller ce qu'était le citoyen romain sous les rois et dans les premiers temps de la république; mais qu'il commencera ses recherches à une époque où les dignités devinrent communes entre les patriciens et les plébéiens, notamment après la guerre de Tarente. Dans le siècle dernier, Fergusson passe en quelques pages et avec un scepticisme superficiel sur les trois cents premières années. M. Niebuhr, au contraire, s'enfonçant dans des voies inconnues à tous ses devanciers, s'attache à l'étude des premiers éléments de la chose romaine, à l'investigation de ses rudiments primitifs; il aborde de front des difficultés désertées jusqu'à lui : c'est son caractère et son originalité de vouloir donner à ce qui est primitif, inconnu, obscur, de la certitude et de la réalité. Aussi, jusqu'à présent, a-t-il porté tout son effort sur l'Italie primitive et les quatre premiers siècles de Rome. C'est grâce à ses travaux que la première période de l'histoire romaine a pris enfin une physionomie, reconquis son importance, et présente des résultats féconds. Ce que n'avaient pas tenté ses devanciers, M. Niebuhr l'a exécuté : manière puissante d'innover et de trouver la gloire.

Comment a-t-il procédé dans sa laborieuse entreprise? S'isolant des travaux modernes, ne vivant qu'avec l'antique, de longs séjours à Rome, des conversations vivifiantes avec Savigny, un enthousiasme persévérant et plein de bon sens, un noble cœur, une érudition toujours vive et fraîche, jamais d'emprunt, un instinct historique merveilleux, un œil sachant percer dans ce que les faits ont d'énigmes, de détours et de profondeur, une sagacité qui ne fléchit jamais et qui, par sa vivacité, ressemble parfois à de l'imagination, voilà comment et avec quoi M. Niebuhr a travaillé. C'est un ancien, ou plutôt il lui a été donné au dix-neuvième siècle de sentir mieux parfois l'antiquité et les idées romaines que Tite-Live et Varron; car il vit dans un temps plus heureux pour l'intelligence de l'histoire que les contemporains d'Auguste : depuis Actium jusqu'à Waterloo, il y a eu des leçons et des enseignements pour l'historien.

Dans le livre de M. Niebuhr, que de nouveautés heureuses! Nous signalerons aux historiens et aux jurisconsultes :

Le tableau de l'Italie primitive;

L'appréciation des *gentes* patriciennes et des curies;

La commune et les tribus plébéiennes;

La constitution de Servius Tullius et le système des centuries;

Les *nexi*.

Toutefois, il ne faut pas s'imaginer que tous les résultats obtenus par M. Niebuhr soient définitifs; plusieurs de ses opinions, de ses conjectures, peuvent être l'objet d'une polémique sérieuse. Si M. Niebuhr est entré le premier dans des voies nouvelles, il y a été et sera suivi par des contradicteurs et des émules; s'il a ouvert la carrière de l'histoire romaine dans ce siècle, il ne la fermera pas; quelques-uns de ses résultats pourront être attaqués, mais son nom et son monument n'en souffriront pas; il aura facilité les progrès qui pourront se faire après lui; ceux qui le suivront trouveront toujours sa trace, ils y passeront sans l'effacer. La gloire qui résiste le plus au temps est celle de venir le premier en quelque chose, et le nom de M. Niebuhr durera aussi longtemps que la philologie et l'histoire seront en honneur dans notre Europe.

Le traduire n'était pas facile; M. Niebuhr a un mérite littéraire que nous avons déjà signalé dans une autre occasion; nous avons relevé ailleurs « cette philologie ingénieuse qui « donnait la vie à ce que l'antiquité avait de plus primitif et « de plus obscur; ce style à la fois âpre et brillant, mélange « d'abstractions et d'images, et dont la poétique rudesse « semble s'inspirer quelquefois d'Ennius et de Caton. » Pour reproduire ce caractère et cette couleur, il eût fallu toute la puissance du plus habile et du plus brillant écrivain; et encore peut-être eût-il échoué : tant M. Niebuhr est indigène et original dans sa façon d'écrire; tant il est difficile de trouver des équivalents à son archaïsme, qui est laborieux pour les Allemands eux-mêmes. M. de Golbery a pris le parti de renoncer tout à fait à la reproduction du caractère littéraire pour s'attacher à une exactitude littérale et minutieuse. Il le déclare lui-même dans sa préface : il ne faut donc pas lui demander un reflet d'artiste, une lutte avec l'original; et, pour avoir une idée de M. Niebuhr comme écrivain, il faudra toujours le lire en allemand.

Nous n'avons pas encore eu le temps de comparer la traduction avec le texte sous le rapport de l'exactitude, mais tout nous dispose à en bien augurer; car M. de Golbery, qui lui-même a une connaissance profonde de la langue allemande, a eu l'avantage de soumettre à M. Niebuhr les épreuves de sa traduction, et de se conformer aux corrections indiquées par l'illustre historien. Peut-être, en donnant à la France la traduction d'un ouvrage aussi capital, eût-il été nécessaire de définir nettement l'état de l'érudition européenne et allemande sur les antiquités romaines, de faire connaître aux lecteurs français les dissentiments qu'ont soulevés en Allemagne plusieurs opinions du bel ouvrage de M. Niebuhr, ce qui eût été facile par une introduction et des notes. Quoi qu'il en soit, M. de Golbery, déjà connu par d'estimables travaux, a bien mérité du public, des philologues, des historiens et des jurisconsultes, en traduisant un ouvrage monumental pour l'archéologie, l'histoire de Rome et du droit romain (1).

II

Ne serait-il pas temps de reporter un peu sur l'antiquité l'attention et la faveur que nous avons prêtées presque exclusivement au moyen âge et aux temps modernes? Il y a quinze ans, Millot et Anquetil étaient nos historiens classiques, et nous savions l'histoire comme les cadets de l'École militaire avant la révolution. Aujourd'hui, les problèmes les plus difficiles de la science historique, les établissements et les lois barbares, les origines des races, leurs aventures, leurs catastrophes, la féodalité, la chevalerie, les époques les

---

(1) M. de Golbery continue en ce moment sa traduction, et nous rend le service de populariser l'œuvre de Niebuhr.

plus importantes de l'histoire moderne, la révolution d'Angleterre, la révolution française, tous ces tableaux si divers et si curieux ont passé sous nos yeux, vifs, colorés, saillants, grâce à un heureux mélange d'érudition, d'intelligence et d'imagination. Aussi nous avons bien maintenant le sentiment de nos temps modernes; sur ce point nos études ont été renouvelées avec bonheur et seront fécondes.

L'antiquité attend parmi nous la même fortune. Il nous faut sortir des traditions recueillies par la bonhomie de Rollin, des fausses et brillantes peintures de l'abbé Barthélemy, dont l'instruction était sincère, mais qui sentait l'antiquité en contemporain de Marmontel; il nous faut retrouver le goût et l'intelligence de l'antique. Nous le pouvons: car, plus nous en sommes loin, mieux nous sommes placés sur les hauteurs de notre civilisation pour distinguer cette antiquité dans ses proportions natives et réelles. A dix-neuf siècles de distance, après l'histoire contemporaine que nos pères et nous avons faite, n'avons-nous pas recueilli de ce spectacle, où nous avons tant appris et souffert, je ne sais quelle liberté d'esprit, quelle souplesse de jugement, inconnues avant nous, une sorte de divination critique?

Déjà quelques symptômes trahissent un retour au culte de l'antiquité. Une traduction vient de faire connaître au public l'histoire romaine de M. Niebuhr, et appelle l'attention de la critique sur cet important ouvrage. Le livre du célèbre professeur de Bonn est au premier rang parmi les productions de l'érudition renouvelée de l'Allemagne sur l'antiquité. Depuis quarante ans, nos voisins ont réformé et agrandi chez eux par des travaux patients, successifs et riches en résultats, l'archéologie, la philologie, la connaissance de l'antique, sous les rapports de la philosophie, de l'art et du droit. Évidemment il nous faut étudier leurs travaux, en comparer les résultats avec les monuments et les textes, et, par l'étude simultanée des objets eux-mêmes et des explorations récentes, auxquelles nous ajouterons inévitablement nos propres conclusions, retrouver, non pas un reflet d'emprunt, une science de seconde main, mais une vue directe et saine de l'antiquité, un sentiment original d'historien et d'artiste, qui nous montre les choses à nu, sans préoccupation et sans préjugés. Et ne craignons pas de perdre dans la lecture des livres de l'Allemagne notre originalité nationale et individuelle : nous gardons toujours notre humeur et notre allure, même en terre étrangère; et puis, si, sur quelque point, nous n'avons pas trouvé nous-mêmes la route nouvelle, dès qu'on nous la montre, ne laissons-nous pas derrière nous les indicateurs? Les armes que Rome empruntait aux vaincus ne domptèrent le monde que parce qu'elles étaient entre les mains des Romains. N'en est-il pas de même des idées dans notre Europe moderne, et n'ont-elles pas besoin d'avoir été françaises pour devenir européennes?

Quand Octave fut le maître des Romains, quel dut être l'état des esprits à Rome après tant de guerres, d'agitations et de malheurs? N'y eut-il pas une lassitude infinie, un besoin profond de repos et de stabilité, une envie immodérée de se reprendre aux plaisirs et aux jouissances de la vie? puis, pour les âmes qui n'étaient pas communes, je ne sais quel désir mélancolique de chercher l'oubli des temps présents dans le spectacle et le commerce de la nature, de l'antique histoire et de la poésie? Deux grands artistes, Virgile et Tite-Live, satisfirent pour eux-mêmes et pour d'autres cette disposition de l'imagination et du cœur qui répugnait à la réalité qu'ils avaient sous les yeux, et les sollicitait à toute heure de se nourrir d'autre chose, de chanter la vieille patrie et la nature qui ne change pas. Virgile peignit les champs, la vie qu'on y mène, l'art de les cultiver, le bonheur obscur et simple qu'on y trouve ; puis il se fit le chantre de Rome, de son berceau, de son enfantement, des traditions et des mythes que le temps avait accumulés. Il chanta aux contemporains d'Auguste la primitive Italie, recevant les fondateurs de Rome, ses peuplades, ses antiquités, sa religion, et se montra, dans sa poésie, archéologue savant et exact. M. Niebuhr nous semble bien sévère dans le jugement plein de verve et d'originalité qu'il porte sur ce délicieux poëte. Sans doute l'*Énéide* n'est pas une épopée à la façon et à la hauteur des poëmes homériques ; mais il n'est pas plus juste de condamner Virgile avec les souvenirs d'Homère, que de juger Racine à l'école de Shakspeare : d'ailleurs un homme de génie étant donné, il fait dans son siècle tout ce qu'il peut et doit faire.

Pour Tite-Live, c'est un admirable conteur. Possédé du besoin de développer dans de magnifiques narrations la suite des traditions et des choses romaines, il écrit en artiste, s'enivre de ses propres beautés, poursuit incessamment la trame de son récit, enchâsse les fictions avec les réalités. Ne lui demandez ni scepticisme ni critique ; il écrit, il conte; c'est assez pour lui : il passe en courant devant les institutions qu'il faudrait examiner, néglige l'éclaircissement des difficultés et des problèmes pour arriver dans ses histoires aux effets de l'épopée et de la tragédie. Mais aussi, dans le genre qu'il affecte exclusivement, quelle n'est pas sa supériorité! Ni la littérature grecque ni aucune des modernes ne peut offrir un monument comparable à ses histoires, pour la grandeur, le jet, l'exécution et le fini. C'est le type inimitable du genre véritablement classique.

Comme pour faire un contraste tranché, Denys d'Halicarnasse est, avec Tite-Live, l'écrivain le plus important pour l'histoire de Rome. J'inclinerais assez à l'opinion de Beaufort sur le compte de ce Grec : il y a dans les détails et les circonstances de son exposition une ostentation suspecte, et son exactitude est trop fastueuse pour être souvent réelle. Cependant il est une des sources principales pour l'étude des institutions de Rome, sur lesquelles il faut mettre aussi en première ligne le témoignage précieux de Cicéron. Cet homme nouveau se délectait dans les traditions patriciennes de Rome, et a laissé, dans ses lois et dans sa république, un élégant mélange de théories politiques empruntées à l'Académie et de récits traditionnels sur l'histoire et la constitution de la cité de Romulus.

Quel parti peut prendre un moderne qui songe à écrire l'histoire romaine? Ce serait chose folle que de tenter après Tite-Live une narration complète et dramatique : mais étudier à neuf les textes et les monuments, faire sortir de cette étude un commentaire et un contrôle des antiques histoires, arriver à des aperçus nouveaux, à une intelligence réelle et moderne de l'antiquité, intelligence souvent refusée aux anciens eux-mêmes, voilà qui est désirable et possible ; et c'est ainsi que M. Niebuhr a entendu la tâche qu'il s'est imposée. Veut-on comprendre son livre, qu'on ne s'attende pas à y trouver une exposition d'un seul jet, à développements continus, toujours claire et facile ; non : étudier M. Niebuhr, c'est se trouver face à face avec un commentateur moderne de l'antiquité, qui fait succéder au récit la critique, la dissertation et les détails sévères de la philologie. Ainsi, après les traditions sur Romulus et Numa, il place une excursion sur le cycle séculaire ; après les récits sur Tarquin l'Ancien et Servius Tullius, une illustration topographique de la ville de Rome ; ce n'est pas une de ces lectures faciles qui plaisent tant à la promptitude paresseuse de notre esprit. M. Niebuhr n'est profitable, il n'est même intelligible que les anciens sous les yeux, et à la condition d'une attention studieuse. Cependant il faut tout dire : l'écrivain allemand n'est pas toujours assez maître de ses matériaux et de ses idées ; quelquefois on le voit comme encombré de la richesse de ses aperçus et de ses conjectures. Alors son exposition manque de lucidité, ses conclusions de fermeté, et sa composition de cette économie lumineuse qui sort toujours de la plume de l'écrivain quand il a la claire vision de ce qu'il sait et de ce qu'il pense. Je citerai en exemple l'exposition du système des centuries.

Nous voilà, je crois, placés dans le juste point de vue de

M. Niebuhr et de son livre ; nous pouvons désormais en examiner les résultats principaux.

Notre auteur a consacré cent soixante-quinze pages (nous parlons de l'édition allemande) au tableau de l'Italie ancienne. Comme les Romains ne sont nullement un peuple primitif, mais bien un mélange de différentes races, ce devient un véritable devoir pour l'historien de tracer l'histoire de ces nations italiques, destinées à venir se perdre dans le peuple qu'elles avaient elles-mêmes formé. « Cicéron, Vols« que lui-même, savait que sa nation et les Sabins, le Sam« nium et l'Étrurie, pouvaient aussi bien que Rome se glori« fier d'hommes sages et grands. » Une civilisation forte et originale caractérisait tous ces voisins de Rome, et ils la gardèrent longtemps.

Cette partie du livre de M. Niebuhr échappe à une analyse détaillée ; elle est pleine de petits faits curieux, de nuances délicates, qu'on ne saurait éviter d'altérer en voulant les abréger. Signalons seulement quelques traits principaux.

Les Énotriens et les Pélasges s'offrent les premiers dans le récit archéologique de M. Niebuhr. Après de longues investigations sur la race pélasgique, il conclut ainsi : « Je suis « arrivé au but d'où l'on aperçoit tout le cercle dans lequel « j'ai trouvé et montré les Pélasges, non comme une troupe « de Bohémiens errants, mais comme composant des nations « assises sur leur territoire, puissantes et glorieuses, à une « époque qui, pour la plus grande partie, précède l'his« toire des Hellènes. Ce n'est point une hypothèse, je le dis « avec une entière conviction historique ; il fut un temps où « les Pélasges, qui formaient peut-être le peuple le plus « étendu de l'Europe, habitaient depuis le Pô et l'Arno jus« que vers le Bosphore ; seulement leurs demeures étaient in« terrompues en Thrace, de telle sorte cependant que les « îles septentrionales de la mer Égée renouassent la chaîne « qui liait les Tyrrhéniens d'Asie avec la pélasgique Argos. »

Pour les Énotriens, qui peut-être étaient ainsi appelés seulement par les Grecs, ils habitaient le Bruttium et la Lucanie : mais, quand les armes romaines atteignirent ces contrées, il n'y avait plus dans la Grande-Grèce que des Lucaniens, des Bruttiens et des Grecs : les seuls savants et quelques écrits des Grecs d'Italie gardaient encore le souvenir des Énotriens.

Les Opiques et les Ausones, les Aborigènes et les Latins, viennent ensuite sous la plume de notre historien. Nous signalerons ici son opinion sur l'état sauvage. « Salluste et « Virgile nous dépeignent les Aborigènes comme des sauva« ges divisés en hordes, sans mœurs, sans lois, sans agri« culture, et vivant de leur chasse et de fruits. Ceci pourrait « bien n'être qu'une vieille rêverie sur la marche progres« sive de l'humanité, depuis la brutalité animale jusqu'à la « civilisation, rêverie du genre de celles qui, sous le nom « d'histoire philosophique, et principalement à l'étranger, « ont été répétées à satiété pendant la dernière moitié du siè« cle dernier sans que l'on daignât nous épargner dans ces « fastidieuses répétitions la privation de la parole, qui rava« lait l'homme jusqu'à l'état de la bête. Les philosophes ob« servateurs ont à leurs ordres d'innombrables citations em« pruntées à des voyageurs : mais à quoi ils n'ont pas songé, « c'est qu'il n'y a pas un exemple d'un peuple nullement sau« vage, passant de son plein gré à l'état de civilisation; c'est « que, partout où celle-ci est imposée par une puissance « extérieure, la conséquence est le dépérissement et l'ex« tinction physique de la souche qui la reçoit. Nous citerons « les Guaranes, les missions de la Nouvelle-Californie et cel« les du Cap. Chaque race de l'humanité tient de Dieu sa « vocation avec un caractère propre à cette vocation, et le « sceau qui la distingue. D'un autre côté, la société existait « avant l'individu appelé à en faire partie, comme le dit sa« gement Aristote. Le tout avant la partie. Ce que ces philo« sophes méconnaissent, c'est que le sauvage est dégénéré,

« ou bien que, dès son origine, il n'est homme qu'à demi. »

Mais les deux peuples qui, dans le tableau que trace M. Niebuhr de l'ancienne Italie, méritent le plus l'attention pour l'intelligence de l'histoire romaine, sont, à coup sûr, les Sabins et les Étrusques; car ils contribuèrent à former le peuple romain, et nous les retrouverons comme deux éléments essentiels de cette Rome qui prit naissance sur le mont Palatin.

C'est une erreur de Denys d'Halicarnasse d'avoir fait des Sabins une colonie de Lacédémoniens : ils étaient indigènes. La race sabellique (*Sabelli*), dont les Sabins ne sont qu'une partie, et qui comprenait les Marses, les Péligniens, les Samnites, les Lucaniens, était florissante quand Rome franchit les limites du Latium. Parmi eux, les Sabins étaient renommés pour la pieuse simplicité de leurs mœurs; les Samnites, les Marses, les Péligniens, étaient belliqueux, amants de la liberté jusqu'à la mort; les Picentins étaient mous et lâches; les Lucaniens, destructeurs et pillards. Les *Sabelli* eussent conquis l'Italie s'ils avaient formé un État uni, ou seulement une confédération fortement constituée; mais ils aimèrent mieux l'indépendance que la puissance, et, divisés toujours, non-seulement ils ne conquirent rien, mais ils furent vaincus.

Après les Sabins, peuple montagnard dont les mœurs étaient rudes et simples, se présente un peuple d'une civilisation opulente et orientale, où la religion est à la fois une discipline scientifique et mystérieuse, et la maîtresse de l'État, où un patriciat sacerdotal était dépositaire du culte et du gouvernement. Nous ne saurions entrer dans aucun détail, et nous avons fait connaître les principaux résultats de la savante monographie de M. Otfried Müller sur les Étrusques, qu'il faut comparer avec M. Creuzer, dans sa *Symbolique*, et M. Niebuhr, dans son *Histoire de Rome*.

Les Ombriens, la Iapygie, les Grecs en Italie, les Liguriens et les Vénètes, les trois îles, la Corse, la Sardaigne et la Sicile, que, dans les travaux historiques et géographiques, on réunit ordinairement à la presqu'île, terminent le tableau de l'ancienne Italie.

Déjà, au seizième siècle, Sigonius, dans son Traité *de antiquo Jure Italiæ*, avait tracé l'histoire des différents peuples d'Italie, mais surtout dans leurs rapports avec les Romains. Ainsi, il parle successivement :

De triplici Jure populorum Italiæ,

De Latinis,

De Agro latino, et Fœderibus Latinorum,

De Jure Latii,

De Fœdere et Jure Volscorum et Æquorum,

De Agro, Fœdere et Jure Hernicorum,

De Agro, Fœdere et Jure Oscorum et Ausonum. Etc., etc.

De nos jours, M. Micali avait déjà présenté le tableau des peuples de l'ancienne Italie, mais pour eux-mêmes, et, pour ainsi dire, dans leur intérieur de civilisation. M. Niebuhr entreprit la même tâche, et l'a exécutée avec un rare bonheur, de façon qu'on recueille de cette partie de son livre non-seulement des faits positifs sur ces peuples eux-mêmes, mais une intelligence anticipée de l'histoire de Rome. Aussi, maintenant que nous pouvons nous représenter par la pensée le théâtre sur lequel doit naître et se développer Rome, nous aborderons prochainement ses origines.

Je finirai aujourd'hui en comparant M. Niebuhr à Montesquieu. Ne demandez pas à l'auteur des *Considérations sur les causes de la grandeur des Romains* le sentiment et la connaissance de Rome primitive, de ses origines, de ses antiquités; il en est entièrement destitué. Pour lui, les rois de Rome sont des personnages modernes qu'il juge à l'école de Machiavel. Il compare Servius Tullius à Henri VIII; tout ce qui, dans l'histoire de Rome, est mythe, tradition, mélange de fiction et de réalité, échappe entièrement à Montesquieu.

Mais sa véritable supériorité commence quand Rome prend une physionomie tout à fait politique et presque moderne; quand, par exemple, la guerre de Tarente la met aux prises pour la première fois avec quelque chose qui n'était plus l'Italie, avec le génie grec dans toute sa force, avec toutes ses ressources et son originalité. Alors, depuis cette époque, Montesquieu plane comme l'aigle; il voit et saisit tout. Carthage, Annibal, la Grèce, la Macédoine, la Syrie, l'Égypte, Mithridate, les divisions et les guerres civiles, Sylla, Pompée et César, Cicéron, avec un beau génie et une âme souvent commune; Caton, qui aurait donné aux choses tout un autre tour s'il s'était réservé pour la république; Brutus et Cassius, qui se tuèrent avec une précipitation qui n'est pas excusable; Octave, et puis toute cette suite d'empereurs, artisans, ou témoins impuissants d'une décadence inévitable et d'une corruption progressive, voilà qui a été peint par Montesquieu une fois pour toutes, et pour n'y plus revenir. M. Niebuhr, au contraire, excelle dans la divination et la vue de ce qui est primitif et obscur. Philologue consommé, il a sous la main des trésors inconnus à Montesquieu; puis il sait démêler le symbolique du réel, la fiction d'avec le fait; ce qui le caractérise, c'est la sagacité : pas ou peu d'imagination; pas de ces intuitions vives qui inondent de lumière l'esprit et le style; pas de ces traits qui résument, de ces mots qui concluent, et que Montesquieu sème dans sa course. Aura-t-il aussi, comme lui, cette intelligence profonde des événements plus modernes? quel sera son dernier mot sur les Gracches? quel parti prendra-t-il à la journée de Philippes, entre la cause de César et l'héroïsme étroit de Brutus? Hier encore, nous faisions des vœux ardents pour que cet historien célèbre poursuivît son œuvre, perfectionnât et éclairât son récit, et parvînt à couronner, après de longs jours et dans une verte vieillesse, le monument qu'avec une candeur antique il appelle l'ouvrage de sa vie. Aujourd'hui, il ne nous reste que des craintes, et nos espérances languissent presque comme son propre courage devant l'affreux malheur qui, dit-on, vient de détruire le fruit de tant de veilles (1).

III

C'était pour les Romains un scrupule de patriotisme, de ne pas mettre en doute le merveilleux de leur origine et de leur primitive histoire. Tite-Live se garderait bien d'aventurer la moindre critique sur tout ce qui regarde le commencement d'un empire qui, suivant son expression, n'a au-dessus de lui que les dieux, *maximi secundum deorum opes imperii principium*. Cicéron, au second livre de sa *République*, déclare qu'il faut respecter des croyances dues à la sagesse des ancêtres : mais ce n'est pas assez; à ses yeux, l'histoire véritable commence à la prise d'Albe par Romulus; *ut jam a fabulis ad facta veniamus*, etc. Alors, il expose comment Romulus se montra profond politique en choisissant le sol sur lequel il devait fonder Rome, en n'en faisant pas une ville maritime, et toutefois en profitant du voisinage de la mer. Il faut reconnaître dans ce second livre que Cicéron avait parfois l'esprit trop académique; il affuble ce qu'il y a de plus primitif de couleurs empruntées et de subtilités grecques, et ne nous transmet des faits précieux qu'à travers une imitation laborieuse des formes d'Aristote et de Platon. Les autres écrivains romains sont aussi sans critique sur les commencements de Rome; ils font assaut de patriotisme et d'hyperboles.

Pour nous modernes, il nous sera facile, surtout aujourd'hui, d'être de sang-froid sur de semblables questions. On conçoit qu'au seizième siècle, dans le vif enthousiasme qu'inspirait un commerce si récent et si inattendu avec l'antiquité,

(1) Le bruit avait couru que les manuscrits de l'historien de Rome avaient péri dans l'incendie de sa bibliothèque.

tout était beau, tout semblait vrai. Malheur au téméraire qui émettait le moindre doute! il perdait tout crédit. Un siècle après, au contraire, Perizonius, Bayle, et plus tard Beaufort, se faisaient beaucoup d'honneur par un scepticisme intelligent. Aujourd'hui, sans nous armer d'un pyrrhonisme prémédité, nous pouvons, à l'aide d'une érudition saine, d'un esprit sagace et calme, ramener l'antique à la réalité : c'est ce qu'a fait M. Niebuhr pour l'histoire romaine de la manière la plus heureuse; même quand parfois il lui arrive de ne pas convaincre l'esprit, il l'instruit toujours profondément. Mais je crois avoir assez insisté sur le caractère général de son livre : abordons définitivement les détails.

Le tableau de l'Italie ancienne ouvre, comme nous l'avons dit, l'histoire de M. Niebuhr; le lecteur a ainsi devant les yeux le théâtre sur lequel doit naître et se développer Rome, et nous lui avons signalé les Sabins et les Étrusques comme des personnages essentiels de l'action qui s'annonce.

Énée et les Troyens vinrent-ils réellement dans le Latium? Ce serait une folie de le croire, et surtout de prétendre le prouver. Comment obtenir des témoignages vraisemblables sur un fait qui est de cinq cents ans plus reculé que les premières époques fabuleuses de l'histoire romaine? D'ailleurs, ne sait-on pas que les Troyens d'Énée ne formaient guère que l'équipage d'un seul vaisseau, ou au plus, suivant les récits qui leur sont plus favorables, une troupe capable seulement de peupler un village ? Ainsi, qu'Énée et ses compagnons aient émigré ou non en Italie, ils ont été hors d'état d'y exercer aucune influence. Mais M. Niebuhr s'est proposé de rechercher si la légende troyenne est indigène, ou si les Latins l'ont reçue des Grecs. Vico, au commencement du dernier siècle, écrivait ceci : « Je demande qu'on m'accorde, « et on sera forcé de le faire, qu'il y a eu sur le rivage du « **Latium une colonie grecque qui, vaincue et détruite par les** « **Romains**, sera restée ensevelie dans les ténèbres de l'an- « tiquité. » Et l'auteur de la *Science nouvelle* déclare que, sans le bénéfice de cette hypothèse, on ne trouve alors dans l'histoire romaine que sujets de s'étonner. Que faire alors d'Hercule, d'Évandre, des Arcadiens, des Phrygiens établis dans le Latium, d'Énée, auquel le peuple romain rapporte sa première origine? M. Niebuhr, au contraire, sans s'embarrasser de la réalité des faits, cherche uniquement l'origine de la légende, et croit pouvoir établir qu'elle n'a pas passé de la littérature grecque dans le Latium, mais doit être considérée comme indigène. Sa discussion, pleine de finesse et de sagacité, ne saurait être reproduite ici sans être altérée. Au surplus, ce point d'érudition historique avait déjà été touché par plusieurs savants. Cluverius et Bochart avaient entièrement rejeté l'idée d'une colonie troyenne dans le Latium. Récemment, M. Guillaume de Schlegel, dans son examen critique de la première édition de M. Niebuhr, a donné, contrairement à l'opinion du savant historien, une origine grecque à la légende. Cependant M. Niebuhr a persisté dans ses conjectures systématiques.

Mais arrivons à Rome même. Quand Beaufort s'occupe des premiers moments de la république romaine, il enveloppe tout dans son scepticisme, à la fois trop superficiel et trop exclusif; à force de vouloir se montrer raisonneur et d'opposer à tout une incrédulité uniforme, il perd tout à fait le sentiment des traditions et de ces temps primitifs. M. Niebuhr, au contraire, sait à la fois respecter les croyances de l'antiquité et les juger; il les sent et les conte admirablement; puis il fait suivre son récit d'un commentaire où la critique exerce tous ses droits : excellent procédé, qui ne fait rien perdre au lecteur des idées et des imaginations de l'antiquité, et leur associe cependant le contrôle des points de vue modernes. Entrons en matière.

Lorsque les habitants de Rome virent leur ville sortir à peu près de son obscurité, s'accroître, et qu'ils purent prononcer avec quelque orgueil le nom de Romain, ils firent naturellement de Romus, ou, par un changement de terminaison qui leur était familier, de Romulus, le fondateur de la cité. Y eut-il dans leur voisinage un endroit habité, Remuria, tantôt leur alliée, tantôt leur ennemie, et qui finit par succomber sous leurs armes ; ils purent regarder Rémus, fondateur de celle-ci, comme frère jumeau de Romulus, tué par lui dans un moment de dispute et de colère. Plus il s'établissait à Rome, et avec des caractères tout particuliers, un double état, les patriciens et les plébéiens, plus dut s'enraciner la croyance populaire des deux jumeaux mis au jour par une princesse à laquelle Mars avait fait violence. Ainsi, l'an 458 de la république, fut érigée une statue de bronze représentant la louve et ses nourrissons près du figuier ruminal. Cet ouvrage, le plus antique et le plus précieux qu'ait produit l'art chez les Romains, nous est parvenu comme les poëmes d'Homère ; et cependant que de choses plus récentes et plus jeunes ont péri !

La tradition indigène est donc fort simple dans ce qu'elle a d'essentiel. Mais l'imagination des Grecs a chargé de variations ce motif de poésie nationale ; il est clair que la Grèce proprement dite sut de bonne heure quelque chose de l'importance de la puissance de Rome : mais elle n'avait avec les Romains ni commerce ni relations directes ; aussi la tradition indigène ne franchit-elle la mer que fort tard, quand les Grecs avaient déjà fait entrer les Romains dans leurs généalogies et avaient arrangé déjà de mille façons leur primitive histoire. Ici M. Niebuhr fait un travail curieux sur ces fables grecques, et examine successivement ces variantes mensongères.

Revenant à la tradition romaine, notre historien expose un système fort original sur les premiers temps de Rome. A ses yeux, ce que nous appelons l'histoire des rois de Rome doit son origine à de vieilles chansons converties en prose, chants plus anciens qu'Ennius, qui se croyait sérieusement le premier poëte de Rome, parce qu'il ignorait l'ancienne poésie nationale, chants où respire un esprit plébéien, et qui ne purent être composés que dans un temps où les familles plébéiennes étaient déjà grandes et puissantes, et probablement après la catastrophe gauloise, quand Rome se releva de ses ruines.

Avant d'entrer dans les détails, constatons un honorable fait pour l'érudition française : Bayle, en nous donnant la biographie de la femme de Tarquin l'Ancien, de Tanaquil, jette dans une de ses notes (1) les aperçus suivants : « S'il « n'y avait eu des annalistes à Rome avant qu'on n'y enseignât la rhétorique, je croirais que l'on aurait converti en « relations historiques les déclamations que les sophistes « faisaient faire à leurs écoliers ; car il est assez probable « qu'on permettait aux jeunes rhétoriciens de feindre tout « ce qu'ils voulaient dans un essai de panégyrique. On « cherchait à voir dans ces fictions s'ils avaient l'esprit inventif et s'ils savaient bien tourner et bien manier un lieu « commun. On ne les blâmait donc pas s'ils supposaient une « origine divine, miraculeuse et tout à fait surprenante. Cela « eût produit de très-grands abus si les plus jolies pièces de « ces jeunes gens eussent été conservées dans les archives, « et si au bout de quelques siècles on les eût prises pour des « relations. *Que sait-on si la plupart des anciennes fables* « *ne doivent pas leur origine à quelque coutume de faire* « *louer les anciens héros le jour de leur fête, et de conser-* « *ver les pièces qui avaient paru les meilleures?* »

Mais ce qui n'est dans Bayle qu'une saillie spirituelle devient chez M. Niebuhr une vue systématique et complète dont il faut examiner l'ensemble.

Le premier chant héroïque commence avec Romulus et Rémus se préparant à fonder une ville ; et, depuis l'établissement de l'asile jusqu'à la mort de Tatius, il forme une unité. Nous y voyons les deux frères cherchant les auspices ; Romulus favorisé de l'apparition de douze vautours, expression

---

(1) Note B, v° TANAQUIL.

poétique d'une prédiction étrusque qui accordait à Rome douze siècles de durée. Le pomérium est tracé, Rémus puni de sa dérision, la ville ouverte à tous les fugitifs et exilés; des femmes, les Sabines, sont conquises par la force; les Sabins, Titus Tatius à leur tête, marchent contre Rome; combat, victoire incertaine; les Sabines séparent les combattants, et réconcilient avec leurs parents les pères de leurs enfants. Les deux nations, distinctes mais réunies, ne formèrent plus qu'un seul État de Romains et de Quirites, et chacune eut son roi; les cérémonies religieuses furent communes à l'une et à l'autre. Les Sabins fondèrent une nouvelle ville sur le Capitole, qu'ils avaient conquis, et sur le Quirinal. Tullus habita le premier de ces monts; il y dédia des temples à ses dieux indigènes. Il ne tarda pas à être tué par des Laurentins auxquels il avait refusé une satisfaction réclamée contre les siens, au sujet d'un meurtre. Voilà un premier chant héroïque.

Le poëme reparaît dans son éclat quand Romulus est enlevé à la terre; ce qui remplit l'intervalle est une méchante interpolation.

Vient alors l'histoire de Numa Pompilius, de Cures, auquel Tatius avait donné sa fille en mariage. Instruit par la nymphe Égérie, qu'il avait épousée sous une forme visible, Numa fit des lois toutes religieuses. Il institua toute la hiérarchie, les pontifes, les augures, les flamines, les vierges de Vesta, les saliens. Durant sa vie, le temple de Janus, son ouvrage, demeura constamment fermé. La paix régna dans toute l'Italie, jusqu'au moment où, comme les favoris des dieux dans l'âge d'or, Numa s'endormit chargé de jours.

Il faut absolument reconnaître que les pontifes, dans leurs tables et leur chronologie, regardaient les deux premiers rois comme appartenant à un ordre de faits et de choses fort distinct, et qu'ils séparaient les récits touchant ces deux rois de ce qui, à leurs yeux, était de l'histoire. C'est ainsi que les Égyptiens commençaient la série de leurs rois par des dieux et des demi-dieux.

Avec Tullus Hostilius s'ouvre un siècle nouveau, ainsi qu'un récit dont le fond est historique et d'un tout autre genre que celui des temps antérieurs. Chez tous les peuples, entre l'époque entièrement poétique et les temps historiques, on rencontre une époque intermédiaire que l'on pourrait caractériser du nom de mythique-historique : époque qui n'a pas de limites fixes et certaines, et qui sera d'autant plus tranchée que la nation aura été plus riche en chants héroïques ; puis entre l'histoire poétique et la mythologie pure il y a ce rapport de différence, que la première a toujours et nécessairement un fond historique, et que la plupart du temps elle prend ses sujets à l'histoire, qui les lui livre dans de libres et naïfs récits, tandis que la mythologie emprunte les siens à la religion et à de plus vastes fictions ; elle ne se donne pas pour l'histoire, ne songe pas à être en harmonie avec le cours ordinaire des choses, bien que toutefois, séjournant sur la terre, elle ne puisse avoir d'autre théâtre. Ainsi, pour citer des exemples, la mythologie revendique Hercule, Romulus et Sigefroi ; mais Aristomène, Brutus et le Cid appartiennent à l'histoire poétique.

Ici M. Niebuhr arrive à la question souvent débattue de l'authenticité des annales primitives. Ce fut à Rome un usage pratiqué dans les temps les plus anciens, que le souverain pontife marquât sur un tableau blanchi les événements de l'année, tels que les prodiges, les éclipses, les pestes, les famines, les guerres, les triomphes, la mort d'hommes illustres. Cet usage se maintint jusqu'au pontife P. Mucius, et jusqu'au temps des Gracques, où il fut abandonné ; car alors il s'était déjà formé une littérature, et la rédaction de pareilles chroniques put paraître trop au-dessous de la dignité du souverain pontife. Que devinrent ces annales primitives? Il est de toute vraisemblance qu'elles périrent dans la prise de Rome par les Gaulois, et furent remplacées par des annales nouvelles. Cette restitution faite après coup explique les erreurs chronologiques de l'ancienne histoire romaine.

Mais l'antiquité des légendes, des chants héroïques dont nous avons parlé, remonte bien au delà du rétablissement des annales. Cicéron nous apprend, sur la foi de Caton dans ses *Origines*, que c'était une coutume des ancêtres de chanter aux repas, avec accompagnement de flûte, les louanges des grands hommes. Perizonius, parmi les modernes, a remis ce fait en lumière, et M. Niebuhr lui en renvoie l'honneur. Bayle, qui vint fort peu de temps après Perizonius, émit les conjectures que nous avons citées, sans faire attention à ses travaux. Mais revenons à nos chansons héroïques.

Les convives eux-mêmes les chantaient chacun à leur tour, ce qui montre que tout citoyen libre les savait par cœur. Selon Varron, qui les qualifie d'anciennes, on les faisait chanter par de jeunes garçons modestes, tantôt avec accompagnement de flûte, tantôt sans musique. Dans l'esprit des Romains, la première vocation des Muses était de chanter les louanges des anciens et aussi celles des rois : car jamais Rome républicaine n'a appauvri ses souvenirs en reniant la mémoire des anciens rois. C'est une idée de collège que de croire qu'elle ait exilé leurs statues du Capitole. Non ; même aux plus beaux temps de la liberté, on honorait et célébrait leur histoire.

Parmi les formes variées de la poésie populaire des Romains étaient les *neniæ*, hymnes que l'on chantait avec accompagnement de flûte pour célébrer les louanges des morts aux funérailles ; il n'y a pas à les comparer aux *thrènes* et aux élégies des Grecs. Dans les premiers temps de Rome, on ne larmoyait pas sur les morts, on les honorait. Il faut donc se représenter ici de véritables chants de commémoration, semblables à ceux qu'on récitait dans les festins ; peut-être même ces derniers n'étaient-ils autres que ceux qui s'étaient fait entendre pour la première fois aux jours de gloire du défunt. De cette façon, nous pourrions très-bien, sans le savoir, être en possession de quelques-uns de ces hymnes, que Cicéron regardait comme tout à fait perdus. Ici M. Niebuhr maintient que les inscriptions en vers des anciens tombeaux des Scipions sont ou une *nénie* tout entière, ou du moins le commencement d'une *nénie*. Selon lui, il y a dans ces épitaphes, qu'il met sous les yeux du lecteur, un caractère particulier à toute poésie populaire, et qui ressort vivement dans celle des Grecs modernes ; c'est que des vers entiers, des pensées, deviennent, comme les mots eux-mêmes, des éléments du langage poétique ; on les voit passer de pièces anciennes dans des morceaux nouveaux, et ils leur communiquent tournure et couleur de poésie, même quand le poëte moderne est insuffisant et médiocre.

Voici enfin la conclusion de notre historien : « Les chan« sons converties en prose, et que nous appelons l'histoire « des rois de Rome, presque toujours d'une assez grande « étendue, tantôt s'attachent à un tout, tantôt sont isolées « et sans liaison nécessaire. L'histoire de Romulus forme à « elle seule une épopée, il ne peut y avoir eu sur Numa que « des chants fort courts. Tullus, l'histoire des Horaces, la « ruine d'Albe, font un poëme épique comme celui de Ro« mulus ; et Tite-Live nous a même conservé intact, et dans « la mesure lyrique de l'ancien vers romain, tout un frag« ment du poëme. Au contraire, ce que l'on raconte d'Ancus « n'a rien des couleurs de la poésie. Avec Tarquin l'Ancien « commence un grand poëme qui finit par la bataille du lac « Régille. Ce chant sur les Tarquins, dans sa forme prosaï« que, recèle une poésie inexprimable, et ne ressemble en « rien à l'histoire proprement dite. L'arrivée de Tarquin à « Rome, comme un des lucumons d'Étrurie, ses hauts faits, « ses victoires, sa mort ; puis l'histoire merveilleuse de Ser« vius, le mariage impie de Tullia, le meurtre d'un roi juste, « toute l'histoire du dernier Tarquin, les présages de sa « chute, Lucrèce, la dissimulation de Brutus, sa mort, la « guerre de Porsenna, enfin la bataille entièrement homéri-

« que du lac Régille, tout cela compose une épopée qui, pour
« l'éclat et la profondeur de l'imagination, dépasse de beau-
« coup tout ce que Rome produisit plus tard. Étrangère à
« l'unité du poëme grec plus parfait, elle se divise en sec-
« tions qui répondent aux aventures du poëme des *Niebe-*
« *lungen.* »

Tel est ce point de vue, dont l'idée même n'appartient pas
à M. Niebuhr, mais qu'il s'est approprié par la forme, l'é-
tendue et la couleur qu'il a su lui prêter. Devant cette ingénieuse hypothèse, poursuivie avec une si intrépide originali-
lité, on ne peut s'empêcher de dire, comme Pamphile dans
l'*Andrienne :*

« Ego me amare hanc fateor, si id peccare est, fateor quoque. »

J'avoue que je l'aime, et, si c'est une faute, je l'avoue encore.

En effet, qui n'admirera comme il ressort avec évidence
des développements de M. Niebuhr que la véritable épopée
romaine, contemporaine des premiers temps de Rome, se
trouve dans les deux premiers livres des *Histoires* de Tite-
Live, et non pas dans l'*Énéide!* Ce fait s'empreint profondément dans l'esprit à la lecture de notre historien, et y reste
vraisemblable, réel, pittoresque.

Mais, dans les détails, M. Niebuhr n'est-il pas bien aventureux par la manière dont il les dispose et les affirme?
Quand il marque l'endroit précis où doit commencer un
chant et finir un autre, il ne s'appuie, ce nous semble, que
sur ses propres imaginations; et cependant il parle comme
s'il avait derrière lui des pièces justificatives. Déjà, dans la
première édition de son livre, M. Niebuhr avait présenté le
même système, et M. Guillaume de Schlegel y avait opposé
plusieurs objections.

Entre autres critiques, il nie que ces chansons, chantées
dans les repas, soient des poëmes épiques; il demande comment elles eussent pu être alors accompagnées de flûte, et

quel fifre aurait pu suivre jusqu'au bout un morceau dans le genre d'une rapsodie homérique ; et puis Rome avait donc, dans ces temps de rudesse et d'ignorance, de jeunes garçons qui gardaient dans leur mémoire les trésors des plus longs récits? Non : ces chansons étaient courtes, pauvres, et ne conservaient le souvenir que d'un nom ou d'un fait isolé. Tous les peuples ne sont pas également doués pour la poésie. Ainsi, les Romains n'ont pas de mot national pour désigner le *poëte*, car *vates* signifiait primitivement devin, et *carmen* une sentence solennelle. Il ne faut pas rêver chez les Romains le génie épique de la Grèce.

Voilà, selon nous, la meilleure objection que M. de Schlegel ait opposée aux détails trop minutieux de la conjecture de M. Niebuhr.

Ainsi, pour nous résumer aujourd'hui sur ce point, nous croyons que M. Niebuhr est allé trop loin en n'hésitant pas à marquer les divisions de ces chants primitifs, leur étendue, leur importance ; que, en prêtant aux Romains toutes les richesses même sauvages de l'épopée, il a accordé trop de poésie à un peuple qui devait sans doute en avoir, mais dont ce n'était pas le caractère distinctif. Mais aussi tout ce qui n'était dans Perizonius et dans Bayle qu'un aperçu est devenu sous la plume de M. Niebuhr une réalité. En abordant avec lui l'histoire romaine, on y voit clairement le sens et la couleur des temps primitifs : on demeure convaincu qu'une poésie indigène, quelque forme qu'on veuille lui prêter, a poussé sur le sol de Rome naissante, s'est confondue avec son histoire bien avant Ennius et Virgile, et cela chez un peuple si dur, si politique, si légal ; tant il est vrai que l'humanité est tout entière dans un peuple comme dans un homme ! Si Énée vit clairement les dieux arrachant les fondements de Pergame, le philosophe peut, par la pensée, se représenter les idées de l'humanité descendant des cieux pour consacrer le berceau de tout grand peuple.

IV

L'esprit de l'écrivain n'arrive pas d'un bond à la plénitude de sa force : ce n'est que par degrés, par une initiation laborieuse et successive, qu'il parvient à se connaître, à se posséder lui-même, et à pousser sa puissance jusqu'à son efficacité dernière. Quand il commence à poindre, à grandir, à s'émanciper, il éclate, veut tout embrasser, devine ce qu'il ne sait qu'à moitié, développe ce qu'il a de puissance et de génie d'une façon rapide, confuse et brûlante, ose tout, se montre original sans scrupule et sans réserve, entasse pêle-mêle ce que plus tard il doit faire valoir et polir, et donne de lui-même une juste mesure pour qui sait comprendre et prévoir. Cependant les feux de la jeunesse ont pâli ; à la fermentation a succédé la maturité. A cette époque, l'esprit consolide, corrige, précise définitivement ses résultats ; il a remplacé les conjectures par la réalité ; ce qui n'était que brillant est devenu lumineux ; tout est achevé, et, par un heureux mélange de hardiesse et de tact, de science et d'esprit, l'écrivain s'est réalisé tout entier.

Ces deux époques, qu'on peut remarquer aisément dans la biographie de tout homme de talent, je veux dire la jeunesse où l'on s'aventure, et la maturité où l'on consolide, nous les avons distinguées clairement en comparant la première édition de M. Niebuhr (1811) avec la seconde et la troisième (1827-1828). Dans la première édition, tout est de verve, d'audace, de jet aventureux : l'hypothèse s'y produit avec une netteté tranchante, les points de vue se succèdent vivement ; l'allure du style est plus dégagée, et contribue encore à rendre plus nouvelle la nouveauté des idées et des conjectures. Mais, seize ans après, notre historien, qui a fait route dans la science et dans la vie, est bien changé : son esprit a passé d'une impétuosité pétulante à la force, qui de sa nature est calme, sévère et constante; comme il s'est muni d'une érudition plus abondante encore, il doute davantage; les aperçus de la jeunesse ne sauraient plus le contenter; il aspire à quelque chose de définitif et de durable; puis, dans l'intervalle, des révélations importantes, Lydus (*de Magistratibus reipublicæ romanæ*, édition Fuss, avec une préface de M. Hase 1812), les *Institutes* de Gaïus, la *République* de Cicéron, ont éclairci et modifié bien des choses; si bien que, maître à la fois de sa pensée dans toute son étendue et sa maturité, d'une érudition sincère et profonde, de ressources nouvelles, M. Niebuhr a pu écrire un livre définitif à ses yeux, et qui le sera longtemps dans la science.

Voici un point capital sur lequel il est vraiment instructif de comparer l'auteur à lui-même, de rapprocher les hypothèses de 1811 des opinions de 1827 : c'est l'origine primitive de Rome.

Montesquieu nous dit qu'on peut se représenter la ville de Rome dans ses commencements comme les villes de Crimée, faites pour renfermer le butin, les bestiaux et les fruits de la campagne : voilà tout; il ne songe nullement à remonter à sa primitive origine, à s'enquérir de ses premiers habitants : cependant il vaut la peine de tenter d'éclaircir une semblable question. M. Niebuhr, dans sa première édition, voulut comme l'emporter de vive force et la résoudre par voie d'hypothèse. Voici cette solution conjecturale.

Tout semble déceler dans Rome une origine étrusque : l'ancienne constitution romaine était étrusque, et réglée par les livres sacrés de l'Étrurie, ainsi que le témoigne Festus (voy. *Rituales libri*). Les divisions légales des nombres trois, dix, douze, sont les mêmes chez les deux peuples. Toute la religion de Rome est étrusque. Le lucumon étrusque qui reçut le nom de Tarquin n'eût pas été accueilli par les patriciens dans une ville entièrement latine. Les Sabins ne vinrent s'adjoindre qu'à une Rome déjà formée : tout ce qui se fit avant et avec Romulus est étrusque ; les choses sabines ne commencent qu'avec Tatius.

M. Niebuhr ne s'en tint pas là. Si Rome était une ville étrusque, elle devait nécessairement être une colonie d'une des douze villes de la fédération ; et Cère paraît à notre historien la métropole probable de Rome. Le mot *cœrimoniæ*, qui désigne les usages religieux des Romains, montre bien que, même à leurs yeux, c'était à cette ville qu'ils les avaient empruntés ; puis, entre les deux villes, il y eut des rapports constants d'amitié et de bourgeoisie au milieu des guerres sans cesse renaissantes que Rome soutenait contre ses autres voisins.

Cette hypothèse avait l'avantage d'expliquer d'un seul coup tout ce que les institutions et les idées romaines tiennent de l'Étrurie, de placer cette influence comme point de départ à l'époque la plus reculée, et d'en faire comme le centre du développement politique et social de Rome. On ne peut donc nier qu'elle ne soit tranchée, nette et significative ; on ne peut lui contester importance et clarté.

Mais elle avait aussi bien des inconvénients : d'abord, véritable hypothèse, elle était entièrement dénuée de preuves : et, pour se faire admettre, elle manquait de lettres de créance. Ainsi, quand M. Niebuhr, pour lui donner quelque consistance et du corps, veut que Cère soit la métropole de Rome, il ne s'appuie que sur des inductions assez faibles ; et, sur ce point, M. Wachsmuth a tous les avantages contre lui : mais, à nos yeux, ce sont surtout les conséquences de l'hypothèse, une fois admise, qui la rendent tout à fait suspecte.

En effet, si Rome est étrusque avant tout dans ses origines et ses fondements, dans son point primitif et générateur, comment n'a-t-elle pas été toujours, comme sa métropole, une oligarchie sacerdotale ? Comment s'expliquer des déviations si vives, des différences si profondes, ce développement inouï de la commune plébéienne, cette démocratie (*plebs*) qui vient se placer à côté du patriciat, se met côte à côte, le force à traiter avec elle, l'inquiète, le balance, le surpasse et l'absorbe? Je sais que l'adjonction des Sabins, et quelque temps après des populations latines qui occupaient les environs de Rome, peut expliquer, jusqu'à un certain point, comment le fonds étrusque fut altéré; mais toujours, si l'on met l'élément étrusque au commencement et au faîte de la société romaine, il devrait dominer, colorer, maîtriser toute la suite et le développement de l'histoire; et il devient bien difficile de rendre un compte vraisemblable et suffisant des différences et des caractères de l'originalité romaine. Que si, au contraire, avec les traditions, et comme l'a fait récemment M. Niebuhr, on met en première ligne une origine latine et le caractère sabin, et seulement en troisième lieu l'élément étrusque, alors on explique à la fois comment Rome se sépare de l'Étrurie et comment elle lui ressemble, pourquoi les différences et pourquoi les analogies.

Je ne sais si ces réflexions se sont présentées à l'esprit du célèbre historien; mais toujours il a abandonné la première hypothèse, et lui a substitué ce que nous allons exposer.

L'antiquité tenait pour constant que *Roma* n'était pas un nom latin; et l'on ne peut douter que la cité de Romulus n'eût un autre nom italique, qui se lisait dans les livres sacrés, comme le nom secret du Tibre. Celui de *Rome*, dans sa tournure grecque, appartenait à la ville dans le temps où elle était pélasgique comme toutes les bourgades qui l'environnaient. C'était la petite *Roma* des Sicules ou des Tyrrhéniens sur le mont Palatin. Toutes les traditions reconnaissent unanimement le *Palatium* comme lieu où fut la Rome primitive; et probablement elle occupait toute la colline, dont les côtés furent autant qu'on le put rendus inaccessibles. Quand Denys d'Halicarnasse remarque que les Aborigènes habitaient de nombreux villages sur les montagnes, cela s'applique fort bien à la contrée qui entourait Rome naissante, quelque opinion que l'on ait sur ses habitants primitifs. Remuria dut être un village de ce genre. Nous en dirons autant pour Vatica ou Vaticum, sur l'autre rive du fleuve. La tradition qui met un village sur le Janicule n'est pas non plus à rejeter; et ces différentes bourgades furent sans doute les premières qui disparurent devant Rome. Son territoire primitif, séparé de l'Étrurie par le Tibre, était limité des autres côtés par les villages des collines voisines; il ne s'étendait que du côté de la mer.

Parmi ces collines, il y en avait une appelée d'abord *Agonale*, dont le Capitole peut être considéré comme la citadelle, et que couronnait une ville plus considérable que les autres; c'était *Quirium*, dont les citoyens s'appelaient *Quirites*, et étaient Sabins : voilà le second élément constitutif du peuple romain, comme le prouve la plus grande partie des rites religieux de Rome, qui viennent des Sabins et qu'on voit attribués tantôt à Tatius et tantôt à Numa. Il y eut entre Rome et Quirium guerre, puis alliance : c'étaient deux villes entièrement distinctes, ainsi que l'Emporie des Grecs et celle des *Hispani*, séparées en deux États et par des murailles; ainsi que la Tripolia phénicienne des Sidoniens, des Tyriens et des Arcadiens; ainsi que, dans le moyen âge, la vieille ville et la nouvelle ville de Dantzig, et les trois villes indépendantes de Kœnigsberg, qui, de muraille à muraille, se faisaient une guerre violente. Toutes les traces des circonstances qui amenèrent la réunion des deux villes ne sont pas effacées; il nous est resté une tradition, selon laquelle chacune avait son roi et un sénat de cent membres, qui se réunissaient dans le *Comitium*, nom qui fut donné au terrain entre le mont Palatin et le Capitole.

Les deux villes, une fois réunies sur un pied d'égalité, bâtirent, sur le chemin du mont Quirinal au mont Palatium, le double Janus, qui séparait les deux territoires et avait du côté de chaque cité une porte ouverte en temps de guerre pour que chacun pût recevoir du secours de l'autre, fermée pendant la paix, soit pour empêcher un commerce illimité, d'où pouvaient naître des discordes, soit comme symbole d'une union qui n'étouffât pas l'indépendance. Il est encore d'autres vestiges de cette double cité : le double trône conservé par Romulus après la mort de son frère, la tête de Janus, qui dès les premiers temps se trouvait sur les as romains.

Un peuple double, voilà ce que restèrent longtemps les Romains, même fort avant dans les temps historiques; la fiction des deux jumeaux n'a pas d'autre sens; si la réunion de Remuria et de Roma lui donna naissance, celle des Romains et des Quirites dut à coup sûr la confirmer; enfin, les rapports et l'opposition des patriciens et des plébéiens lui donnèrent plus que jamais consistance et perpétuité.

Cependant des mariages réciproques et un culte commun portèrent les Romains et les Quirites à ne faire plus qu'un seul peuple; on s'entendit pour n'avoir plus qu'un sénat, une assemblée, un roi; et le roi devait être choisi alternativement par l'un des peuples chez l'autre. « Alors, dans toutes les
« occasions solennelles, on unit le nom des deux peuples :
« *Populus romanus et Quirites;* et plus proprement, d'a-
« près le vieil usage romain, de ne lier ces mots qu'en les
« rapprochant : *Populus romanus Quirites;* ce qui plus tard
« se changea en *populus romanus Quiritum*. Que dans la
« suite Quirites et plébéiens aient signifié même chose, cela
« n'ôte rien à la tradition, qui veut que les Sabins de Tatius
« se soient appelés Quirites. Il est facile de concevoir que
« toute différence entre les Romains et les anciens Sabins
« ayant cessé, le nom de *Quirites* a pu passer aux plébéiens,
« qui étaient entrés dans la nation sous des rapports sem-
« blables. C'est par la réunion des Romains et des Quirites
« que Romulus a été changé en *Quirium*, et que probable-
« ment *Quirium* est devenu ce nom latin secret de Rome
« qu'il était défendu de prononcer. »

Après la fédération des deux villes, nous voyons le peuple romain se partager en trois tribus et en trente curies : les noms des deux premières tribus, *Ramnenses*, *Titienses*, sont rapportés par l'opinion générale aux deux rois fondateurs ; Romulus était le chef des *Ramnenses*, Tatius des *Titienses*. Mais la troisième tribu, celle des *Luceres*, à quoi la rattacher ? comment l'expliquer ?

La plupart des archéologues romains faisaient dériver le mot *Luceres* de *Lucumo*, étrusque, allié de Romulus, et qui aurait péri dans la guerre contre les Sabins ; quelques-uns le rapportaient à un Lucerus, roi d'Ardée : de façon que, pour plusieurs, les citoyens de cette tribu étaient des Étrusques ; pour quelques autres, des Tyrrhéniens.

Ici, M. Niebuhr propose une autre explication, qu'il tire d'une autre forme du même nom. On dit *Lucertes* (comme *Tiburtes*) ; et cette forme vient d'un nom de lieu, *Lucer* ou *Lucerum*. Les Lucères composaient une tribu, et occupaient le mont Cœlius, qui, dès Romulus, est nommé parmi les collines urbaines. Néanmoins c'est Tullus Hostilius qui passe pour le fondateur de cette partie de Rome, parce que, dit-on, il y établit les Albains. Ainsi, les *gentes* d'Albe furent transportées sur le mont Cœlius, comme les *gentes* sabines habitaient le mont Quirinal. Une partie des Romains se rattachent à Tullus, comme les deux anciennes tribus à Romulus et à Numa, et les plébéiens à Ancus. Ces quatre rois, toujours considérés comme auteurs des anciennes lois, ont véritablement fondé pièce à pièce la chose romaine. Or, il ne reste pour Tullus que les Lucères, qui sont donc les mêmes que les citoyens de la ville du Cœlius, de Lucerum. L'étymologie, qui remonte à Lucumon, allié de Romulus, nous donne le même résultat ; car ce Lucumon n'est autre que le chef étrusque Cœlebs Vibenna, qui, suivant la tradition, s'établit avec sa troupe sur la montagne qui prit son nom.

Lucerum, ne venant que comme troisième tribu (la tribu des *Luceres*), fut, pendant les premiers temps, dans une condition politique bien inférieure aux deux premières, elle leur fut assujettie, son sénat ne se réunissait pas aux deux autres, ses citoyens n'étaient pas convoqués au *comitium*. Roma exerçait une sorte de prééminence sur Quirium, et Quirium était bien supérieur à Lucerum. Quand les historiens nous parlent de l'augmentation du nombre des sénateurs, il faut reconnaître dans ce fait défiguré l'extension des droits politiques à la seconde et à la troisième tribu. Primitivement, il y eut cent sénateurs; voilà pour Rome : on fait la guerre, puis la paix avec les Sabins ; le sénat est doublé ; voilà pour Quirium : enfin, quand Denys d'Halicarnasse nous dit que Tarquin l'Ancien éleva le nombre des sénateurs de deux cents à trois cents, nous reconnaissons le sénat de la troisième tribu de Lucerum. On comprend aussi comment cette dernière tribu, venue plus tard au partage des droits politiques, et restée longtemps dans un état d'infériorité à l'égard des deux autres, soit pour ses rapports avec elle, soit pour son organisation intérieure, s'appelait *minorum gentium*. On ne prenait les suffrages de ses sénateurs qu'après avoir recueilli ceux des *patres majorum gentium;* et, pendant longtemps sans doute, les curies de Lucerum furent appelées les dernières.

Voilà donc comment s'est formé le peuple romain. Résumons rapidement la théorie de M. Niebuhr.

Un mélange de Pélasges et d'Aborigènes, Roma, Remuria, habitant le mont Palatin, s'organisant plus tard en une tribu dont Romulus est considéré comme le chef, *Ramnenses*.

Des Sabins, habitant sur la colline Agonale, que couronne le Capitole, la ville de Quirium, s'organisant plus tard en une tribu dont Tatius est considéré comme le chef, *Titientes*.

Une troupe d'Étrusques, venue sous la conduite de Cœlebs Vibenna, lucumon d'Étrurie, sur le mont Cœlius, qui prit son nom : ils y fondèrent un village qui s'appela Lucerum.

Plus tard, Tullus y transporta les *gentes* d'Albe; et ce mélange d'Étrusques et d'Albains s'organisa en une tribu, *Luceres*, qui prit son nom ou de la ville même, *Lucerum*, ou du chef étrusque, *Lucumo*. Pour nous, nous inclinons à cette dernière étymologie.

Sur ce dernier point, nous eussions même désiré que M. Niebuhr eût marqué avec plus de fermeté le caractère étrusque de la troisième tribu; car c'est par elle que, dès son commencement, avant l'arrivée des Tarquins, Rome mêla à ce qu'elle avait de latin et de mœurs sabines un élément étrusque.

Quoi qu'il en soit, les solutions historiques de M. Niebuhr nous paraissent excellentes et avoir trois grands avantages : 1° de laisser au Latium la priorité d'origine et d'influence; 2° de donner aux Sabins une juste prépondérance dans la formation de la chose romaine, prépondérance sur laquelle s'accordent les traditions, et qui aurait été impossible si les Sabins avaient eu affaire à une colonie étrusque, modelée sur sa métropole, et qui, dès le principe, se serait enfermée dans une imitation rigoureuse; 3° de rendre compte de tout ce que les institutions romaines ont pu emprunter à l'Étrurie, sans que pour cela elle étouffe le génie latin et romain; l'élément étrusque vient en tiers s'ajouter à un petit État déjà constitué; il pourra le fortifier et l'influencer, mais non le dénaturer et l'absorber.

L'opinion définitive de M. Niebuhr a encore le mérite de concorder avec les traditions et les historiens; elle les explique, les améliore, mais sans les contredire d'une matière tranchée : fortune excellente pour la critique moderne, de pouvoir, sous la lettre de l'antiquité, susciter un esprit original et nouveau.

M. Niebuhr est d'accord avec Denys d'Halicarnasse sur les Sicules et les Aborigènes. (*Antiquitatum roman.*, L. I, c. IX, p. 24 et 25, édit. Reiske.)

Il se rapproche tout à fait de Tite-Live, qui s'exprime

ainsi sur les trois tribus : « *Eodem tempore et centuriæ tres* « *equitum conscriptæ sunt, Ramnenses ab Romulo, ab Tito* « *Tatio Titienses appellati. Lucerum nominis et originis* « *causa incerta est. Inde non modo commune, sed concors* « *etiam regnum duobus regibus fuit.* » (Livius, lib. I, cap. xiii.) « Dans le même temps (après la paix avec Tatius), on « forma trois centuries de chevaliers ; la première s'appela « *Ramnenses*, du nom de Romulus ; la seconde, *Titienses*, « du nom de Titus Tatius. On ignore l'étymologie de *Luce-* « *res*, nom de la troisième. De cette façon, les deux chefs « eurent paisiblement en commun le pouvoir et la domi- « nation. »

Enfin, je ne sais si je m'abuse, mais cette triple origine de Rome, je la retrouve dans Virgile. Ce beau génie était profondément versé dans l'archéologie nationale ; rien dans ses poëmes n'est jeté au hasard, ni donné à l'industrie et à la nécessité des vers : tout est traditionnel, archéologique, vraiment national. Dans ses *Géorgiques*, quand il a décrit les charmes et les douceurs de la vie agricole, il revient aux souvenirs de la patrie :

« Hanc olim veteres vitam coluere Sabini ;
« Hanc Remus et frater : sic fortis Etruria crevit :
« Scilicet et rerum facta est pulcherrima Roma,
« Septemque una sibi muro circumdedit arces. »
(*Georgicon*, lib. II, v. 532.)

« Ainsi dans les anciens jours vivaient les vieux Sabins ; « ainsi Rémus et son frère : voilà comment a grandi la forte « Étrurie : c'est de cette façon que Rome est devenue la « plus belle des cités, et qu'elle a su enfermer les sept col- « lines dans ses murailles et dans l'unité romaine. »

N'y a-t-il pas là la réunion successive des trois éléments de la chose romaine ?

« Hanc olim veteres vitam coluere Sabini. »

Voilà les Sabins.

« Hanc Remus et frater. . . . . »

Voilà les habitants primitifs de Rome, Pélasges et Aborigènes.

« . . . . Sic fortis Etruria crevit. »

Je saisis l'élément étrusque.

« Scilicet et rerum facta est pulcherrima Roma,
« Septemque una sibi muro circumdedit arces.

Enfin Rome se constitue, et enveloppe les sept collines de ses murailles et de son unité.

Pour ma part, il m'est impossible de ne pas donner à ces vers un sens profondément historique : sous des trésors d'élégance, d'harmonie, de beauté et de politesse, Virgile cachait un génie naïf, amant des traditions et tout à fait archaïque. En vain quelques critiques ont voulu nous le faire voir comme entièrement envahi par les idées et l'esprit de son temps ; non, bien différent d'Horace, il aime surtout la nature simple et les temps primitifs : c'est pour les chanter qu'il est poëte. Seulement il ne refusera pas d'emprunter à un siècle poli l'élégance du langage. Il ne saurait retrouver la lyre d'Orphée ; il rougirait de celle d'Ennius. Pur de ces affectations puériles qui nuisent parfois à Salluste et à Lucrèce, il chante avec la langue de tous, qu'il porte à son comble de perfection et de fini, et sa muse, à la fois originale et populaire, reste comme le type immortel de la poésie pour les temps de politesse et de civilisation.

FIN.

TABLE DES MATIÈRES.

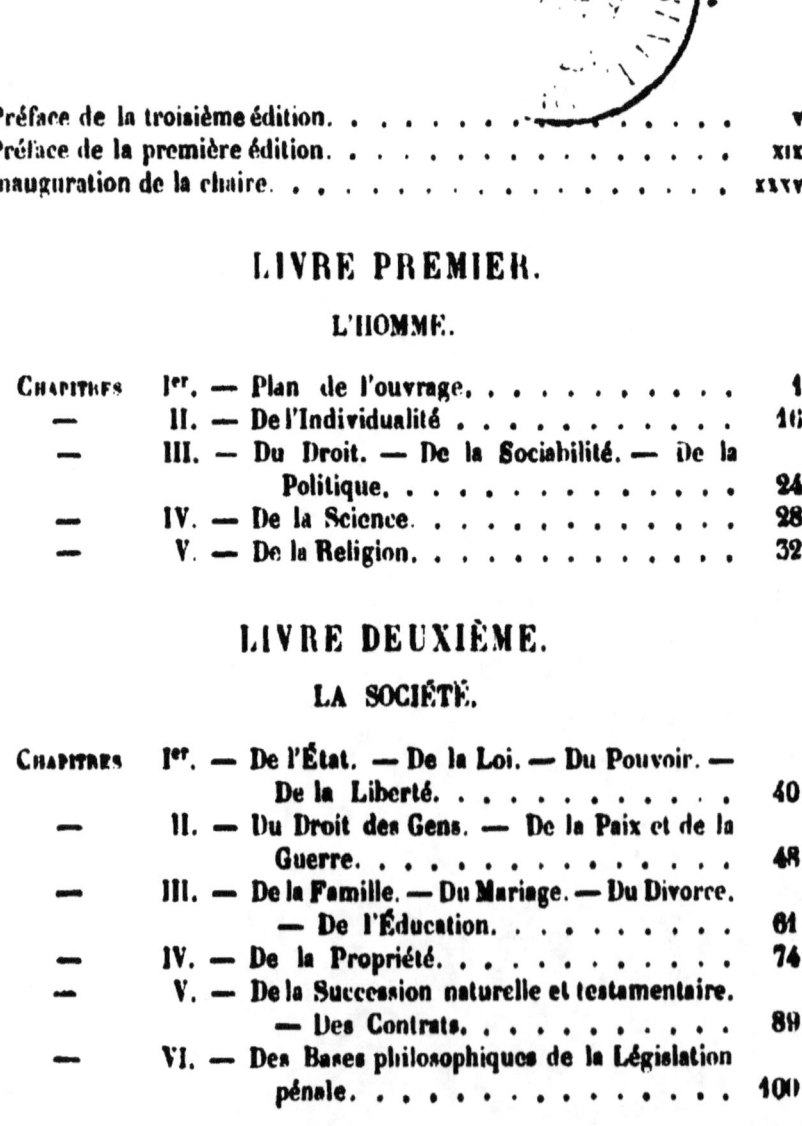

Préface de la troisième édition. V
Préface de la première édition. XIX
Inauguration de la chaire. XXXV

LIVRE PREMIER.
L'HOMME.

CHAPITRES	Ier. — Plan de l'ouvrage.	1
—	II. — De l'Individualité	16
—	III. — Du Droit. — De la Sociabilité. — De la Politique.	24
—	IV. — De la Science.	28
—	V. — De la Religion.	32

LIVRE DEUXIÈME.
LA SOCIÉTÉ.

CHAPITRES	Ier. — De l'État. — De la Loi. — Du Pouvoir. — De la Liberté.	40
—	II. — Du Droit des Gens. — De la Paix et de la Guerre.	48
—	III. — De la Famille. — Du Mariage. — Du Divorce. — De l'Éducation.	61
—	IV. — De la Propriété.	74
—	V. — De la Succession naturelle et testamentaire. — Des Contrats.	89
—	VI. — Des Bases philosophiques de la Législation pénale.	100

LIVRE TROISIÈME.

L'HISTOIRE.

Chapitres	Iᵉʳ. — Rome.	118
—	II. — Les Lois barbares. — La Féodalité.	133
—	III. — L'Église. — La Réforme. — Le Droit canonique	142
—	IV. — L'ancienne Monarchie française.	155
—	V. — La Constitution anglaise.	171
—	VI. — La Révolution française.	184

LIVRE QUATRIÈME.

LES PHILOSOPHES.

Chapitres	Iᵉʳ. — Platon.	205
—	II. — Aristote.	218
—	III. — Le Stoïcisme.	235
—	IV. — Le Christianisme.	244
—	V. — Machiavel.	260
—	VI. — Hobbes. — Locke.	274
—	VII. — Spinosa.	291
—	VIII. — Kant. — Fichte.	307
—	IX. — Schelling. — Hegel.	320
—	X. — Jean-Jacques Rousseau.	341
—	XI. — Condorcet. — De Maistre. — Saint-Simon. — Benjamin Constant.	361
—	XII. — Révolution de 1848. — Caractères et vices généraux du Socialisme.	380
—	XIII. — Poésie de l'Industrialisme. — Théorie de Fourier.	394
—	XIV. — Le Logicien du Socialisme. — M. Proudhon.	410

LIVRE CINQUIÈME.

LA LÉGISLATION.

Chapitre	Iᵉʳ. — Du Droit. — De la Législation. — De ses Rapports avec la Science du Droit proprement dite.	452

TABLE DES MATIÈRES.

CHAPITRES II. — De la Législation dans ses Rapports avec la Religion, la Philosophie et l'Économie politique. 438
— III. — De la Codification. 445
— IV. — Du Problème de l'Organisation judiciaire. 453
— V. — Conclusion. 463

ÉTUDES.

Avertissement. 467
De la Vie et des Ouvrages de Saint-Simon. 468
Die Etrusker, von Karl Otfried Müller, etc. — Les Étrusques, par Ch. Otfried Müller. 481
Niebuhr. — I. 495
— II. 500
— III. 510
— IV. 521

Contraste insuffisant

NF Z 43-120-14

www.ingramcontent.com/pod-product-compliance
Lightning Source LLC
Chambersburg PA
CBHW051351230426
43669CB00011B/1601